U0527394

财政密码

郭建龙

著

中信出版集团 | 北京

图书在版编目（CIP）数据

财政密码 / 郭建龙著 . -- 北京：中信出版社，2024.8
ISBN 978-7-5217-6498-7

I.①财… II.①郭… III.①财政史－中国－古代－通俗读物 IV.① F812.92-49

中国国家版本馆 CIP 数据核字（2024）第 071033 号

财政密码
著者：　郭建龙
出版发行：中信出版集团股份有限公司
（北京市朝阳区东三环北路 27 号嘉铭中心　邮编　100020）
承印者：　河北鹏润印刷有限公司

开本：880mm×1230mm 1/32　印张：16.25　字数：370 千字
版次：2024 年 8 月第 1 版　　印次：2024 年 8 月第 1 次印刷
书号：ISBN 978-7-5217-6498-7
定价：88.00 元

版权所有·侵权必究
如有印刷、装订问题，本公司负责调换。
服务热线：400-600-8099
投稿邮箱：author@citicpub.com

目 录

前　言　一部新视角下的中国财政史诗

　　中国历史的财政逻辑　　//003
　　集权财政的三大周期　　//007

引　子　汉武帝：两千年王朝财政的教科书

　　一场影响中国两千年财政制度的战役　　//014
　　汉初的自由经济时代　　//019
　　战争：名将之福，财政之灾　　//022
　　疯狂地卖爵，乱套的货币　　//026
　　解决财政危机，求助盐铁官营　　//031
　　干预经济，必用酷吏　　//036
　　消失的小政府　　//040
　　统一的代价？　　//044

第一部　探索中的集权王朝
（公元前 221—公元 589 年）

第一章　秦至汉初：中央王朝的诞生

　　楚汉相争：一道岔路口的选择题　　//050

秦代的财政革命和崩溃　　//057
　　汉高祖：王朝的重建　　//070
　　汉文帝：经济优先，财政让路　　//077
　　窦太后、贾谊和晁错：儒道之争的本质　　//085

第二章　**汉代：皇帝的财政僵局**

　　汉武帝：不可避免的财政扩张　　//093
　　皇帝的铸币战争　　//101
　　汉昭帝：两千年前的一场争论　　//111
　　争权的政治，结块的社会　　//119

第三章　**王莽：一个幻想家的财政实验**

　　过于平静的改朝换代　　//126
　　回归古代：西汉末年的儒家暗流　　//132
　　王莽：改革派的复古式集权　　//138
　　梦想家的币制幻想曲　　//145

第四章　**穿越朝代的制度惯性**

　　当皇权受到抵制　　//154
　　制度的惯性之重　　//159
　　在摩擦中逐渐解体　　//165
　　制度之变与王朝崩溃　　//175

目 录

第五章　魏晋南北朝：战争时期的财政竞争

三国：财政为王　//179

统一战争中看不见的战场　//186

西晋：道不尽的禅让制　//191

查不清的土地，理不尽的户籍　//196

南朝：漫长的终曲　//203

第二部　财政失控的繁荣王朝

（公元 386—1279 年）

第六章　唐德宗：吝啬皇帝的感慨悲歌

当皇帝出逃时　//212

战争时期的加税经济学　//217

藩镇割据时期的财政死穴　//227

雄心勃勃的帝王和可怜的财政　//230

沦为守财奴　//238

第七章　一千多年前的"土地革命"

北魏太后的政策与爱情　//243

六世纪的冒进　//254

当社会在雄心中崩溃　//263

第八章　唐代：最简单的财政，最复杂的问题

　　被高估的行政效率　//268
　　奇特的自我经营式财政　//277
　　财政逼迫下的皇室搬家　//284
　　贤相集团与聚敛集团　//291
　　天宝变乱的财政之谜　//299
　　盛世王朝的终结　//305

第九章　宋代：改革之殇

　　岳阳楼上叹革新　//314
　　错综复杂的财政集权　//322
　　官买官卖遍天下　//329
　　熙宁变法和元丰改制　//337

第十章　纸币：温水煮青蛙的游戏

　　纸币猛于虎　//348
　　金融诈骗案引出的货币由来　//351
　　宋代七巧板式的币制　//355
　　交子：民间播种，政府收获　//361
　　最隐蔽的敛财术　//366

第十一章　金融大崩溃

　　能臣蔡京的金融投机　//371

南宋的金融崩溃　　//380
贾似道：灭亡前的土地改革　　//390

第三部　最完美的集权机器

（公元 907—1911 年）

第十二章　元朝：大蒙古的财政危机

丞相脱脱：蒙古人的凯恩斯　　//400
大蒙古时期的财政　　//403
忽必烈的孱弱遗产　　//407
摇摆的政治和元朝的衰落　　//411
雄心勃勃的"经济刺激计划"　　//415
飞转的印钞机和社会崩溃　　//418

第十三章　明代：最严密的集权皇朝

玩不转钞票的皇帝　　//423
亏本的对外贸易　　//431
蒙古人的户籍和土地清查　　//438
农民意识和财政死结　　//445
张居正的挣扎和妥协　　//452
加税直到灭亡　　//459

第十四章　清代：挣扎在传统与现代之间

探花不值一文钱　//463

理想样本，也是落后样本　//470

赔款与借债　//476

重归往复的叹息与无奈　//485

附　　录　//491

后　　记　//497

再版后记　//503

对本书有过帮助的人　//503

我们的生活也在改变　//505

还有那些朋友　//508

前 言

一部新视角下的中国财政史诗

1978年以来，中国进入了改革密集期。从农村改革，到财税、国企改革，再到如今的全面深化改革，伴随着改革的发展，中国经济和社会也迎来了飞速进步，这才有了我们今天的繁荣和安定。

但所有的改革都没有触及中国经济的三大底线：国有企业的所有权、公有土地制度，以及以政府控制发钞权为代表的金融体系。

在详细考察历史之后，我们发现：这三大基础都是中国历史上，历朝一直依赖的财政手段。实际上，中国古代的各个王朝已经频繁地在使用官营产业、土地制度、货币垄断的手段，这些手段之所以能够被现代政府驾轻就熟地运用，不是依靠从外国学来的理论，而是凭借传统带来的本能。

本书所做的，就是梳理历史线索，从中国两千多年的集权历史中，寻找经济发展的逻辑。而这个逻辑的根就在于政府财政。

古今中外，对于一个集权制政府来说，只有两件事是它最关心的：第一，如何建立一套复杂的官僚制度，控制住社会；第二，如何从民间经济中抽取足够的财政收入，来养活这个官僚体系。不管是官营产业、土地制度，还是货币垄断，都是政府筹措财政的手段。当正规的税收不足以养活庞大的官僚机构时，政府就会想办法开辟一些新方法来获得收入。所以，所谓的三大基础，实际上是三大经济手段。

中国的王朝衰亡，也必然是财政危机所引起的失衡已经到了山穷水尽的地步。

读者通过本书可以了解以下内容。

1. 王侯将相之外更深层的历史脉动。这本书的主角不是每个具体的个人，而是影响整个社会的政治演化力量。这种演化不是抽象的意识形态，而是可以通过现代财经工具分析的具体事件。作者认为，在描写历朝历代命运往复时，同样可以写出跌宕起伏、引人入胜的美感，其力量不亚于王侯将相在台前的表演。

2. 对中国现代财政问题感兴趣的读者，可以看到财政问题在中国古代的演化和发展。只有透过王侯将相的表演，看到财政方面的演化和失衡，才能真正了解一代王朝为什么兴，为什么亡，并意识到许多现代问题实际上有其古代版本，我们可以从历史中找到经验教训，预测未来的发展。

3. 支撑现代经济和财政体制的三大基础，国有企业、土地公有制、金融垄断，分别在中国的汉代、唐代、宋代都可以找到对应的版本。因此，本书也将更多的笔墨聚焦在这三大基础的来龙去脉上，并围绕它们，追溯源由，分析政策带来的问题，以及最后的归宿。除了这三大问题之外，每个朝代的财政教训又各有不同，本书将会一一分析。

中国历史的财政逻辑

中国是一个早熟的国家，在两千多年前就发明了中央集权制。在这套制度发明之前，人类几乎不可能在数百万平方千米的疆域内建立统一的国家。由于交通和科技的限制，统治者无法让千里之外的人们俯首听命。

周朝虽然建立了分封制，但由于天子对诸侯的控制力太弱，各个诸侯逐渐独立成了国家。秦汉发明的中央集权制则在地方上建立了一整套官僚体系，体系中的官员由中央任免和控制，对民众进行统治，同时又相互监督、相互制衡。

中央政府控制官僚最重要的手段是财政，除了中央之外，其余机构无权收税，也不能给官员发放工资。这样，官员就成了中央政府豢养的统治工具，而中央政府则通过官僚网络牢牢控制民间。

但是，中央集权制也有一个很大的问题：随着政权的延续，官僚机构作为整个王朝的维稳系统会变得越来越庞大，让古代的农业社会逐渐养不起。在王朝建立初期与和平时代，官僚机构的规模还比较小，这时还可以通过正规的农业税来养活官僚们。可一旦进入战争状态，或者到了王朝后期，官僚体系膨胀迅速，仅仅靠正规的税收就无济于事了。这时，就会进入一个快速的财政扩张期，皇帝发展出正规税收之外的各种手段，从民间攫取财富。

最早进入皇帝视野的是官营产业。

早在汉武帝时期，就已经摸索出一套建立官营产业的方法。汉武帝继承了文景之治的成果，本来处于财政富裕的时代，但他发动针对匈奴的战争，迅速耗空了国库，仅仅靠农业税无法弥补财政赤字。为了获得更多收入，汉武帝决定依靠政府对于自然资源的垄断，建立一系列官营产业。当时盐和铁是最主要的自然资源，围绕着盐铁形成了最先进的工业部门，可谓汉代的AI（人工智能）行业。汉武帝围绕盐铁资源，垄断经营权，建立了一批由国家直接控制的企业。民间为了购买盐和铁，必须向政府支付更高的价格。垄断前后形成的价格差，就成了汉武帝战争经费的来源。

除了建立官营产业，汉代还第一次将货币发行权垄断到中央政府手中，从而可以利用货币贬值（铸币时代主要是靠往铜中掺入其他贱金属来实现），从民间抽取财富。

汉代之后的大部分朝代都继承了汉武帝的衣钵，在资源垄断上大做文章，形成了对中国民间经济的第一道紧箍咒。

唐代则为中国现代经济提供了另一个蓝本：土地制度。

唐代的土地制度源头来自北魏，并经过北周和隋，最终传给了唐。它规定：当一个人出生，就由政府分给他一块耕地；作为交换，一旦他成年，就必须向政府缴纳土地税；他死亡时，政府把耕地收回，以便发给其他的新生人口。这种制度下，政府是全国最大的地主，农民只是终生的租客，税收就是租金。

另外，唐代也是一个政府参与经营的时代。皇帝允许每一级政府、每一个衙门拥有经营性土地和资金，这些衙门都可以参与市场经营活动挣钱，来筹措一部分财政资金，维持自身的运转。可以说，唐代的政府既当裁判员，又当运动员。但唐代的官营效果很差劲，常常处于亏本状态。主要原因在于，政府控制土地的成本太高，虽然可以短暂获利，但从长远来看，不仅会搅乱民间秩序，而且无法保证政府持续获利。而政府由于不懂经营规律，所做的商业活动要么无法赢利，要么只能强买强卖。结果，政府不仅没有从经营活动中获得足够的财政收入，唐代的中央财政反而因此捉襟见肘，状况一直不佳。

正是由于糟糕的财政状况，唐玄宗在盛世时期才不得不委曲求全，设立了节度使这个职务。在此之前，中央政府总是把一个地方的军权、财权和行政权分在不同的官员手中。但随着中央财政的崩坏，皇帝往往拿不出钱来养活边关的军队，于是，他把边关地区的军权、财权、行政权合并起来授予同一个人，让他自己想办法收税，再用这些税收养活军队。

节度使的设置，破坏了正常的官僚制度，无法产生有效的制衡，反而使得地方官员大权在握，有力量反抗中央，最终导致了安史之乱。

可以说，唐代的衰落首先是一个财政问题，继而才扩大成军事问题。

在汉唐的财政经验之外，宋代又为中国提供了最后一个强有力的工具——纸币。从宋代开始，中国的每一个朝代（除了清代）都曾产生剧烈的纸币通胀，各朝中央政府纷纷发现，纸币是一种更容易攫取财富的工具，因此迅速滥用。即便到了现代，世界各国也都知道纸币是一个快速的筹款工具，并倾向于过度使用，多次世界性的流动性泛滥就是这样的结果。

从上面的回顾可以看出，官营产业、土地制度、货币垄断在中国古代都有了非常深入的试验。而它们带来的结果也在一次次重复，每一次的重复虽然都有特殊性，却也有许多共性可以追寻。本书在叙述中国古代这些经验教训时，会试图寻找其中的规律，在现代社会经济的池塘中，掺入一点古人的眼泪。

集权财政的三大周期

在国内的财经史学界，存在着严重的壁垒，懂历史的人不懂经济，他们对于史料的梳理功莫大焉，却大都以教条的经济理论为指导来梳理线索。而懂经济的人不懂历史，他们将中国历史上的经济状况想象得过于简陋，割裂了历史与现代的联系。少有的几本试图融合两者的书籍，由于作者没有耐心阅读史料，只能利用前人的研究材料，即便想与众不同，也仍充满了陈词滥调。

本书所弥补的，恰好是这两方面的缺陷，试图利用现代的经济理论来分析中国古代的经济、财政现象。而在史料选择上，则尽量重读古代典籍，以二十五史、《资治通鉴》《通典》《文献通考》等史籍为依据，辅以其他史料，紧扣这些材料来分析问题。

本书分为一个引子和三个部分。引子介绍了中央王朝形成之初最重要的财政事件：汉武帝建立财税样板。而本书正文的三个部分，则对应着中国集权时代的三个大周期。

本书对从秦到清两千年的集权时代进行梳理，认为根据制度和财政的传承性，可以将其分为三个大的周期：在一个周期内可以包括若干个朝代，第一个朝代往往是在混乱中建立新的官僚和财政制度，形成基础；在后来的朝代中，即便出现了改朝换代，也往往没有彻底推翻前朝的制度基础，在官制、财政上有很强的继承性，可以视为周期的继续；直到周期的最后一个朝代，巨大的崩溃引起社会基础的全面改变，才会被新的周期所取代。

中国集权时代的第一个周期始于秦汉，终于南朝。这个周期的制度基础是：官僚制度上以中央集权制为主，却仍然残存着一定的分封制；经济上实行土地私有制，财政税收最初以土地税为主，并逐渐开辟出官营经济、货币垄断，甚至卖官鬻爵等新财源供皇帝挥霍。

这个周期中，汉代最初的几个皇帝面对的是强大的分封制残余和崩溃的经济结构，他们采取鼓励自由经济，并逐渐从财政上收缩诸侯权力的做法。这种做法取得了成功，形成了初步的中央集权。但到了汉武帝时期，由于战争对资金的需要，汉武帝建立了官营产业和货币垄断体系，并以破坏正常官制为代价加强中央集权。王莽时期，惑于复古主义的政治幻觉，政府进行了激烈的财金改革，但对社会经济的破坏太大，导致政府垮台。

接替王莽的东汉政权仍然继承西汉的社会经济结构，它的官僚制度、财政制度都是对西汉制度的继承和嬗变，同样也全盘接收了西汉的社会弊病。由于西汉后期官商结构的发展，有活力的民间经济已经出现严重的结块现象，到了东汉则演化成固化的社会分层，这种阶层固化一直持续到魏晋南朝，严重影响政权的存续，南朝最终被更有活力的北朝所取代。到了这个周期的后期，随着政治的僵化，大量的劳动人口都成了官僚和士族的附庸，他们消失在国家户籍之外，不再缴税。

因此，户籍人口消失、财税不足对政权构成越来越严重的威胁，政府变得孱弱不堪，第一个周期终因制度丧失调整能力而崩塌。

中国集权时代的第二个周期从北魏开始，结束于南宋。这个周期的制度特征是较为完善的中央集权制和科举制，经济上采用均田制，税收上实行较为复杂的租庸调制，并辅以政府机关自我经营的财政收入。均田制出现于北魏，历经西魏、北周和隋，到了唐初，形成了以政府分配和回收土地为特征的制度。但唐代的土地制度很快就失败了，因为人们都乐于从政府手中分到土地，可有些人死后，他的子孙却并不愿意将土地交回政府，而是隐瞒不报，偷偷继承。人口增长，政府手里能够用于分配的土地数量却在减少，土地随即在事实上私有化了。唐代的土地制度的崩溃还直接影响了税收，由于大量的土地被隐瞒不报，政府的财政入不敷出。唐代还实行一种复杂的税制——租庸调制，政府必须同时统计土地、人口和家庭。这种税制已经超出当时政府的统计能力，反而对财政造成了巨大拖累。

由于上述原因，唐代的经济虽然发展较快，但财政一直不健康，从而导致了安史之乱。唐代后期进行了税法改革，默认土地私有制，形成了较为简单的两税法，并开始加强各种专卖制度，形成了庞大的官营垄断经济。这些特征传给了五代、两宋，并在宋代形成了庞大的政府垄断。

在宋代，因为战争和养官成本都很高，需要庞大的财政支持，形成了中国历史上最壮观的专卖制度，并开创了具有历史性意义的纸币试验。纸币最先由中国的"民间银行"创造，展现出巨大的活力，也带来了一定的不稳定，政府随即将纸币发行权收归国有，并发现了纸币巨大的财富再分配效应。从这时开始，除清代外的后代政府都通过纸币从民间吸取大量财富，并形成世界上早期的恶性通货膨胀。

中国集权时代的第三个周期从辽金出现萌芽，在元代继续发展，到了明清两代，则形成了稳定的模式。这个周期的特征是：土地制度重回私有制，官僚制度上建立起了具有无限控制力的集权模式，并依靠封锁人们的求知欲，形成了巨大的稳定性。这个周期在财政上是保守的，以土地税为主，并逐渐放弃了不稳定的纸币体系，回归更加原始的货币制度，但这套财政制度又足够简捷，足以维持很长时间。

如果世界上只有中国一个国家，这个体系可怕的稳定性可能让我们永远停留在第三个周期内，虽然经济上绝对不会有突破性发展，但人民的生活也并不差。只是到了清末，随着海外影响的到来，中国财政踏上近代化之路，并有了突破农业社会桎梏的机会。

本书的写作目的，不是仅仅回顾古代，而是通过研究古代问题来研究现代。当了解了古代的财政逻辑之后，读者再看待现代问题时，便可以获得更广阔的视角，并能够判断现代经济和社会的走向。

引　子　汉武帝：两千年王朝财政的教科书[1]

汉武帝是中国集权财政模式的开创者，他确立的制度在多方面影响了中国后来约两千年的历史。

后世的人们往往敬畏汉武帝的赫赫战功，却没有看到，他的战争将文景之治时期积累的国库储蓄消耗一空，形成了巨大的财政包袱。

在汉代，一场战争的花费，就可以达到全体中央官吏年俸总和的几十倍，可谓消耗巨大。仅仅靠农业税无法应付战争开支，为此，汉武帝尝试了几乎所有可能的财源，从卖官鬻爵到发行减值货币，再到加强征收商业税等，但均无法满足巨大的财政需求。最终让汉武帝实现目标的，是垄断自然资源、开办官营产业。为此，汉代建立了一套复杂的官营体系。

汉武帝的做法使得政府从收税者变成了参与经济的实际运营人，也由此带来官僚制度的变化，破坏了原来的小政府模式。

汉代建立的中央集权模式，还造成一个无解的困境：中央政府要稳定，就必须多收税；要多收税，就必须建立官营产业和金融垄断，而这

---

[1] 引子涉及的时间范围是公元前133—前87年。

势必影响经济的发展；经济发展停滞后，又反过来影响政府稳定，从而造成王朝的垮台。

一场影响中国两千年财政制度的战役

汉武帝元光二年（公元前133年）六月，一场发生在马邑（现山西朔州）的战役[2]决定了中国未来两千年的走向。

这场战役的一方是汉武帝的大军，主要策划者是一个叫作王恢的官员，另一方则是匈奴的军臣单于。与后来汉匈之间连绵不绝的战争相比，马邑之战显得异常平淡，双方甚至没有实质性的接触，但它成为多米诺骨牌的第一块，产生的连锁反应导致了一场影响中国财政的大变局。

这次战役彻底破坏了汉匈的信任关系，双方从和平跌入连绵不绝的战争。战争又破坏了汉初财政的健康，迫使汉武帝不得不建立一套特殊的财政体系。

汉高祖五年（公元前202年），经过秦朝末年的群雄并起，刘邦脱颖而出，结束中原的分裂，建立了汉朝。

刘邦统一中原后，随即与匈奴发生战争。谁知大汉皇帝敌不过草原霸主，刘邦在白登山（现山西大同附近）被匈奴团团围困，差点儿成了俘虏。从此以后，汉代的皇帝大都保持和平姿态，不惜利用和亲的手段

---

2 马邑之战的详细情况主要记载于《史记·韩长孺列传》《史记·匈奴列传》《汉书·窦田灌韩传》《汉书·匈奴传》等。

来安抚匈奴，以避免战争。和亲的女子并非真正的公主，而是从刘姓家族中找一个女孩，由皇帝认作干女儿，嫁给匈奴。

然而，上述政策到了汉武帝时期，已经引起越来越大的争议。随着汉代经济实力的增强，"是和是战"已经成为君臣之间激烈讨论的问题。

到了元光元年（公元前134年），军臣单于再次要求和亲，汉武帝认为这是一次改变政策的时机，于是召集群臣商讨对策。争论的两极以两个人为代表，主和的一方是御史大夫韩安国，主战的一方是大行令王恢。

王恢的籍贯是燕地，即现北京、河北一带，与游牧民族活动范围接壤。他本人也曾担任边吏，又参与过对南方闽越的军事行动，是个坚定的主战派。他认为，匈奴单于喜新厌旧，和亲后往往很快就背信弃义，制造新的麻烦，所以不如直接拒绝，准备打仗。而御史大夫韩安国则认为，匈奴的土地过于贫瘠和广阔，如果要打仗，需要花费很大力气，即便打胜了，也没有太多的好处，得不偿失，不如继续和亲政策。

汉代实行三公九卿的中央官僚制度，御史大夫是三公之一，拥有监察百官的权力，是朝廷最有话语权的官员之一。而大行令（最早称典客，汉景帝时改称大行令，汉武帝后期改称大鸿胪）属于九卿之一，比御史大夫地位低，但他的职责是管理归附朝廷的外国人，"分管"的领域与匈奴事务直接相关。

一个是三公，一个是直管官员，两者的话语分量不相上下，也不难看出汉武帝时期朝廷内部对匈奴态度的分歧之大。

这一次，御史大夫韩安国的意见占了上风，汉武帝许诺与匈奴和亲。汉匈和平又维持了一年。

到了第二年春天，一位生活在马邑，名叫聂壹的富豪求见大行令王恢。他认为，此时刚刚和亲，匈奴对汉朝警惕性降低，恰是攻击匈奴的最佳时机。

聂壹的话与王恢的观点不谋而合。他把聂壹的意见上呈汉武帝，于是朝廷里又展开了一次讨论。汉武帝首先给此次的讨论定了调。他说，朝廷不仅与匈奴和亲，还赠送给他们大量的礼物，但匈奴态度傲慢，屡屡犯边，有人建议使用武力教训他们，请大家讨论可否。[3]

主要的争论仍然在御史大夫韩安国和大行令王恢之间。双方唇枪舌剑，你来我往，《汉书》列出了双方争论的三个回合，直到王恢第四次发言后，皇帝才拍板决定使用武力。

根据聂壹的计谋，他本人偷偷逃到军臣单于处，获得信任后，向单于建议：他有把握砍下马邑令守的人头，并将匈奴放入城中，夺取城池。

单于轻信了聂壹的话，把他放回马邑。聂壹将一名死囚的人头砍下来，挂在城外，匈奴的使者误以为这就是马邑令守的人头，回去禀告单于可以进军了。单于亲自率领十万骑兵前往马邑。

与此同时，汉朝派遣了三十万汉军（《史记·韩长孺列传》记载是二十多万），并任命卫尉李广为骁骑将军，太仆公孙贺为轻车将军，大行令王恢为将屯将军，太中大夫李息为材官将军，这四位将军由御史大夫韩安国（他被任命为护军将军）统领。

汉军人马都埋伏在马邑周边的谷地里，一旦单于到来，就由王恢、李息、李广等人击其辎重，其余人马与其大部队作战。

---

3 《汉书·窦田灌韩传》："朕饰子女以配单于，币帛文锦，赂之甚厚。单于待命加嫚，侵盗无已，边竟数惊，朕甚闵之。今欲举兵攻之，何如？"

如果此计成功的话，可以全歼匈奴单于带来的十万骑兵，对匈奴造成致命打击，使其丧失与汉朝对抗的能力。

然而，军事行动进展得并不顺利。

匈奴单于在进军的过程中，发现了不好的兆头。

首先，匈奴进攻马邑并无长期占领的打算，而是以劫掠为主。在进军的路上，距离马邑还有上百里（1里合0.5千米），骑兵已经开始了劫掠。他们发现，虽然路上有不少的牛羊可以抢劫，但是连一个牧人都没有碰到。

这时他们正好经过一个烽燧，单于临时下令将其占领。此时，有一个武州的小官恰好在这个烽燧上，他被匈奴抓住，供出了汉军的计策。单于大呼上当，引军撤退。埋伏的汉军得到匈奴撤退的消息，连忙追了上来，但由于距离遥远，没有追上，只得撤回。

唯一有机会和敌人接触的是大行令王恢的部队。他率领三万人马负责拦截匈奴辎重。就在他率军杀向敌人的辎重部队时，却得到消息：匈奴主力已经回撤，要和辎重部队会合。经过再三考虑，他认为三万人无法与匈奴主力抗衡，于是率军撤退了。

这次战役以匈奴的撤退和汉军的无功而返告终。由于动用了三十万军队，消耗了大量的粮草，汉武帝大怒，要惩罚当初坚决主战的王恢。他认定王恢临阵退缩。与其他将军追不上敌人不同，王恢是可以赶上并攻击敌人的辎重部队的，然而他却选择了退军。在军法上，擅自撤退要判处斩首。

王恢则辩解说，他的人马太少，无法与匈奴主力抗衡，撤退保全了汉军的三万人马。暗地里他还贿赂时任丞相的武安侯田蚡，希望田蚡为他说句好话。田蚡本人不敢对皇帝明言,就找太后去说情:反对匈奴最坚决的人是王恢,杀了他等于是替匈奴出气。

但汉武帝不为所动,坚持认为王恢的临阵退缩让汉军失去了获胜的机会。出于面子考虑,汉军急需的是一场胜利,哪怕只是对辎重部队的小胜,也比什么都没捞到要好得多。

整个事件以王恢自杀而告终。马邑之役落幕。

既然过程平淡无奇,而且由于错失时机,对敌人没有产生任何威胁,那为什么还说这次战役是中国历史上的一个转折点呢?

原因在于:此次战役标志着汉朝和匈奴的彻底决裂。此后,匈奴再也不相信汉朝,弃绝和平之念,双方进行了连绵不绝的恶战,[4]就算想停都停不下来了。

一场场恶战对于汉匈双方来说都得不偿失。匈奴人口少,战争消耗大,内部也产生了分裂,到东汉中期终于瓦解;而战争给人口众多的汉朝带来的影响,则是中央王朝财政的崩溃。为了应付战争带来的财政危机,汉武帝不得不放弃汉初宽松的财政税收制度,另辟财源。于是,一整套官营垄断、控制经济的制度被建立起来。

一场小小的战役改变了汉匈关系,进而改变中央王朝的财政结构,影响了中国约两千年的经济发展。

---

4 《史记·匈奴列传》:"自是之后,匈奴绝和亲,攻当路塞,往往入盗于汉边,不可胜数。"

汉初的自由经济时代

在汉初，中国经济恰好处于一个中国历史上罕见的经济自由的时代。

经济学鼻祖亚当·斯密[5]认为，政府的财政和税收应该遵循小而简单的原则。税收要尽量规则简单、平等，不可过量。相应地，财政支出也要尽量最小化，只承担必要的安全保障，如军队、警察的开支，以及一部分实在没有私人愿意做的公共事业，比如修建道路和水坝。政府应该避免参与具体的经济活动，让社会去掌控经济运营。在这种体系里，不需要所谓的国有企业，也用不着政府去指导经济。

当然，这只是亚当·斯密认为的理想状况，即便是现代西方社会，也没有完全实践这些原则，政府逐渐变得臃肿，对经济的干预力度也越来越大。

但是在中国历史上，有一个时期最接近这种理想，那就是汉代初期。这个时期甚至有一套接近亚当·斯密理论的指导思想，叫"黄老之术"，据称发端于黄帝和老子。所谓"黄老之术"，就是要求统治者采取休养生息的政策，政府几乎全盘从经济事务中退出，放手让社会力量去发展经济。套用现在的话，就是"小政府、大社会"。

西汉初年"黄老之术"运转良好：在这之前，整个中国经过了战国末年的大规模兼并战争、秦代的集权统治、秦末的群雄混战，一直处于纷纭扰攘之中，民生凋敝，金融混乱。汉初的休养生息政策立竿见影，

---

5 亚当·斯密（1723—1790），经济学的主要创立者，著有《国富论》等。

很快地，国库充盈，民间富裕。[6]

除了放任民间经济的发展，汉初统治者还逐渐摸索出一套符合经济发展需要的官僚制度。这套制度非常简洁，只负责必要的行政、税收、武装，并供养皇室，不过多地干扰民间经济发展。

这套制度在中央是三公九卿制，也就是设立丞相（管行政，是文官首长）、太尉（管军事，是武官首长）、御史大夫（掌监察，辅助丞相来监察官僚系统）这三公，加上九个辅佐皇帝的官员以及他们的部属。地方上采取郡县两级制度，从中央到地方只经过郡和县两个级别，所需官员的数量并不多。

总体而言，汉代初期的官僚人数少，制度简单，政府没有整体干预经济的想法。据司马迁在《史记·平准书》中的估计，养活中央官吏，每年所需的粮食不过几十万石。

即便按照 100 万石计算，汉代的平均生产率是 1 亩收 1 石，[7] 养活所有官员约需要 100 万亩土地；而汉代的耕地面积是定垦田 827 万顷，[8] 100 万亩只相当于全国总耕地的 1/800。也就是说，只用 1/800 的土地就可以养活整个官僚系统。如果折算成钱币，当时一石粮食的正常价格是 30 钱，则 100 万石粮食大约为 3 000 万钱。

---

[6] 《史记·平准书》记载，汉朝刚建立时，由于社会物资匮乏，甚至连皇帝都找不到几匹纯色的马来拉车，而将相只能乘坐牛车。而汉代建立七十年后，社会已经极大繁荣，人们如果骑母马，都会受到嘲笑。

[7] 关于汉代生产率和物价的讨论，参看本书第二章及注释。

[8] 《汉书·地理志》记载，"提封田一万万四千五百一十三万六千四百五顷，其一万万二百五十二万八千八百八十九顷，邑居道路，山川林泽，群不可垦，其三千二百二十九万九百四十七顷，可垦不可垦，定垦田八百二十七万五百三十六顷。"

由于养官所需很少，汉文帝甚至可以一连十几年免除农业税。[9]

在《史记·平准书》中，司马迁对当年富裕程度的深情描述，成为人们描述汉代经济时必须引用的材料：

至今上即位数岁，汉兴七十余年之间，国家无事，非遇水旱之灾，民则人给家足，都鄙廪庾皆满，而府库余货财。京师之钱累巨万，贯朽而不可校。太仓之粟陈陈相因，充溢露积于外，至腐败不可食。众庶街巷有马，阡陌之间成群，而乘字牝者傧而不得聚会。

然而，在这幅和平安宁的图画下，却隐藏着中央王朝财政方面的一个巨大死穴：税收弹性不足。

对于汉代而言，每年的财政收入几乎都是固定的。农民的税率是固定的，人口和土地数量的变化也不大，因而可以估算出每年的总税额。而这些财政收入大都有固定用途，如养官、建筑宫殿、兴修水利、维持治安等。

尽管社会经济繁荣，可一旦出现持续的异常情况，需要动用预算外的大额开支，就会立即出现财政紧张，而财政的紧张最终会通过政权的力量破坏繁荣，这就是古代中国历朝盛世都无法持续的原因之一。

战争就属于最典型的异常情况。

---

9 从文帝十四年（公元前 166 年）起的十三年间，汉文帝持续免除全国的农业税。具体情况参看本书第一章。

战争：名将之福，财政之灾

与前几位皇帝保持朴素生活、竭力避免战争不同，出生在和平年代的汉武帝爱好奢华和大场面，时时刻刻都试图表现出汉家的威仪。他喜欢美酒妇人，热衷建设宫殿，利用儒家推崇的天子礼仪四处铺张。对后世影响更大的是，他抛弃了前几位皇帝谨慎的态度，不断追求战争带来的征服感。

在大行令王恢发动针对匈奴的马邑之战前，皇帝在其他方向已经采取了军事行动。例如，在严助和朱买臣对南越和闽越发动战争期间，政府征召了许多东瓯（现浙江温州）的士兵，又从江淮一带获得物资供应，造成了当地的萧条；唐蒙和司马相如从巴蜀向云南、贵州开辟道路，使得巴蜀疲惫不堪；彭吴出兵朝鲜，让现北京、山东一带的老百姓承受了过重的负担。

群臣发现汉武帝喜欢战争，纷纷投其所好，鼓励他放弃前任的安抚政策，在王朝的各方边境都采取更加激烈的对抗行为。所以，马邑之战并非偶然，而是汉武帝个人喜好造成的自然结果。

只是，之前的战争都还没有进入不可逆转的状态，如果及时收手，还能够维持大致的和平。而自马邑之战起，匈奴和汉朝互相猜忌，双方的对抗进入了一个恶性循环，愈演愈烈。

最初，匈奴在战争中占了上风。元光六年（公元前129年），马邑之战五年后的秋天，汉武帝曾派遣四位将军攻打匈奴。但结果与武帝的初衷大相径庭：四位将军中，公孙贺一无所获；公孙敖被匈奴击败，损失了七千人马；李广被击败后，本人也被匈奴俘虏，他在押解的路上瞅准机会，好不容易才逃了出来；只有卫青小有收获，斩首七百人。

据《史记·匈奴列传》记载，第二年，匈奴杀了汉朝的辽西太守，俘虏两千人，又在渔阳围困了韩安国，汉军损失千人。匈奴离开后在雁门又杀掠了千余人。

双方的交战持续了十年，随后，汉代迎来了一个名将迭出的时期，最著名的是两位年轻的外戚：汉武帝的卫皇后的娘家人——卫青和霍去病。这两个人的成就在整个中国战争史中都极为突出。

然而，就在汉军屡屡获胜时，真正的问题却来了。如果换个角度，从财政角度去观察，就会发现战争有巨大的破坏性，所谓"名将之福，财政之灾"。[10]

元朔五年（公元前124年），车骑将军卫青率领骑将军公孙贺，游击将军苏建和轻车将军李蔡、强弩将军李沮，兵分四路进攻匈奴右贤王，出塞六七百里，斩获一万五千人。

元朔六年（公元前123年），大将军卫青率领中将军公孙敖、左将军公孙贺、前将军赵信、右将军苏建、后将军李广、强弩将军李沮，从定襄出发，北进数百里，歼敌一万九千人。

这两次战役是卫青扬名立万的标志性事件，军事学家则称之为远程奔袭的楷模，是中外战役史上的名局，为汉政府出了一口积压了几十年的恶气。

但如果从财政的角度看，就会发现，当年御史大夫韩安国所说的话

---

10 马邑之战后，由战争引起的财政变化，主要记载于《史记·平准书》和《汉书·食货志》。

一点都没有错：即便是打了大胜仗，也是得不偿失。

在这两场战役中，汉军共损失兵马十余万；而为了安抚活着的士兵，汉政府又拿出了二十余万斤黄金进行赏赐。汉代一斤黄金折合一万钱，[11] 二十余万斤黄金就是二十余亿钱。之前供养中央官吏每年只需要三千万钱，而一次战争的赏赐就是所有中央官吏年俸总和的几十倍，可见消耗之大。

但这还不是全部。被俘的数万名匈奴人也受到了优待，吃饭穿衣都由汉政府供给。再加上正常的战争物资和粮食的消耗，汉代财政吃不消了。

为了应付这巨大的开支，主管财政的大司农拿出了库里所有的积蓄。当年文景时期积累的丰厚家底已经耗空，可还是不够支付战争费用。

最后，汉武帝只好下诏卖爵，因为卖爵可以获得三十余万斤黄金的收入。买爵的人可以免除一定的人头税，还可以当吏，甚至当官。

元狩二年（公元前121年），年轻的骠骑将军霍去病连续两次进攻匈奴，令匈奴的浑邪王投降了汉朝。从军事角度讲，这又是传奇的一年，霍去病的征战可谓出生入死，一万兵马最后只剩下三千。他转战河西走廊五国，歼敌九千，缴获匈奴的祭天金人。不久，霍去病再一次孤军深入，杀敌三万。匈奴的浑邪王归顺了汉朝，这是分裂匈奴的一次巨大胜利。

关于此时期西汉政府的财政状况，司马迁只告诉了我们一个简单的

---

11 《史记·平准书》："（集解）瓒曰：'秦以一镒为一金，汉以一斤为一金。'"又按："（索隐）大颜云：'一金，万钱也。'"

数字：这一年汉政府的财政消耗是上百亿。[12] 这个数字甚至超出了前几次战争的总和，是中央政府一年正常财政收入的数倍。[13]

屋漏偏逢连夜雨，就在战争费用大增、政府疲于应付之时，汉武帝的其他政策又导致了额外的花销：为了运送粮食和战略物资，必须有一个良好的运输系统，政府于是兴修水利，开凿运河。开河的效果并不明显，却徒然耗费了巨款。

作为战略物资的马匹一直是汉政府的心病。在古代，一个国家的马匹数量在十万到几十万匹之间，而一场战役的马匹消耗就接近这个数字。为弥补马匹的消耗，汉武帝耗费了大量的人力去养马。他将数十万中原百姓迁往关西，但这些人一时间还不能养活自己，只能由政府给予补贴。

就在大司农还在战战兢兢地考虑如何应对如此之多的财政问题时，汉朝在漠北取得了更大的胜利。

元狩四年（公元前119年），大将军卫青、骠骑将军霍去病率领联军直捣漠北，完成了对匈奴的重大一击。霍去病更是深入位于现蒙古国境内的匈奴腹地，在狼居胥山举行祭天封礼。两位将军斩杀的匈奴合计达八九万人。

在这一大捷背后，财政却是另一幅景象：此役战死的马匹达十几万匹，不管采取什么政策鼓励养马，无论花多少钱，政府财政都经不起战

---

12 《史记·平准书》："是岁费凡百余巨万。"同篇的上文，有"京师之钱累巨万"之语。"（集解）'韦昭曰：巨万，今万万。'"
13 《太平御览》卷六二七引桓谭《新论》："汉定以来，百姓赋敛一岁为四十余万万，吏俸用其半，余二十万万，藏于都内为禁钱。少府所领园地作务之八十三万万，以给宫室供养诸赏赐。"汉武帝之前，少府收入还没有增加，中央财政依靠百姓赋敛，按四十亿计，大约是上百亿的几分之一。

争的消耗了。而为了奖赏出生入死的战士,皇帝的赏赐高达黄金五十万斤(折合五十亿钱),超过政府一年的常规财政收入。面对空空如也的国库,皇帝又如何满足将士们对于金钱的渴望呢?

从冷冰冰的数字和空荡荡的国库可以看出,巨大的王朝一旦统一,就要承担高昂的统一成本,几次边境战争就足以拖垮汉代曾经健康的财政。

那么,汉武帝又将如何应对?

疯狂地卖爵,乱套的货币

当战争这枚多米诺骨牌倒下时,汉武帝就已经没了退路。为应付巨额的开支,汉武帝启动了他的特别筹款之法。

对于依靠农业税和人口税的大一统王朝而言,这两项的常规税收是有限的。在汉初,国家主要依靠的就是土地税和人头税。土地税的税率是1/30,[14] 土地的规模是固定的,所以土地税的总额也可以计算出来。人头税(成年人称为算赋,一年120钱;未成年人称为口赋,一年20钱[15])针对人口征收,也可以相应计算。两项收入相加,折算成钱,一年大约在40亿钱。[16]

一旦战争出现,土地和人口的数量不能迅速增加,税率也不能大幅

14　土地税税率出自《汉书》,详见本书第一章。
15　与土地税有明确记载不同,汉代的人口税记载相对零散。《汉书·惠帝纪》注:"应劭曰:'汉律人出一算,算百二十钱'。"可参考李剑农《中国古代经济史稿》(上册)。
16　税收总额的讨论,见本书第一章。

提高，而人力被从农业抽调进入军队，生产力还会受到影响。综合起来，税收不仅不会增加，反而会减少。

汉武帝之前的汉代政府是一个消极型政府，除了收税和最基本的养官、司法、行政和一定的公共工程之外，不负责与具体经济有关的职责。由于过于简洁，政府在税收上更显无力。所以，一旦开支膨胀，常规渠道根本没有办法满足资金的需要。

在汉匈关系还没有完全恶化时，汉武帝就已经考虑过征收商业税来满足战争需求。[17] 但由于商业税的征收需要建立一套严密的财政班子，在这套班子没建立起来之前，征收商业税并不容易，而当前税收的额度也满足不了政府的战争需求。

汉武帝也卖过爵位甚至官位，但汉代卖爵的鼻祖并不是汉武帝。汉文帝时期虽然与匈奴维持着和平，但在与匈奴接壤的边界上建立了防御阵地。为保住阵地，就需要向边关输送粮食，汉文帝采纳晁错的建议，沿用了秦代制定的爵位制度：如果有人向边关输送600石粮食（合六户人家一年的产量），就给上造的爵位；如果送4 000石，就拜爵五大夫；送1.2万石，爵位为大庶长。

不过，汉初的功爵位与当官并不是一回事。爵位制度来自秦国的商鞅变法。为了鼓励百姓征战，秦国法令规定，对享有战功的人封爵，相当于荣誉称号，一共设有二十个等级。在汉初，拥有高等爵位的人具有免赋免役的特权，不需要再出人头税和服役了，但是仍然需要缴纳土地税。

---

17 《汉书·武帝纪》："（元光）六年冬，初算商车。"

汉景帝时期，上郡以西遭遇灾荒，也曾有短暂的卖爵措施，罪行较轻的犯人还可以交粮食抵罪。

汉武帝时，为了大规模卖爵，政府模仿秦代的爵级制度，另起炉灶，共设十一级武功爵，每一级的售价是十七万钱。元朔六年（公元前123年）的一次战役之后，政府的一次卖爵收入就高达三十余万斤黄金。

武功爵除了可以免赋免役之外，还能免罪。轻罪减免，重罪减轻惩罚。另外，武功爵的拥有者还可以担任吏。在古代，官和吏是分开的，吏的地位比官低，不让武功爵当官而只让当吏，也算是对官僚体系的一种保护。但是，到最需要钱的时候，皇帝将这个隔离层也去掉了，许多人通过购买爵位进入仕途，大的封侯，小的当郎官。

武功爵出台后，西汉政府虽然暂时增加了财政收入，但从长期来看则丧失了中央王朝的常规税收。而当吏的人太多，又导致中央王朝的财政支出大大增加。到最后，随着这些人进入官场，中央王朝的官僚系统也败坏了。这是杀鸡取卵的办法。

当卖爵还是不能带来足够的财政收入时，汉武帝将目光瞄准了另一端：货币。

在汉武帝之前，汉代的货币主要是文帝时期推出的四铢钱，钱币六枚重一两，它的面值和所含铜的价值相近。汉政府甚至允许民间铸造货币，只要铸币达到政府规定的规格，就可以进入市场流通。

汉武帝采纳了酷吏张汤的意见，依靠政权的力量创造了两种新型的货币：皮币和白金。这两种货币的面值与其真实价值严重不符，帮助皇帝从民间抽取了大量的"铸币税"。

所谓皮币，基本材料就是一块白鹿皮，一方尺的白鹿皮饰上紫色的花纹，可以充当四十万钱，也就是四十斤黄金。

由于兑换率不合理，这近乎明目张胆的抢劫，市场拒绝接纳。要推行皮币，必须依靠政权的强制性力量。依照汉代的礼仪，诸侯朝觐、祭祀祖先，需要使用玉璧，汉武帝就看上了这块市场，他规定诸侯在贡奉玉璧的场合，都必须用皮币做垫子，衬在玉璧下面。一个玉璧有时只值几千钱，而它的垫子却要四十万钱，等于让诸侯花大价钱购买一块不值钱的皮子。

如果说皮币是为了搜刮诸侯的钱，那么白金则是为了直接从民间敛财。所谓白金是银锡合金。汉代的法定货币是黄金和铜币，银并不属于法定货币。皇帝决定把它利用起来。

汉武帝制作的白金币有三种：一种重八两，圆形，上面有龙形图案，叫作白选，一枚价值3 000钱；另一种小一些，方形，上面有马的图案，价值500钱；第三种更小，椭圆形，龟形图案，价值300钱。

由于民间本来不使用银和锡做货币，加上白金的价格被严重高估，官方估值已接近金的2/3，[18] 出现了巨大的暴利空间。

民间社会在交易中抵制这类货币，同时大量偷铸假币，希望以此牟利。短短几年，越来越多的人加入偷铸钱币、使用假币的行列。

为了应对上述问题，一方面，政府投入大量的人力、物力去监管市场，官僚阶层也因此变得更加庞大。这件事导致日后政府深度介入金融业，将整个金融业收归国有。另一方面，政府的法律机器也开动了。按

18　一斤（十六两）黄金价值万钱，而一斤白选的价格已经是六千钱。

照法律规定，那些偷铸货币的人应被判处死刑。但由于这个行业可以牟取暴利，人们在严刑峻法之下仍然趋之若鹜。当所有的人都参与犯罪，法律就好像概率决定的射击游戏，谁被打中了谁就自认倒霉，没有被打中的则继续犯罪。但是，没有被打中的总是大多数。

对于皮币持有异议的官员也遭到排挤甚至杀害。历史上有名的"腹诽之罪"就出现在这个时候。

这位倒霉的官员是掌管财政的大司农，名叫颜异。汉武帝听从张汤的意见创造皮币时，派人征求颜异的看法，颜异表示不赞同，诸侯朝天子使用的玉璧才值几千钱，而现在规定玉璧必须垫上皮币，这个皮币的价值却值四十万钱，这不是本末倒置吗？

汉武帝听了不高兴。张汤乘机找人告发颜异，说他心怀不满，有意见不好好提，肚子里瞎嘀咕，犯了腹诽之罪，应当将其处死。

颜异之死向百官指明了方向，他们再也不敢表示哪怕一点点的不赞成。汉武帝开始变本加厉地用张汤的标准惩罚那些不听话的人。

在官员的推波助澜下，汉武帝的政策被执行到荒谬的程度。在高峰时期，西汉每一百个人中，就有三个人因偷铸货币而犯死罪。[19] 在这些犯罪的人中，有大约 1/5 的偷铸犯被抓，剩下的继续逍遥法外。

几年后，汉武帝意识到了问题的严重性：政府不能靠灭绝人民来推行政策。他推行挽救措施，签署命令，赦免了几十万偷铸犯的死刑。由于政府保证犯人自首就可以获得赦免，因此，又有一百多万人投案自首，

---

[19]《汉书·地理志》载，元始二年（公元 2 年），全国总人口为 5 959 万 4 978 人，达到鼎盛。在汉武帝时期人数应当低于此数。根据《汉书·食货志》，"盗铸诸金钱罪皆死"，而偷铸犯中赦免、自首、法外的三项相加，已为 200 多万人。故偷铸犯已占全国总人口的 3.3%。

而没有自首的人至少还有一半。

到最后，皮币终于支撑不下去，被废止了。

这次货币改革不仅没有满足皇帝的胃口，反而造成了市场的混乱。要解决财政危机，还必须从其他方面想主意。

到这时，官营垄断制度已经呼之欲出。汉武帝最终找到的出路是：要获得无限制的收入，就必须把政府变成一家庞大的"企业"，这家"企业"唯一的任务就是为政府创造利润，政府想要多少，就供应多少。这就是官营垄断之源。这个办法最终影响了古代中国经济和财政的走势。

解决财政危机，求助盐铁官营

在叙述汉代的官营垄断如何建立起来之前，需要先谈一谈汉代政府的"理财专家"。

在任何一个朝代，只要政府出现了财政困难，就会出现一大堆吹鼓手，帮助政府鼓吹增加财政收入的好处；而财政收入的增加，则意味着社会承受更重的负担，反过来又会造成经济的衰败。

除了这些吹鼓手之外，还会出现许多"理财专家"，帮助政府设计规则，征收更多的税，或者通过其他渠道来获得财政收入。这些人往往受到整个社会的顶礼膜拜，认为他们是最贤明的大臣，有点石成金的妙手。

汉代的几个"理财专家"也受到大部分人的推崇，甚至到现在，人们还把他们当作能臣的样板；而另一些人则意识到，这些"理财专家"所做的实际上是从民间抽血来供给政府，他们敛走的每一笔钱，最终都会通过另一种方式转嫁到人民的头上，形成更高的税收，并最终让百姓无法承受。于是人们给这些人起了一个名字，叫"聚敛之臣"。

虽然中国古代的政治传统一直排斥商人，但汉代的几个聚敛之臣都是大商人出身。

汉武帝为了增加财政收入，挤压商人阶层，令民间商业受损。也正是在这时，几个在商业中发过大财的人摸准了风向，弃商从政，适时地进入官僚系统，成为皇帝的左膀右臂，利用他们熟练的商业技巧，帮助皇帝敛财。

在任何一个政治侵蚀民间经济的时代，都会有一批原本成长于民间的商人把准了脉，跳出来要求被政府收编，希望用财产换取政府的保护，并在保护伞下谋取更大的发展。

汉代著名的几个聚敛之臣是：主管制盐的大农丞东郭咸阳、主管冶铁的大农丞孔仅，以及掌管财政的侍中桑弘羊（商人子弟出身）。[20] 其中，桑弘羊主持政策的时间最长，知名度也远高于前两位，被认为是古代第一能臣。

这些能臣又做了些什么来帮助皇帝获得军费呢？

建立官营产业，垄断自然资源，进而垄断最能影响国计民生的工业部门来获得收入。

在汉代，人们把自然资源的盈利统称为山海收入。

在实行分封制的周朝，天下所有的土地都被看成天子的。但到了战

---

[20] 《史记》《汉书》均未给这几位聚敛之臣单独列传，他们的事迹主要见于《史记·平准书》《汉书·食货志》《盐铁论》等。

国时期，分封制和井田制逐渐解体，所有开垦的土地渐渐归私人所有。除了耕地之外，国土资源中还包括山泽和海岸等非农地资源。在周朝，非农地资源也曾经是天子的财产。随着土地私有化的发展，农地归了个人，可是山海资源理论上的所有权[21]仍然在统治者手中。

但实际上，山海资源也已经被私人利用。为了矿石、木材、野兽、鱼类和海盐等资源，人们纷纷到山中、海边去谋生。统治者默许人民去开发自然资源，但也在山海地带设立了关卡，让私人按照比例缴纳一定的税收，这笔税被称为山泽税。

汉代的财政分为国家财政和皇室财政两部分。国家财政由大司农掌握，主要收入来源是全国的土地税，用于国家治理方面的花费，如军费、官员俸禄等。而皇室财政主要由少府掌握，主要来源就是山泽税，用于皇家的生活开支。由于山海在理论上是皇家的，山泽税收入自然归皇室所有。[22]

虽然山海资源事实上已经归私人使用，但通过税收制度的安排，皇室借助税收也可以获得收入，这就出现了一种两全其美的局面。不过，这种趋势到汉武帝时期出现了逆转，山海资源并没有进入私有化的最后阶段，反而又被垄断了。

汉武帝时期，由于战争消耗太大，皇帝首先做出了牺牲，主动将山泽税中的盐铁税收从少府划归给大司农管理，也就是皇帝把体己钱

---

21 山泽资源的归属问题，可参考钱穆《中国历代政治得失》中的《汉代经济制度》一节。
22 《汉书·百官公卿表》："治粟内史，秦官，掌谷货，有两丞。景帝后元年更名大农令，武帝太初元年更名大司农。……少府，秦官，掌山海池泽之税，以给供养，有六丞。"

拿出来补贴国家财政。但随着战争规模的扩大，政府财政进一步枯竭，皇帝发现还需要对盐铁制度做一系列的"改革"。

由于盐铁是当时最主要的两个工业部门（支柱产业），民间参与盐铁业的人，有的已经成了巨富。司马迁曾经给大商人立传，在《史记·货殖列传》中，至少一半的大商人都是盐铁业出身。

当国家财政接近崩溃的边缘，民间却还有巨富存在时，这些人自然成为国家的目标。汉武帝先是提高商业税，希望富人们出钱帮助政府渡过难关。但随着战争规模的扩大，商业税已经无法满足皇帝的胃口。要实现财富从私人向政府的转移，必须有一个全盘性的安排。

这时，东郭咸阳和孔仅扮演了"理财专家"的角色。他们都是盐铁商人出身，成了官吏后，更加清楚商业的法门在哪里，又该如何替皇帝赚快钱。经过研究，他们提议将盐铁工业，也就是汉代最先进的两个工业部门，立即全部收归官营，不准私人经营。

为了这次改革，他们铺垫了一系列的理论。他们并不承认这么做是为皇帝打仗筹集资金，而是以民生的名义来进行改革。他们的主张是，盐铁工业在以前是私营的，许多大商人因此而暴富，这些富人有了钱，也就更有能力奴役普通民众了。为了公平起见，必须将盐铁收归官营，再由政府来保护普通人的利益。

理论工作完成后，这项政策立即付诸实施。后世之所以关注这场改革，除了盐铁收归官营这个事实之外，更是因为汉武帝为此建立了一整套财政机构，而这套机构是日后历朝历代的重要蓝本。

在这几位聚敛之臣的帮助下，政府首先用上了严厉的手段，惩罚私自铸铁采盐者。[23]之后，招募工人，由政府供应采盐采铁的工具，组织他们工作，再把采出的盐和铁矿石专卖给政府。在产盐铁的地方，官营机构垄断，低价采购，再运到外地高价出售——其中的差价就是政府的利润。

为防止盐铁工人偷出盐铁，私自贩卖，政府制定了严格的法律，并在各地设置管理盐铁的官吏。在产地，这些官吏负责收购；在其他地方，则负责销售盐铁产品。

汉代的盐铁官吏遍布全国，据《汉书·地理志》统计，全国至少有44个地方设有铁官，至少有32个地方设置了盐官。这些设置盐铁官的地方基本上包括了当时已知产盐、产铁的所有地区。这些官吏的设置，让原本功能简单的政府机构复杂化了。原来政府只管收税和花钱，在经济方面，只扮演仲裁者的角色；而自此以后，政府成为市场的积极参与者，并且是拥有压倒性权力的参与者。这一做法在某种程度上抑制了民间经济的繁荣。

关于盐铁工业官营化的弊端，可以从一些史料里获得证实，其中之一是汉代桓宽的《盐铁论》。这部书写道，由于铁器只能由公家铸造，老百姓如果要用铁，必须向专营的经销商购买，经销商从政府控制的制造企业批发。但制造企业并不关心民间的需求，只是为了满足政府的指令，生产的铁器往往是劣质的，也不会根据市场做出调整。结果，老百姓要么买不到合用的工具，要么高价买到劣质的工具。

盐业垄断的弊端，在西汉没有具体的数字可供参考，但我们可以从

---

23 《史记·平准书》："敢私铸铁器煮盐者，釱左趾，没入其器物。"

后世的效仿中找到一些痕迹。一个最典型的例子发生在唐代。由于唐代前期没有实行食盐专卖，到了后期才建立了专卖制度，所以，比较两个时期的盐价，就可以知道政府从中获利多少。

《新唐书·食货志四》载，从唐玄宗天宝年间到唐肃宗至德年间（公元742—756年），由于没有实行食盐专卖，所以每斗盐只值10钱。到了唐肃宗乾元元年（公元758年），实行盐业专卖，每斗盐立刻涨到110钱，上涨了10倍。到唐德宗贞元四年（公元788年），淮南盐已经涨到310钱，后来又涨到370钱。而江淮那些经过政府认证的大盐商为了追求利润，还要再将盐价提高一倍出售。由于盐价高昂，许多百姓甚至不吃盐了。

从10钱涨到370钱，其中的差价就是政府实行官营之后，从民间抽取的垄断税。正因为这样，许多朝代的盐税曾经占政府总收入的一半。[24]

干预经济，必用酷吏

盐铁官营制度建立之后，汉代财政制度为之一变，从以土地税为主，变成了土地税、盐铁收入并重，政府从民间经济抽血养战的体系从此建成，但这还不能完全满足汉武帝对于财政的需求。

于是，他将目光再次投向了商业税重组的问题。

在马邑之战后不久的元光六年（公元前129年），汉武帝已经引入了商业税。这种税的征收方式是：由于商人在运输过程中需要使用载货

24　西汉、唐中晚期、宋、明、清前期，盐税都曾经占总税收的1/3~1/2。

车辆,政府就设立关卡对车辆征税,叫作算轺车。

此前,税收大部分依照土地和户籍而征收,土地和户籍都是固定的,容易征收,而商人和货物却是流动的。所以,虽然规定了商业税,但征收难度很大。直到皇帝更加缺钱的时候,才想起要采取更为严厉的征收办法。

首先,政府逐渐细化有关商业税的规定。政府要求,商人每拥有价值2 000钱的资产,就要缴税一算(120钱),税率是6%。手工业税率为3%。对于不好计价的货物就按车算,平民有一辆轺车要缴纳一算的税,有五丈以上的船也要缴纳一算的税。商人的税收还要加倍。

虽然税制很详细,但由于规定过于苛刻,没有人主动缴纳。因而,皇帝必须采取更有效的措施:雇佣大批的帮手——酷吏去征税。于是,汉武帝时期成为西汉王朝酷吏最多的时代。[25]

即便在汉武帝时代,大部分有尊严的士大夫对于政府的横征暴敛也是有看法的。皇帝要征税,只能依靠那些雁过拔毛的酷吏。一时间著名的"刀斧手"云集:御史大夫张汤,御史中丞减宣、杜周,以及推崇严刑峻法官至三公九卿的义纵、尹齐、王温舒等人相继而出。

其次,为配合商业税的强制征收,汉武帝颁布了《告缗令》,这是一项鼓励互相揭发别人财产的法令。民间社会很快就掀起了一股告密热潮。许多人热衷于打探邻居的财产,告发他们,获得分成。在这股吃大户的风气下,全国拥有中等以上资产的家庭大部分都被告发过。[26]

---

25 《汉书·酷吏传》记载了十三个酷吏,其中武帝时代的有八人;而最为酷烈的杜周、张汤、江充等人都分别立传,没有记入《酷吏传》。
26 《汉书·食货志》:"杨可告缗遍天下,中家以上大氐皆遇告。"

《告缗令》由一个叫杨可的人推行，而主持审判工作的则是著名的酷吏杜周。

在《汉书·杜周传》中，班固为杜周刻画了一个入木三分的形象。杜周当廷尉时，掀起了轰轰烈烈的反腐行动，他逮捕的郡守及九卿以上的官吏，其年俸在两千石以上的不下百余人，每年由地方上交审讯的案件不下千份。一个大案所牵连的人动辄数百人，而小案牵连的也有几十人。据《汉书·杜周传》记载，为了查证案件，办案人员来来回回折腾数百里甚至千里。遇有不服审判者，狱吏则采取严刑逼供的办法来定案。到最后，人们一听说惹上官司，就立即逃亡，免得落在杜周手里。有的案件拖延十几年还未结案，监狱里关押着六七万人。

就是这个杜周，当官前只有一匹马的财产，之后却成为巨富，并安然善终。

在杜周的主持下，官府没收的民间财物以亿计算，奴婢以千、万计算，田地大县有几百顷，小县也有上百顷，中等商人大都破产，政府收入大大增加。

告缗钱上缴后，大都交到了上林苑，于是汉武帝专门派遣一个新增加的官职——水衡都尉来管理上林事务。由于钱多了，上林苑需要扩建，汉武帝就在这里大修亭台楼阁，还以征讨南越为名修建巨大的战船。这些钱如果留在民间，本可以作为发展经济之用；而收归政府后，却成为战争和高档馆所的浪费之源。

汉武帝最后两项对后世产生重大影响的政策叫作均输、平准。这两项政策所引起的争论也是最大的。特别是平准政策，从初衷来看，人们认为它是一项好政策；但从执行来看，不仅没有得到预想的好处，反而带来了无数的恶果。后世的书生往往根据初衷来相信平准的好处，而不去检查一下实际的执行效果。

这两项法令由著名的敛财能手桑弘羊提出，其目的仍然是增强政府的财力和对经济的控制。

所谓均输，是一种让政府插手商品运输和销售的做法。汉代的土地税主要以粮食的形式上缴，但把粮食从地方运到京城需要花费大量的人力、物力。均输政策规定，地方政府可以灵活处理这些粮食，在当地卖掉，换成钱，或者购买当地的土特产品，把土特产品运到外地高价出售。粮食价格低又笨重，换成土特产品价高量轻，而且土特产品往往在产地很便宜，在外地很贵。这样，政府就可以在减少运输成本的同时，吃买卖的差价。

从理论上看，均输是一种市场调节机制，如果实行得当，各地的产品分配会更加均衡。但执行的实际效果是：政府参与市场之后，不仅没有平抑物价，反而会利用权力压低采购价，抬高出售价，形成剪刀差，赚取额外的利润。因为政府拥有权力资源，能够通过公权力形成垄断，将其他商家踢出去；而它奇高无比的管理成本又会抬高商品的价格。

所谓平准，是指在地方上兴建平准仓，当本地丰收，政府就收购粮食放入平准仓库；到了本地出现灾害缺粮时，政府再把仓里的粮食拿出来接济社会。但接济不是免费的，而是采取一个低于市价、高于收购价的中间价，这个价格既可以保证政府赢利，又能保证民间获得较为平价的粮食。就像水库对水位的调节一样，丰水期蓄水，枯水期放水。

由于历代政府都强调民以食为天，平准的原理吸引了大部分的执政者，历史上的大部分时期都设有平准仓来平抑粮价，有时也的确取得了一定的效果。但是，在历朝历代的实际运作中，平准仓暴露出来的问题也很多。

首先，政府一旦缺少收入，就会打平准仓里粮食的主意，盘算着怎么卖掉，把钱拿去充当养官成本。灾难真的来了，人们往往发现平准仓空空如也，不知道粮食什么时候已经不见了。

其次，仓库里的粮食也有保质期的问题。政府的仓库往往管理不善，许多粮食发霉、变质，被平白浪费了。

再次，政府一旦逐利，会变得比私人更加凶狠。敛财成性的官员很快就学会了如何坐庄哄抬价格，不仅起不到平抑的作用，反而成为粮食市场上最大的玩家，把其他的商人都挤出局。加上还有一些关系户和官员相勾结，依靠政府资源大发横财，平准仓成了少数人的牟利工具。

在历史上，人们往往根据理论和教条得出某些结论，却没有实在地去考察，致使某些政策看上去很美好，可一旦实施，必然变味。至于统治者推出上述政策的实际目的，也往往不是所谓的拯救民生，而是看上了这些措施的赢利能力。

消失的小政府

比较汉武帝统治前后，就会发现汉代的宫廷已经出现了截然不同的气象。

在汉武帝统治初期，汉代几乎是小政府的典范：土地实行私有制，人们只需缴纳很少的土地税。政府开支不大，人头税时常减免。其他自然资源也由私人开采，皇室抽取一定的税。整个官僚阶层规模不大，养官成本很低。同时，官员的职责主要在于收税和维持地方治安，不参与具体的经济运行。

到了汉武帝统治末期，中央政府机构已经变得臃肿不堪：首先，政府的官员构成发生了变化，掌权的人里塞进大量"有商业头脑"的"能臣"，这些能臣将中央政府变成了一家混业经营的庞大公司，这家公司既负责生产盐、铁等当时最急需和最先进的工业产品，还控制了很大一块的流通行业，特别是长途运输业。同时，这家公司还介入了最有利可图的粮食和土特产买卖。

对于这些能臣的所作所为，其他大臣怨声载道。比如，太子太傅卜式就抱怨说当官的职责本来是收税，可桑弘羊却下令叫官员们坐在街上的店里做买卖赚钱，太不像话了。

从官职来看，最初负责财政的是大农，当时财政的主要来源是农业税。后来汉武帝将盐铁和货币管理权也交给了大农。大农管理不过来这么多事情，又设置了水衡都尉负责管理盐铁事务。《告缗令》颁布之后，从民间来的罚款源源不断地输送进上林苑，于是汉武帝就叫水衡都尉管理上林事务。汉武帝大修亭台楼阁，钱都出自上林苑，水衡都尉的权力愈加扩张，但还是管不过来。

汉武帝只好把权力分散到少府、大农、太仆等官员手中，又让他们安排了一系列的官员，负责管理没收来的土地。至于没收来的奴婢，也由政府出钱养着，让他们照看宫殿、马匹、飞禽走兽。

到后来，各种官吏、奴婢的数量大增，都要靠政府供养。在汉武帝统治初期，每年只需要几十万石粮食就可以养活整个官僚系统。经过无休止的改革后，政府每年通过黄河运入的四百万石粮食仍然不够官僚系统挥霍。单单养官一项的财政负担已经翻了好几倍。这些钱都转化为民间的经济负担。政府控制全国经济的结果是物价飞涨，各种官吏霸占市场，成为经济的大玩家。

汉武帝时期的财政也发生了显著的改变，之前是以农业等常规税收为主，之后则越来越依靠官营垄断产生的利润；同时，政府垄断铸币权，抽取铸币税；另外，政府还利用流通领域的买卖差价获得了大量收入。

到了汉元帝年间，民间的经济负担虽比汉武帝时期轻了很多，然而，正规税收之外的项目仍然占财政总收入的一半以上。[27]

对于农民来说，农业税和人头税虽然没有明显增加，但他们所受到的盘剥却十分严重。首先，他们购买的工业产品价格更高，多出来的钱款用以支付政府的垄断税。其次，实行盐铁官营政策后，商人成为一个特权阶层，这个阶层积累了大量的财富，社会的贫富差距大幅度增加。随着时间的推移，这个阶层到农村收购了大量的土地，成为大地主。西汉的豪强大族、东汉的世家大族，以至魏晋的士族问题就是在这时候萌发的。

由于汉武帝时期充斥着各种各样享有特权的阶层，这些阶层不缴纳农业税，又拥有庞大的土地资源。所以，农业税被不平等地强加在弱势的农民头上，他们拥有更少的土地，却承担更高的税负。到这时，中国历代社会中的弊病都一一显现。

---

27 《汉书·何武王嘉师丹传》："孝元皇帝奉承大业，温恭少欲，都内钱四十万万，水衡钱二十五万万，少府钱十八万万。"

在从汉武帝至晚清这几千年的时间里,只有东汉和唐前期的政府没有采取官营垄断的做法,其余历代统治者大都没有摆脱汉武帝的统治模式。官家垄断成为中央王朝的财政秘诀,逐渐成为唐以后各个王朝的标配。

汉武帝对于财政收入的渴求还带来一个意想不到的"副产品":在制度上,中央政府的行政机构受到了永久性的损害。为拥有足够的权力去改革,汉武帝破坏了汉初形成的官僚体制的平衡,建立了一套围绕皇帝的内廷系统,从此以后,制度失衡问题一直困扰着汉代的统治者们。

在西汉初年建立的三公九卿官僚制度中,三公之首(也是百官之首)是丞相。皇帝负责定调子和把握方向,丞相则负责整个国家的吏治和日常行政工作。[28]

然而,在汉武帝进行了一系列的复杂改革之后,由于政府承担了太多的职责,从开办官营产业到征收商业税,再加上官吏队伍变得庞大、难以管理,皇帝感觉丞相已经无法领会他的意图,做这么多的事情了。因此,皇帝从幕后跳到了台前,建立了一个类似于委员会的机构,这个委员会依托于少府下面的一个小机构:尚书台。

所谓少府,本来是服侍皇帝起居的。丞相的衙门对外治理国家事务,而少府则属于伺候皇帝的内廷机构。少府下属的尚书台在秦代就已经存在。到了汉武帝时,为了应付庞大的官僚体系,需要一个随时都能领会皇帝意图的部门,所以皇帝削弱丞相的权力,加强尚书台,形成了一个

---

28 制度问题的材料来自《汉书·百官公卿表》。

围绕皇帝的决策机构。这个设在宫内的小机构（内廷）让皇帝可以不用公开办公，在私人场合找几个人一商量，就把政策定下了。

不过，虽然尚书台的地位得以提高，但尚书台的官员，比如尚书令、尚书仆射、尚书丞的级别都很低。所以，这些官员一旦离开尚书台，权力立刻丧失殆尽。为了保住权势，他们势必将自己的命运与皇帝绑在一起。

另外，汉武帝喜欢征战，对于武将也更加倚重，分封了许多将军，其中最著名的是大将军卫青。卫青之后，大将军成为一种封号，汉武帝死后，接受托孤重任的霍光（霍去病的异母兄弟）以大司马大将军领尚书事进行统治。大司马是三公之一的太尉的改称，也就是掌管武装部队的最高官员。通过制度变更，丞相的权力就转移到了掌管尚书台的大司马大将军手中。

到了东汉时期，尚书台成为最核心的权力机构。

在之后的历史中，我们还会看到无数次权力的内廷化。当皇帝觉得现有的机构不能领会他的意图，对他形成羁绊时，就会弄出一些稀奇古怪的新机构来掌管权力。这种对原来官僚架构的破坏，令政权变得越来越不稳定，也引入了大量的冗官。政权的不稳定，以及官僚机构的烦冗，甚至成为整个王朝的绝症。

统一的代价？

关于汉武帝的改革，人们的争论仍在继续。

本书只是利用现代财政工具，描述并分析了汉武帝建立新财政体系的经过，并将官营垄断型财政体系对民间经济的破坏摆在了读者面前。

然而，许多人却把焦点放在另一个问题上：官营垄断和政府干预到底是不是必不可少的？

许多人认为：官营垄断确实拖累了民间经济，但这是古代中国建立大一统社会不得不付出的代价，根本没有办法避免。

当汉高祖在如此广大的疆域内建立起统一的中央集权王朝时，这个国家的命运就已经注定了。为了维持它的统一，政府必须拿出相当一部分资源来发展军备，防范外部的敌人，又要加强政府官僚体系的控制力，来镇压内部的反抗；而军备资源和养官成本最终肯定会超出政府的财政负担能力，逼迫政府想尽一切办法去敛财。汉武帝采取的办法，是统治者能够想到的最有效的办法。

在大一统的中央王朝下，百姓享有无数的好处：迁徙的便利、市场的庞大、和平带来的飞速发展……为了获得这一切，就必须承担一部分集权之恶，养活一个日益庞大的官僚体系。为了养活这个体系，又必须忍受垄断资源的官营产业存在。

这就是"必要的恶"理论。

但是，这种理论无法解释人们巨大的困惑：即便保留官营产业垄断资源和政府对经济的干预能力，保留所有的"必要的恶"，一个王朝也仍然无法永存。

虽然每个王朝面临的问题不尽相同，但它们都是被财政制度本身拖垮的。或者说，最终不管如何努力，不断扩张的政府财政还是要拖垮经济，将整个社会变得脆弱不堪，这时候，一个小错就会导致全盘的解体。这就好像癌症一样，到后期，当肌体被癌细胞侵蚀，任何小毛病都将导致健康的崩溃。

本书的目的不在于否定或者肯定这种"必要的恶",只是想将它从纷繁复杂的历史线条中剥离出来,展现给读者,请读者自己分析、判断。

于是,我们必须回到统一的源头,去看一看这个制度如何建立,又如何在千年轨道中一次次挣扎和循环往复……

第一部
探索中的集权王朝
（公元前221—公元589年）

第一章　秦至汉初：中央王朝的诞生[1]

秦的灭亡并不完全因为"仁义不施"，主要是由于战争财政所带来的巨大社会成本。

为统一六国，秦围绕着战争建设了一套高效的财政机器，从民间经济抽血养战。但六国灭亡后，制度惯性让秦政府无法重构财政，导致财政机器沿着惯性继续抽血，民间经济无法重建，最终崩溃。

秦灭亡后，社会的普遍思潮是：建立这样一个庞大的集权王朝注定会失败，谁也无法以合理的财政成本来维持王朝的统一。在这种思潮下，人们更倾向于回到战国时代，建立众多国家，来分散统一王朝的风险。

刘邦没有顺从这种思潮，而是逆势而动，重建统一的集权王朝。然而他死时，这个国家面临着分崩离析的危险，在财政上离心力过大，不可持续。

文景之治，是集权王朝的二次构建时期，不仅要解决经济发展问题，还要通过财政制度的建设，来压制地方的离心力。汉文帝采取拖延战略，

---

[1] 本章涉及的时间范围是公元前 221—前 141 年。

先发展经济，至于地方诸侯问题，则留给了未来。汉景帝时期的七国之乱给中央政府留下机会，完成了官僚和财政的集权，保证了中央对地方的控制力，到这时，汉朝作为中央集权国家才趋于稳定。

楚汉相争：一道岔路口的选择题

秦二世三年（公元前207年），子婴被丞相赵高推上了王位。此刻，他祖父秦始皇建立的秦王朝已经存在了十五年。

子婴登基时，并没有像他之前两任君主那样称"皇帝"，而是改用"秦王"的称号。他这样做，是因为他接手时疆域已经大大缩水，当不起"皇帝"的称号了。

秦始皇时期，秦的疆域从西方的临洮、羌中直到东方的大海，从北方的长城直达西南的象郡。但是子婴继位时，原来的六国都已经叛乱，名义上属于子婴的，只有关中一带属于原来秦国的部分。可是这一部分也濒临失控，起义军已经来到家门口，只等着入关了。

继位46天后，刘邦兵临城下，子婴出城投降。秦灭亡。随后，起义军中最强大的一支在项羽的率领下也到来了。

项羽杀掉了子婴。起义军将领在项羽的主持下瓜分天下，各自称王。秦代统一的疆土被分给十九个诸侯王。其中，先入关的刘邦被封为汉王，接收了巴蜀和汉中之地，定都南郑；而项羽自称西楚霸王，占据梁、楚地的九个郡，定都彭城。

这就是楚汉相争的起点。四年后，汉王刘邦灭西楚霸王，建立汉王朝。

人们常常把楚汉相争当作一场普通的争霸战。在汉代以后的争霸战中，争战双方怀着同样的目的，都想获得整个国家，称帝登基。因而，人们想当然地认为，如果项羽获胜，也会像刘邦一样建立一个中央集权的国家。

但这只是一种误解。事实上，中国大一统的观念是在汉武帝时期才正式形成的。[2] 在秦代灭亡之后，项羽以及大部分的军事将领并没有想要建立统一的集权国家，楚汉双方代表着两种截然不同的政治理想。在刘邦要建立大一统王朝的同时，大部分人的理想却是：废除皇帝，回到诸侯时代，由各个诸侯管理自己的国家。对于他们而言，项羽本人是一个齐桓公式的霸主，不是皇帝，对于各个诸侯王只有有限的监督权。

楚汉相争并非是谁当皇帝的争斗，而是两种选择的岔路口：一种选择类似于战国时期的诸侯模式，另一种选择则是独特的大一统王朝。

但这两种选择的力量对比从一开始就是不均衡的。秦末民变一爆发，诸侯力量就显示出了强大的生命力。人们纷纷杀死秦始皇派去的守丞，选出自己的领导人，参与复国运动。[3]

---

2 汉武帝在经济上进行集权的同时，采取"罢黜百家，独尊儒术"的思想政策，并采纳公孙弘、董仲舒等人的主张，梳理了以《公羊传》为核心的儒家理论，着力推崇"大一统""通三统"等理论体系。董仲舒又借此发展了"天人合一"的夹杂了阴阳家的儒家学说，将儒术从学派变成了宗教。此外，汉武帝将儒教与官僚体制相结合，使得大一统成为中国传统政治的核心理论之一。由于这些内容超出了本书论述的范围，仅简单以注释作为说明。可参考《史记》《汉书》中相应人物的传记，以及任继愈主编的《中国哲学发展史·秦汉》等，也可见本书作者的《哲学密码》。

3 《史记·秦始皇本纪》："山东郡县少年苦秦吏，皆杀其守尉令丞反，以应陈涉，相立为侯王，合从西乡，名为'伐秦'，不可胜数也。"

虽然首义的陈胜自称陈王，建号"张楚"，希望将反秦的力量都置于自己的控制之下，但是，诸侯力量很快就占了上风。民变不久，六国纷纷称王复国。[4] 其中，齐、楚、魏、韩四王都是原来四国的王室后裔，而首先占据赵国土地称王的是陈胜的大将武臣，武臣死后，赵国贵族后裔赵歇也恢复了对赵国的控制。唯一由外人占据王位的是燕国，但燕王韩广、臧荼相继称王之后，也都不让外人插手，以维持燕国的独立地位。

　　在齐、楚、燕、韩、赵、魏六国之外，还有另一股势力也不容小觑，他们是掌握了军权的各将领，包括项羽、刘邦、张耳、陈馀、彭越、英布等人，这些人不属于六国宗室后裔，实力却比复国的六国还要强大。但他们中的大部分人也没有统一的理念，而是受到六国的影响，也憧憬着割据一片土地，独立称王。

　　在这种局面下，反秦势力中实力最强的项羽，顺应当时流行的想法，在灭亡秦朝之后，将原来的七国土地分割成十九块，分封了十九个诸侯王。其基本做法是把七国每一国的土地分成若干块，除了保留一块给六国的后裔之外，其余的悉数分封给各个功臣。只有秦国是个例外，由于暴秦是大家共同的敌人，不可能让秦王的后裔保留统治权，就由投降项羽的三个秦朝将领瓜分了原来秦国的国土。

　　另外，项羽、刘邦原本都是楚王的将领，楚王曾说过，谁先攻克关中（函谷关和武关以西，即统一之前秦国的土地），就让谁当关中的王。为了兑现这个约定，项羽还把秦国的汉中和四川（关中地的一部分）两

4　六国复国，参考《史记》本纪第六至八，表四、五，世家第十八，列传第二十九至三十四。

地分出来，交给了刘邦；[5]而项羽本人的封地则分割自楚国。

分封后，各王并没有隶属关系，各自统治自己的领地，在内部征税，组织军队，维持内部秩序。

在项羽的政治蓝图中，他所建立的新秩序是另一个诸侯时代，而大部分获得分封的诸侯也是这么认为的。但这个蓝图中存在一个巨大的不稳定因素：当年战国时期，主要国家只有七个，还相互攻伐，战争不断。如今有十九个诸侯王，又如何保证它们能够和平相处？就算王与王之间不存在争斗，内部的争斗有时候也需要一个外部的裁判员，到底谁能担当此任？

项羽认为这个裁判就是他本人。

与其他的王不同，项羽号称"霸王"。现在人们一提起"霸王"，首先想到的是蛮横、不讲理的人，然而在古代，"霸王"一词是一种令人羡慕的称号。项羽怀念的是春秋时期的五位霸主。以最早称霸的齐桓公为例，齐国强大以后，齐桓公在中原担负起更大的责任，他要调停诸侯国之间的关系，防止他们逾矩，主持正义，扮演着类似当今世界"国际警察"的角色。当一个国家的国君承担着维持国与国之间秩序的角色时，人们尊他为"霸"。项羽自称"霸王"，就是希望与其他王区别开来，表明他担负着维持国与国之间秩序的责任。

当然，这个霸王与皇帝是完全不同的。霸王平常不干预各国内政，

5　虽然后来刘邦一直指责项羽违背了当初"先入关中者王之"的约定，只把关中的一部分（汉中和四川）交给了他，而不是把原属于秦国所有的土地都给他，但这种指责是空洞的。实际上，项羽为把天下划分成十九块，对原本六国的领地也都进行了进一步的分割，不仅仅是针对原秦国的土地。

只是在特殊时期维持一下秩序，大部分时间里只满足于统治自己的国家；而皇帝却要做所有领土的主人，让所有人都听命于己。

那么，为什么当时的人们不想建立统一的王朝，反而纷纷盼着回到从前的诸侯国模式呢？

答案可能出乎现代人的意料：在当时的人看来，组织一个疆域广阔的超级大国是不可能的事情。

以现在的世界打比方，人们已经习惯了世界上有美国、中国、俄罗斯等众多国家，如果有人宣称要在地球上建立统一的国家，那么大部分人都会嗤之以鼻。原因很简单：这种国家以前没有出现过，在人们的印象中，组织这么大的国家，其复杂程度已经超出了人类的组织能力。

在秦代以前，整个华夏地区就是一个小型的地球，人们早已习惯了各诸侯国的存在。对于他们而言，这种分立的状态只不过被秦始皇中断了十五年而已，而这十五年又是不成功的。因为即便是秦始皇，也无法长期维持稳定，还让人们的生活越过越糟糕，大家都在盼着它分崩离析。

与后世认定秦代是大一统中央集权国家的起点不同，秦亡的几年内，人们反思的却是秦的建立是一种不切实际的狂妄尝试，它的失败是注定的。

如今回望，当时集权国家不仅在中国要注定失败，哪怕放眼全世界，秦代以前都很难找到一个如此庞大的中央集权制国家。

人们往往被古埃及辉煌灿烂的文明所迷惑，以为那是一个古代的大帝国。其实，在大部分时间里，古埃及法老的统治只局限在尼罗河两侧几千米到十几千米宽的河岸上，管辖范围远小于战国时期的一个诸侯国。

古代美索不达米亚的文明古国也只局限在两河流域的狭小平原里，在沙漠和沼泽之间，面积只有 1.5 万平方千米，小于古埃及。

公元前 15—前 11 世纪，是古埃及的新王国时期，处于和赫梯帝国（位于今土耳其）争霸的时代。在此期间，古埃及领土大大扩张，终于超出了狭小的尼罗河河谷。但不管是古埃及还是赫梯，都没有建立起真正的中央集权帝国。古埃及在尼罗河河谷之外、位于中东地区的领地大都是靠间接统治来维持的，这些地区有自己的国王，只是名义上服从于古埃及。这与真正的中央集权制——由皇帝派遣官员治理是完全不同的。

秦代之前的西方世界，只有两次建立庞大帝国的尝试。第一次是波斯的阿契美尼德王朝（公元前 550—前 330 年），也称波斯第一帝国。这也是人类第一次尝试建立横跨亚非欧三洲的统一政权。第二次尝试则是马其顿人亚历山大大帝（公元前 356—前 323 年）建立的帝国。

波斯帝国是最接近中央集权制的国家。并不让人意外的是，虽然波斯本部实行严格的中央集权制，但是，当波斯王的征服带来更多的土地时，他们也很难在被征服的土地上推行同样的集权官僚制度，只能因地制宜，派遣总督，或者听任当地统治者继续管理。[6]

这仍然是一种集权制和封建制的混合制度，一个强大的核心带着众多松散的外围区域。政权的兴衰取决于本部国王的能力，甚至取决于一场战争的胜负，当本部军队被消灭，外围区域立刻脱离核心。

当亚历山大大帝的步兵方阵横扫波斯时，帝国无力抵抗，走向灭亡。

---

6 如波斯的小居鲁士就做过位于今土耳其的小亚细亚的总督，但小居鲁士并不听命于他的哥哥波斯王，反而利用希腊人武装入侵波斯本土，抢占王位。见色诺芬的《长征记》。

但取代波斯的亚历山大帝国表现得更加不稳定。它是一种军事征服的产物，甚至在还没有建立固定的制度时，就垮台消失了。

从西方的例子也可以看出，秦代之前，整个世界范围内没有人能够建立稳定、制度统一的集权官僚制国家，几次尝试要么很快失败，要么仍然是松散的拼图模式。

那么，为什么几大帝国在创建大一统的中央集权国家时失败了呢？

答案是，要建立统一的国家，需要经历两个步骤：第一步，用军队进行武力征服；第二步，用文官进行政治征服，建立统一的制度。不管是波斯帝国还是亚历山大帝国，都是完成了军事征服，却无法完成政治征服。

在军事征服的过程中，获胜者往往是那些能够调动一切财政资源为战争服务的一方；而在政治征服时，又要调动主要资源服务于政治和民生，建立制度，发展经济，使人们在新的框架下安居乐业，不再想着回到过去的制度。

但是，如何从军事征服转向政治征服，很难把握。军事征服刚结束时，由于惯性，大量的军队仍然存在于四方，他们的利益不容忽视，如果迅速把财政权从他们手中移开，会造成军队的不稳定；如果继续让军队掌握过多的资源，又无法建立后续的政治结构，最终会造成资源分配上的严重失衡。于是，依靠军事打下来的帝国，又在军人的纷争或者财政危机中分崩离析。

在秦代，这个问题同样是它迅速崩溃的主要原因。

秦代的财政革命和崩溃

从春秋进入战国，大量的诸侯国消失，只剩下几个强大的国家。战争也早已从纯粹的武力炫耀变成了财政的比拼。

哪个国家能够建立起更高效的财政系统用于战争，哪个国家就可能获得最后的胜利。

于是，各国进入一个竞相变法的时期。所谓变法，本质是改变经济资源的配置，提高国家财政效率。

早期的变法始自鲁国的初税亩。所谓初税亩，就是丈量土地，摸清楚全国土地数量，再根据土地面积征税。

在实行初税亩之前，中国实行的是一种封君所有制，或者说土地分封制。

名义上，天下的土地都是周王的。但是，在实际操作中，周王的权力极其有限。他把鲁国的土地分封给鲁国的国君后，就不再掌握鲁国的土地收益了。每年鲁国国君只需向周王象征性地进贡，就获得了鲁国的统治权和财政权。

但是，鲁国的国君也无法完全控制自己的土地。当他把某一个邑分封给某个贵族（比如孟伯，即孟孙氏的伯爵）时，那么这个邑的农民就向孟伯缴纳粮食，而不再向鲁国国君缴纳。每个国家内部的下级封君（贵族）对国君承担的义务是：当国君需要打仗时，他们有义务按照封地的大小，赞助一定的军士和装备，而供养这些军士和装备的钱由贵族承担。

所以，每一个国家的军队，其实都是由许多下级封君共同拼凑的，战斗力并不强。而国君由于不控制贵族土地上的税收，也就没有足够的财政规模来组织更加庞大的军队。

到了春秋后期,随着几个大国的崛起,国君感到这种杂凑的军队已经不能满足军事需要了。他们开始组织属于自己的军队,这时,财政问题就更加突出。

与此同时,在每个国家的贵族斗争中,也出现了分化,大量的低级小封君消失。每个国家内部要么国君变得强大,将下级封君都压制住;要么国君衰落,而次一级的几个大封君掌握政治优势。比如,在晋国,国君逐渐被边缘化,四个次一级的封君却崛起了,分别是韩、赵、魏三个子爵,以及智氏这个伯爵。后来,韩、赵、魏灭智伯,并取代晋国的国君,在原晋国的土地上建立了三个独立的国家。在齐国,情况类似,一个田氏的子爵最终取代姜姓吕氏,当上了齐国的国君。[7]

新君取代旧君之后,就派出只向国君负责的"令"和"守"去管理这些直属于国君的土地,农民缴纳的粮食直接归国君所有。这就是直属于中央的县的雏形。与此同时,还有许多土地仍然属于没有完全消失的各级封君。

另外,随着战国时期人口增多,许多新增人口分不到成熟的土地,但还有大量的荒地没有利用,新增人口都跑去开荒。这些新开的土地由于没有登记,没有具体的归属,所以不需要向任何封君缴纳粮食。时间长了,各级封君发现无主的土地已经吸引了太多的人,而封君们自己土地的产出却越来越少,影响税收,而税收的减少又影响了他们的军事实力。

为了解决这个问题,势必实行一次土地改革,对土地进行重新统计,

---

[7] 参见《史记》的世家部分和《左传》。

重新分派税收，增加财政收入。为了让耕种者配合土地改革，封君们也必须付出一定的代价，这个代价就是：原来土地在名义上都是属于各级封君的，耕种者只有使用权，而改革要实现土地私有化，承认耕种者就是土地的主人。耕种者为了获得土地，付出的代价就是按亩缴税，土地越多，缴税越多。

通过利益交换，封君和耕种者实现双赢：耕种者获得了土地，而封君增加了税收。

土地改革最早从鲁国开始。主持改革的是鲁国的次级封君季文子。在鲁国，国君权力并不强，几个次级封君垄断了政权，分别是孟孙氏（伯爵）、叔孙氏（子爵）、季孙氏（子爵），以及东门氏。在改革前，东门氏实力最强并把持朝政。

鲁宣公十五年（公元前594年），在东门氏的公孙归父掌权时，来自季孙氏的季文子为了对付公孙归父，建议在全国实行土地改革，清丈全国的土地，进行土地确权，并按照统一的税率收税。[8] 这种做法使得鲁国的税收大为好转，并且由于承认人民的土地所有权，季文子在政治上

---

8 初税亩在古代常常受到批评，特别是对古代政策推崇备至的复古主义者。他们认为，古代存在一种理想的公有制叫井田制，在如同"井"字形的九块土地上，中间一块是公田，周围八块分给八户人家作为私田。私田产出归个人，而公田由八户人家共种，产出归封君。初税亩的出现打碎了复古主义者心目中的理想模式。
现在，人们虽然不再认为古代存在过于理想化的井田制，但都承认，初税亩出现之前，中国的土地所有制是封君所有制，耕种者没有所有权。正是初税亩给了劳动者土地所有权。
关于对初税亩的批评，典型的如《穀梁传·宣公十五年》："初税亩，初者，始也。古者什一，藉而不税。初税亩，非正也。古者三百步为里，名曰井田。井田者，九百亩，公田居一。私田稼不善，则非吏，公田稼不善，则非民。初税亩者，非公之去公田而履亩，十取一也，以公之与民为已悉矣。古者公田为居，井灶葱韭尽取焉。"

赢得了民心，击败东门氏。与此同时，孟孙氏、叔孙氏和季孙氏也利用这个机会发展壮大。

季文子的改革引起了列国普遍的关注。其他国家的统治者发现，鲁国的改革可以快速增加财政收入，使政府有能力组织更强大的军队。于是，这项改革迅速被各国效仿，向整个华夏铺开。

特别是那些已经解决了下级封君干政问题的国家，一旦进行初税亩改革，国君手中的财政力量会大大增强，有可能组织更强大的军队，形成更大规模的政权，土地改革使中国进入了一个高速兼并的时代。

在这项改革中，地处西北的秦国属于落后的一方。直到秦孝公十二年（公元前 350 年），才"为田开阡陌"；两年后，才"初为赋"，开始征税。这时距离鲁国最早的初税亩（公元前 594 年）已经过去了近 250 年。

秦国土地改革之所以这么晚，是因为秦国落后的制度。它在诸侯国中资历较浅，又地处六国的西部，孤零零地在关中平原，与中原地区隔绝，与北方和西方的少数民族接壤。

然而，在所有不利因素之外，秦国的隔绝和落后也是它最大的优势：由于六国发展过早，国家内部已经有了盘根错节的利益集团，即便经过艰难的兼并和整合，国君仍然无法将所有的资源集中起来投入统一战争。秦国由于发展较晚，国内的利益关系简单，更容易建立一套中央集权的财政制度，将每一份资源都用到战争上。

在财政问题上，齐国和秦国是可以进行对比的两个案例。

公元前 288 年，秦昭王和齐湣王做了一个出乎意料的决定，他们分别给自己加了尊号，称为"西帝"和"东帝"。[9] 在古代礼仪中，"帝"是一个比"王"更高的称号，自五帝以后，就没有人再使用了。秦王和齐王的举动，是想告诉世人，他们已经强大到超乎其他诸侯王之上，不满足于只称王了。

虽然两国君主很快就去掉了帝号，但这也反映出当时齐国是足以与秦国抗衡的大国。另外，齐国的商业远比秦国发达。自齐国的开国国君姜太公起，齐国就确立了以手工业和商业立国的方针，长期在经济上处于领先地位。[10] 齐国和秦国的争霸，也大有商业文明对垒农业文明的势头。那么，为什么齐国最终在与秦国的竞争中失败了？

主要原因就在于齐国国内复杂的利益团体阻碍了齐王掌控更多的资源。其实，齐国发展商业也带着很大的无奈，因为国内耕地面积本来就狭小，而拥有土地的贵族又非常强大，国君很难通过土地获得足够的税收，只能通过发展商业来获得财政收入。

相比而言，秦国建立时，它的国土面积并不大，而且很单纯。后来秦国的历代国君向西逐渐扩大疆域，建立起庞大的国家。这些新征服的土地上还没有形成利益集团，也没有被分封，都归国君直接管辖。

秦国国君最初就派遣直属官员来统治这些土地，制定统一的政策。秦国的结构一开始就是有利于中央集权的，其优势远大于其他国家。它的郡县制也比其他国家更发达。而集权制度的发展，也让秦国拥有比其他国家更强的扩张冲动，因为新得来的土地大都归国君所有，只有小部

---

9 《史记·田敬仲完世家》："三十六年，王为东帝，秦昭王为西帝。"
10 《史记·齐太公世家》："太公至国，修政，因其俗，简其礼，通商工之业，便鱼盐之利，而人民多归齐，齐为大国。"

分作为赏赐分封给功臣，和其余六国比起来，小规模的土地赏赐无法改变秦王的优势地位。

通过两场内容迥异的改革（变法）也可以看出秦与六国的区别。

在战国初期，魏国的魏文侯曾经任用李悝在魏国进行变法。李悝去世（魏文侯五十年，公元前395年）数年后，另一个变法家诞生，他就是商鞅。

这两个人都是法家和重农主义的代表，分别主导了魏国和秦国的变法。然而，由于政治环境的不同，两人变法的内容和效果都有着巨大的差异。

李悝所在的魏国利益关系复杂，他无法打破利益集团的阻挠，只能采取温和的方法进行变革。进行调查之后，他提出了几个观察结果。

第一，方圆百里的土地大约有900万亩，不能耕种的土地加上人们的宅基地共占了1/3，剩下600万亩土地就是可以耕种的。如果调动农民的积极性，每亩能增加三斗粮食；如果农民没有积极性，就要减产三斗。一进一出，方圆百里就有180万石粮食的差异。他改革的目的就是要挤出这180万石粮食。

第二，粮食太贵，人们就会吃不起；粮食太贱，就要伤害农民的积极性。唯有价格适中才是最好的。《汉书·食货志》记载，经过李悝一系列复杂的计算，他发现按照现有的价格体系，魏国一户农民生产一年的粮食，还不够这户农民一年的开销。这说明，提高农民积极性，稳定价格是最要紧的。于是李悝就为改革找到了突破点：稳定价格，提高农民积极性。

他采取的措施是"尽地力"和"善平籴",前者是鼓励农民在土地上增产,提高他们的积极性,后者是利用类似平准的制度平衡粮食的价格。政府在丰年时多收购一些粮食储备起来,维持丰年的粮食价格,以免打击农民的积极性。到了荒年,就减免一部分税收,并低价把粮食卖给农民,用这种办法平抑价格。

可以看出,李悝是在尽量不破坏原有社会秩序的情况下,通过外科手术式的改革刺激农民的积极性,获得一定的增产。可以说,他的变法是温和的,适应魏国复杂的政治体系,但不具有革命性。魏文侯可以通过李悝的改革使魏国成为强国,却不足以用来进行统一战争。到最后,由于改革成果无法持续,魏国也随之衰落。

商鞅变法则采取了更加激进的做法。由于秦国的政治较为简单,国君的支配力更强,集权程度更高,商鞅在政治制度上进行了根本的变革,将秦国打造成一台完美的战争机器,把每一个人都纳入国家体系,让每一个人都为战争出力。

商鞅的变法措施包括以下四个方面。[11]

第一,在地方上推行中央集权制度。各县由中央直接管辖,官员由中央统一指派。并在民间建立什保制度,五户为一保,互相监督,加强政府对社会的管控。郡县制度彻底破坏了商周以来的封建制度,在地方一级上完成了集权化。秦国所建立的这套制度也成了未来两千多年中央集权制度的蓝本,虽然地方管理的层级越变越多,但管理的思路再也没有变过。

---

11 见《史记·商君列传》,部分思想参考《商君书》。

第二，控制粮食流通渠道，限制人口自由流动。虽然土地属于农民，但农民不得擅自离开土地。这样，每一个农民就都被"标准化"了，他们活着的意义就是生产粮食。政府通过控制流通渠道将农民生产的粮食输送到秦国的战争机器中。

第三，实行军爵制，将整个社会生活同军事挂钩。一个人只有在军事上有所贡献，才能得到爵位。爵级共二十个级别，一个人先受封低级爵位，下一次立功再受封，依次累积，直到最高级。秦国人用漫长的一生去盼望军爵，从低级走向高级，爵位越高，他的社会地位也越高。整个社会组织高度军事化，是秦国战争机器如此完美的原因之一。

汉代的董仲舒曾经评价秦国商鞅变法之后的情况，认为变法前后，百姓的徭役负担是之前的三十倍，而官府的赋税收入则是二十倍。[12] 虽然有夸大的成分，但从侧面显示出秦国财政机器在压榨民间资本上做得多么完备。

第四，秦国发展晚，因而土地充足，而山东六国人口众多，土地不够。于是，商鞅就鼓励六国向秦国移民。一旦这些人移居到秦国，就分给他们土地，并免除三代人的兵役，让他们专心种田。这些人就转化成秦国的生产机器，而打仗参军则由原来的秦人承担。新秦人获得安全，老秦人通过打仗立功获得爵位，各得其所。

如果说，在古希腊有斯巴达式的军国主义城邦，那么与之相应的则是东方的秦国。斯巴达只是一个城邦的军国主义，而秦国却是一个国家

---

[12]《汉书·食货志》载董仲舒言秦之弊："复为正一岁，屯戍一岁，力役三十倍于古；赋、盐铁之利，二十倍于古。"

的军国主义。这个国家采用中央集权制，政令直达每一个人，这样的战争机器能产生出强大的力量，将各国一一摧毁。

在与六国的战争中，地处偏远的秦国可以组织起六十万人的大军，并调动足够的资源供养，把他们送到数千里之外去打仗，由此可见当年商鞅建立的制度是多么高效。

然而，战争结束后，这套高效的制度只维持了十五年就彻底瓦解了。

强大的秦国为什么能够应付六国的正规军，却无法抗衡起义的杂牌军呢？

问题仍然出在与波斯帝国、亚历山大帝国同样的困局上：为武力征服而建立的财政制度无法及时地转换成政治征服的工具。表面上看，秦代在全国建立了郡县制的中央集权统治，但郡县官员没有足够的经验，也不能获得足够资源来安抚地方人民，建立起让人民内心认同的统治基础。

征服六国之后，秦始皇曾经考虑过以何种模式进行统治的问题，放在他面前的选项有两个：第一，学习周朝，分封一批王室子弟做诸侯，来取代那些老诸侯；第二，彻底建立中央集权的模式，将秦国的模式向六国推行。[13]

许多人赞成第一种模式，因为这是大家已经熟悉的套路，好处是各个诸侯都会立即担负起统治责任，全国可以迅速安定下来；而坏处则是几代人之后，各诸侯国再次厮杀，将周朝的形势重演一遍。丞相李斯则坚持第二种，将郡县制推向全国，整个庞大的王朝都由皇帝本人来控制。

13　见《史记·秦始皇本纪》《史记·李斯列传》。

丞相的坚持让始皇帝下定决心推行中央集权制，彻底消除六国内部残留的分封制痕迹，将郡县制度扩展到整个中国。

为了推行中央集权制，秦始皇需要在短短的几年内向六国故地派遣大量的行政管理人员，担任郡县长官。由于秦国不可能有这么多人才储备，不合格的官吏必定会在各地造成混乱；即便是合格的官吏，也会受到当地的抵制。

为强行将制度推行下去，秦始皇保持了高压态势：他没收天下的兵器，防止各地反抗，强迫六国的贵族迁往关内。

秦始皇注重用迁移民众的做法来打破原来的社会结构。秦军征服过后，许多地方的精英分子都被带走安置到其他地方，而这些人离开时留下了大量的土地，秦始皇再靠赦免的罪犯，或者调其他地方的人来填充，重建社会结构。

在《史记·货殖列传》的记载中，许多富豪的家族都被迫迁到了外地，重新起家，继续获得财富。比如，蜀地的卓氏（司马相如妻子卓文君的家族）就是从赵国迁来的，南阳的孔氏是从魏国迁来的。

对于那些不听话、不懂规矩的人，秦始皇用严刑峻法对待他们。

在后来的民变中，许多人都是被秦法逼出来的叛乱者。比如最先起事的陈胜、吴广，还有后来的刘邦，都是在押解犯人或者服役者的过程中，因为出现人员逃亡或者误期的情况，按照秦法要严格处理，所以才不得不造反的。[14]

但是，就算秦始皇采取了这么多办法推行中央集权制度，习惯分

14　见《史记·陈涉世家》《史记·高祖本纪》。

封制的人们仍然不甘心被置于集权社会中一个零件的位置上，对于中央政府派去的官员也是阳奉阴违。许多人还在幻想着六国势力重新崛起。如果秦代能够维持更长久的和平，也许等这些六国余孽都老死，人们能够适应新的模式，就真的完成了政治征服。但是，在整个社会的记忆仍然深刻时，秦朝就维持不下去了。

统一后，巨大的战争财政消耗还在继续，集权制官僚们还在按照战时的模式从民间榨取利润，社会经济无法重建。更严酷的高压态势也迫使皇帝从民间获得庞大的财政收入，来保持统治阶层的忠心。

更重要的是，本来六国的民间经济要更自由一些，秦把自己的模式强加给六国，六国的经济也戴上了紧箍，加入战时经济。

而秦国庞大的人员组织能力也在继续发挥作用，将军们失去了对手，只好将武力强加给其他民族，并修筑长城，建造阿房宫。整个王朝在战时经济中消耗巨大，却没有人能够将这架战争机器停下。

最后，这架机器终于失控。庞大的王朝死于自己的制度。中国人第一次尝到了中央王朝带来的巨大的统一成本。

贾谊曾经感慨秦因"仁义不施"而亡国，[15]我们不能只看到所谓的"仁义"，而应该从背后的制度去寻找原因。

---

15 贾谊《过秦论》："然秦以区区之地，致万乘之势，序八州而朝同列，百有余年矣。然后以六合为家，崤函为宫，一夫作难而七庙隳，身死人手，为天下笑者，何也？仁义不施而攻守之势异也。"

表 1　春秋战国时期的主要变法 [16]

年代	国别	领导人	内容 经济	内容 政治	内容 军事
齐桓公 （公元前 685 年）	齐	管仲、 齐桓公	1. 根据土地的肥沃程度采取差别征税制 2. 实行重商主义，大力发展商业和金融业 3. 实行经济国家主义，强调对山海资源的控制	1. 带有很浓的集权倾向，整饬旧制，减少封建国君分权特征，建立围绕国君的官僚体系 2. 对士农工商分别管理。全国分为六个乡和十五个士乡	在士乡建立基层组织，打实兵源基础
鲁宣公十三年 （公元前 594 年）	鲁	季文子、 鲁宣公	实行"初税亩"。土地确权按照土地征税，打破封建制度对土地的束缚		
郑简公二十一年 （公元前 544 年）	郑	子产、 郑简公	整顿田制、划定疆界，设立基层社会组织，便于实行按亩课税	1. 铸刑书，使法律制度化 2. 恩威并重，儒法结合	
魏文侯四十三年 （公元前 403 年后）	魏	李悝、 魏文侯	尽地力，善平籴。在不触动统治集团根本利益的情况下，调动农民积极性	1. 加强法制，削弱贵族特权 2. 重用非贵族子弟，使得一批名臣（李悝、吴起、乐羊、子夏、田子方、段干木）崛起	1. 加强对战略要地的占领。如秦国的河西之地 2. 发掘和重用有才能的将领
楚悼王十六年 （公元前 386 年 至二十一年 （前 381 年）	楚	吴起、 楚悼王		1. 明法审令 2. 淘汰冗官 3. 减少特权贵族阶层 4. 杜绝人情说辞	节约财富，富国强兵

16　本表总结自《史记》《左传》《战国策》《管子》《孟子》等。

（续表）

年代	国别	领导人	内容		
			经　济	政　治	军　事
秦孝公六年（公元前356年）至十九年（前350年）	秦	商鞅、秦孝公	1. 废除中间阶层对土地的控制，由国家直接掌控农民的命运 2. 尽一切手段调动人民种植粮食的积极性 3. 控制粮食流通渠道，限制人口自由流动，将农民变成军事机器的直接供养人 4. 利用秦国多余的土地，鼓励他国百姓向秦国移民	1. 在地方上推行中央集权制度。各县由中央直接管辖，官员由中央统一指派，加强对社会的控制 2. 在民间建立什保制度，五户为一保，互相监督，加强政府对社会的管控能力	1. 实行军爵制，将整个社会生活和军事挂钩。有战功的人才能在社会、经济上享有较高的地位 2. 调动一切社会资源保证军事行动顺利开展
赵武灵王二十四年（公元前302年）	赵	赵武灵王[17]	未在国内改革经济。希望以扩张代替改革。中原没有土地可以扩张时，就向北发展，扩充经济资源		1. 推行"胡服骑射"政策，采用游牧民族先进的作战方法 2. 采取奇谋，希望采取从北方大迂回的策略，击溃最大的对手秦国

---

[17] 赵武灵王是另一个可与孝公对比的人物，代表另一种思潮。他进行了激烈的军事改革，却未进行经济改革，希图以强大的军事力量对秦国进行打击，最终出师未捷身先死。实际上，即便赵武灵王不死，变法也有可能被巨大的战争开支拖垮财政而失败。见《史记·赵世家》。

汉高祖：王朝的重建

秦代轰然倒塌后，它的失败让当时的人们认为庞大的中国无法承载统一之重，大一统中央集权国家这个"怪兽"还没到出笼之时。

在这种流行的思潮下，群雄起兵的目的不是重新恢复六国，就是寻求割据一方。至于重新统一，谁都不想也不敢去尝试。项羽顺应这种思潮，按照战国时代的模式分封了众多的诸侯王。最具野心的刘邦虽然也被封王，但被放置在西南方的死角里，远离中原地区。

在秦代，刘邦的蜀地和汉中是距离中原最遥远的地方。一个人如果要从中原去四川，必须首先走函谷关，到达秦所在的关中地区，再从关中地区走一条架着栈道的山间小路（褒斜道）到达汉中，最后从汉中走另一条小道（金牛道）去往四川盆地。[18]

项羽又把秦地（现陕西境内）分封给了三位投降的秦国将领，由这三位将领守住关中平原，这就彻底断绝了刘邦和中原的联系。

由于绝大多数受封的诸侯王没有兼并天下的野心，所以，这个分散的新体系似乎会长久地维持下去。

然而，有一个人想尝试与"项羽秩序"完全不同的模式，继承秦代的正朔，这个人就是刘邦。

秦末的起义者中，包括两类最主要的参与者：六国的贵族和各种对

---

18 中国道路系统的开辟有一个漫长的过程。以四川为例，从陕西通往四川盆地的道路在战国时已经开通，秦国从这条路征服四川。但从四川沿长江进入湖北的道路，却并没有开通，只有少数的军事冒险做过尝试（秦袭楚郢都之战，见《史记》）。直到东汉、三国时期，随着水运的发展，从长江入四川的通道才具有重要意义，打破了必须从陕西入蜀的局面。可参见本书作者的《军事密码》。

强秦不满的亡命之徒。项羽属于楚国的贵族后代，而刘邦则是一个典型的亡命者。

在起义没有爆发时，刘邦曾经担任过沛县的亭长，在为县里押送犯人去骊山时，由于逃跑的人太多，他思量自己免不了被追究责任，便也逃亡了。如果不是秦末起义的到来，刘邦就要做一辈子的亡命者。

当别的诸侯王都因为获得了封地而感到满足时，只有刘邦心中充斥着不满。由于没有历史和身份的包袱，他眼中看到更多的是秦朝的威仪，他不想作为一个诸侯统治汉中这个小地方，而是想作为皇帝君临整个秦朝的疆域。

于是，所谓楚汉相争，就成了到底是项羽的"诸侯王加霸王"模式，还是刘邦梦想中的"中央王朝"模式能够胜出的斗争。

对刘邦有利的是，项羽所建立的新分封制度并不稳定。十九个诸侯中，大部分人虽然并不想兼并天下，却都有着或多或少的野心。他们总想将领地扩张一点，从邻国手中抢几座城市。还有的诸侯领地内迅速发生了争位。这些问题每一个都看似不大，但如果纠纷同时在四处爆发，新分封制度就会迅速处于风雨飘摇的状态。

作为制度的建立者和一国霸主，项羽有责任保证制度的稳定，秩序一旦出现混乱，项羽就必须出马来恢复。于是，不需要刘邦反对项羽，其他的诸侯王就已经让这位西楚霸王疲于奔命了。

首先让项羽感到愤怒的是齐的形势。齐国原本被项羽分成三份，封给了原来齐国王室的后裔，这却引起一位名叫田荣的将领的不满，他起兵杀掉了三位诸侯王，合并了三齐。赵、代等也随即出现了诸侯王更替的情况。

汉王刘邦在这时兼并了关中三个秦降将获封的诸侯王，将原本属于秦国的领土合并起来，并向关外扩张。

项羽突然发现他从反秦的革命者变成了旧秩序的维持者，从"革命党"变成了"保守党"。为维护自己设计的秩序，他必须出兵征战。但每一次诸侯王的叛乱，都是一次对新秩序的嘲讽。

刘邦正是抓住了这个机会，采取兼并、联合、替换的方法，逐渐将诸侯王团结起来，共同反对曾经的西楚霸王。

在战争中，刘邦的将领韩信起到了重要作用。这位能够忍辱负重的将军在北伐中灭掉魏、代、赵、齐，并降伏了燕，这些曾经最强大的诸侯王要么灭亡，要么与其结为同盟。

韩信对刘邦的态度也决定着汉王能否掌控全局，如果韩信在灭了旧诸侯之后，立即取而代之，不听从号令，那么他只不过是在旧秩序的牌局里洗了一下牌而已。韩信虽然争取到了齐王的位置，却仍然对刘邦保持忠心，如此一来，汉王才有了建立新秩序的可能性。

战争结束时，项羽建立的体系随着他的死亡而崩溃。但是，当初为对付项羽，刘邦不得不分封了许多新的诸侯。这些诸侯并没有意识到未来的秩序会有什么变化。他们还是按照原来的思维来考虑问题，以为刘邦战败了项羽，只不过意味着刘邦代替项羽担任"霸王"的角色，而每一个诸侯还都拥有独立的封地，可以行使独立的权力。如果刘邦想要废除诸侯，他们会用全力来保护自己的利益。

所以，项羽倒台之后的政治秩序仍然接近于诸侯模式，刘邦充其量只是另一个霸主，而非一个皇帝。

令诸侯没有想到的是，刘邦并没有犯同样的错误。他知道，哪怕有诸侯存在，他仍必须首先确立自己至高无上的地位。于是在谋臣的帮助下，刘邦在关外就迫不及待地导演了皇帝登基的大戏。在这出戏中，最想当皇帝的是刘邦本人，但他装作不情愿，由谋臣们劝说诸侯劝进三次，他才同意加皇帝尊号。

在汉王加皇帝号时，诸侯们仍然没有意识到秩序的改变。他们还以为回到了周朝的秩序，所谓皇帝只是一个称号而已。哪怕是皇帝，也无法干预每一个诸侯领地内部的事务。

但他们不知道，刘邦之所以封他们为诸侯，只是因为没有办法一下子掌控全国而已。

如果在剿灭项羽后立即废除分封制度，建立中央集权制，那么新建立的汉朝立即会和秦朝一样，遭到激烈的反抗而崩塌。刘邦不愿冒这个风险，他更擅长于慢慢剥夺诸侯的权力，把项羽建立的新诸侯体制在温水中煮死。

刘邦加皇帝号之后，他的手下包含了三种人：第一种是仍然醉心于旧秩序的旧诸侯，这些人希望尽快回到自己的领地，享受当统治者的乐趣，并不尊重所谓皇帝的权威；第二种是已经理解了新秩序的中央官员，以丞相萧何、陈平等为代表；第三种则是刘氏的宗室子弟。

刘邦的任务是消灭第一种人，将其领地一部分拆解为中央集权制下的郡县，交给第二种人，另一部分则交给第三种人。

而此刻汉朝最大的功臣韩信，由于被封为楚王，已经被汉高祖当作第一种人——旧秩序的代表。

在后人的眼中，韩信是一个矛盾的角色。战争中，他手握重兵却对刘邦忠心耿耿。项羽曾经劝说他反叛汉王，许诺天下三分，但韩信拒绝了项羽的美意。然而在攻克齐国之后，韩信却向汉王申请做代理齐王，这令刘邦感到不满。后世接受了大一统思想熏陶的人们因此认为，他申请代理齐王的举动就是对刘邦不忠。

但实际上，韩信与项羽一样，是一个旧秩序的信奉者。他认为战争结束之后，世界仍然会恢复到分封制的旧轨道上，刘邦代替项羽成为霸主，负责维持天下的秩序，但是并不剥夺其他诸侯的生存权。他把自己定位为一个拥护霸主的诸侯角色，帮助霸主维持国际秩序。"对汉王忠心耿耿"与"当上齐王"，这两件事并不矛盾。

韩信没有想到的是，刘邦要颠覆整个分封制度，建立一套新的集权制度来代替它。韩信也没有看到，刘邦对他的防范有多深。

《史记》中记载的一件小事反映了刘邦对韩信的戒心：在消灭项羽之后，刘邦在称皇帝之前做的最后一件事，是亲自前往齐王韩信的军中，夺走他的军权。只有这样，汉王才敢于称帝。

汉王称帝后，作为皇帝制度的绊脚石，韩信先从齐王被贬为楚王，又被剥夺王的封号，贬为淮阴侯。最后，刘邦仍然不放心，借助妻子吕后之手杀掉了韩信。

除了韩信之外，异姓诸侯中的彭越、英布、臧荼、卢绾等人也一一被剥夺封号或者被杀。

但是，在剥夺异姓诸侯的同时，刘邦却无法完全废除分封制。他意识到，自己还不具备一下子建成全国铁板一块的中央集权制的能力。

和秦始皇一样，刘邦没有足够多的能理解皇帝真实意图的帮手，也不可能一下子任命如此之多的中央集权官吏。更何况，可以维持国家稳定的财政制度是一片空白，如果强行往下推行，必定遭到抵制而导致失败。

在异姓诸侯曾经统治过的地方，他必须再树立一个诸侯来代替原来的角色。作为妥协，他将刘姓宗室子弟扶上了诸侯的位置，并立下"非刘氏而王者，天下共击之"的规矩，希望通过家族的力量来补充集权制的不足。

登基八年后，还没有完全剪除诸侯势力的刘邦去世。他留下了一个逐渐恢复稳定、带着新秩序雏形的中央王朝。但这个国家的统治模式是否已经成功，仍然没有人说得清楚。

在人们看来，这个中央王朝太脆弱了。

汉高祖本人的死就源于与淮南王英布的交战，刘邦在战斗中被流矢所伤，再也没有康复。他死时，燕王卢绾正准备逃往匈奴所在地。异姓王中，长沙王吴臣尚在。

甚至皇帝的军队也对中央王朝构成了威胁。汉高祖死去时，陈平、灌婴在荥阳统率着十万人马，樊哙、周勃在燕、代等地有二十万大军。汉高祖一死，吕太后甚至担心这些将领造反，密谋将他们都杀掉。据《史记·高祖本纪》记载，审食其劝说太后，若诛杀将领，必天下大乱。这件事从侧面反映了汉朝仍然风声鹤唳，就连吕太后也处于对失败的恐惧之中。

更重要的是，中央王朝虽然完成了武力征服，具有表面的形式，但在更深层次上，却没有完成政治征服，有两大问题急需解决。

第一，在经历如此众多的动荡之后，如何保证社会的经济发展，让人们对中央王朝产生信心，不再想回到过去。

第二，如何建立一套符合中央王朝需要的财政制度，使这套制度能够控制同姓诸侯王的野心，又能满足中央王朝稳定的需要，同时不干扰民间的繁荣。

汉高祖死去时，中央王朝连统一的财政制度都没有建立起来：各诸侯除了对其领地内的土地征税之外，还对属下的自然资源拥有绝对的控制权。也就是说，中央政府几乎丧失了诸侯辖区的所有税收，只能在直属领地征税。诸侯王可以有独立的军队，设置几乎和中央政府一样的官僚系统和财政系统。他们统治着真正的国中之国，只是依靠亲属关系维持着与中央政府的合作。

在这样的架构下，中央只不过是比诸侯的领地面积更大一些的诸侯国罢了，仍然是一个"霸主"，而不是中央王朝。必须把诸侯的财政权拿回来，在诸侯领地内为中央征税，才能解决最终的控制权问题。

汉高祖本人对经济并不精通。他仇视商人和商业，采取了许多抑制商业的措施。[19] 如果继续采取抑商的做法，民间就感受不到统一带来的好处而离心离德，中央政府也获得不了足够的财政收入，诸侯势力觉醒之时，就是汉政权分崩离析的时刻。

在当时的人们看来，这个由汉高祖的狂妄无知所建立起来的巨大怪胎，到底会走向何方，仍然是个未知数。它会像强秦一样，由于政府抑

---

19 汉高祖当政后，推出了一系列对商人不利的政策，试图通过限制商人的做法来发展经济。参见《史记·平准书》。

制了民间发展而崩塌,还是像周朝一样,由于诸侯的强大而逐渐解体?这个问题必须留给刘邦的后代们去解决。

汉文帝:经济优先,财政让路

在任何一个大一统王朝的初期,当王朝创建者擦干剑上的血迹时,都会面临同样的问题:先发展经济还是先强调政府对社会的控制?

秦始皇更看重后者。他首先利用政府控制力解决财政问题,没有考虑民间经济的持续发展,导致了经济的羸弱、人民的不满和社会的动荡。

而汉高祖的性格多疑、自大,控制欲强,这一点与秦始皇并无二致。如果他再多做几年的皇帝,那么汉代的经济也许会进一步恶化。他适时的死亡,给继任者留下了变革的空间。

汉高祖死后,人们对于汉朝能否解决民生问题有深深的疑虑。

按照古人的观念,如果没有战争和灾荒的侵扰,连年丰收,人们劳作三年,就能够积攒下一年的余粮。丰收九个年头,积攒下三年余粮,就称为"登",意味着五谷丰登;如果好年景维持十八个年头,有了六年的余粮,就称为"平",意味着和平稳定;如果积攒了九年的余粮,就称为"泰平"。所以天下太平需要二十七年的和平时光才能获得。[20]

可是,汉高祖建立的国家过于庞大,总是东边不乱西边乱,诸侯的

---

20 《汉书·食货志》:"民三年耕,则余一年之畜。衣食足而知荣辱,廉让生而争讼息,故三载考绩。……三考黜陟,余三年食,进业曰登;再登曰平,余六年食;三登曰泰平,二十七岁,遗九年食。然后至德流洽,礼乐成焉。"

反叛、外敌的入侵、底层的叛乱、对皇帝政策的反抗连绵不断……一旦战争来临，为了供养军队，搜刮式的财政政策就成了政府的优先考虑，民众很难获得足够的时间去休养。所以，人们总是担心大一统国家带给他们的只有贫穷、束缚和失控。

从另一个角度看，汉朝的疆域最远到达了今天越南的中北部（如汉代在越南的北部、中部地区设置了交阯郡、九真郡、日南郡），从长安到越南北部的直线距离也有三千里，中间更是山阻水隔，路线难测。中央派遣一个官吏去统治越北，上任都要走几个月，更何况还要考虑当地人能不能听他的话、愿不愿意缴税等棘手的问题。

即便在汉代统治的高峰时期，除了中原、山东、关中、川蜀之外的其他辖区，比如西北、东南，包括越北，由于人口稀少，经济成本高昂，最多也只能自给自足，无法向中央缴纳财税。

更重要的是，如果越南北部发生了叛乱，就要从别的地方调兵去镇压，可是从传递消息到调兵，几个月都过去了。花费大量的金钱和人力，去征服一个连征税都困难的地方，是否有必要？

当时人们的思维还停留在诸侯国时期。由于每个诸侯国的面积都有限，一个地方发生了叛乱，国君调集军队去镇压，来回加打仗，往往十天半月就够了。那时的军人每年接受征调的时间不用超过一个月，养兵成本很小。如今的军队调动却需要几个月甚至一年，调兵的距离长达几千里，其复杂程度已经超乎当时人们的想象。

在这么复杂的条件下，统一的成本实在是太大了。

另外，汉朝内部还保留着大量的同姓诸侯，这让问题更加复杂。这些诸侯在封地内征税，设置官员进行治理，又有自己的军队。如果诸侯势力太大，中央政府的征税权就会变小，最终无法同众多的诸侯相抗衡。当中央政府无法约束诸侯时，国家就会最终走向解体。

吕太后执政时期（公元前195—前180年），汉朝出现了第一次危机。出于强烈的不安全感，吕太后违背了汉高祖"非刘氏不王"的规矩，立了几个出身吕氏的诸侯王来巩固她的权力。吕氏诸侯王们虽然在太后活着时能够保卫太后的王朝，但他们只忠于太后本人。一旦太后死去，吕氏诸侯王缺少了核心人物，就会生出反叛之心。

吕太后死后，刘邦的老臣们除掉了吕氏家族。但这一次的吕氏危机，给汉朝的统治阶层敲响了警钟：目前的财政制度是一种无法维持的制度。只要诸侯享有领地内的财政全权，可以有自己的官僚系统和军队，未来必然还会出现无数次的反叛。如果要建立长久的王朝，就必须剥夺诸侯的财政权，让他们无法养兵。

高后八年（公元前180年）九月，在汉高祖老臣的拥戴下，汉高祖的儿子刘恒登基为帝，是为汉文帝。

汉文帝继位前是代地的诸侯王。令人惊讶的是，即便吕氏诸侯王的叛乱刚刚被平定，汉文帝也没有急于去解决中央与地方的关系问题，而是将注意力转向经济和民生。

汉文帝时期，不管是先发展经济，普遍实现人民富裕，还是先建立可靠的中央财政制度，约束诸侯财政，保证中央王朝不会解体——这两个问题都已经非常迫切。吕后时期虽然推崇黄老之术，让民间经济自由恢复，但是官廷内斗不断，诸侯王摇摆不定，民间依旧处于扰动之中。人们仍然在观望，看这个庞大的王朝走向何方。

只有更加稳定的社会和更快的经济发展，才能让人们认同汉朝的存在，并自觉地将自己当作王朝的子民。但稳定和经济发展是有矛盾的：要稳定，就必须强调控制；要控制，就要在一定程度上拖累经济的发展。

汉文帝决定，首先解决民生问题，把稳定问题先放下。在黄老思想的指导下，政府从国民经济领域完全撤出，让人们自由发展工商业和农业。

汉高祖时代，土地税是 1/15。之后，由于战争的需要，汉高祖提高了土地税，史料并没有告诉我们具体的税率，但大约不会超过 1/10。吕后执政时期，土地税再次调整回 1/15。[21]

除了土地税之外，汉代的人还必须缴纳人头税（算赋），一个人从 15 岁到 56 岁，每年必须缴纳算赋 120 钱。

汉文帝为了减轻农民负担，对于上述税率进行了调整。他登基的第二年，就将土地税暂时减半，从 1/15 变成了 1/30。[22] 之后，人头税也做了调整，减为 1/3，每年只用缴纳 40 钱，丁男每三年出一次役。[23]

税率降低之后，政府的财政问题更加突出。汉代的财政支出中，最大的两项是养官和养兵。在汉文帝时代，由于北方游牧民族的存在，加之诸侯势力仍然强大，皇帝必须拥有一定数量的军队来做防范。

---

21 《汉书·食货志》记载汉高祖："上于是约法省禁，轻田租，什五而税一。"而《汉书·惠帝纪》提到，他登基那一年"减田租，复什五税一"。说明在高祖时期，有增加田租的举动。

22 《汉书·文帝纪》："诏曰：'农，天下之大本也，民所恃以生也，而民或不务本而事末，故生不遂。朕忧其然，故今兹亲率群臣农以劝之。其赐天下民今年田租之半。'"

23 《汉书·严朱吾丘主父徐严终王贾传》："至孝文皇帝，闵中国未安，偃武行文，则断狱数百，民赋四十，丁男三年而一事。"

但是，汉文帝仍然决定大力压缩财政开支，将政府精简到极致。首先，他从个人做起，节衣缩食，不修宫室，减少皇室开支；其次，他压缩军队和官员的开销，不惜一切代价保持和平，避免不必要的财政开支。

汉文帝统治后期，财政问题更加突出。

由于压缩财政开支，一个奇特的现象出现了：虽然社会正在慢慢变得富有，人们的生活越过越好，但政府无法依靠财政收入供养边关的守军。

虽然皇帝极力避免战争，但边关不可能没有守军，而这些守军的粮食要由政府供应。可是政府正处于最无力的时候，财政不到位，运输能力低下，粮食和军饷无法按时运到。

这时，大臣晁错替皇帝想了一个办法。他看到，通过休养生息，民间已经涌现出一批富人。于是，他建议汉文帝采取买卖爵位的办法，允许富人通过捐献，获得一定的爵位，或免除罪过。只要富人想办法把粮食运到边关，交给守军，就可以从皇帝这里获得爵位。[24]

在汉代，买卖爵位仍然被人们看作一种合理的现象。这个时期距离实行封建制的周朝并不远。在封建时代，封君可以将爵位、土地随意赐予任何人，没有人有资格质问封君，责怪他随意支配公共资源。到了汉初，虽然已经渐渐地形成公共资源（属于社会的资源）和皇家资源（属于皇帝私人的资源）的概念，但二者区分得不够清晰。另外，治理人民

---

24 《汉书·食货志》载晁错《论贵粟疏》："欲民务农，在于贵粟；贵粟之道，在于使民以粟为赏罚。今募天下入粟县官，得以拜爵，得以除罪。如此，富人有爵，农民有钱，粟有所渫。夫能入粟以受爵，皆有余者也；取于有余，以供上用，则贫民之赋可损，所谓损有余补不足，令出而民利者也。顺于民心，所补者三：一曰主用足，二曰民赋少，三曰劝农功。"

的官员已经逐渐被当作公共资源，不能随便买卖官爵了。但是，更具象征意义的爵位更接近于皇家资源，相当于带有一定特权的荣誉称号。因此，皇帝买卖皇家资源，仍然被认为是合理的。只不过，这种荣誉称号带有免人头税、免役、减罪免罪的特权（但不减免土地税，只减免与人身有直接关系的税收），有侵占公共资源的嫌疑，这让卖爵又带有灰色地带的性质。

晁错的做法收到了惊人的效果。很快，在富人的帮助下，边关军队的粮食有了保证，不仅不再匮乏，反而变得充足。晁错又建议汉文帝让富人把粮食上缴到中央政府在各地的仓库。这样，富人的捐献就成为中央政府财政收入的主要来源。

汉初，由于和平时期养官成本很小，汉文帝很快发现，富人的捐助，再加上一定的山海税收，已经足够维持中央政府的运转了，根本不再需要征收农业税。

汉文帝十三年（公元前167年），汉文帝宣布全国税收减免一半。到了第二年，他做了一件令人瞠目结舌的事情，干脆宣布不再收农业税。[25]

在以后的13年间，西汉政府一直没有征收农业税。直到汉景帝登基后的第二年，才恢复了税收。不过，汉景帝把土地税仍然定成1/30，这个低税率一直维持到东汉末年。

汉文帝时期，农业占国民产出的九成以上，放弃农业税，就等于放弃了最大的一笔收入。所以，放弃农业税是相当不容易的。

---

25 《汉书·食货志》："上复从其言，乃下诏赐民十二年租税之半。明年，遂除民田之租税。后十三岁，孝景二年，令民半出田租，三十而税一也。"

虽然汉文帝的免税政策值得欢呼，但是，也应该看到，汉文帝的政策是一种妥协式的权宜之计。正规税收收不上来，就干脆放弃建设税收制度，通过卖爵获得收入。由于当时恰好处于财政紧缩时期与和平时期，政府不需要太多的花费，所以这种做法是可以的。可是，一旦国家出现动荡，中央政府缺乏必要的征税工具，势必会遭受剧烈的打击。

汉文帝没有建设正规的财政体系，还能够保证政府的稳定，靠的不仅是他的执政能力，还有机遇。

他的做法带着很大的赌博成分。他在位时，北方的匈奴和内部的诸侯王都处于蓄势的时期，正在变得越来越强大。这两个地雷只要有一个提前爆炸，就可能摧毁汉文帝脆弱的财政系统，使中央政府重回混乱状态。特别是诸侯王问题。[26] 汉文帝时期，也是诸侯王大发展的时代。此时的诸侯王和高祖、吕后时期相比更加富足。每个诸侯领地内的矿产资源都交给诸侯王自行处理，中央政府并不插手，这导致那些境内矿产资源丰富的诸侯王都成了巨富。

中央政府在长安，这里人口密集，土地肥沃，但矿产资源并不丰富；而齐、楚、吴等地丰富的资源却都控制在诸侯手中。例如，汉高祖哥哥的儿子刘濞被封为吴王，其辖境内产铜，依靠挖铜铸币，吴国富比中央。

不过，幸运的是，汉文帝执政时期，正是社会的恢复期，人们不想

---

[26] 汉文帝时期，贾谊对于诸侯王问题看得非常清楚。在《治安策》中，他认为，诸侯王问题在未来会成为西汉政府的大危机。"然而天下少安，何也？大国之王幼弱未壮，汉之所置傅相方握其事。数年之后，诸侯之王大抵皆冠，血气方刚，汉之傅相称病而赐罢，彼自丞尉以上偏置私人，如此，有异淮南、济北之为邪！此时而欲为治安，虽尧舜不治。"

打仗；而汉高祖的子孙们由于对汉高祖的记忆还没有模糊，尚且没有叛乱的决心。汉文帝仁慈地对待每一个诸侯，使得他们也没有叛乱的必要。至于匈奴一方，汉文帝的和亲政策与贸易政策也足够明智，没有像汉武帝那样主动挑衅。汉文帝谦恭仁慈的性格和与世无争的心态，有利于保持社会稳定。汉文帝时期，政府的财政支出达到最小。

汉文帝的统治成为中央集权政治的一个神话。[27] 对于汉代的大臣而言，在汉文帝之前，王朝一直没有过真正的安定，甚至人们不知道这个王朝是已经真的已经建立，还是又如同秦朝那样，最终变成镜花水月，在离心力的作用下分崩离析。而汉文帝之后，已经没有人再怀疑王朝模式的成功了。虽然最为关键的财政地雷还没有拆除，但王朝已经存在几十年，而且逐渐繁荣起来，大部分人都从中享受到了真真正正的实惠。人们已经学会站在中央王朝的本位上来考虑解决办法，而不是试图再次推倒重建。

对于现代人而言，汉文帝的统治简直是一个小政府的范本。亚当·斯密曾经提出，政府只需要保证最基本的财政支出，如国防和必需的公共工程，其余一切都应该交由社会去做。

汉文帝时期，由于维持了一定时间的和平，国防开支很少，养官成本很低，故而剩下的钱都可以留在民间，促进经济发展。

---

27 《史记·孝文本纪》："孝文帝从代来，即位二十三年，宫室苑囿狗马服御无所增益，有不便，辄弛以利民。……孝文皇帝临天下，通关梁，不异远方。除诽谤，去肉刑，赏赐长老，收恤孤独，以育群生。减嗜欲，不受献，不私其利也。罪人不帑，不诛无罪。除宫刑，出美人，重绝人之世。"

历史上，中央王朝最大的财政失控总是出现在军事上，一旦控制住军事支出，的确可以做到"小政府"。所以，历史上采用黄老之术的时期，往往是不需要太多军事行动的时期。由于和平，才得富足；而富足伴随着和平，成就了汉初的盛世。

但在这盛世之下，始终有一颗定时炸弹：财政失衡。到了汉文帝的儿子汉景帝时期，这颗炸弹终于爆了。

窦太后、贾谊和晁错：儒道之争的本质

汉文帝离世时的西汉王朝在财政上面临着巨大的不确定性。由于汉文帝治理带来的长期和平让大部分人享受到了好处，故而，人们对西汉政权的态度由以前的漠不关心，变成了当下的不希望它崩溃。人们担心它会被巨大的离心力分裂。人们害怕在未来还会有无数的问题等待着这个年轻的庞大怪物。

汉文帝死后，他的休养生息政策仍在继续实行。这时，黄老之术的代表人物是窦太后（即汉文帝的皇后）。[28] 这位已经失明的老太后把影响力一直延续到汉武帝六年。窦太后去世后，汉武帝才转变政策，彻底抛弃了黄老之术。

窦太后不像当年的吕太后那样强势，她对于政策的影响力是依靠干涉教育获得的：她要求太子和宗室子弟都必须学习与黄老之术相关的理

---

28 《汉书·外戚传》："窦太后好黄帝、老子言，景帝及诸窦不得不读老子尊其术。"

论，并以此为基础治国。汉景帝虽然面临着众多的结构性问题，需要他主动做调整，但并不反对继续施行黄老之术。

可另一方面，在经济继续发展的同时，依靠汉文帝的威望和仁慈来维持的王朝体系出现了危机。

由于汉景帝已经是高祖的孙子辈，与同姓王侯之间的血缘关系不再紧密，诸侯们不像对待汉文帝那样尊敬现在的皇帝。汉景帝的性格也并不招人喜欢，他心胸狭小、优柔寡断，又缺乏担当。

诸侯们已经在汉文帝时期积累下了巨大的财富。在皇帝放弃经营正规的财政系统时，诸侯们却牢牢控制着封地。在中央和地方的博弈中，地方逐渐占据了优势。与此同时，与匈奴的摩擦也逐渐增多。虽然汉朝仍然保持着克制的态度，但越来越多的人在经济富裕后，已经压抑不住皇帝梦，有些跃跃欲试了。

如何抑制诸侯的发展？如何对付匈奴？如何建立健康的财政体系？这些问题依靠黄老之术是回答不了的。

皇帝发现，在黄老之徒以外，另一拨人正在摩拳擦掌——儒家。

与黄老之徒着重于解决经济问题不同，儒家对经济和财政都不感兴趣，他们采取的是另一种思路：利用对皇权有利的政治思想，加强对社会的软性控制。可以说，他们只对政治和社会控制感兴趣。

在儒家看来，如果中央王朝的权力失控问题得不到解决，那么国家势必在未来出现新的危局。要避免危机，就必须在政治上进行结构性的改革，让中央政府掌握更大的权威，削弱地方上的诸侯势力。

赞同黄老之术的人更注重经济发展，而赞同儒家的人则偏爱政治稳定,两者看问题的出发点是完全不同的。

汉代儒家的早期代表人物是贾谊和晁错,然而两个人的观点又有着明显的区别。贾谊希望通过严格的等级规则来限制地方势力的发展,加强中央权威;晁错则除了儒家外,还采用了一套法家的方法,不考虑手段的正当性,只考虑是否管用,直接对诸侯采取行动。

汉文帝继位不久,太中大夫贾谊就根据五行学说提出了一套礼仪制度,希望皇帝能定制度、兴礼乐。[29] 在中国古代,礼乐和制度是相伴相生的,每个阶层都拥有各自的礼仪,使用不同的音乐,甚至连穿着和配饰都有所不同。贾谊希望通过兴礼乐的做法,使整个政治制度更加固化,并突出皇帝的地位,让人们形成皇帝威严不可侵犯的思维定式,再辅之以烦琐的规章制度,把诸侯和其他权势阶层都限制住。

贾谊的做法是典型的儒家做法。之后,董仲舒所谓"罢黜百家,独尊儒术"采取的同样是这个办法:通过强调人在宇宙中的秩序和等级,将每个人都固定在自己的位置上。

贾谊在经济上则采取了完全不同于黄老的做法,提倡政府干预,重视发展农业,贬低其他行业。这样的做法对于经济是有破坏作用的,很可能会使社会全都围着农业打转。但在当时,这么做是为了防止诸侯势力借助工商业坐大,带有很强的针对性。

由于汉文帝时期强调放松对民间的控制并发展经济,因此,贾谊的学说无法得到皇帝的赏识。他最后郁郁而终。

---

29 《史记·屈原贾生列传》:"贾生以为汉兴至孝文二十余年,天下和洽,而固当改正朔,易服色,法制度,定官名,兴礼乐,乃悉草具其事仪法,色尚黄,数用五,为官名,悉更秦之法。孝文帝初即位,谦让未遑也。"

到了汉景帝时期，晁错作为儒家和法家的代表，则抢得了先机。

晁错希望直接削藩，加强中央政府的权威。他主张像汉高祖一样，不惜利用阴谋诡计，抓住一切机会，剪灭诸侯王。[30]

汉景帝一着手削藩，以吴王刘濞为首的七国就准备造反。在中央必须考虑经济的全盘政策时，每一个诸侯王却像是一个独立的公司，他们有土地收入、山海收入，又有效忠于己的高管团队。[31] 每一个诸侯治下的官员设置都几乎和中央一样：诸侯王也有丞相、九卿，也有太傅辅佐；对应于皇帝掌管财政的大司农（最早叫治粟内史），诸侯王有内史；掌管军队的叫中尉，对应于皇帝的太尉。在这些官员中，只有丞相一职是由皇帝指定的，其余的职务都由诸侯王自己决定。

诸侯借口帮助汉景帝清理身边的恶人晁错，发动了七国之乱。汉景帝在面对诸侯王的叛乱时，显出了投机本色。他首先杀掉晁错，希望诸侯止兵。当看到诸侯无意退兵时，才坚决迎战。

诸侯万万没有想到，他们的叛乱却成为皇帝解决最终问题的契机。汉景帝在镇压叛乱的同时，完成惊人的一跃，粉碎诸侯对中央王朝财政的阻碍，实现了更有效的集权。

在叛乱之前，皇帝始终无法插手诸侯的财政。最明显的问题来自山海收入，由于诸侯领地拥有大量的矿产资源，皇帝无法对这部分矿产资源征税，因而，皇室丧失了大笔的收入，而诸侯则可以利用经营矿产积

---

30 《汉书·爰盎晁错传》："迁为御史大夫，请诸侯之罪过，削其支郡。"
31 《汉书·百官公卿表》："（诸侯王）有太傅辅王，内史治国民，中尉掌武职，丞相统众官，群卿大夫都官如汉朝。"

累的巨额财富来对抗中央。

七国战败后，皇帝乘机进行一系列的改革，削弱了诸侯的财政基础。

汉景帝中元五年（公元前145年），七国之乱九年之后，汉景帝推出改革措施，剥夺了诸侯治理国家的权力，而诸侯治下的官员也都改由皇帝任命。[32]

其中，最为重要的改革是剥夺诸侯的财政权和司法权，将诸侯领地内的少府、御史大夫、廷尉等重要官职直接裁撤。

少府是掌管王室收入，特别是矿产税收的官员。少府被裁撤，意味着皇帝已经将诸侯领地中的矿产资源收归中央。从此以后，诸侯除了从规定的封地收取粮食之外，没有了其他收入，也就很难造反。与此同时，中央政府增加了矿产收入，财政状况得到极大的缓解。

御史大夫、廷尉等监察、司法官员的裁撤，意味着诸侯王再也没有能力控制其下属官员。皇帝将中央政府监察权的触角伸进了诸侯辖区内。

汉武帝元朔二年（公元前127年），汉武帝颁布了《推恩令》。在这项法令之前，诸侯王死去后，他的继承人将继承完整的领地，而其他子孙一无所有。但《推恩令》允许诸侯将封地分封给不同的子孙。大的诸侯国慢慢地被分隔成小国，再也无力与中央抗衡。

随着中央政府权威的扩大，中央集权的官僚制度也趋于完善。皇帝

---

32 《汉书·百官公卿表》："景帝中五年令诸侯王不得复治国，天子为置吏，改丞相曰相，省御史大夫、廷尉、少府、宗正、博士官，大夫、谒者、郎诸官长丞皆损其员。"

的官员对地方的控制力加强，建立起更加正规的财政制度。

与汉文帝时期的放任政策不同，汉景帝做了许多完善财政系统的工作。与他的几位前辈汉高祖、吕后和汉文帝，以及后来的汉武帝相比，汉景帝名声最不响亮，形象也最模糊，然而他对于政治、财政的理解，却可能是几位统治者中最透彻的。

他并没有像汉文帝那样彻底减免人民的土地税，而是将土地税维持在非常低的水平——1/30，这个税率成为两汉的标准税率，除了偶尔的中断之外，直到东汉末年仍然在实行。

如果说，汉文帝时期经济发展的硕果还只集中于民间，而政府一直受困于财政问题的话，那么到了汉景帝时期，通过税收，政府已经将仓库全部填满。皇室的财政收入也由于收回了诸侯领地内的自然资源税，得到了极大的扩充。

经过汉高祖、吕后、汉文帝、汉景帝的努力，人们终于确信新的中央王朝模式是可行的。在如此广大的疆域内，的确可以建立统一的中央王朝。即便在世界范围内，这也是一次重大的创新：数百万平方千米土地上的人们和平、富裕、安宁地生活在一个皇权之下，即便出现了天灾，也只是短时间的困难；一旦风调雨顺，生活立即回到正轨。

汉代之所以有如此成就，在于汉高祖和他的子孙们把秦始皇用一代时间想解决的问题摊到了数代、几十年里慢慢地解决。他们一点一点地将中央集权的观念灌输给世人，等那些不接受新形势的老人死去后，新成长起来的一代已经将这个中央王朝视作理所当然。当年的战国和分封制都已经成为过去，再也没有人希望回到从前。

汉景帝时期，财政和经济也达到高峰，在吕太后、汉文帝、窦太后、汉景帝等人的主持下，一直施行的黄老之术让民间尝到了甜头。

但谁也没有意识到，中央集权的王朝一旦建立，就没有人能够控制它的最终走向，而集权制本身的死穴也越来越明显，并最终侵蚀国家的肌体。

在文景时期，这个死穴还很模糊，没有人能够觉察。但随着汉文帝和汉景帝的逝世，皇帝和官僚集团就开始膨胀。为养活他们的家族，以及满足他们的野心，民间经济付出了惨痛的代价，财政问题最终有可能会把整个社会拖垮。

汉武帝六年，最后一位支持黄老之术的人——窦太后驾崩，中央王朝骤然转向。

第二章 汉代：皇帝的财政僵局[1]

在一个集权社会中，财政扩张是不可避免的，即便朝代初期能够做到小财政和小政府，但随着官僚数量的膨胀、政府职能的扩张，对于财政收入的需求也会越来越大，最终压垮民间经济。

汉武帝除了建立官营制度，还建立了中央垄断的金融体系，特别是货币发行，为皇帝带来巨大的利润。垄断金融成为历代政府聚敛钱财的重要手段。

汉武帝建立官营制度和金融垄断体系，引起了社会的普遍诟病，一场垄断与反垄断的斗争不可避免。

在汉昭帝时期，就发生了一次关于"国进民退"还是"国退民进"的大讨论，讨论的双方是皇帝的"聚敛之臣"和民间的贤良文学，这场争论的主题延续了数千年。争论中，代表民间的贤良文学表面上获胜，但实际上，争论过后，官营制度和金融垄断不仅没有废除，还不时得到加强。

---

[1] 本章涉及的时间范围是公元前141—前33年。

事实证明，一旦官营体系建立，政府就会对这种体系的财政产生很强的依赖，要想废除这个体系便不可能了。

汉武帝：不可避免的财政扩张

西汉后元三年（公元前141年），汉景帝去世，十六岁的皇太子刘彻即位。

新帝即位时，汉室江山已经存在了六十五年，随着天下太平和经济的发展，秦时的战乱已经成为过去。在汉代，由于文字并不普及，加之人们的寿命也比现代短，因此当时的社会比现代更容易遗忘历史，六十多年前的事情已经过于遥远，活着的人们早已习惯了大一统时代的生活。他们悠然自得，工作、缴税、享受，并认为自己处于最好的时代。

然而，事情在向着对民间经济不利的方向发展。

随着人们对于贫穷状态的遗忘和对汉家威仪的推崇，一个崛起的时代到来了。在这个时代不需要谨小慎微的节俭，而需要集中精力办大事的豪迈。这也是财政扩张的时代，此时的皇帝不懂得没钱的艰辛，只体会到了花钱的爽快。

这也是《史记》作者司马迁生活的时代。在二十四史中，大多数朝代的历史都由后朝人撰写，作者们不会因为写出了前朝统治者的恶而受到迫害。只有《史记》是个例外，司马迁将历史一直写到了他生活的年代，并且秉笔直书，丝毫不顾及皇帝的情面和本人的安危。

然而，人们无法通过《史记》的《孝武本纪》来了解汉武帝其人其事，只能通过其他章节间接地分析。如果翻开《孝武本纪》，会发现这一卷只是拼凑出来的。也就是说，司马迁的原始文本已经佚失了，如今我们看到的文本，是由一位叫作褚少孙的人补写的，后者大段大段地抄袭了《史记》的《封禅书》。[2]

司马迁的文本之所以佚失，其原因不言自明：这位态度严谨的史学家流露出对汉武帝政策的批评，尤其在直接描写汉武帝的本纪中，其立场和态度绝对无法见容于汉武帝和后世的皇帝。如果要让《史记》流传，则必定不能保留这一卷。

但我们可以猜测，司马迁会在这一卷里写些什么内容：[3]在汉武帝一代，扩建的宫室、复杂的礼仪已经逐渐成为常态，董仲舒等大臣们开始神化皇帝，用现代人看起来是胡言乱语的神秘语言将儒家变成了儒教，而战争更是使中央王朝的财政问题显露无遗。

在带有自由色彩的思想的司马迁看来，汉王朝已经过于庞大，从民间收了过多的税，花了太多的钱，却没有带来好结果。

当汉武帝政策带来的破坏性显露无遗时，人们感叹汉武帝与前几位皇帝差别竟如此之大。在他们看来，如果不是汉武帝，另一个皇帝或许会采取完全不同的做法，继续文景时期的政策，让汉初的盛世一直延续下去，直到永久。

2　《史记·孝武本纪》："（集解）张晏曰：'武纪，褚先生补作也。褚先生名少孙，汉博士也。'"又有"（索隐）褚先生补史记，合集武帝事以编年，今止取封禅书补之，信其才之薄也。"
3　司马迁对汉武帝政策的批评，最集中反映在《平准书》《封禅书》等篇目中，虽然他编写的"汉武帝本纪"已经不存在，但他的态度却仍然可见。

但如果仔细研究，就会发现其实汉武帝的做法并不令人感到奇怪。因为现代的人们已经逐渐明白，大一统中央集权王朝的死穴，就在于不可避免的财政扩张。

在中央王朝建立之后，随着经济的恢复和发展，这个死穴逐渐暴露出来：无论皇帝如何小心翼翼，中央王朝的财政扩张最终都会摧毁健康的民间经济。不管中央王朝前期的经济表现有多好，其制度也总是在慢慢地变坏，直到崩溃。无论何人想把时间停下，维持在王朝前期，都是办不到的。

之所以这样，还是集权制度本身的问题。

汉高祖开创的王朝的确给中国带来了无数的好处，将如此众多的人口集中在一个政权下，创造了一个全国性的大市场，经济规模达到了空前的程度。但是，人们在享受这些优点时，却没有看到官僚集团的悄然膨胀，[4] 后者如同癌细胞一样扩散，直到经济吃不消，养不起官僚集团。

从汉文帝始，由于缺乏收入，皇帝开始买卖爵位。汉景帝削藩后，更是将中央直属官僚系统铺向深层。当全国性的官僚网络建立起来，由于整个官僚系统受到的监督是很有限的，这个阶层就变得越来越臃肿。

---

4 《汉书·王贡两龚鲍传》对比今昔，特别指出了官僚的奢侈无度："故时齐三服官输物不过十笥，方今齐三服官作工各数千人，一岁费数钜万。蜀广汉主金银器，岁各用五百万。三工官官费五千万，东西织室亦然。厩马食粟将万匹。臣禹尝从之东宫，见赐杯案，尽文画金银饰，非当所以赐食臣下也。东宫之费亦不可胜计。天下之民所为大饥饿死者，是也。今民大饥而死，死又不葬，为犬猪食。人至相食，而厩马食粟，苦其大肥，气盛怒至，乃日步作之。……武帝时，又多取好女至数千人，以填后宫。及弃天下，昭帝幼弱，霍光专事，不知礼正，妄多臧金钱财物，鸟兽鱼鳖牛马虎豹生禽，凡百九十物，尽瘗臧之，又皆以后宫女置于园陵，大失礼，逆天心。"

虽然皇帝在官僚层面设立了严格的监察制度，[5]以防止官员滥权，但是官僚集团作为一个整体，没有外部力量能够监督它。占全国人口绝大多数的农民没有任何监督的能力，他们唯一的方法，就是实在受不了了就造反。除此之外，没有任何手段去制衡政府。

每一级官僚所耗费的资源都越来越多。以位于官僚集团最顶层的皇室为例。《汉书·外戚传》记载，汉初，皇室消耗占比很小：汉高祖、汉文帝、汉景帝时期，宫女人数极少，后宫也极为简单，除了皇后之外，只有美人、良人、八子、七子、长使、少使等少数等级。然而，到了汉武帝时期，又增加了婕妤、娙娥、容华、充依等级别。汉元帝时，又增加了昭仪等级别，形成了十四等的后宫制度。

后宫的俸禄等级已经相当于一个缩小版的官僚集团。昭仪的俸禄与丞相、诸侯王相同，婕妤的与上卿、列侯相同，娙娥与中二千石、关内侯相同。级别一直排下去，直到最末一级也有百石的俸禄。

当后宫的人数达到数千人，养活这个后宫就要耗费大量的物资。而除了皇帝之外，各地的诸侯王、官员也都要维持愈加庞大的排场，俸禄消耗呈几何级数增长。

王朝初期，经济处于快速恢复期，经济增长的速度还能高于官僚集团的膨胀速度，这时，民间的收入就会增加，人们的日子还好过些。但是，到了盛世末年，经济增长速度减缓时，官僚的膨胀速度却正处于高峰时期，超过了经济增长的速度。

---

5 《汉书》记载，三公之一的御史大夫即为监察官，负责监察百官。另外，汉武帝时期又设置刺史去监察地方官员。同时，汉武帝使用酷吏来纠察官员的罪行，审理了大量的官员腐败案件，却并没有从根本上改善吏治。

经济减速时，官僚集团的膨胀速度却无法降下来，甚至反而会加速膨胀。因为经济不好，民间的日子不好过，吃空饷的人更不想离开官僚集团的庇护，更多的人想挤到庞大的官僚队伍里来。

这时的吏治也最败坏，官员们不是想着政绩，而是想着如何讨好上级和皇帝。皇帝有什么喜好，官僚们都会争相满足。皇帝喜欢打仗，大家立即发动战争；皇帝沉迷声色犬马，下面就会送上不计其数的女人。这些铺张浪费进一步掏空中央王朝的财政，并将成本转嫁给民间，导致民间经济更快地陷入枯竭。

这个时候就会产生财政猛然扩张、经济猛然失速的情况，社会问题频频发生。王朝迅速由盛转衰。

所以，官僚集团引起的财政扩张，对于任何一个朝代都是无法解决的问题。到最后，这个问题会越积越大，埋下灭亡的种子。王朝前期表现得再美好，到了后期还是要面对民生凋敝的无奈结局。

具体到汉武帝时期，官僚集团引发的战争问题导致财政失衡，财政失衡又逼迫皇帝开办官营产业、垄断资源。而政府具体参与经济之后，又需要大量管理经济的官员，官僚系统一下子膨胀了数倍，成为民间经济的巨大负担。

在大一统国家，无论是汉，还是后来的唐宋元明清，战争成本都是历代集权政府承受不起的重担。战争时期，政府的花费数倍、数十倍于和平时期，政府的财政骤然恶化。

在本书的引子里，已经谈到了战争带来的巨大直接成本。但除了直接花费（养兵、抚恤金、养战俘、收买敌人）之外，更加难以估算的是间接的战争成本,比如物资转运和战备消耗。

西汉时期的产粮区主要集中于华北、川蜀,以及长江—淮河地带。在非战争时期,地方政府收了税,把税粮从地方运往首都长安,供皇帝和中央政府使用。由于古代缺乏完善的道路系统和交通工具,运输税粮要耗费大量的人力和物力,就算是富裕的中央王朝也感到很吃力。

战争期间,皇帝除了调兵之外,还需要把军粮再运往战争地带,而战争地带往往处于无法自给自足的边境地区。王朝再强大,也无法仅仅依靠政府的力量做到这一点。

除了物资转运,战备消耗是另一个死穴。这里仅举《史记·平准书》记载的汉匈开战后,汉政府修筑朔方城的例子,来说明战备消耗之大。

朔方城位于河套地区,在西安的正北方,与匈奴直接对峙。汉武帝时期,该城由苏武的父亲苏建率领十万人建造。[6] 在前机械化时代,修筑城池是一项巨大的工程,而在人口不足的地方修城就更为麻烦。为了修筑朔方这样一座边防城市,汉政府需要从内地调动十万人到塞外边关去劳动,为供应这十万人的口粮,又需要极强的物资运载能力。整体耗费高达数十亿至上百亿钱,相当于汉王朝一年的财政收入,更是远远超过整个中央政府官员一年的俸禄总和。

朔方城只不过是一个典型的代表。除了朔方之外,在东南、西南、朝鲜等地都有大规模的战备调动,同样消耗着大量的财政收入。

最终,战争会把健康的财政彻底拖垮,中央王朝不得不依靠临时性

---

[6]《汉书·李广苏建传》:"苏建,杜陵人也。以校尉从大将军青击匈奴,封平陵侯。以将军筑朔方。"

的举措过日子。

但是，战争又是不可避免的。一旦集权国家经济恢复，就会有人鼓吹战争，第一次、第二次的时候，人们只把这种鼓吹当作疯子的言论，但是第十次、第一百次的时候，这种言论就能够打动执政者，并通过政权的力量传播开来，让整个社会变得狼性十足，从而开始疯狂的冒险。冒险过后能够及时收手还好，如果过了能够回头的临界点，就必然采取财政上的一系列集权措施，最终导致财政的崩塌。

经过一辈子的战争，汉武帝在晚年有了另一次反思。[7] 征和四年（公元前89年），桑弘羊等人又提议汉武帝继续花钱，以轮台为中心建立军事基地。然而这一次，汉武帝经过深思熟虑后拒绝了。他发了一道长长的诏书，详细讨论之前发兵的得与失，得出结论：在轮台兴军务是一项划不来的举动。《汉书·西域传》记载，他终于认识到"当今务在禁苛暴，止擅赋，力本农，修马复令，以补缺，毋乏武备而已"。

在忏悔两年之后，汉武帝去世。他在位期间，王朝财政得以无限制地扩张，汉武帝也终于将中央王朝建设成两千年的样板。

这个样板具有如下特征。

首先，王朝农业税的税率不高。汉代采取1/30的税额，而其他朝代税额最轻时是1/10或者1/15。对农业采取低税率，除了所谓的重农情结之外，更重要的原因是中国古代的粮食产量长期维持在低水平，

---

7 《汉书·食货志》："武帝末年，悔征伐之事，乃封丞相为富民侯。下诏曰：'方今之务，在于力农。'"

如果税收过高，农民就无法留够活命的粮食。除非是在战争的特殊时期，王朝为了稳定的需要，一般不会对农业加税，甚至不时有减税的措施出台。

其次，农业税税率低，并不意味着农民税收负担低。在降低农业税的同时，政府采取了更灵活的方式，从其他方面获得财政收入。这些收入包括垄断工业收入、关市收入，垄断流通领域的收入、铸币产生的铸币税、财产收入等。这些收入最终都会转嫁到百姓头上。

这些税虽然沉重，却是隐性的。虽然在大部分情况下，农民不需要直接缴税，但是政府通过较高的工业品价格，或者利用铸币权，神不知鬼不觉地就从农民手中把财富抽走了。这种做法隐蔽、高效、来钱快。这也是"民不益赋而天下用饶"[8]的秘密所在。

在西汉时期，百姓缴纳的正规税赋最高时达到40亿钱，而皇室的财政收入却达83亿钱。[9]也就是说，在整个财政盘子（包括皇室收入和政府财政）里，皇帝通过官营产业、垄断经营等方式获得了占总财政一半以上的收入。汉朝时期，农业占国民经济的九成以上，而工商业占比不到一成，却承担了总财政一半以上的负担。可见，皇帝通过官营产业对经济压榨到了何种程度。

这种压榨也导致了另一个问题：古代中国的工商业在重负下始终无法得到完全的发展。不仅是汉代，在古代中国任何朝代都存在同样的税赋问题。这或许是古代中国无法摆脱农业社会的原因所在。

8　这是司马迁评价桑弘羊的话，见《史记·平准书》。
9　《太平御览》卷六二七引桓谭《新论》："汉定以来，百姓赋敛一岁为四十余万万，吏俸用其半，余二十万万，藏于都内为禁钱。少府所领园地作务之八十三万万，以给宫室供养诸赏赐。"

皇帝的铸币战争

汉武帝时期,还为未来两千年的中国经济和财政制度树立了另一个样板——货币制度。

汉武帝之前的汉代,货币发行处于罕见的自由竞争状态,除了中央政府之外,民间和诸侯也都可以发行货币。而汉武帝则把铸币权收归官营,形成了我们熟悉的垄断发行制度。

欧洲和美国政府直到近代才形成真正意义上的货币垄断,而中国的货币垄断却已经维持了约两千年。

汉武帝的制度使得宋代之前的中国一直处于金融抑制状态。直到北宋时期纸币出现,才唱响了对这种金融制度的反叛。

在人类历史上,货币一直是一个绕不过去的坎,它为了方便贸易而诞生,却又从诞生的那一天起,就带出了许多稀奇古怪的问题。

在纸币发行之前,人类使用金属铸币的时期,最古怪的问题是货币面值和实际价值不一致。

在货币还没有出现,需要利用金、银、铜做交换的时代,人们会按照金属的实际价值来估值。比如,一斤麦子价值一两铜,一匹马价值一两银子。

由于称重很不方便,人们又发明了另一种做法,把一两铜做成特殊的形状,并在上面标明重量(面值),标准化的货币从此诞生。由于省去了称重和切割金属的麻烦,货币很快就成为贸易中最主要的中介物。

但接下来的问题是:虽然货币上标明了重量,但有的人会把货币做得比标明的重量更轻，却按照标明的重量去使用，赚取差价。也就是说，面值上标明是一两，但实际重量只有八钱，面值和实际价值出现了分离。

就算一开始货币都是足值铸造的，但使用一段时间后，足值的货币也磨损成不足值的了。

为了对付减重问题，解决的办法有两个。

一是对货币进行称重，按照实际重量估值。但这样做除了不方便之外，还需要防止另一种造假手段，即往铜币里掺锡、铅等不值钱的金属，人为地给货币增重。

这种称重的做法只是在民间采用，而政府更倾向于采用另一种办法。

二是政府规定，不管货币的实际价值是多少，市场只能按照面值来接受它。加入官方强制力后，货币也就从"自然货币"变成了"法定货币"。法定货币必须依靠政府立法强制流通，已经偏离了货币的实际价值，而后来出现的纸币也是一种典型的法定货币。

可是，一旦官方授予不足值货币和足值货币同样的流通权，就会有人在铸造货币时故意缺斤少两。而人们持有货币时，也会先把货币的边缘剪下来，再把剪边货币当作足值货币使用，剪下来的边就可以用来铸造新的货币。[10] 时间长了，足值的货币反而不见了，只剩下不足值的劣币。这就是"劣币驱逐良币"的原理。

劣币问题在所有使用铸币的人类文明中都会出现，只要由官方强行

---

10 中国的金属货币虽然以铜为主，但工艺上却是领先的。西方早期的金属货币不像中国那样是铸造的，而是在金银饼上敲入徽章和印记。这样的货币形状不够规则，更容易出现减值。同中国拿剪下来的边铸造新的货币的做法类似，常用的做法是把一批货币放入布袋，使劲摇晃，依靠金属的碰撞和摩擦使货币磨损，再收集磨损下来的金属屑。

规定法定货币的流通权，就不可避免地会出现"劣币驱逐良币"的现象。

那么，如何解决"劣币驱逐良币"的问题呢？

出乎意料的是，解决的办法只有一个：开放铸币权，允许所有人铸造货币；与此同时，放开民间的选择权。官方不去规定哪些货币能用，哪些不能用，由民间根据各家货币的口碑自行决定接受与否。这是一种自由竞争的模式：口碑欠佳的铸币没有人接受，就慢慢地消失了；而口碑良好的铸币接受的人多，会成为竞争的胜利者。

通过市场选择达到一种平衡状态。这就产生了另一种现象：良币驱逐劣币。

到底是"劣币驱逐良币"，还是"良币驱逐劣币"？二者的区别在于，政府是否强制规定某一种货币为法定货币，而禁止其他货币的流通。规定法定货币，就一定会产生"劣币驱逐良币"的现象。而如果政府规定所有货币都可以使用，经过一段时间的竞争，良币最终就会驱逐劣币。

放开货币铸造权和使用权，这种方法虽然是解决"劣币驱逐良币"的唯一方法，却受到世界上几乎所有国家的抵制。政府之所以不接受这种做法，并不是因为这种做法没有效率，而是因为这意味着政府彻底失去对货币的话语权，从而丧失了干预市场的能力。

掌管货币话语权，会给政府带来无数隐藏的利益。政府缺钱时，只要统一往货币里掺点儿假，就神不知鬼不觉地从民间收走了大量的财富。对于历代政府，货币掺假始终是一个充满诱惑的手段。结果，每个朝代的货币都会出现缓慢的贬值，朝代初年的货币个头儿最大、材料最好；随后，货币越来越小，材料越来越差；最后出现所谓的大额货币，原本一个铜币一文，后来出现"当十""当五十"的大钱，一个大钱的材料价值只是小钱的两三倍，面值却是小钱的数十倍。

如果说在铸币时期，中央王朝有货币密码的话，那垄断铸币权就是最大的一种。

然而，中国历史上却有一段罕见的时期，由于形势所迫，政府采取货币自由竞争模式，促进了经济的大繁荣。这段时期就是汉初。

战国时期，每一个国家发行各自的货币。秦始皇统一中国后，将全国的货币统一起来，规定只有秦代的"半两钱"可以流通。[11]

但是，秦代的钱币并非统一铸造，而是在规定了钱币的重量和规格后，由各个地方分别铸造，铸造的钱币只要符合规格，便都可以在市场上流通。[12]

当汉高祖得到天下时，人们仍然在继续使用秦代的半两钱。只是这时的钱币制度已经显现出许多弊端。[13]

第一，由于战乱的影响，货币的数量严重不足。汉政府尚没有能力组织大规模的铸造，来满足民间对于钱币的需求。

---

11 《汉书·食货志》："秦兼天下，币为二等：黄金以溢为名，上币；铜钱质如周钱，文曰'半两'，重如其文。"
12 同一时期的文献并未提到秦朝钱币的铸造问题，但由于秦朝流传下来的钱币千差万别，统一铸造不可能出现这么大的差别，故得出此结论。彭信威认为，秦始皇的统一币制，只是货币种类和货币单位的统一，而不是货币铸造发行权的统一。半两钱并不由朝廷统一铸造，甚至政府是否铸造钱币，也无从知道。遗留下来的半两钱，如同牡丹叶一样，枚枚不同，可见是各地自由铸造的。因此我们也不能根据秦半两的重量来求得秦的衡法。秦半两中，最轻的只有六厘米许，而最重的有二十厘米以上的。（见彭信威《中国货币史》）
13 《汉书·食货志》："汉兴，以为秦钱重难用，更令民铸荚钱。"

第二，秦代的半两钱太重了，不便于使用。

在古代的重量单位中，二十四铢为一两，半两等于十二铢，接近后来汉代五铢钱的两倍半。按照这个重量，一串（一千枚）钱就有三十多斤重，携带很不方便。更重要的是，半两钱的价值太大，不利于小额交易。

在汉武帝之前的数百年间，农民的收入是很固定的，按照一家五口一百亩地计算，每亩地一年可以产一石到一石半粮食，[14] 除去五口人的口粮和缴税，大约可以节余45石粮食，一石粮食的价格是30文钱。也就是说，一个五口之家每年的货币收入只有1350文钱，[15] 平均每个人每天的货币收入不足一文钱。

由于货币最小的单位是一文，如果购买一文以下的商品，就不好付账，这就像现代社会如果没有一元、两元的硬币，却处处是百元大钞一样。那么小额交易就只能退回到以物易物的状态了。

为解决这两个问题，汉代前几任皇帝都被迫采取了放任民间铸币的方法，由官方规定货币的重量，让民间来完成铸币。流通在市面上的钱币更是五花八门，政府铸钱、诸侯铸钱、私人铸钱并行于世。

这也是一个验证货币竞争理论的恰当时机。最初，混乱产生了。民

---

14 《汉书·食货志》引李悝："今一夫挟五口，治田百亩，岁收亩一石半，为粟百五十石。"同书引晁错："今农夫五口之家，其服役者不下二人，其能耕者不过百亩，百亩之收不过百石。"

15 见《汉书·食货志》。李悝计算，百亩可以收150石粮食，什一税扣除15石，剩下135石。口粮每人每月1.5石，五人一年需要消耗90石，剩下的45石进入商品市场。按照每石30文钱计算，可得1350文钱。汉初与战国时期农业生产率的进步有限，而粮食价格也相对稳定，可以用来横向比较。

间铸币的质量良莠不齐，绝大部分都是不足值的。实际上，汉代官方已经将货币贬值，官方规定在钱币上标明半两钱，而重量却降到了八铢、六铢，甚至四铢。民间在铸钱时再次减重，加上做工粗糙，各种各样的小钱、劣钱并出，最小的钱只有一铢左右，相当于秦代货币重量的1/12。[16]

但经过一段时间后，自由市场的混乱消失了，优质的货币脱颖而出。这些货币的重量不如秦钱，但是方便小额交易。同时，这些钱也不能随便作假，否则铸币方就会在竞争中落败。

在这些货币竞争的胜利者中，最著名的是一位叫作刘濞的诸侯王。他的封地吴国恰好是个产铜大国，刘濞借助铜山发展铸币业，因此积累了大量的财富。另一位是汉朝的大夫邓通。这两家的铸币由于质量好、有信用，通行天下。[17]一种民间经济的新秩序建立了起来。汉初的恢复，与金融业和工业的发达有很重要的关系。

但是，有关货币问题的争论却并没有随着经济的发展而停止。皇帝们允许自由铸造只是一种权宜之计——因为中央政府还没有来得及掌控全局，不得不放手让民间去干。

汉文帝时期，货币问题已经成为群臣争论的焦点之一。前元五年（公元前175年），皇帝曾因为秦钱太大，更改过一次货币标准，规定民间铸钱不再按照半两的重量来铸造（其实当时已经没有人铸这么重的钱了，皇帝的诏书只是追认了现实情况的合法性），而是按照四铢的重量

---

16 见彭信威《中国货币史》。
17 《汉书·食货志》："是时，吴以诸侯即山铸钱，富埒天子，后卒叛逆。邓通，大夫也，以铸钱财过王者。故吴、邓钱布天下。"

来铸造。所有民间铸造的符合四铢标准的钱,都可以自由流通。[18]

这时,贾谊乘机进谏,提出要废止民间铸造钱币的行为,改由官方铸造。他认为,民间私自铸造钱币,是一切劣币的根源。贾谊甚至详细讨论了如何才能断绝民间铸币。他认为仅仅下令禁止民间铸钱,是没有效果的,不管法令如何严苛,民间还是会偷偷铸钱。如果想要彻底断了民间铸钱的路子,必须从源头禁止,也就是禁止开采铜矿。[19]

这是汉代第一次系统地提出矿业官营的主张。不过,汉文帝听不进贾谊的理论,汉代的金融自由又保持数十年,推动了经济的繁荣。

然而,贾谊代表的儒家并非完全没有道理。经济的发达使汉初一直没有解决的另一个问题突显出来——如何抑制失控的诸侯来维持一个庞大王朝的稳定?

吴王刘濞有了钱,中央政府对他心怀猜忌,害怕他会反叛中央,而中央政府的猜忌又终于逼迫刘濞反叛。七国之乱爆发,这个少有的金融黄金时代进入尾声。随着叛乱被镇压下来,皇帝也在考虑如何利用金融政策来抑制诸侯势力,民间铸币的政策开始收紧。

这种逐渐收紧的趋势到了汉武帝时期,终于达到顶峰。由于战争消耗和财政浪费,汉武帝需要更多的钱来填补财政赤字。于是,他看上了货币发行这块肥肉,开始以发展民生为借口整治货币。

---

18 《汉书·食货志》:"孝文五年,为钱益多而轻,乃更铸四铢钱,其文为'半两'。除盗铸钱令,使民放铸。"
19 《汉书·食货志》中贾谊谏曰:"令禁铸钱,则钱必重;重则其利深,盗铸如云而起,弃市之罪又不足以禁矣。奸数不胜而法禁数溃,铜使之然也。故铜布于天下,其为祸博矣。"

汉武帝对币制的收拢措施包括两个方面。

一是出于敛财目的，发明皮币和白金币，并发行了一种三铢钱。三铢钱重三铢，钱上的文字也写着"三铢"，这是汉代第一种标明重量的钱币。之前虽然有过八铢钱、四铢钱，但这只是钱的重量，而钱上的文字仍然和秦代一样写着"半两"。

汉武帝的皮币、白金币大大地扰乱了市场，原本已经稳定的币值重新变得混乱不堪。货币市场出现紊乱，汉武帝不仅没有反思政策问题，反而以此为借口，加紧干预货币发行。

二是在皮币、白金币、三铢钱名声不佳之后，汉武帝又规定了一种新的钱币——五铢钱。这种钱币重五铢，面值上写的也是"五铢"。汉武帝同时规定：不许私人铸币，只准官方发行。

但这时的铸币权仍然不是由中央政府垄断的。由于中央政府还没有铸造这么多货币的能力，于是，皇帝允许各个郡国（诸侯和地方政府）按照中央颁布的标准来铸造。郡国铸造的钱币称为"郡国五铢"。

令人感到意外的是，各个郡国铸造的五铢钱立即出现了劣币的特征。王侯、郡守获得权力后，并不遵循金融规则。他们发现在币材中大量掺假可以制造更多的钱币，造假比遵守规则更赚钱。这引起了另一波的金融混乱。

如果郡国劣币只在民间流通，皇帝不会感到很难堪。但是，当郡国劣币通过税收渠道回流到中央政府时，汉武帝就感觉吃了亏。

为对付这些劣币，汉武帝又发行了一种钱，这就是赤侧五铢。所谓"赤侧"，就是钱币有一个红铜镶边。这些钱币的发行权不再授予郡国，而是收归中央政府，在京城铸造。赤侧五铢的质量是有保证的，但是，汉武帝规定，每一个赤侧五铢要顶五个郡国五铢来使用。同时，上缴中央的税收必须使用赤侧五铢，不得用其他钱币缴纳。

这种强制性的手段实质是使其他钱币都贬值了 4/5。于是人们纷纷伪造赤侧五铢，钱币市场更加混乱。

这时，货币市场已经混乱到了极致。皮币、白金币仍然在使用，郡国五铢在地方上流通，而真假赤侧五铢更是让人民吃不消。大量的投机分子在山上开炉铸币，监狱里关满了制售假币的人。

当一切已经乱套，汉武帝能够想到的办法只有一个：将铸币权彻底收归中央政府。不仅不准民间铸造五铢钱，也不准各个郡国铸造，只准在上林苑铸造，铸出的钱称为"上林三官五铢"。

从此，古代中国的钱币从自由竞争阶段彻底过渡到了垄断阶段，并成为未来的样本。短暂的自由铸币时期过去了。

汉武帝的改革产生了一种通行期超过八百年的货币——五铢钱。五铢钱规定了未来王朝的货币政策路线，即国家垄断金融，打击私人金融。这种做法造成了古代中央王朝的金融稳定，却又让每一个朝代都带上金融抑制的特征，并为政府制造通货膨胀留下后门。

对于汉武帝的货币政策，历史的评价却出人意料。

汉朝时，许多人的评价是负面的，他们看到政府垄断铸币之后的金融抑制，以及汉武帝当初制造的金融混乱。即便官方垄断铸币，到了西汉后期，也仍然有官吏偷工减料、掺假的情况，而且是借国家名义合法化的掺假。

可是汉朝之后，人们却又颂扬他的功劳，并世世代代以他为榜样来发行货币。从汉武帝元狩五年（公元前118年）到汉平帝元始年间（公元1—5年），一共铸造钱币280万亿。这个庞大的数字令人眩晕，于是后人原谅了官营铸币带来的一切问题。[20]

当然，后世的皇帝们也充分地意识到，汉武帝给他们的统治带来了多大的便利。政府垄断铸币权之后，皇帝就掌握了另一种获得财政收入的手段，而且是最简洁、最直接的手段。他只需在铸币中掺一半的假，就可以铸造出多一倍的货币，用这些货币可以换来多一倍的物资。等市场发现了皇帝的诡计时，一切都晚了。最终的结果必然是货币贬值一半，相当于政府收取了五成的通胀税。但由于皇帝利用了时间差，没有人能够防范这种铸币税。

在历史上，货币的减重总是悄悄地发生。一个月、两个月还显现不出来，但如果在更长时间段内，就会发现总是"劣币驱逐良币"，钱币的铜含量越减越少，并逐渐被其他金属代替。

于是，到每个朝代末期，法定货币已经掺了太多的假，到了再掺假就铸不出钱来的地步时，政府就干脆不再铸钱。而每个朝代的末期，经济本来就脆弱，不铸钱的做法让民间经济缺乏润滑剂，更趋于混乱，从而加速了王权的崩溃。

宋代以后，随着纸币的发明，政府更是找到了一本万利的方法，通过印钞票来掠夺民间的资本，而纸币的老祖宗还师法当年汉武帝的皮币。不管是法国约翰·劳[21]的密西西比骗局，还是魏玛共和国[22]、南京国民政

20　《汉书·食货志》："自孝武元狩五年三官初铸五铢钱，至平帝元始中，成钱二百八十亿万余云。"

21　约翰·劳（1671—1729），英国著名经济学家和银行家。

22　指1918—1933年期间采用共和国宪政政体的德国。

府、津巴布韦的超级通货膨胀，都可以在中国的历史长河中找到一丝影子。

表2 汉代发行的铸币[23]

发行时间	名　称	重量	币面文字	是否垄断发行
自秦延续	秦半两	半两	半两	否
汉高后二年（公元前186年）	八铢钱	八铢	半两	否
汉高后六年（公元前182年）	五分钱	五分	半两	否
汉文帝五年（公元前175年）	四铢钱	四铢	半两	否
汉武帝建元元年（公元前140年）	三铢钱	三铢	三铢	不准私铸
汉武帝建元五年（公元前136年）	三分钱	三分	半两	不知
汉武帝元狩五年（公元前118年）	郡国五铢	五铢	五铢	由郡国垄断
汉武帝元鼎二年（公元前115年）	赤侧五铢	五铢	五铢（带红色镶边）	由中央垄断
汉武帝元鼎四年（公元前113年）	上林三官五铢	五铢	五铢	由中央垄断

汉昭帝：两千年前的一场争论

在汉武帝的丰功伟绩成为历史之后，在汉昭帝刘弗陵和汉宣帝刘询时代，汉朝进入了另一个稳定阶段。历史上把这个时期与"文景之治"并称，史称"昭宣之治"。

23　本表依据《史记》《汉书》相关材料整理而成。

汉朝在汉武帝之后没有步入财政旋涡,而是获得了第二次新生,主要有以下几个原因。

第一,汉武帝晚年已经放弃耗资巨大的战争游戏,财政的额外支出得到了控制。战争和养官是政府最大的两项财政支出,战争停止,政府的花费就得到了控制。

第二,汉昭帝和汉宣帝两位皇帝,特别是出身贫苦的汉宣帝,重新提倡节俭,舍弃奢华的宫室和大规模的礼仪活动,节省了皇室支出。[24]

第三,对于民间经济来说,幸运的是一次农业革命正在进行。汉武帝末年,搜粟都尉赵过大力推广代田法。在此之前,由于土地的肥力不足,人们往往需要采取休耕的措施,典型的休耕有三块土地,每年耕种其中的一块,让另外两块抛荒积攒地力,三年轮一遍。而赵过则提出在一亩地里挖三条垄沟,每年在其中一条里种粮食,另两条留着积攒地力。如果土地肥沃,还可以每年种两条留一条。用这种方法种地,每一亩比起以前可以多收一石粮食。

另外,这一时期也是耕牛逐渐普及的时期,许多地方用牛力来代替人力,获得了更高的收成。赵过改进了犁的构造,一头牛可以拉三个犁头,大幅度提高了耕种的效率。[25]

---

[24] 汉宣帝原名刘病已,汉武帝原太子刘据的孙子。由于刘据受"巫蛊之祸"牵连而死,不到一岁的刘病已就被收押在监。他的成长经历使得他更加了解民情,故其政策较为清明,财政开支较为节俭。

[25] 崔寔《政论》:"武帝以赵过为搜粟都尉,教民耕植,其法为三犁共一牛,一人将之,下种挽耧,皆取备焉,日种一顷。"《汉书·食货志》:"过使教田太常、三辅,大农置工巧奴与从事,为作田器。二千石遣令长、三老、力田及里父老善田者受田器,学耕种养苗状。民或苦牛,亡以趋泽,故平都令光教过以人挽犁。过奏光以为丞,教民相与庸挽犁。率多人者田日三十亩,少者十三亩,以故田多垦辟。"

赵过的农业革命进展很慢，最初只局限于关中地区，之后慢慢向外扩散，到东汉时，农业革命仍然在继续。精耕细作提高了产量和效率，从而使农民的生活水平有了一定的改善。

不过，由于汉朝的官僚体系已经膨胀好几倍，对于盐铁工业的垄断也一直持续下来，经济不可能完全恢复到文景时期的繁荣。

在集权王朝内部，有以下两条规律在交替发挥作用。

第一条规律是，一旦政府放松控制、削减财政开支，社会经济会立即出现反弹。

第二条规律是效益递减规律。在制度建立初期，中央政府的放权、让利往往能得到最好的效果。如果是在朝代中后期，使用同样的政策，效果却要打一个折扣。

在朝代中后期，复杂的利益集团已经成型，特别是官僚人数的膨胀，即便中央选择让利，这一部分利益也不见得能够进入老百姓口袋，而是被中间的利益集团截留了。

昭、宣两位皇帝的改革必须在汉武帝已经设好的框架下进行。这时，政府的养官成本大大增加，由官员带出的利益群体数量则呈几何级数增加。

在汉初，官员不插手经济运营。后来，官员以私人身份涉足商业。而自汉武帝卖官之后，官员和商人就彻底合流了。如果这时候再让官员从商业中退出来，不仅不可能实现，还会引起激烈的反抗。

汉昭帝时期，由于主政的大臣是大司马大将军霍光，而霍光又是汉武帝指定的托孤大臣，所以政策还不能与汉武帝时期背道而驰，只能打着汉武帝的旗号来换上一些不同的内容。

正是在汉昭帝时期，发生了中国历史上最有名的一次关于"国进民退"还是"国退民进"的大争论。

随着经济的好转和农业的进步，汉昭帝时期逐渐出现新气象。崇尚自由经济的人们在新气象的鼓舞下，开始憧憬更大的改变，期待皇帝能够做出根本性的变革，彻底回归文景时期，将汉武帝建立的官营经济体系废除掉。

人们的心中仍然认为政府不应该参与具体的经济运行，应该恢复小政府的状态。

这场国家和民间的大争论发生在汉昭帝始元六年（公元前81年），一个叫桓宽的人将当时的辩论记录整理成《盐铁论》一书，此书幸运地流传到了今天，我们能够通过它来了解争论的许多细节。《盐铁论》也让现代人意识到，古代和现代的相似性比人们所能够想象到的还要多，而现代几乎所有的问题，都在两千年前就有了雏形。

当年，汉昭帝为了了解民间疾苦，让各个郡国推荐了数十位贤良文学，也就是民间的社会贤达，到朝廷来反映民间问题。这些人果然不负众望，一到京城，就将民间的问题和盘托出，并有针对性地提出了罢黜盐铁专卖、还利于民的建议。

与此同时，汉武帝时期功劳最大的大臣桑弘羊仍然在朝，当贤良文学们控诉他亲手制定的政策时，桑弘羊自然坚决不同意，跳出来辩白。

双方唇枪舌剑，你来我往，辩论场如同战场，讲究刀刀致命。[26]

桑弘羊的基本观点只有一个：财政需要。为了应付庞大的财政开支，政府必须从商业上获得收入，否则就会破产。[27] 而与他辩论的贤良文学们都来自民间，对于政府财政问题不甚了了，对于民间发生的事情却更为了解。他们最能感受到汉武帝政策给民间带来的困扰。但这些人在理论功底上比桑弘羊差很多，说不过别人，就搬出"政府要以德服人"[28]，或者"政府要回归儒家传统，不要与民争利"，甚至强调要重本抑末，以为问题出在工商业上面，[29] 没有看到工商业并没有罪过，而是政府控制工商业，才造成了一系列的问题。所以，后世的新派人物大都嘲笑这些贤良文学的迂腐。

包括明代最具反叛精神的李贽，在普遍"灭人欲"的背景下，他大胆地提出"穿衣吃饭即是人伦物理"，将焦点从空洞的说教转回了民生。但由于他反对儒教过了头，看到贤良文学要回归儒家传统就来气，故而他在《藏书·富国名臣总论》中也认为桑弘羊的做法更加正确。而到了近代，相信"人定胜天"的历史学家更是把贤良文学们贬得一文不值，

---

26 《汉书·食货志》："昭帝即位六年，诏郡国举贤良文学之士，问以民所疾苦，教化之要。皆对愿罢盐、铁、酒〔榷〕均输官，毋与天下争利，视以俭节，然后教化可兴。弘羊难，以为此国家大业，所以制四夷，安边足用之本，不可废也。"《盐铁论·本议第一》："惟始元六年，有诏书使丞相、御史与所举贤良、文学语。问民间所疾苦。"

27 《盐铁论·本议第一》："边用度不足，故兴盐、铁，设酒榷，置均输，蕃货长财，以佐助边费。今议者欲罢之，内空府库之藏，外乏执备之用，使备塞乘城之士饥寒于边，将何以赡之？罢之，不便也。"

28 《盐铁论·本议第一》："文学曰：'夫导民以德，则民归厚；示民以利，则民俗薄。'"

29 《盐铁论·本议第一》："文学曰：'国有沃野之饶而民不足于食者，工商盛而本业荒也；有山海之货而民不足于财者，不务民用而淫巧众也。'"

而把桑弘羊捧到了天上。

可是，人们没有注意到，虽然贤良文学们迂腐，看不到问题的真正原因，但他们揭示了集权社会的一个悖论：从理论上看起来很美好的事情，一到现实中就变了味儿。

比如，桑弘羊谈道，政府把制铁业收归官营，不仅可以扩大财政收入，还可以通过政府的管理来提高铁器的品质，保障人民的需求。因为政府的实力最强，它组织生产，自然能生产出最好的物品，比民间小规模生产的质量要高得多。这听起来很在理。

但来自基层的感受却完全是另外一回事。由于人们需求多元化，各地需要不同品种和规格的铁器。而在以前，这些需求都可以通过遍布市场的手工作坊来满足。但官营制铁之后，铁器的种类反而大大减少，明显不利于生产。另外，一旦政府把某个行业收归国有，那么，这个行业生产的产品就会立刻涨价，让人苦不堪言。[30]

桑弘羊认为，盐铁官营有利于提高商品质量，这是理论上占优势；而贤良文学提出商品质量下降了，则是实际的经验。但后世人看待这个问题时，已经没有办法拥有古人的亲身体会，反被理论迷惑了。于是，官营企业能够提高产品质量就变成了一个被普遍接受的神话，直到最近几十年才被打破。

再比如，政府把铸币权收归官营，在大部分人看来都是好事，认为政府可以防止劣币出现，让货币的品质更高。但从基层的经验来看又是

---

30 《汉书·食货志》："……郡国多不便县官作盐铁，器苦恶，贾贵，或强令民买之。"

另一回事：铸币官营之后，政府的钱币也在慢慢减重，偷工减料。[31] 另外，皇帝也将什么白鹿皮、白金当作货币，让市场更加混乱。

所以，抛开道德上的说教，贤良文学认为，政府的做法，一是抽取民间财富，二是扰乱市场，三是官商勾结，这三点更增加了社会的不平等。

按照桓宽的说法，贤良文学在辩论中占了上风。[32] 但这个说法未必正确。

从后来的事实来看，这次的辩论本应该成为事情的转折点，但结果却不了了之。汉昭帝只是象征性地废除了酒类专营，其余官营企业都没有被废除，官方垄断也没有解除。

盼望改革的人们都忽视了一点：一旦垄断建立起来，政府的财政严重依赖这些官营企业时，就不可能放弃盐铁官营了。当非农收入占汉代总财政（包括皇室收入和政府收入）的2/3时，政府可能放弃收益最大的盐铁收入吗？

西汉后期的皇帝也尝试过一次废除盐铁专卖。

初元元年（公元前48年），汉元帝继位，当年全国出现了大水灾。第二年，在曾经富裕的齐地出现了大饥荒。于是中央政府下决心不再与民争利，削减一系列政府开支，同时取消盐铁官营，准许地方撤销常平

---

31 《盐铁论·错币第四》："币数易而民益疑。于是废天下诸钱，而专命水衡三官作。吏匠侵利，或不中式，故有薄厚轻重。农人不习，物类比之，信故疑新，不知奸贞。商贾以美贸恶，以半易倍。买则失实，卖则失理，其疑或滋益甚。"
32 《盐铁论·大论第五十九》："大夫抚然内惭，四据而不言。当此时，顺风承意之士如编，口张而不歙，舌举而不下，暗然而怀重负而见责。"

仓。这次改革的力度不可谓不大,但是三年后,皇帝又悄然恢复了盐铁官营。[33]

这是西汉皇帝最后一次试图恢复到以前的黄金时期,但随后他们知道一切都已经不可能了。官僚集团只会膨胀,不会收缩,它已经绑架了政府财政,而财政收入不足,又必须建立官营体系来绑架民间经济。

官营制度之所以继续存在,是因为它给了政府足够的控制权,可以防止下层的反抗。而当财政收入增速下滑之时,官营产业的作用就更明显,那时,政府财政将依靠官营产业渡过难关。

一切都是在理顺关系,但在结构上,不会有太大的调整。这就是"昭宣之治"的思路。汉昭帝时期采取了很多补救式的措施,包括尽量避免新的战争,不主动找麻烦,重新强调休养生息的政策等。

汉宣帝时期继承了这些基本政策。汉宣帝还特别注意吏治问题,采取严厉的手段整顿吏治。虽然两位皇帝都实行休养生息政策,但最终,中央政府放出的权力都被下层的官僚捞去了,虽然也惠及民间,但由于官僚阶层的阻碍,效果大打折扣。自汉武帝以来,随着朝廷介入经济的程度加深,出现了不少官商勾结现象。如果要向民间放权,则必须击破这些中间层。

汉宣帝经过分析,认为是吏治出了问题,如果要进一步发展民间经济,必须整顿官场。汉宣帝的吏治整顿也并非汉代独有,一般到了王朝中期都会出现一个设法使吏治清明的皇帝,试图将王朝重新拉回正常的轨道。

---

[33] 《汉书·食货志》:"元帝时尝罢盐铁官,三年而复之。"

但所有试图这么做的措施都只能暂时奏效。一旦放松了警惕,情况就会立即恶化。

争权的政治,结块的社会

从汉代起,古代中国历史上任何一个大一统政权的结构,都不是铁板一块,而是中央和地方争权的双重治理结构。除了中央政府这个层级之外,还有许多条条块块的诸侯。每一个郡、每一个县,都有独断权力,他们的利益和中央是不一致的,甚至是背道而驰的。

所以,从名义上讲,中央领导地方,并负责地方官员的任命,但实际上,地方官员只要能把中央政府糊弄过去,不影响仕途,私下里干事的空间就大得超乎想象。

由于双重争权的存在,中央政府即便想进行实质性的改革,条文到了地方这一层级,也被化解掉了。地方政府只选择有利的条款执行,而把对自己不利的条款过滤掉。

中央政府有心放权给社会,但它放出的权力却被地方政府接走了,社会一无所获,如果中央政府试图收走地方政府的权力,地方政府就会把损失转嫁给民间。

新的执政者上台时,这种现象已经到了临界点;再加上许多地方官员认为新执政者上台还没有完全掌握权力,这是大肆扩张的好机会。

只有当每个官员都突然意识到:哪怕自己再强势,也只不过是站在岌岌可危的高杆上,随时会跌落。他们才会变得小心翼翼,不敢再像以前那样胡作非为。只有这时,中央政府的改革才有可能推进。

汉宣帝也曾经做出过类似的努力，但汉宣帝死后，汉代却并没有走出中央和地方争权的困局，甚至出现了新的失衡。而社会上，贫富分化问题也愈加严重，贫者愈贫，富者愈富。

秦代结束了战国的局面之后，中国社会进入一个重塑期。汉代建立时，已经没有传统的富翁和贵族，而是进入了普遍的贫穷。加上秦汉王朝都特别注意防止旧势力再起，将以前的豪门贵族都迁到首都去定居，进一步限制了富裕阶层的力量。

但随着王朝的复兴、财富的积聚，大的富豪很快又出现了。[34]

比如，四川地区依靠冶铁发财的就有卓氏和郑氏。汉武帝的理财能手之一孔仅出自南阳孔氏，而南阳孔氏直到三国两晋时期仍然发达。鲁地曹县的丙氏（冶铁）、齐地的刀氏（煮盐和贸易）、周地的师氏（贸易）、宣曲的任氏（粮食贸易）、边塞的桥氏（马匹贸易）、关中的无盐氏（金融）、田氏、栗氏、杜氏，等等，其财势都闻名于世。

这些商人有一个共同点：最初大都是依靠机遇和头脑起家，更善于发现新的贸易机会，并坚决地投身其中，成为社会的佼佼者。而他们所从事的行业也大都是最先进的部门，依靠资源的稀缺性和规模优势脱颖而出。

然而不幸的是，西汉的大商人也和后世的商人一样，他们在富裕之后，立即和权力黏在一起。他们从事的工商业成为皇帝觊觎的对象，汉武帝出于扩大财政收入的目的，由官府垄断资源。这些人要么被皇权淘汰，要么投靠皇权，个人的选择余地并不大。

---

34 在司马迁的《史记》中，专门有一篇《货殖列传》，讲到了当时的一批巨富。

而出于管理的需要，汉武帝也必须依靠一批有经验的大商人帮助他建立官营体系。于是这些商人立即变成政府的座上宾。当汉武帝把地方官的财政贡献当作指标来考核时，这些人在地方官眼里也变得不可或缺。[35]

在西汉政府建立时的限权设计中，只考虑了对军队、官员的限制，防止他们对皇权产生冲击。但皇帝很少过问官员和商人的勾结，只要皇权稳定，这些勾结行为就是可以被谅解的。[36]

如果政府的定位只是仲裁者，不是市场参与者的话，那么也许不用考虑这个问题。可一旦政府成为参与者，缺乏限制的权力就会借机大捞一票，这就是官商勾结得以产生的契机。

如果说西汉前期的富翁大都还靠市场起家，那么随着后来官商渠道的打通，贫富分化的问题愈加严重。在任何有权力垄断迹象的地方，都会产生不正常的巨富，而权力垄断最集中之处，就是土地。如汉武帝时期的丞相田蚡，《史记·魏其武安侯列传》中记载，他的住处比别人的都豪华，又占据着最好的土地；在集市上买的东西都堆在道路上，院子里极尽奢华，后房里有上百个女人。至于其他稀奇古怪、声色犬马的东西更是不计其数。

---

[35] 西汉时期，除了以东郭咸阳、孔仅、桑弘羊为代表的中央聚敛之臣外，由于地方也遍布着盐铁官，故而可以推测聚敛之臣已经形成了一个特殊的集团，或者可以称为"浊水集团"，与另一个儒者官员集团（清议集团）形成对峙。
[36] 西汉以官致富的人多如牛毛，除了下文所举例子，较为著名的还有杜周的杜氏、霍光的霍氏，以及王莽所在的王氏等。

汉元帝、汉成帝时期的丞相张禹是另一个例子。汉武帝设立五经博士，将儒术当成治国术之后，西汉的儒者大多以通一两本书著称。《汉书·张禹传》中说张禹学过《易》和《论语》，官至丞相。但这位儒者却对地产抱有很大兴趣，积攒了四百顷最上等的土地。

到了汉哀帝时期，大司马师丹更是提到，当时富人官吏的财产已经达到数亿钱，而穷人则更加贫困。

为扭转这种趋势，师丹和王莽在汉哀帝刚即位时推行了限田令，诸侯王、列侯不得去封地之外占有土地，其余人的土地不得超过三十顷。诸侯王的奴婢可以有二百人，列侯、公主的奴婢限于一百人，关内侯、吏、民的奴婢限于三十人。诏令给人们留了三年时间进行整改，三年后调查，如果有超过规定的，就要惩罚。

一时间鸡飞狗跳，土地、奴仆的价格大跌。然而随后，《汉书·哀帝纪》记载，汉哀帝宠幸弄臣，赐给董贤二千顷土地，早已超过了限田令的额度。由于皇帝首先破坏了规矩，这次限田令不了了之。

人们突然发现，中央的命令并不需要全部执行，只需要敷衍一下，等它慢慢被遗忘就行了。

汉代的巨富辈出还和另一社会状况结合在一起，产生了更加危险的后果。

汉代的人才流通机制非常孱弱，富者恒富，穷者恒穷，容易形成社会的结块（阶层固化）现象。这个结块现象在三国两晋时期达到高潮，而当时的所谓"世家大族"，大都在西汉时期就已经有了雏形了。

皇帝为了加强人才的流通，避免阶层的固化，采用察举制来发现民间的人才。但是，一旦权力和利益结合，察举制就逐渐失效了。负责察举的官员选的都是有钱人的子弟或者关系户。随着人才上升的通道被官僚阶层和富裕阶层（这两者往往是合一的）垄断，社会结块、贫富分化就更加严重了。

贫富分化还造成了一系列的争论：为了解决贫富分化问题，到底是应该管制经济，还是放松经济？

这在《盐铁论》中也有着明显的反映：争论的双方都看到了贫富差距扩大、社会分层严重的现象，也都试图解决这个问题，但采取的方式却是截然相反的。

支持政府控制经济的桑弘羊认为，既然现在有着严重的贫富分化，那么政府更应该毫不犹豫地介入，花大力气整治这种现象。整治的措施包括：禁止富户擅自从事工商业，把工商业交给政府垄断经营，同时加强流通领域的许可证制。这样，政府控制了经济和财政收入，就可以利用这些收入来调节民间的财富。这些收入既可以用于战争，也可以用来赈济灾民。

而桑弘羊的反对者认为，如果要解决严重的贫富分化问题，就应该让政府退出工商业，让民间自由地进入这个行业，达到平均地利的效果。管制带来的不是民生，而是更严重的不平等。

桑弘羊的观点看上去非常具有说服力，也有严密的逻辑性。但在实践层面上，人类对于这个理想已经试验了几千年，每一次试验都会发现：政府的管制需要官僚去执行，而政府的权力愈大，官僚可以变现的资本也就越大。最后发大财的往往是政府的官员、官员的亲戚朋友，以及其他类型的关系户。另外，政府对于经济的限制越多，民间经济就越凋敝，人们就越会发现要发财只能靠政府。

这些经验是实践总结出来的，很难从形而上的辩论中获得。

我们不妨设想一下，如果按照贤良文学的观点，政府减少管制，是否就能解决问题呢？

答案出乎意料：同样解决不了。原因仍然在于集权式的中央政府和地方政府之间的争权。官僚集团复杂化之后，中央政府即便想放权，也很难得到地方官员的支持，甚至中央政府正准备放权时，地方政府立即会把中央政府放出的权力收到手中，而民间仍然一无所获。

中央政府为了政令通达，必须集权。但一旦中央政府集权，地方政府又会把负担转嫁给民间。总之，在双层政府的博弈下，吃亏的永远是民间，而中央政府试图放权的努力也总是败于官僚阶层的抵抗。这种问题在历史上的历次改革中都能看到踪迹。

第三章　王莽：一个幻想家的财政实验[1]

王莽取代汉朝并没有受到多少抵制，群臣和民间不仅不反对他当皇帝，甚至不断地恭维和簇拥他完成改朝换代。但王莽随后的一系列改革措施却导致了政权的垮台，而其改革的核心则是金融和财政。

王莽的改革带有很强的幻想色彩，试图通过遵循儒家经典来完成新的制度设计，从而达到大同理想。可以说，王莽的改革是一次儒家教条式的乌托邦试验。

王莽改革的核心包括三个方面：土地所有制改革、货币制度改革，以及加强政府垄断。这些改革对民间经济的破坏，彻底粉碎了政权基础，引起了一系列的叛乱。这些叛乱又让王莽陷入了财政旋涡，最终倒台。

王莽创造了人类历史上最复杂的货币制度，这个制度把金、银、铜、龟、贝都纳入货币体系之中，创造了28种货币，并强行规定了28种货币的兑换比例。但政府权威最终敌不过市场，市场拒绝接受这么多货币，使得王莽的币制改革以失败告终。

---

[1] 本章涉及的时间范围是公元前33—公元25年。

过于平静的改朝换代

汉宣帝本始三年（公元前71年），就在汉昭帝去世、汉宣帝继位三年后，一位叫作王政君的女孩出生了。

《汉书·元后传》记载，她有八个兄弟和三个姐妹，活了84岁，一直活到了西汉皇权的结束，这个朝代后期的大事件也多和这个女人的家族有关。

竟宁元年（公元前33年），汉宣帝的儿子汉元帝去世，汉成帝即位。汉元帝的皇后王政君成为王朝命运的主宰者。她先后任命自己的四个兄弟王凤、王音、王商、王根为大司马大将军。王根去职后，她又在王家的孙辈里找到王莽来担任大司马大将军一职。

《汉书·王莽传》记载，汉成帝死后无子，侄子汉哀帝即位，汉哀帝不喜欢王氏一家，将王莽贬斥。但汉哀帝只在位七年就死了，他死后，王太后继续掌权，于是王莽又被召回，辅佐了两代婴幼儿皇帝：汉平帝和孺子婴。

在王太后的时代，汉朝在经济上的稳定一直持续到王莽代汉。

然而，这个时代已经无法达到文景时期的高度，经济的不确定性增强。在丰收的年份，人们的生活与文景时期毫无二致；可一旦出现灾荒，由于政府平时从民间抽走的利润太多，民间的积累不足，就会有人陷入赤贫。

不过，一俟灾荒年过去，经过一两个丰收年，人们的日子又会恢复正常。所以，这一时期的史书里充斥着对灾荒的记载，但也承认人民整体生活是小康水平。

班固在《汉书·食货志》中这样评价哀平时期：

宫室苑囿府库之臧已侈，百姓訾富虽不及文景，然天下户口最盛矣。

西汉皇权的坠落并非因为经济和财政上的吃紧，而是出现了另一种失衡：王太后娘家人带来的权力失衡。

在家天下的时代，外戚和宦官专权一直是无解的难题。当皇帝过于孱弱，其权力就会被这两种势力的其中一个控制。汉元帝死后，控制政权的是外戚势力。外戚专权，难免出现一系列的宫廷事变，那些有雄心壮志的新皇帝总是莫名其妙地暴病死去，而继任者大都是性格懦弱的人，甚至是孩子。在经过几代暴死、懦弱或者未成年统治者之后，就到了改朝换代的时候了。

西汉王朝的外戚专权问题又因汉武帝时期对官制的破坏而进一步加剧。汉武帝为了统治的便利，将丞相等外朝官员的权力分走，封给了围绕着他的小圈子。这个集团的首领在内廷做决策，反而使三公九卿的正规官员被隔离在真正的权力之外。

在这种模式下，外戚只要控制住内廷集团，就等于控制了整个政府。王莽就是用这种方法完成了改朝换代。这种改朝换代大都是以禅让的形式来完成的。政权更替如果得当，对于民间经济、财政结构的影响并不大。除了皇帝换人，其他的生活照旧。

王莽的新朝是中国历史上的第一次"禅让大戏"。在这出大戏里，我们已经可以总结出以后每一出禅让戏的基本模式。

人们本以为官僚系统会对汉皇室表现出极大的忠诚，抵制王莽。但绝大部分官员尊重的是成王败寇的丛林法则，他们并不排斥王莽的篡权，反而在整个过程中屡屡充当先锋，帮助王莽完成他的使命。而王莽在早期也特别注意将自己的命运与官员绑在一起，扶持派系。

在"出道"伊始，他就表现得如同谦谦君子，生活节俭，提倡孝道，谦恭下士，在整个王氏家族中享有盛誉。[2] 在汉哀帝执政的那几年，由于汉哀帝也要扶持自己的外戚，王莽暂时失去了权势。但正是因为他有好名声并得到官僚集团的拥护，王莽在汉哀帝死后很快就重新执政，并废除了汉哀帝的外戚集团。

官员的行为艺术在汉平帝元始元年（公元元年）王莽封安汉公的事件里得到了完美的展现。这一年，塞外进献了一只被认为是祥瑞的白雉（野鸡），群臣上奏，以王莽治理国家带来祥瑞为借口，请求册封王莽，把他提高到与萧何、霍光这两位汉代名臣并列的地位上。

所谓"祥瑞"，也是汉武帝留下的遗产。为了神化皇帝，汉武帝在董仲舒的帮助下制定了天人合一理论，[3] 将皇帝比作天，同时大力推行祥瑞和谶纬，对于自然事件进行政治化的解读，令汉朝成为中国历史上最迷信的朝代。王莽不仅借助了董仲舒的理论，还大力推广为己所用，利用祥瑞来为自己上台做铺垫。而白雉正是传统的祥瑞之一。[4]

---

2 《汉书·王莽传》："莽既拔出同列，继四父而辅政，欲令名誉过前人，遂克己不倦，聘诸贤良以为掾史，赏赐邑钱悉以享士，愈为俭约。母病，公卿列侯遣夫人问疾，莽妻迎之，衣不曳地，布蔽膝。见之者以为僮使，问知其夫人，皆惊。"

3 汉代儒教的兴起，是影响皇权统治的另一大原因，参考董仲舒《春秋繁露》。也可参见本书作者的《哲学密码》。

4 班固《白虎通德论·封禅》列举了一系列的动物祥瑞："德至鸟兽则凤凰翔，鸾鸟舞，麒麟臻，白虎到，狐九尾，白雉降，白鹿见，白鸟下。"

王太后收到了请求，为撇清关系，连忙请群臣澄清：他们要求任命王莽，是出自真心，还是因为王莽是太后的亲戚？群臣听了王太后的话，诚惶诚恐，为了表忠心，立刻再次加码，将王莽比作和周公齐名的人，并乘机要求给王莽加封号"安汉公"。[5]

　　这一次，王太后终于同意了。

　　这时轮到王莽出来表演了，他立刻拒绝给自己加封，同时要求给他的几个党羽孔光、王舜、甄丰、甄邯等人加封，认为他们才够资格。甄邯听说王莽推荐自己，立刻跳出来推举王莽。

　　王莽再次推辞。太后前后三次试图召见王莽，给他加封，都被他以生病为借口，拒绝前往官廷。三召三辞，甚至五召五辞，也成了此后的标准程序，在历次权臣主持的禅让活动中屡屡上演。

　　最后，群臣没有办法了，只好请求太后先给王莽推荐的其他人加封，再加封王莽为安汉公。其他四人都得到加封之后，王莽却继续推辞。此时，群臣再次扮演了很重要的角色，他们又提出请求，请太后考虑百官和庶民的普遍愿望，不要让他们失望。这时，太后勉为其难地发出了诏书，加封王莽为安汉公。

　　但事情还没有结束。王莽仍然诚惶诚恐，虽然接受了诏书和封号，却推辞了封地和世袭权，表示待百姓都富足之后再接受。

　　双方的推辞又持续了一轮，直到太后又答应给汉代的诸侯功臣的子孙都加赏，王莽的演出才告一段落。

---

5 《汉书·王莽传》："圣王之法，臣有大功则生有美号，故周公及身在而托号于周。莽有定国安汉家之大功，宜赐号曰安汉公，益户，畴爵邑，上应古制，下准行事，以顺天心。"

在这整个仪式中，太后、王莽、群臣的配合严丝合缝，虽然大家都知道最后的结果，却必须演好各自的角色。可以看出，群臣作为一个整体，并不排斥王莽，甚至与王莽相勾结。

当然，这只是王莽代汉的起点。在成为安汉公之后，王莽的地位越来越高，又当上了皇帝的岳父，加九锡（接受象征官员最高荣誉的九种皇帝赏赐。王莽之后，加九锡也成了历次禅让的标准程序），直到成为代理皇帝，但承诺等孺子婴长大之后还政于他。最后，王莽变成真皇帝，取代了刘氏政权。

这一出出大戏充斥着繁文缛节，如果要将它一一展开，能够写满数十页。人们为完成这个仪式，制定了五花八门的礼仪，虽然大家都知道真实的目的是什么。

不过，并非整个官僚系统都乐于看到王莽得势。

在王莽篡权的整个过程中，他两次打败了新外戚势力的夺权。居摄元年（公元6年），当他成为假皇帝之后，安众侯刘崇也起兵反叛过。而对王莽打击最深的是居摄二年（公元7年）的翟义起兵。翟义是汉丞相翟方进最小的儿子。不管是外戚还是属于刘氏家族的刘崇，他们的反抗都是天经地义的，因为王莽要篡夺的就是这些人的权力。王莽对和这些人的斗争，早有心理准备。

而翟义代表的是官僚阶层的反叛，这是王莽最为担心的。即便这次起兵很快被镇压下去，王莽在以后也经常提到翟义这个人，将他看成乱臣贼子的典型。这也表现出翟义起兵在王莽心中的分量有多重。

但王莽多虑了。其实大部分官员是以一种局外人的眼光看待这场斗争的，仿佛与己无关，他们只会选择和胜利者在一起，连反抗的意识都没有。

正是大部分官员的冷漠让王莽代汉的大戏显得波澜不惊。汉朝的老百姓表现得更加冷漠，人们似乎已经明白，皇帝换人之后，生活的一切都会照旧。官僚继续存在，税赋照样缴纳，耕田、买卖、生活，这些主旋律都不会变化。发生在遥远都城的事情，本不应该对偏远乡村的人们有影响。

按照正常人的思路，既然官员不反对，社会也不反抗，那么王莽取得皇位之后，应该大大地松一口气，享受当皇帝的乐趣。至于政治，西汉留下的家底还过得去，本不应该做太多的变动，免得动出问题来。

但奇怪的是，王莽度过最危险的政权交接期之后，却突然启动了一系列激进的经济、财政、金融改革。而这些经济改革不仅没有取得效果，反而使整个社会疲惫不堪，并最终走向解体。于是，一个好端端的局面被他亲手葬送，到最后自己也身败名裂，死于非命。

那么，他为什么非要进行这些激进的改革呢？他到底是一个野心家，还是一个疯子，抑或是一个幻想家？

答案也许是：都不是。

在大多数官员以冷静和功利的眼光看待王莽代汉的同时，这位新皇帝却有着一批狂热的粉丝。这些粉丝的数量有限，却掌握着一大半的舆论和话语权。正是他们将王莽捧上了天，也正是他们的狂热诱导着王莽进行改革。

这些狂热分子就是当时的儒家知识分子。

回归古代：西汉末年的儒家暗流

王莽之前，汉元帝为太子时，曾经怪父亲汉宣帝不重视儒家学说。太子说，汉代的许多弊端都是因为制度不好而造成的，作为皇帝，应当采纳儒家推崇的周朝理想，来构建一套新的制度，取代现有的规则。

太子的天真想法随即遭到了汉宣帝的驳斥，据《汉书·元帝纪》记载，汉宣帝批评说：

汉家自有制度，本以霸王道杂之，奈何纯任德教，用周政乎！且俗儒不达时宜，好是古非今，使人眩于名实，不知所守，何足委任！

汉宣帝与人们熟悉的清朝雍正皇帝有几分类似：大力整顿吏治，又有务实的性格，知道每一代必须以已有的制度为基础进行演化。汉高祖建立皇朝之后，制度一旦确定，就只能在这个基础上进行变革。汉武帝扰乱了汉家制度，但后世的皇帝即便不喜欢他的政策，也必须首先接受这个事实，在这个现实基础上再做调整。想全盘推翻，回到理想中的模型是办不到的。

虽然太子的提议没有成为现实，但太子和皇帝的对话却将西汉后期的一个基本问题呈现了出来。这个基本问题不仅影响了汉元帝一代，还在其他皇帝统治时屡屡出现，成为大臣们争论的焦点。这个基本问题就是：越来越多的人对现实不满，希望重新设计一套制度来取代已经千疮百孔的旧制度。

西汉王朝后期，人们之所以对现实不满，并非是因为吃不上饭，而是出于一种对现实的不认同。

对于普通百姓来说，盐铁等最具前景的工业由官营垄断，人们除了种地，很难找到其他的生存手段。虽然农耕技术进步，养活自己没有问题，但因为缺乏发展前景，人们心中的不满反而增加了。

中央官僚的选任范围更加窄小，挑选范围集中于官二代、官三代，加上外戚势力把持朝政，普通人的仕途变得更加狭窄。与此同时，随着政府控制经济的程度加深，与商人的勾结越来越严重，社会结块现象明显，大家族出现了，普通人致富的渠道变得更加稀少。

这个结块的社会还造成一个新的问题：地方权力失控。地方上的大家族垄断了地方官吏的职位，中央和地方出现脱节。中央的控制力下降了。

在中央和地方的关系中，对于地方控制力的下降始终是中央最担心的事情之一。在两者的对抗中，中央不断派出巡视组去审查地方官。元狩六年（公元前117年），汉武帝第一次派出六个人作为中央巡视组（刺史）前往地方巡查。到了元封五年（公元前106年），就设置了十三部刺史，将巡视制度固定下来。[6]

监察制度可以一时抑制地方的离心倾向，但不管怎样努力，都无法改变地方势力逐渐失控的长期趋势。

在对社会不满的人眼中，整个社会都充满了不公正，干活的人贫困

---

6 《汉书·百官公卿表》："武帝元封五年初置部刺史，掌奉诏条察州，秩六百石，员十三人。"

交加，不干活的人却穷奢极欲。特别是在一些家族势力的带动下，权贵竞相穿戴绫罗绸缎、金银珠玉，竞相购买家奴，建设高级住宅。富裕的人家更是控制了地方官僚的选举，饱学的儒生没有办法进入仕途。[7]

对现实不满的带头人大都是儒家知识分子，他们大声呼喊着改变。

实际上，随着汉武帝将儒术定为官方学问，汉代的大学机构（太学）的确输送了一批儒家学者进入官僚系统。

汉代后期的丞相如萧望之、翟方进等人，往往都是当世闻名的大儒。另外，皇帝设立的五经博士也已经成为官方圈养的学术机构的代表，依靠出卖学问享受着皇家待遇。他们通过编撰课本和垄断教育行业，将儒家理论灌输给整个社会。

但是，与更多人想当官比起来，这个渠道仍然太窄，大部分人根本无法通过儒术进入政权。更令皇帝想不到的是，他们尊崇儒学本来是为了给政权带来稳定，却恰得其反。

首先，儒生掌握了强大的宣传能力。作为官方学问，汉代的儒学仿佛同时控制了宣传部门和教育部门，拥有无限的开火权。

但儒家学者们并不总是按照皇帝的意图编造理论，还时不时让皇帝难堪。

西汉时期，儒家经典纷纷定型。流传下来的残缺的五经文字，都经过了汉代人的篡改、伪造和阐释，这使得许多汉代人可以把自己的想法

---

7 《盐铁论》中就充斥着这样的指责。

加进书中,谎称是古代就有的思想。[8]这就像清朝康有为谎称孔子是改革的典范并以此推动变法一样,借古讽今,却也让民心更加偏激和失控。

在汉武帝时期,儒者们还能根据皇帝的意图来解释经文,强调现代是从古代演进的结果,是一种必然趋势,带着社会进化论的色彩。[9]但汉武帝之后,由于人们对社会和政治失望,另一种复古主义的风潮逐渐占据上风。他们将周朝描述成一个更加富裕、平等并充满礼教的社会。在那个时代,人们全都知书达理、安守本分。

周朝的井田制之所以被私人土地所有制取代,是因为井田制效率低下,但学者却把周朝的土地所有制描写成一种理想的制度,在那时,人人有饭吃,无人不饱暖。不仅人人饱暖,而且人人反对奢侈。每一个人都有着相应的社会等级,每一个社会等级都有着符合该等级的着装和消费标准,只要安守标准,就不会奢侈。

在那里,没有超级的富人,也没有穷人。他们的位置是根据需要来分配的,贤人成为贵族和官员,而贵族一定是贤人。至于为什么贵族一定是贤人,却没有人愿意追究其原因。

这是古代社会的"乌托邦",一个高不可攀的理想。但在汉代后期,

---

[8] 儒家的《诗经》《尚书》《礼记》《易经》《春秋》中,在汉朝以《春秋》和《礼记》最为重要。其中《春秋》由于经文过于简练,必须依靠解释经文的"传"来了解内容。汉朝最重要的传是《公羊传》,这个传虽然说来自孔子的再传弟子公羊高,但一直以来只有口头流传,直到汉朝才付诸文字,其中夹杂了大量汉朝的思想。而研究《礼》的重要著作《礼记》,是汉代初期的作品,《仪礼》则依靠汉代流传的残卷来学习。其余几家,虽然经文来自先秦,但阐释权也基本上被汉朝人垄断和曲解,加之残缺不全,更偏离了原意。

[9] 这种社会进化论主要通过《公羊传》和董仲舒的学说大行于世。

却成为许多人探讨政策、制定法规的模板。

汉代的社会思潮又由于今古文经的争执变得更加复杂。[10] 在汉代圈养的知识分子中,有的人一旦当上五经博士,就立刻变成学阀。他们拉帮结伙,只准徒弟背诵自己的理论,不准有任何偏差,更加优秀的人无法脱颖而出。

但是,这些人使用的教科书却是有问题的。由于秦代焚书坑儒,大部分儒家典籍都已经残缺不全,只是依靠一些老人的记忆而得以流传下来。当他们幸存到汉代后,凭借记忆或者私藏的书简,将儒经进行了恢复。但这样的经文充满讹误。后来,随着一些在秦之前书写的文本被发掘出来,人们发现市面上流传的所谓经典有许多错误,也残缺不全。这些后来发掘的经文被称为古文经,而在太学里流传的是今文经。

许多对当时学术现状感到不满的学者都聚集在古文经学的旗下,开始反叛。他们更加推崇古代,也更加批判现实。周朝的"乌托邦"在他们的描绘下熠熠生辉,吸引着人们前去投奔。

王莽时期古文经学的大家是刘歆。刘歆是著名学者刘向的儿子,刘向也是西汉著名的编撰家,《战国策》《说苑》《新序》等典籍都经由刘向编著,而刘歆则和父亲共同编校了《山海经》。

刘歆被认为是王莽的国师。除了刘歆之外,还包括孙阳、张邯、鲁匡等人,他们无一不是当时饱学的大儒。

当这些儒家知识分子在批判现实的旗帜下聚集时,还需要一个旗手

---

10 今古文经学之争是汉代哲学的一个典型特征。关于这方面的资料,可以参考现代人著作,如吴雁南、秦学硕、李禹阶主编的《中国经学史》。也可参见本书作者的《哲学密码》。

带领大家。而大司马大将军王莽恰好在这个时候出现。

王莽本人受过良好的儒学教育，也认同儒家的理念。更重要的是，他是一个知行合一的人，不惮用权力去实现理想。为了对抗崇尚奢侈的社会风气，王莽曾经希望带头提倡简朴。《汉书·王莽传》记载，作为皇家的最高官员，他带头"恶衣恶食，陋车驽马"，一听说各地有灾荒，就连肉都不吃。他希望通过皇家的示范来改变风气。

王莽这样做有自己的理由，他需要树立威信。只有有了威信，才能掌握足够的权柄，取代汉家王朝。

这些儒者本身并不在乎谁来当皇帝，他们只在乎谁能帮助他们实现理想社会。于是，在西汉末年，王莽和儒生在共同利益的驱使下，形成了联合体。儒生利用他们庞大的宣传能力帮助王莽上台，而王莽则推行儒生所期望的政策来改变社会。

关于西汉末年这一复古思潮，有许多例子可以印证。

汉元帝时期，一个叫作贡禹的官员很得皇帝喜爱。他品格高尚，生活俭朴。他依照古代社会的标准，提出了许多很好的建议。比如，他认为汉武帝之后的宫廷中声色犬马、美人充斥，花费难以估算。而他理想中的古代社会是：皇帝的宫女不过九人，马匹不过八匹，一切都是极节俭的。贡禹从这个角度出发，请汉元帝大幅度削减宫室开支。此举收到了好的效果。

然而，当一切都以古代为标准时，贡禹也会得出一些荒谬的结论。比如，《汉书·贡禹传》记载，在对待货币的问题上，贡禹看到了政府垄断货币带来的一系列问题。他提出的建议却是：废除货币，回到以物易物的时期；或者用米和布来作为交易媒介，取代黄金、铜币的作用。

贡禹对于金融的质疑只是当时的一个代表，许多人都持有类似的观点，希望改革货币制度，而这种思想到了王莽时期，就成为改革的主线之一。

另一个例子则来自以研究《诗经》而闻名的师丹。古代曾经使用龟壳和贝壳来当作货币，许多人希望把这些东西重新搬出来，师丹本人也赞同这种做法。这就距离王莽的货币改革更近了一步。

而师丹更重要的思想则反映在汉哀帝刚刚即位时他提出的观点中。他认为，西汉后期日渐明显的社会结块现象，来自土地私有制和自由买卖。为什么会有这么多富人？因为土地是私有的。所以，天子改革的目标应该是恢复古代的井田制，或者限制土地占有量，不准自由买卖。

师丹的提法后来成为王莽改革的另一条主线。

在贡禹和师丹等人的影响下，王莽上台后，希望加强对社会的控制，也希望借助舆论的东风，开展一场轰轰烈烈的改革。

但王莽改革失败后，大儒们将责任推卸得一干二净，绝口不提这段书生乱政的历史，继续充当后世执政者的犬马。人们将社会的混乱都归罪于王莽，反而忘记了当初社会舆论的推动作用。于是，王莽就作为著名的乱臣贼子被钉在了耻辱柱上。

王莽：改革派的复古式集权

建平元年（公元前7年），汉哀帝登基。

由于哀帝继位时已经成年，时任大将军的王莽经过短暂留任后下野，将权力交还给新皇帝。

不过，他下野之前做的最后一件事，就是和继任者师丹共同策划了一次土地改革。《汉书·哀帝纪》记载，汉哀帝继位两个月后发布了限田限奴令，规定诸王、列侯不得在他们的封国之外购买田地，而关内侯和其余人民的田地不得超过三十顷；诸侯王的奴婢不得超过二百人，列侯、公主不得超过一百人，关内侯、吏、民不得超过三十人，但是六十岁以上、十岁以下的不算在奴婢数量中；商人不能占田，不能做官吏。

但这次改革并不符合新皇帝的胃口。刚刚登基的汉哀帝有着太多的附庸等待册封，外戚家族也不富裕，需要皇帝赐予大块的土地。皇帝将这项法令理解为故意制造麻烦，坐稳位置后，就将师丹罢免。第一次改革不了了之。

这次改革却给知识分子留下了巨大的影响。他们意识到，朝廷已经有人看重自己设计的理想制度了。从此以后，知识界更是把王莽、师丹这些最高层的官员树立成改革的先锋。

元寿二年（公元前1年），仅当了六年皇帝的汉哀帝去世。他去世前，在知识阶层的呼吁下，王莽已经被汉哀帝召回。皇帝死后，王莽更是重新执掌了军政大权。

这时的王莽由于拥有改革派的名声，加上被贬黜的经历，已经成为一个魅力型领袖。在人们的欢呼声中，王莽建立了新朝，以万象更新的姿态，将他的改革理想继续进行下去。另外，随着他对刘崇、翟义等人的镇压，以及对匈奴不明智的挑衅，[11] 在军事和军备上的开支也让新皇帝

---

11 《汉书·食货志》："莽遂兴师，发三十万众，欲同时十道并出，一举灭匈奴；募发天下囚徒丁男甲卒转委输兵器，自负海江淮而至北边，使者驰传督趣，海内扰矣。"

有必要对财政做出一系列的整理，以增加政府的财政收入。

于是，始建国元年（公元9年），王莽称帝的第二年，他终于推出了混合着理想和现实动机的改革法案。他宣称，为了打破土地的分配不均和世家的蓄奴制度，让社会更加公平和正义，他决定解决长期存在的土地和奴婢问题。

改革的措施从名义上结束了土地私人占有制度，从此天下的土地都是"王田"，而奴婢也不能再私自买卖。

例如，政策规定，每户人家，如果男丁不超过八人，而占有的土地超过一井（九百亩）的话，就必须把自家的土地赠送给亲戚、邻里。

鉴于汉哀帝时期的改革无疾而终，王莽加强了对于违反规定者的惩罚力度，违反者甚至可能被判死刑。他希望通过严厉的措施来彰显王权，达到集中权力的目的。[12]

王莽的土地改革表面上尊重儒家先贤，按照儒家推崇的井田制来设计，但同时又有着强烈的个人目的。

需要说明的是，中国历史上可能并不存在一个实行井田制的时期。周朝实行的土地所有制是封君所有制，也就是封君控制土地，再把土地分配给农民耕种，收取一定的贡赋，或者让农民给封君多种一块土地，这块土地即公田，其产出完全归封君所有。

---

12 《汉书·食货志》记载了王莽的这道法令："汉氏减轻田租，三十而税一，常有更赋，罢癃咸出，而豪民侵陵，分田劫假，厥名三十，实什税五也。富者骄而为邪，贫者穷而为奸，俱陷于辜，刑用不错。今更名天下田曰王田，奴婢曰私属，皆不得卖买。其男口不满八，而田过一井者，分余田与九族乡党。"

而到了孟子所处的时代，孟子根据周朝的土地情况，在纸面上设计了一种他认为最理想的土地制度。他首先将土地分成一块块九百亩大小的正方形区块，再在每个区块中横画两道，竖画两道，如同一个"井"字，将土地分成大小相等的九块。周边的八块分给八户人家，而中间的一块是公田，由这八户人家共同耕种，公田的收成则归属封君。孟子设计的制度只是出于理想，技术上不可能实现。比如，土地不见得都能分成九百亩的正方形区块，当农民生老病死后，如何重新分配土地更是问题。

到了汉代，这个只存在于孟子头脑中的制度在一代代儒生的努力下，却被渲染成周朝实际实施的制度了。在《穀梁传》《韩诗外传》《周礼》《汉书》等古代典籍中，都信誓旦旦地说周朝实行过井田制。[13] 这些人在阐述井田制的同时，另一个潜在的观点是：必须把土地从私人手中收归国有，由天子统一进行分配。

王莽抓住的也恰好是这一点，希望通过重新丈量，将所有土地都置于皇权的控制之下，而对土地的重新掌握，能够从财政上解决地方失控的局面。他的目的是要彻底改变土地所有制，并加强对社会的控制。

王莽的改革推出后，立即引起了社会的动荡。在皇帝权威能够触及的地方，特别是关中平原一代，许多人被投入监狱。

但是，王莽没有想到一点：不管是谁，在什么时代，在执行全局性

---

13 关于井田制的记载，见《孟子·滕文公上》、《穀梁传》之解释"初税亩"，《韩诗外传》卷四，《周礼·地官·大司徒》、《周礼·地官·小司徒》、《周礼·地官·遂人》、《汉书·食货志》以及东汉何休的《公羊解诂》。从源头上来说，井田制的构思来自孟子，但其书中并没有具体实施的记录。

的改革过程中，仅仅依靠下达法令是不行的。在如此广大的疆土内，如果缺乏有条不紊的规划，以及巨大的执行力，如此大规模的改革必然会引起极大的混乱。

王莽的改革虽然能够得到儒家狂热分子的追捧，却让更多的普通人感到厌倦。

对于地方势力来讲，他们当初默许王莽上台，就是以为与王莽做了一个交换，用他们的支持换取王莽对他们权力的默认。王莽的激进改革显然打破了这种默契，地方势力放弃了幻想，不再配合中央政府。

在匆匆推出改革的三年后，王莽意识到这一做法的莽撞：这是一项没有配套措施，没有实力保障的改革。这时，由于处理匈奴问题不当，汉朝与匈奴的纠纷越来越大，政府正需要地方的帮助来渡过难关。作为妥协，他取消了这些激进但对于财政并没有产生实质性作用的改革措施。[14]

天凤四年（公元17年），边地的骚乱已经影响到中央财政，愈加缺钱的王莽下令征收奴婢税，规定每养一个奴婢，征收3 600钱。但与其将这项政策看作改革的后续，不如视为敛财的新手段。

在土地和人口改革的同时，另一项重要的财政改革也推出了，这就是五均、赊贷和六筦之法。

所谓五均，是政府对物价进行控制，对行业进行垄断和专卖的做法。

---

14 《汉书·食货志》："制度又不定，吏缘为奸，天下警謷然，陷刑者众。后三年，莽知民愁，下诏诸食王田及私属皆得卖买，勿拘以法。"

始建国二年（公元10年），王莽下令在全国大城市的集市上设立五均官。这些官员负责监督民间市场，要求商家按照统一的价格来销售谷、布、帛、丝、绵这五样民生物品。当政府的财政金融扩张造成了通货膨胀时，政府则要求民间限价，来掩盖通胀的事实。

赊贷是指当民间经营者缺乏资本时，政府还可以以放贷的形式借给经营者一笔钱，按照月息三分收取利息，介入民间金融市场。

这种做法的理论基础还是出自儒家理想，即民生需要的东西必须由政府指定价格，不能由奸商来操控，从而把市场力量弱化。

另外，所谓六筦，则是盐、铁、酒、铸钱、名山大泽的税收，加上五均赊贷的总称。

根据儒家理论，人民应该去种田谋生，其余的行业都是末业，不鼓励人民去从事。但是既然人民还是需要一些末业的产品，就由政府勉为其难地代替人民从事这些罪恶的行业。

六筦之中，有许多项其实已经由汉武帝实施了，但是王莽将其系统化和理论化，并置于统一的框架之中。而背后的目的却与汉武帝一样：财政。

当五均六筦政策把社会上最重要的商品都纳入政府的控制之中时，我们就看到了计划经济的影子。

然而，王莽政府面临的问题与汉武帝时期一样：为了实行这些法律，需要大量的商业人才为政府服务。王莽本来的意图是抑制商人，疏远商业人才，但他很快就发现，如果离开了这些商业人才，就无法将政策推行下去。

天凤四年（公元17年），当政府更加缺钱时，王莽放弃了原则，任命商人担任五均六筦之官，加强对民间违禁者的打击。[15]

但到这时，此起彼伏的叛乱者已经使王莽无法把他的命令推行下去了。就在同一年，受水灾的影响，中原地区出现了大饥荒。在和平时期，饥荒并不足以击溃社会，但是，由于王莽改革造成社会免疫力下降，人们在饥荒的威胁下揭竿而起。那一年，绿林起义爆发。地皇三年（公元22年），赤眉起义接踵而至。

起义军的出现让中央政府的税基逐渐减小，也越来越没有办法应付庞大的财政开支。天凤五年（公元18年），王莽下令清查贪污行为，那些在近年涉及贪污的官员，将被没收4/5的财产。这些财产用于应付国家的军事开支。为了让这个政策执行得更加彻底，政府鼓励相互告发。

走到这一步，王莽的改革已经被卷入一个旋涡。财政改革导致社会经济紊乱，经济紊乱导致社会动荡，社会动荡减少政府财政收入，财政收入的减少又让政府更加致力于搜刮，到最后政府无力镇压动荡。他的失败已经无法避免。

在短短十几年中，汉代留下的家底已经消耗殆尽，社会开始分崩离析。王莽想利用复古式改革加强权力，却由于改革措施不当，造就了一个短命的王朝。[16]

---

15 《汉书·食货志》："羲和置命士督五均六斡，郡有数人，皆用富贾。洛阳薛子仲、张长叔、临菑姓伟等，乘传求利，交错天下。因与郡县通奸，多张空簿，府臧不实，百姓俞病。"
16 王莽经济改革的具体情况，见《汉书·食货志》《汉书·王莽传》。

梦想家的币制幻想曲

在王莽的改制中，有一项改革对后世的人们充满了吸引力：币制改革。

这项改革深刻地体现了"复古式改革"的魅力：利用古人创造的理想图景，来设计一个全新的方案。这个方案失败得如此彻底，却又设计得如此精美，令人们既神往，又感到困惑。

即便到了现在，收藏者们仍然把王莽时期的钱币当作中国钱币艺术的高峰。从工艺上讲，王莽时期的每一种货币都是最精美的创造。比如，在钱币工艺中排第一的金错刀（一种错金的刀币），从材料到工艺无不出于精心设计。

由于幅员辽阔，中国历代的钱币首先需要的是快速生产。即便粗糙，只要能够在短时间内大量铸造，满足全国的需要，也是好货币。只有在生产效率提高之后，才会去考虑工艺的改进和美化。

而王莽的货币似乎首先考虑的是工艺和象征意义，有不计成本的嫌疑。货币在王莽的哲学体系中不仅仅是简单的流通工具，还是通往古代理想财政模型的途径。

在这个模型中，货币不仅仅是一种商业行为，还代表着礼仪。货币的价值是由天子规定的，不是由它的实际价值决定的。当然，天子的规定总是对自己有利，当他铸造高面值的货币时，其实就是一种使货币贬值的行为。

王莽在他最顶峰的改革中把背后的经济利益掩藏得那么深，以至人们根本感觉不到。在他之后，有多少人利用粗制滥造的小钱糊弄民间，行偷盗之实。但人们总是相信王莽是在实现他的理想，只是不小心偷走了民间财富。

但是，不管他小心还是不小心，民间经济立即做出了回应，新货币与其他一系列改革一起，击溃本来良好的经济环境，社会走向了崩溃。

虽然隐藏得很深，但是，如果仔细分析，人们仍然能够找到王莽货币改革的利益动机。

王莽的币制改革分为四次，而第一次改革是解决问题的关键。

居摄二年（公元7年），在还是代理皇帝时，王莽就推出了一个货币政策上的"小手术"，来解决一个看似不那么要命的小问题。但是，这次改革并没有达到目的，却引起了蝴蝶效应，逼迫着王莽做了第二次、第三次改革……直到他的货币改革牵扯面越来越大，并最终失控。

而他第一次改革要解决的小问题是：货币贬值。

到王莽时期，汉武帝推出的五铢钱已经流通了一百多年，世人基本上已经适应了单一货币。但令政府感到烦恼的是，经过一百年的不断贬值，铸造五铢钱的成本已经显得太高。特别是五铢钱对重量是有要求的，政府即便可以偷偷减重，也不能做得太过分。

王莽希望通过一次改革来使货币贬值，但又不影响社会的稳定。他的办法是发行大面额的钱币，这是历史上第一次尝试系统地发行大面额货币。[17]

这一年，王莽发行了三种新的货币，和五铢钱并行使用。

---

17 汉武帝发行的皮币、白金和赤侧五铢都带有投机的成分，且为时甚短。王莽则是第一次在理论的指导下，系统地发行大面额货币。他的理论依据是汉人伪造的周朝理想制度，认为货币应该"子母相权"，除了小面值之外，还应该有大面值货币。

第一种是大钱（大泉五十）。重十二铢，相当于两枚半的五铢钱，但它的面值却是五十枚五铢钱。

第二种是契刀。这是一种综合型货币，它有个类似于钱币的圆环，但圆环上又挂了一把类似春秋战国时期齐国刀币的把儿。面值五百枚五铢钱。

第三种是错刀，也就是俗称的金错刀。这种钱与契刀类似，但用错金工艺组成了"一刀平五千"的文字。面值五千枚五铢钱。

由于后两种货币的面值太高，民间盗铸会有很高的利益，故而，王莽在铸造这两种钱币时采用了很多先进的防伪工艺，造得精美无比。这些钱币成了后世竞相收藏的艺术精品。

如果这项改革成功的话，政府的利润是非常丰厚的。比如，大钱只用两个半五铢钱的材料，却当五十个五铢钱来用。而发行契刀和金错刀更是一本万利。

但是，在政府看到利润空间的同时，民间也同样看到了。一枚大钱就意味着二十倍的通货膨胀，也意味着偷铸一枚大钱可以获得二十倍的利润。这是一项少有的暴利投机。

于是，民间立即熔化原来的五铢钱，再盗铸成这些贬值的钱币。民间造假蜂起，人们疯狂地涌进这个行业。

另一方面，在交易市场上，由于钱币贬值得太厉害，人们纷纷转用黄金交易，不敢再接受这些货币。为解决这个问题，王莽禁止黄金流通，强迫人们使用这套新的钱币系统。结果造成了全国性的市场混乱。

王莽以为他的改革可以解决财政问题，却没想到，这次铸币改革等于踹开了地狱之门，再也收不住了。

两年后的始建国元年（公元9年），王莽已经登基称帝。他开始着手修正第一次货币改革造成的问题。

由于两种刀币面值太大，民间反弹太厉害，王莽遂将其废除。他寻找的借口是，汉皇室的"刘"字就是由"卯金刀"三个字组成的，既然刘氏已经不再担任皇帝，那么刀币也应该停止使用了。

而第一次货币改革之所以出问题，是因为面值五十的大钱与五铢钱之间的比值悬殊。王莽认为铸造五铢钱太不划算，政府应当直接废除五铢钱。

于是在第二次改革中，他发行了一种重量只有一铢的小钱作为基本货币，将五铢钱停用。实质是把最常用的货币也贬值4/5。

通过第二次改革，市面上流通的货币只剩下两种，分别是重十二铢价值五十文的大钱，和重一铢价值一文的小钱。这时，人们熔掉十二文（也是十二枚）小钱，就可以铸造一枚大钱，来当五十文花，盗铸仍然有三倍的利润。

随着人们纷纷把小钱熔化掉，市面上便只剩下五十文的大钱。由于民间缺乏零钱，许多小额交易就无法进行。第二次改革仍然以扰民为结局。

到了第二年，王莽意识到他的两次改革并没有解决货币问题，反而带来了一系列的新麻烦，于是决定来一次一劳永逸的改革，按照古代的理想来重新设计货币。这就有了他的第三次改革，而这次被视为货币改革的巅峰。

在古代，有许多种物品曾经充当过货币。比较典型的是龟、贝以及金、银、铜。王莽将上述所有的材料都纳入一个复杂的体系。

通过这五类材料，他发行了六类货币，分别是黄金、银货、泉货、布货、龟宝、贝货。除了金、银、龟、贝四种货币分别对应四种材料之外，泉货和布货这两种货币都是以铜为材料的。所谓布货，不是现在的布匹，而是一种铲状的铜币；而泉货是指圆形方孔的铜币。这就是所谓"五物六名"。

这六类货币又分成了二十八品。[18] 就像现在的人民币面值分为100元、50元、20元、10元一样，每一类货币都有若干种（品）。所有的货币形成了一个梯度差，从小钱的一钱，到金货的一万钱。

这或许是历史上一个国家内部出现的最复杂的货币系统，它代表一个幻想家能够达到的最高水平，也表明了儒家按照礼制设计的金融体系能够达到的最荒诞水平。

王莽没有想到的是，把如此众多的钱币投向市场，人们很难记得住它们的换算关系，更难验证货币的真伪。民众苦于货币的混乱，社会经济已经接近停滞。在私下里，大家拒绝其他货币，仍然使用当初的五铢钱。王莽为了强制推行他发行的货币，下诏凡是敢于携带五铢钱的人，都要发配边关当戍卒。在此之后，五铢钱的确慢慢地消失了，但是整个商业系统也彻底崩溃。不仅普通百姓，就连那些公卿大夫也因为被强迫使用高面值的货币，而出现了破产的情况。到最后，王莽不得不再次妥协，只使用大钱和小钱两种货币，将龟、贝、布币暂时停止使用。

对于一个社会而言，金融始终是牵一发而动全身的事情。汉武帝将

18　见本书表3。

货币发行权彻底收归国有之后,政权的命运就彻底和金融绑定在一起。因此,任何时候,金融的混乱都会让人想起政府的失职。

  天凤元年(公元14年),王莽进行了最后一次货币改革。此时性价比最高的五铢钱已经绝迹,市面上只流通大小钱。王莽此次的改革废除了大小钱,发行了货布和货泉两种货币,其中货泉重五铢,值一钱;一个货布又等于二十五个货泉。

  这次改革是王莽承认失败之后的回归。通过变相的方式,重新回归五铢钱的重量,也画上了币制改革的句号。

  币制改革极大地扰乱了社会和市场。直到宋代交子出现之前,中国历史上再也没有出现如此疯狂的币制试验。这次改革足以和18世纪法国约翰·劳的货币试验媲美。它演示了一个政权可以利用币制带来多大的灾难,也显示出当货币的面值严重脱离其价值时,即便依靠一个庞大政权,也仍然无法战胜市场的力量。如果不遵循这个规律,那么历史将把该政权扔出舞台。[19]

  地皇四年(公元23年),绿林军攻入长安,王莽在混乱中被杀。与王莽撇清关系的儒生则继续在复古的招牌下,兜售儒术于帝王将相之间,直至近代。

---

19 《汉书·食货志》:"每壹易钱,民用破业,而大陷刑。莽以私铸钱死,及非沮宝货投四裔,犯法者多,不可胜行,乃更轻其法:私铸作泉布者,与妻子没入为官奴婢;吏及比伍,知而不举告,与同罪;非沮宝货,民罚作一岁,吏免官。犯者俞众,及五人相坐皆没入,郡国槛车铁锁,传送长安钟官,愁苦死者什六七。"

表3 王莽第三次货币改革的五物六名二十八品[20]

物	名	品	规 格	面值（钱）
金	金货（共一品）	金货	斤	10 000
银	银货（共二品）	朱提银	流，一流为八两	1 580
		银	流，一流为八两	1 000
龟	龟货（共四品）	元龟	长一尺二寸	2 160
		公龟	九寸	500
		侯龟	七寸以上	300
		子龟	五寸以上	100
贝	贝货（共五品）	大贝	四寸八分以上，两枚为一朋	216
		壮贝	三寸六分以上，两枚为一朋	50
		幺贝	二寸四分以上，两枚为一朋	30
		小贝	一寸二分以上，两枚为一朋	10
		贝	一寸以下，两枚为一朋	3
铜	布货（共十品）	大布	长二寸四分，重一两（二十四铢）	1 000
		次布	长二寸三分，重二十三铢	900
		弟布	长二寸二分，重二十二铢	800
		壮布	长二寸一分，重二十一铢	700
		中布	长二寸，重二十铢	600
		差布	长一寸九分，重十九铢	500
		厚布	长一寸八分，重十八铢	400
		幼布	长一寸七分，重十七铢	300
		幺布	长一寸六分，重十六铢	200
		小布	长一寸五分，重十五铢	100

---

20 本表依据《汉书·食货志》整理而成。

（续表）

物	名 品		规　格	面值（钱）
铜	钱货（共六品）	大钱	直径一寸二分，重十二铢	50
		壮钱	直径一寸，重九铢	40
		中钱	直径九分，重七铢	30
		幼钱	直径八分，重五铢	20
		幺钱	直径七分，重三铢	10
		小钱	直径六分，重一铢	1

第四章　穿越朝代的制度惰性[1]

光武帝刘秀建立东汉后，在经济战场上遭遇了最顽强的抵抗。他试图对全国的土地进行一次大规模清查，却遭遇了普遍的抵制。甚至在他统治的核心地区，也有人与之对抗。

民间与中央在财政上的对抗贯穿整个东汉时期，一直没有得到解决。

由于东汉的制度继承自西汉，社会结构也早已固化，中央政府的统治成本更加高昂，这就决定了东汉是一个行政效率低下的朝代。

任何继承前朝制度的朝代都会陷入行政效率低下、政府开支大却收不上税的窘境。

东汉的财政能力不足以支撑对外战争，却恰好遭遇了羌乱盛行的年代，皇帝最终只能通过卖官、敲诈等各种手段获得收入。这些非常规手段最终导致政治败坏，从而引起了内部的叛乱。

东汉末年，由于财政无法满足维稳的需要，皇帝设立了一个新的官职：州牧。州牧集军政、民政、监察于一体，这一设置一诞生，就独立

---

[1] 本章涉及的时间范围是公元25—189年。

于中央政府,最终致使中央政府的官制瓦解。东汉也是从这时起进入解体的节奏。

当皇权受到抵制

建武十六年(公元40年),东汉开国皇帝刘秀登基的第十六年,一件意想不到的事情让他苦恼不已。

王莽的改革导致群雄并起,光武帝刘秀在纷纭扰攘的大潮中成为胜利者。与大多数开国皇帝不同,刘秀生性宽宏,谦恭多让,不仅非常体恤民间,也不喜猜忌帮助他打天下的功臣,这使得功臣大都得以善终。如果从古代中国的皇帝中选择几个好皇帝的话,他的排名绝对在前十。

刘秀在位时期,也恰好是中国科技大发展的时期,人们对水利的建设进一步发展,水运便利了经济活动。南阳太守杜诗更是创制水排,即利用水力鼓风,提高冶铁炉的温度,冶铁业出现了巨大的进步,并由此惠及其他行业。耕地技术也在慢慢普及。

而东汉的人口分布也在逐渐改变。与西汉时期相比,四川、湖北、湖南、江浙一带的人口开始变得密集,长江流域的开荒工作有所进展。[2]

由于政策宽宏,科技进步,东汉的经济很快得以恢复。那么,还有

---

2 西汉平帝原始二年(公元2年)的人口数量达到高峰,为5 959万4 978人(《汉书》)。东汉高峰时期的人口数量略少,为5 648万6 856人(杜佑《通典》)。但是,根据两汉书的"地理志"和"郡国志"的记载,东汉人口已经开始向四川、两湖、江苏、两浙一带迁移,而陕西一带由于战争频繁,人口出现了极度的萧条。中国人口已经初步出现了由北向南迁移的趋势。参见万国鼎《中国田制史》。

什么事情令皇帝感到烦恼呢？

他的烦恼来自户籍和田地的整理工作。

一年前的建武十五年（公元39年），光武帝考虑到战争之后，天下的户籍和土地数量已经出现了明显的变化，许多记录被毁，加上战争中出现了不可避免的土地侵占现象，他于是下令做一次严格的土地和户籍清理工作。

然而，他没有想到的是，这项工作遇到了极大的阻力。这些阻力主要来自那些侵占别人土地，或者隐匿了户籍的人。他们大多是地方上的富人。有许多穷人为了避免纳税，投身于可以免税的富人家中。而富人的免税理由也有千千万万种，致使皇帝的税收都漏走了。更可恶的是，这些人还与官员勾结在一起，负责清丈的官员，故意把好地留给那些有势力的人和关系户，把坏地留给穷人，这一行为在地方上引起了更大的民愤。

起初，光武帝还不知道这件事。《后汉书·刘隆传》记载，一次，光武帝无意中发现陈留的一位办事员书牍上写着：颍川、弘农的情况可以查问，而河南、南阳的不能查问。光武帝很好奇，连忙问这是怎么回事。这位办事员没有想到皇帝看见了书牍，惊慌间不敢说实话，只说这份书牍是在街上捡到的。光武帝的儿子、后来的汉明帝见状，在旁边回答说，这是郡里的官员给办事员的命令。河南是首都，陛下的近臣都在这儿；南阳是帝乡，都是陛下的近亲。这两个地方的土地肯定问题重重，也肯定不能查问。

光武帝大怒，连忙派人严查，才发现清丈土地带来的诸多问题。

他开始惩处那些帮助富人、参与违法的官员。这次被抓住的"大老虎"是河南尹张伋。据《后汉书·光武帝纪》记载,在这次治理中,张伋和同级别的十余名官员都被下狱处死了。

光武帝本以为通过整治官吏,就可以让调查工作顺利进行。然而,就在这时,新的反抗力量出现了,许多郡的大姓人家因为利益受损,决定联合抵制。

他们组织武装力量杀害了前去调查的官员。等皇帝派遣军队去镇压时,这些人已经把武装力量解散,皇帝根本找不到到底是谁干的。可等皇帝的军队一走,他们又立刻集结起来。皇帝的官员和将领们却因为找不到罪犯、害怕会受到惩罚而战战兢兢。张伋已经是前车之鉴,如果换成别的皇帝,在大怒之下一定会把不称职的人都杀掉。

这件事情如同燎原之火,在全国四散开来,而最严重的是位于太行山以东的几个州:青州、徐州、幽州、冀州。光武帝突然发现,他可以用武力征服天下,但反抗者在用实际行动嘲笑他的武力。这些事情还不是发生在偏远的山区,而是发生在汉朝的腹心地带。[3]

光武帝是个聪明人,震怒之余,他并不想过分使用武力,也不想过多惩罚手下官员。他想了一个办法:利用犯罪分子相互间的矛盾来击破。皇帝下令赦免 4/5 的作乱分子,只惩罚剩下的 1/5。

但是怎么决定谁属于那 1/5 呢?由作乱分子自己决定。光武帝命令:如果有五个人参加了作乱,只要其中四个人合伙杀掉第五个,这四个人

---

[3] 《后汉书·光武帝纪》:"郡国大姓及兵长、群盗处处并起,攻劫在所,害杀长吏。郡县追讨,到则解散,去复屯结。青、徐、幽、冀四州尤甚。"

就都既往不咎，否则就对五个人都严惩不贷。而那些原本在征讨罪犯时有疏忽，或者出工不出力的官员也不用害怕，他们以前的所作所为都既往不咎，光武帝只看以后他们查出了多少案子，逮捕了多少罪犯。

光武帝的办法收到了武力达不到的效果。作乱分子毕竟都心怀惴惴，既然有机会获得既往不咎的宽恕，就赶快利用机会。一旦有人开了头，作乱分子内部就开始互相猜忌。

于是，反抗停止了。皇帝也终于得到他想要的结果。但是，他却并不感到轻松。这件事恰好反映了东汉时期最严重的一个问题：行政效率低下。

不管皇帝想做什么事情，都无法顺利推进。在地方，到处是和他对着干的人，这些人表面迎合，暗地里却只考虑自己的利益，只想着怎么利用皇帝的政策来发大财。

东汉的行政效率很低。中央政府仍然保持着某种权威，但这种权威只是名义上的，而地方上的每一个势力都行使着小小的特权，快活地利用体制来获取利益。这时中央政府需要做的，只是装作什么都不知道，而地方也给予中央政府足够的尊重，两不打扰。

一旦中央政府想做事，就是将矛盾暴露出来的时刻。

继东汉光武帝之后，两位继任的皇帝将东汉社会经济推上了高峰。与西汉的文景之治一样，人们把东汉的汉明帝和汉章帝统治的时期称为"明章之治"。

但是，即便在汉明帝和汉章帝时期，皇帝的权威依旧不够强大，行政效率仍然低下。

汉章帝末年，由于要准备对匈奴的战争，政府财政又开始吃紧。皇帝突然想起了汉武帝曾经推出的盐铁专营制度，决定重新实行，以从盐铁专卖中获得的财政来支持军备。于是，东汉政府设立了一系列的盐铁机构。但是，在汉武帝时期可以办成的事情，到了汉章帝时期却酿成了悲剧。

汉章帝去世后，汉和帝登基。汉和帝推出的第一个政策，就是停止盐铁专卖。实际上，汉章帝去世前就已经下了遗诏，要废除自己亲自设计的制度。[4]

盐铁制度虽然有许多弊端，但是东汉的盐铁制度之所以失败，却有它自己的特殊原因：政府的行政效率太低下，已经没有能力协调各方来组织一套经济制度了。

在东汉时期，推行盐铁官营制度的结果必然是：汉章帝一说要盐铁专卖，人们立刻一窝蜂而上，打着盐铁专卖的旗号占领资源，然而这些钱都没有进入国库，而是进了各种关系户的腰包。最终，民间经济受到极大的损害，而中央政府也没有得到一丝的好处。

汉章帝临死前意识到，在他所处的时代，一个皇帝能够做成的事情已经很少了，所谓的皇权，与其说是一种权力，不如说是一种无用的福利。

---

[4] 《后汉书·和帝纪》："戊寅，诏曰：'昔孝武皇帝致诛胡、越，故权收盐铁之利，以奉师旅之费。自中兴以来，匈奴未宾，永平末年，复修征伐。先帝即位，务休力役，然犹深思远虑，安不忘危，探观旧典，复收盐铁，欲以防备不虞，宁安边境。而吏多不良，动失其便，以违上意。先帝恨之，故遗戒郡国罢盐铁之禁，纵民煮铸，入税县官如故事。其申敕刺史、二千石，奉顺圣旨，勉弘德化，布告天下，使明知朕意。'"

光武帝和汉章帝的遭遇说明，即便在东汉最好的时期，政府的行政效率也惊人地低下，皇帝哪怕想做一件非常简单的事情，也需要付出巨大的精力和代价。即便如此，还往往达不到效果。

那么，东汉为什么无法建立像西汉那样高效的行政体系呢？

这是制度的惯性带来的必然结果。

制度的惯性之重

建武元年（公元25年），在王莽中断汉祚十六年之后，光武帝刘秀登基，成为东汉的开创者。

从各个方面看，光武帝都是个务实的人。他知道皇权的价值，一上台就注意重塑被王莽打乱的权力中心。

为了防止各种势力不听话，在他确立全国统治权不久之后，就想方设法加强中央集权。如同后来的宋太祖赵匡胤那样，他不会滥杀功臣，但战争一结束，他也采取了和宋太祖一样的做法。一方面，他大宴功臣，给他们分封土地和爵位，让他们成为受人尊敬的地方豪族；另一方面，他剥夺了这些人继续参与政权的机会，只有少数的人继续做官，剩下的都只能成为安乐终生的富家翁。[5]

5　光武帝建武十三年，光武帝大封功臣为侯，同时，裁撤军队，收其兵权，利用文官治理天下。只有邓禹、李通、贾复等少数人因为通晓文治而被继续重用。《后汉书·光武帝纪》："于是大飨将士，班劳策勋。功臣增邑更封，凡三百六十五人。其外戚恩泽封者四十五人。罢左右将军官。……时兵革既息，天下少事，文书调役，务从简寡，至乃十存一焉。"《后汉书·冯岑贾列传》："帝方以吏事责三公，故功臣并不用。是时列侯唯高密、固始、胶东三侯与公卿参议国家大事，恩遇甚厚。"

在遣散功臣的同时，光武帝为加强中央集权，修正了西汉的官僚体系。汉武帝时期，已经逐渐形成围绕着皇帝的内廷圈子——尚书台，并逐渐剥夺了外廷官员，也就是三公九卿的权力。光武帝更是将这种制度加码，彻底形成了尚书台议事的制度，三公的权力更加虚化。庞大的官僚系统都成为冗余，一个皇帝更加容易控制的小圈子建立起来。[6]

光武帝集权的另一个做法是，不再区分皇室财政和国家财政。西汉时期，国家财政由大司农来掌握，而皇室财政由少府掌握。他们各有职责，以避免皇室开支过度侵占公共财政。光武帝为了加强控制，将国家财政和皇室财政合一，不再作区分，统一由司农掌握。[7]

虽然从长期来看这样做会增加财政的不透明度，但是在短期内可以加强皇帝的控制力。然而光武帝费尽心机加强集权，权力却无声地从他的手中溜走了。东汉皇帝始终都无法拥有像西汉皇帝那样大的权力。

王莽的执政已经让人们看到了皇权的虚弱。在西汉时期，历代皇帝经过多少努力，儒生们经过多少鼓吹，才创造了"天子"这个神话，使得人们相信皇帝是天命所归。但王莽通过禅让获得皇帝的名号，去除了它的神秘性。其后，中央政府的权威更是在一次次失败的政令中逐渐瓦解。

王莽末年的反叛也不仅仅是所谓的"农民起义"，更是各种势力的角逐。比如，光武帝刘秀和他的哥哥刘伯升都是汉代宗室子弟，他们的叛乱得到了南阳大族的支持。更加草根的赤眉军胜利后，各大族势力担

---

[6] 见《后汉书·百官志》。今人著作可参考白钢主编的《中国政治制度史》。
[7] 《后汉书·百官志》："承秦，凡山泽陂池之税，名曰禁钱，属少府。世祖改属司农。"

心赤眉军会损害他们的利益,因此全力支持刘秀称帝,并逐渐夺取了全国政权。

即便是夺取全国的战争,刘秀也并不能随心所欲。统一的过程充满了武力之外的权衡和计谋,他通过说服和收编,并采取一种利益平衡的做法才获得了天下。

据《后汉书·马援传》记载,刘秀的功臣之一、伏波将军马援曾经直言不讳:"当今之世,非独君择臣也,臣亦择君矣。"这句话将选择皇帝的权力从天上直接降到了人间。皇帝不再是天命所归,而是大臣选择的结果。

由于光武帝称帝本来就是权衡的产物,所以,他必须做出许多让步,来满足别人的需求。只有这样,才能更好地理解东汉与西汉的关系:东汉继承了西汉时期的官僚架构,但这个架构已经更多地向地方的豪族倾斜了。

从表面上看,东汉和西汉之间,只是隔着一不小心被王莽打断的十五年。假设一个老农恰好在王莽篡位之前睡着了,三十年后在光武帝时期醒过来,他会发现,除了人的生老病死因素之外,皇帝还是那样的皇帝,制度还是类似的制度,甚至连民间的大家族都没有更迭,穷人还是穷人,富人还是富人。

但其实中央政府已经变得更加孱弱,向另一个集团妥协了。

人们习惯上认为,一个朝代的建立,就意味着制度的重建。但实际上,从秦始皇统一到公元1840年,中国只有三次重建制度的机会。[8] 每

---

8 本书的分部就以此三次重建为界。

一次重建后的制度，都经过了许多代人的努力才逐渐完善，而它的解体则更加漫长。

第一次的制度建立，由秦代开始尝试，到汉高祖时，已经形成一种较为稳定的结构，汉武帝时期，在财政上解决了它的存续问题。这一次制度循环越过了东汉，从三国时代开始逐渐解体，却又苟延残喘到南朝才终于落幕，绵延超过八百年。东汉恰好位于这个制度循环周期的中间，光武帝再优秀，也没有能力重新建立制度。

光武帝做出了不少妥协。

由于初期财政困难，他精简官吏、合并财政的同时，也过多地精简了财政官员。在汉武帝之后，汉代财政由大司农、少府和水衡都尉三驾马车共同执掌。大司农主管政府财政，包括农业税、盐铁专卖等。少府负责皇室财政，主管山泽陂池的收入，这些收入叫禁钱，供皇室开销。水衡都尉虽然名义上属于少府，但单独掌管上林苑的楼堂馆所、没收的土地财务以及铸币事务。

到了光武帝时期，将山泽陂池的收入从少府的管辖权中剥离出去，交给了司农。少府成为一个专管皇帝起居、服装和器物的机构，权力大大下降。而三驾马车之一的水衡都尉干脆被彻底裁撤，权力合并到少府。由于光武帝时期楼堂馆所的规模比西汉汉武帝时期少得多，水衡都尉的权力本身已经不大。水衡都尉被撤销后，其下属的二十多个属官也一并被撤销。[9]

---

9 《后汉书·百官志》："孝武帝初置水衡都尉，秩比二千石，别主上林苑有离官燕休之处，世祖省之，并其职于少府。……又省水衡属官令、长、丞、尉二十余人。"

另一个重要的变化是，原来大司农掌管盐铁专卖事务，由于战争时期，盐铁专卖制度已经崩溃，于是，光武帝将盐铁事务从司农治下剥离出来，下放到了各个地方政府。[10]

当盐铁管理下放到地方政府之后，政府垄断和专卖就逐渐消失了，变成由地方政府征收盐铁税，民间负责经营。只是这时的盐铁工业由于地方官僚的染指，已经变得非常不健康了。

盐铁大都被地方豪族垄断，他们从中获得了巨大的利益。所以，东汉的盐铁资源是一种不上不下的状态。它由少数与权力有合谋的人控制，而民间得不到好处。但是政府如果想将权力收归中央，又会受到地方势力的抵抗。汉章帝想重新实行中央政府专卖，但在地方势力的抵制下，大败而归。

在地方治理上，光武帝也显得软弱无力。

他将功臣们都遣送回家，看上去是一种聪明的策略，但代价也非常明显：他必须默许这些功臣在当地成为豪族，逍遥于中央政府的法律之外，同时，又拥有极大的经济特权。他们向东汉的皇室输送大臣和皇亲，几乎垄断了中央政府的上层结构，让东汉比西汉更接近于分层社会。

在社会的最上端，只是数个大家族而已，他们与皇室一起，控制了二百年的朝政。在这些大家族中，最鼎盛的有两个派别，分别是曾与光武帝一起参加反王莽战争的南阳派，以及军阀出身的西北派，其中西北派的典型代表是马援和窦融，他们是光武帝统一战争中归顺的大将，也

---

10 《后汉书·百官志》："郡国盐官、铁官本属司农，中兴皆属郡县。"

是光武帝必须容忍的对象。

汉代有外戚干政的传统，一个女人当了皇后，她的家人必定封爵当官。在西汉时期，还屡屡有平民皇后出现。[11] 东汉光武帝之后，皇室默认皇后只能出自几个大家族，这是权力机构圈子化的最明显特征。

光武帝的皇后阴丽华出自南阳派，阴皇后长相秀美，是当年刘秀暗恋的对象，他们俩可以说是东汉皇族中少有的靠感情结合的婚姻。之后的汉明帝娶了马氏的皇后，汉章帝娶了窦氏的皇后，这两位皇后都是西北派的。

汉和帝（其生母是来自梁氏的贵人）娶了南阳阴氏和邓氏的皇后。汉安帝皇后阎氏依附于南阳邓氏，得以成了皇后。汉顺帝皇后梁氏原本依附于西北窦氏。汉桓帝有过三个皇后，分别出自梁氏、邓氏和窦氏。只有汉灵帝皇后何氏的背景差一些，但何氏外戚同样把持了朝政。

由于光武帝对中央权力系统进行改造，利用尚书台将权力圈子化了，而尚书台又控制在几个外戚大族手中，于是，中央政府慢慢地变成了几个大族的战利品。

在最大的豪族控制中央时，地方权力则被地方级别的豪族垄断。东汉的社会阶层结块了。在一个阶层结块的社会中，一个人的一生在他出生时就已经注定，不管他怎么努力都很难改变。特别在地方官吏这个级别上，由于举荐官员的权力被地方豪族把持，加之官商勾结行为的合法化，不管皇帝如何想打破这种制度，都没有办法。

皇帝在和地方势力的斗争中逐渐落于下风。而同时，西汉武帝引起

11　如汉宣帝的许皇后和汉成帝的赵皇后等。见《汉书·外戚传》。

的官僚结构失衡问题经过东汉光武帝的加强，终于引发了巨大的问题，导致统一的王朝逐渐解体。

但东汉解体的过程又很缓慢，社会生活显得波澜不惊，下层人民没有改变命运的途径。东汉社会从头至尾弥漫着一种绝望感。

在摩擦中逐渐解体

汉灵帝中平三年（公元186年），《后汉书·宦者列传》记载，即将上任的钜鹿太守司马直体会到了当官之难。

在中国历史上的大部分时期，当官是一件光荣而愉快的事情，意味着光宗耀祖、发家致富。但在汉灵帝后期却是例外。

以司马直为例，当他被皇帝选中、授予太守的职位之后，首先要去京城，到皇帝的西园，找皇帝和太监咨询"助军修宫钱"。皇帝根据他职位的大小，给他规定一个数目，到任后，他的职责就是尽快从任所凑齐皇帝要求的数目，派人押往京城。只有交了钱，他的位置才能坐稳。

在司马直时期，一个大郡太守的职位，官方通行的价格是两三千万钱左右。这笔巨款不可能由官员个人出资，只能通过压榨民间来获得。这是一种中央和地方的分赃机制，中央默认地方官吏从民间取财，同时地方官吏必须让中央分一杯羹，作为默认他们发财的代价。

但是，随着皇帝卖官价码的抬高，即便是要从民间榨取，也意味着官员必须放下心理包袱，把自己定位为全心全意赚钱的商人而不仅仅是父母官。

许多人因为磨不开面子，或者担心无法凑齐这么多钱，请求不去上任。与历史上大部分时期人们抢着做官不一样,这时却是皇帝强迫官员去上任。只要任命,就必须去,否则严惩不贷。

司马直接到任命时,皇帝根据他以前的履历,认为他是个有清名的好官,给他打了个折,少交三百万。司马直听说之后,认定即便打了折,数目也还是太高了,他叹了口气说自己本来应该去做父母官,但还没有到任,就先进行盘剥,又怎么忍心?

他也请求辞职不去,但皇帝拒绝了。

司马直只得从京城出发前往钜鹿,在到达黄河边的孟津关时,他给皇帝上书,极力申诉当时的弊端,并预言如果继续这么做,必然引起巨大的灾祸。随后,他吞药自杀。司马直成为少有的因被逼当官而自杀的人。

司马直至死不理解的是:皇帝为什么变得这么贪婪?对于这个问题,皇帝本人有着说不出的苦衷。

以"助军修宫钱"为例。这笔费用指的是官员们资助皇帝组织军队、修理宫殿的钱。

在司马直被授官的两年之前,东汉爆发了"黄巾起义",中央政府应接不暇,花费无数。就在贼乱的第二年,皇帝的南宫恰好又遭遇大火,为了修理宫殿,皇帝更是需要大量的现金。

但是,中央王朝的国库里已经空空如也,根本拿不出钱来支付这些费用。为了节省成本,皇帝不得不强行派差,四处索要,但仍然满足不了需求。而随着行政效率的退化,已经无法指望正规的税收了。

皇帝只有在最无助的情况下,才会让他的官员与政府共同分担苦难。《后汉书·孝灵帝纪》记载,皇帝把官员们调来调去,每调动一次,就可以收一笔"助军修宫钱"。

司马直的自杀如同一道耻辱的疤痕，印证了东汉中央政府的财政窘境。由于财政机器运行不畅而食税阶层过于庞大，这个政府苦苦挣扎了一百多年，越挣扎越疲惫。至汉灵帝时期，已经接近瓦解的边缘。

那么，东汉的中央财政又是怎样逐渐瓦解的呢？

在"明章之治"的全盛时期，东汉已经出现了财政阴影。

与表面的繁荣不同，"明章之治"是在皇权与豪族、官僚的不断斗争中伛偻前行的。但两位皇帝所扮演的角色又各有不同，《后汉书·肃宗孝章帝纪》记载，魏文帝曹丕曾经评价两人"明帝察察，章帝长者"，认为汉明帝还有整治吏治的雄心，而汉章帝对待官僚则更加宽容和放任。

汉明帝有感于权力系统的失控，希望通过努力作为，改变"政令不出庙堂"的局面。他采取的做法是：放开民间经济，薄税赋、减徭役、修水利、安抚平民，但与此同时，对官员进行严厉的惩治，收紧官僚权力。

据《后汉书·独行列传》记载，汉明帝时楚王试图谋反，结交了一些天下善士。事情被发觉后，许多人都遭到严刑拷打。一次，五百人被押解到京城时，大半被拷打致死，个别人被打到皮开肉绽也不承认有罪。

一个叫陆续的人被打得遍体鳞伤，却依然辞色慷慨。但是，到了晚上，一位狱吏给他送了一份食物，他却对着食物哭泣不已。审案者感到好奇，问他哭泣的原因。陆续回答，因为他母亲来了，母子却无法相见，所以哭泣。

按照规定，狱吏不能给犯人传递消息，审案者以为狱吏违反了规矩，要惩罚狱吏。陆续连忙解释说，这跟狱吏没有关系，他之所以知道母亲来京城了，是因为给他的那份食物是母亲做的。

审案者更好奇了，又问他怎么知道食物是母亲做的。陆续回答，因为母亲习惯把肉切得方方正正，把葱切得整整齐齐，每段一寸长，他拿过吃的一看，里面有葱和肉，都很整齐，就知道母亲来了。

皇帝听说了这件事，也很感动，就放了陆续和他的朋友。

这件事显示了汉明帝整顿吏治之严酷。然而，皇帝却无法消除整个制度的惰性。

汉明帝死后，继位的汉章帝知道汉明帝时期的严苛引起了大家的不满，他立即采取更加宽容的方式，删减酷刑，实行仁政。汉章帝的宽容使得东汉进入了全盛时期，却埋下了行政效率继续下降的隐患。

汉明帝后期，北方的匈奴再次崛起，东汉政府不得不与匈奴发生战争。从光武帝时期起，皇帝由于财政吃紧的原因，一直避免发生战争，以免造成新的财政负担。

为了不打仗，东汉政府每年向匈奴的南单于提供1亿零90万钱，再向西域提供7480万钱。[12] 给北方游牧民族的钱大约占了财政收入（约70亿）[13] 的2.5%。

---

12 《后汉书·袁安传》："且汉故事，供给南单于费直岁一亿九十余万，西域岁七千四百八十万。今北庭弥远，其费过倍，是乃空尽天下，而非建策之要也。"

13 东汉具体的财政收入未见于史册，但可以进行大致的推算。首先，由于西汉、东汉的人口和土地开垦情况类似，税率也一致，西汉的财政收入数据应适用于东汉。《汉书·王嘉传》记载，"孝元皇帝奉承大业，温恭少欲，都内钱四十万万，水衡钱二十五万万，少府钱十八万万"。三者相加共计八十三亿，东汉财政收入应该与此相当。其次，《后汉书·梁冀传》记载，（皇帝）"收冀财货，县官斥卖，合三十余万万，以充王府，用减天下税租之半"。由此推断天下租税约为六十亿以上。综上，东汉财政收入大约为六十亿到八十亿，取七十亿为宜。

不过这笔钱的支出仍然是值得的，由于没有战争，政府能够在行政效率极其低下的情况下，保持土地税率为1/30，而且在没有盐铁专营收入（只是由地方政府代收一定的盐铁税）的情况下，也维持了政府的运转。

从汉明帝永平十六年（公元73年）开始，将军窦固开始率领大军在西域开战。此次战役并未持续很长时间，没有造成太大的影响。

到汉章帝晚期，由于受到北匈奴的干扰，皇帝准备再次发兵，东汉政府财政第一次出现了紧张。为了解决战争经费，汉章帝试图恢复盐铁专营制度，却以失败告终。

汉明帝、汉章帝两位皇帝之后，汉和帝时期，东汉政府与匈奴的决战逐渐升级。当时，汉章帝窦皇后的哥哥窦宪为了逃避宫廷斗争，申请对北匈奴作战。汉和帝永元元年（公元89年），车骑将军窦宪深入沙漠三千里，杀敌一万多人，在燕然山刻石记功而返。永元三年（公元91年），大将军窦宪出塞北击匈奴，彻底击溃了北匈奴。

然而，窦宪的战功并不能掩盖东汉政府的失控。作为外戚的窦宪专横跋扈，在汉章帝时期就强买强卖，甚至连汉明帝女儿沁水公主的园田都不放过，《后汉书·窦宪传》记载，窦宪侵占了公主的土地，公主竟然畏惧得不敢和他计较。

自窦宪之后，外戚的权势在东汉变得强大起来。《后汉书·梁冀传》记载，到了汉顺帝时期，外戚梁冀所占的土地已经到了骇人听闻的地步。梁冀权力最盛时，四方送给皇帝的贡献，必须拿到梁冀面前先请他挑选。由于他权力太大，到他家里求官请罪的人络绎不绝。他的下属出去执行任务时也横行霸道，侮辱良家，甚至殴打官吏。梁冀的府邸更是极尽奢侈，雕梁画栋，亭台楼阁，屋内装饰着大量的金银珠玉、奇珍异宝。他的园林采土筑山，仿效东西崤山做成十里九池，其间充斥着奇禽驯兽。他的林苑规模和皇帝的规制相同，西至弘农，东界荥阳，南极鲁阳，北到黄河、淇水，林苑里有森林沼泽、丘陵旷野，占地面积几乎达到千亩。他的财富比诸侯王多得多。

窦宪和梁冀只是两个代表。东汉后期，整个疆界之内充斥着这种大大小小的官僚豪强，超出政府的控制。他们的存在对财政的影响甚至超过了战争。

此刻，继匈奴之后的另一股少数民族势力——羌兴起时，东汉在少数民族与豪强的打击下，终于踏上了漫长的解体之路。

从汉光武帝晚期，长安以西（现青海、川西、甘南一带）的羌部落就逐渐崛起，与汉政权有了冲突。

汉安帝永初元年（公元 107 年），前一年，东汉王朝相继埋葬了两位皇帝（汉和帝、汉殇帝）。新皇帝登基改元后，都会有例行的大赦天下，然而人们还没有来得及高兴，羌族叛乱的消息就已传来。

从这时起，东汉和羌族的战争断断续续进行了六十年，直到汉灵帝建宁二年（公元 169 年）破羌将军段颎平定东羌，汉羌战争才暂时告一段落。在这一个甲子的悲剧中，汉军屡次出兵，却遭遇了五次全军溃灭。

这场战争又有几次高潮和间歇。汉安帝永初年间陇右羌乱持续了十二年，中央政府的直接军事花费就达二百四十余亿钱。[14]

---

14 《后汉书·西羌传》："自羌叛十余年间，兵连师老，不暂宁息。军旅之费，转运委输，用二百四十余亿，府帑空竭。"

也正是在汉安帝时期，中央财政崩溃的信号终于传来。永初三年（公元109年），在西羌攻破临洮的同时，首都所在的京畿地区出现大饥荒，甚至发生了人吃人的惨剧。面对空空如也的国库，群臣束手无策。

最后，三公站出来提议，请求准许官吏卖官。只要官吏缴纳一定的钱谷，就可以得到关内侯、虎贲羽林郎、五大夫的职位，而更低级别的人只要出钱也可以获得进入官府当吏，或者到军队担任低级指挥官的机会。

这是东汉政府第一次不能依靠正规的税收来渡过难关。此禁一开，随着财政制度被进一步摧毁，吏治也越来越混乱，对民间的干扰也超过了界限，社会动荡随之而起。

汉安帝死后，汉顺帝永和元年（公元136年），羌族的一支名叫烧当羌的部落袭击金城（现兰州），引起了另一次的羌族大叛乱。这次的战争绵延十几年，主要区域涉及凉州（现武威）、并州（现太原）和关中地区，消耗军费八十余亿。[15]

为应付军事开支，汉顺帝在国家财政最大的一笔开支上做了文章。他降低了公卿大夫的俸禄，并从王侯手中借走田租。

永和六年（公元141年），汉顺帝下令，由皇帝出面借走王侯一年的国租，用于战争开支。当年，皇帝还在有钱的老百姓中推行"国债"，每户一千钱。《后汉书·孝顺帝纪》记载，汉安二年（公元143年），汉顺帝再次借走了王侯一年的国租，同时降低了百官的俸禄。

当然，由于政府缺乏对于官员的约束和监察，官员们失去的俸禄和

---

15 《后汉书·西羌传》："自永和羌叛，至乎是岁，十余年间，费用八十余亿。"

物资必然通过其他方式来补偿,最终社会将承担官员的掠夺成本。

但是,对于一个已经在财政上山穷水尽的政府来说,任何能拿到的资金都是救命稻草。

到了汉桓帝和汉灵帝时期,东羌再次叛乱,这次战争又耗资达四十四亿。[16] 直到汉灵帝建宁二年(公元169年),羌乱才告一段落。从汉顺帝永和年间到东羌叛乱结束,战争费用高达三百二十亿。[17]

在东汉历史上,人们最不喜欢的是汉桓帝和汉灵帝时代(公元146—189年)。由于这一时期社会阶层进一步固化,加之中央政府功能退化和腐败,人们对之深恶痛绝。皇帝对周围的人更加不信任,只宠幸宦官,而宦官更加腐败的统治进一步削弱了皇帝的权威。

但是,人们没有意识到,汉桓帝、汉灵帝时期的局面实际在前朝就已经注定了。当正规的财政系统被破坏,政府就已经变得低效、无法运转,哪怕换成是光武帝、汉明帝或者汉章帝,也没有办法挽回局面了。

在糟糕的局面下,汉桓帝做了不少他必须做的事情,来避免国家的崩溃。他是位操劳的皇帝,却只能起到延迟国家崩溃的作用。

《后汉书·孝桓帝纪》记载,延熹四年(公元161年),由于羌乱的影响,汉桓帝继续前朝的政策,降低公卿大夫的俸禄,并从王侯手中借走一半的田租,再次根据财政支出来售卖官职。第二年,又削减那些没

---

[16] 《后汉书·段颎传》:"凡百八十战,斩三万八千六百余级,获牛马羊骡驴骆驼四十二万七千五百余头,费用四十四亿,军士死者四百余人。"

[17] 《晋书·食货志》:"迨建宁永和之初,西羌反叛,二十余年兵连师老,军旅之费三百二十余亿,府帑空虚,延及内郡。"

有参战的武将的俸禄，并削减公卿的衣物供应。

延熹八年（公元165年），汉桓帝在财政的压力下，尝试另一种做法。他下令全国按照亩数征敛额外的税收，每亩征收十钱。这一次，政府不再区分免税田还是非免税田，不管土地属于普通人还是豪族、官僚，都要缴税。汉桓帝即位前，耕地在七亿亩左右，[18] 如果全部征收，可以获得七十亿钱的额外税收。但是，有理由相信，以汉桓帝时期的行政效率，根本无法做到全面征收。

羌乱不仅摧毁了东汉政府的正规税收，还在偏远地区掀起了叛乱的风潮。这段时期，既是南部、西南部少数民族叛乱的高发期，同时也是各地民变的高发期。分析其中的相关性，可以大致了解财政旋涡与社会瓦解之间的相互关系。只要有一次危机瓦解了国家的财政，那么政府就必须开辟无数的非正规渠道来敛财，从而造成社会上新的不稳定。一个国家一旦掉到这个旋涡里，就会越来越混乱，形成恶性循环。

羌乱告一段落之后，东汉政府已经进入一个不可逆的崩溃阶段。

《后汉书·孝灵帝纪》记载，光和元年（公元178年），汉灵帝由于缺乏资金，开始了最后的疯狂举动——卖官。从关内侯到虎贲、羽林，价格不等。就连三公九卿也都有价格，三公的价格是一千万，九卿的价格是五百万。

到后来，为了强迫百官交钱，汉灵帝甚至要求不管是刺史还是太守，在任命或者调动时，都必须向皇帝缴纳"助军修宫钱"，司马直就是在

18　见附表2。

这时以死谏皇帝的。

汉灵帝卖官的方法灵活多样，甚至还支持信用付款，可以先当官，再付款，不过到时候要付双倍的价格。

当汉灵帝数着他的收入时，汉朝的官僚体系已经被彻底破坏了。以前的皇帝即便有卖官的，但在卖官之外，还必须留有正常晋升的渠道，给有才能的人留下空间。而汉灵帝的卖官已经成了某种官方规定，一个人不管才能如何，如果想当官，都必须付款。

《后汉书·崔骃传》记载，司徒崔烈是汉灵帝时期的名士之一，他当太守和廷尉时一直受人尊敬。后来，他花了五百万从汉灵帝手中买了个司徒。在庆祝他升迁时，汉灵帝也在场，皇帝不仅不感到羞愧，反而认为卖便宜了，应该卖一千万。而人们知道崔烈买官之后，他的声名也随之受损。但是，再清高的人士在汉灵帝时代也必须适应自污的规则。

更甚的是，汉桓帝腾挪的钱财大部分是用于公事，而汉灵帝的敛财却是为了满足私欲。由于东汉的政府财政和皇室财政是合一的，皇帝敛来的钱财往往被用于公事。汉灵帝为了防止政府用掉他卖官得来的钱，专门建了一个万金堂，把钱放在万金堂，只准用于他的私事。

中平元年（公元184年），黄巾大起义爆发。然而汉灵帝更关心的却是他的宫殿。第二年，由于宫殿失火，汉灵帝下令，全国每亩地多收十钱来帮助他重修宫殿。当然，这时在叛乱区是不可能收钱上来了，而在政府控制区收这种苛捐杂税，等于逼迫更多的人走上反抗的道路。

中平四年（公元187年），汉灵帝再卖关内侯，爵位可以传给子孙，价格是五百万。这时，东汉的彻底崩溃已经近在眼前了。

制度之变与王朝崩溃

中平五年（公元 188 年），汉灵帝做了一次大胆的改革。这次改革涉及的对象是地方政府，却最终彻底葬送了东汉王朝。

由于黄巾起义造成了地方混乱，中央政府意识到必须做出有效的调整，提高各地资源调拨的效率，才能防止下一次起义的爆发。

在镇压起义的过程中，人们发现这个政府不仅无能，而且很庞大。军事官员、财政官员、行政官员、司法官员，层层叠叠，每一个官员都想着如何守住地盘，防止别人侵犯自己的领域。从政府调拨来的经费成了各个官员口中的肥肉，你争我夺，却忘了敌人就在眼前。

比如，四川地区，本来就地处偏远，管理不易，官员的责任重叠尤其严重，对于权力你争我夺，有了财政钱粮，谁也不想放手，所以，问题更加突出。

皇帝和大臣都意识到，如果要节省开支，提高效率，必须进行一定的改革。他们认为，应该将所有的财政、军政权力统一授予一个官员，由他来整合调拨。在皇帝过问地方事务时，只需拿这个官员是问，再由他确定其他官员的责任；而投入该地的财政资源，也由这个官员统一分配。

这个统一负责的官员就是州牧。[19]

州牧并非新型官职，其雏形是刺史。汉武帝时期，皇帝为了加强中央集权，监督地方官吏，将天下分为十三部，派遣刺史去刺探各部的官

---

19 《后汉书·孝灵帝纪》："是岁（中平五年），改刺史，新置牧。"

僚。这时的刺史只是一个监察官员。在西汉时期，刺史还不是常驻官员，必须每年回京师向皇帝汇报。

到了东汉初年，为了加强刺史的监察效果，规定刺史不必每年都回京师，可以派下属回京师汇报。于是，刺史就逐渐演变成了地方的常驻官员。由于他有监察郡县官员的权力，地位反而超乎郡之上，成了郡守的上司。[20]

刺史本来是为了帮助皇帝集权而设的，但碰到掌控力不强的皇帝，刺史反而可以扩张权力，使得地方官制更加复杂，不便管理。不过此时的刺史仍然不管财政，只针对官员进行纠察。

随着东汉社会的逐渐解体，皇帝对于刺史的依赖反而更强。皇帝发现，为了镇压叛乱，就要将资源都集中起来形成合力。而集中资源最简单的办法，就是将刺史的权力扩大，不仅让他掌管官政，而且要掌管财政和军政，也就是将这个地方所有的资源都交给他去管理。

这个办法是由太常刘焉提出来的，他认为，现有的刺史由于权力不够，而且普遍素质不高，徒增暴乱。所以，应该从有好名声的重臣中选取一些官员，把刺史改为州牧，由这些重臣来担任。

朝廷采纳了刘焉的建议，而刘焉本人也当上了益州州牧。益州州牧在刘焉手中控制了六年，之后传给了他的儿子刘璋。建安十六年（公元211年），刘璋为了对抗曹操，引入刘备作为帮手。三年后，刘备取得了益州的控制权，以此为基础建立了蜀汉政权。

---

20 《后汉书·百官志》："秦有监御史，监诸郡，汉兴省之，但遣丞相史分刺诸州，无常官。孝武帝初置刺史十三人，秩六百石。成帝更为牧，秩二千石。建武十八年，复为刺史，十二人各主一州，其一州属司隶校尉。诸州常以八月巡行所部郡国，录囚徒，考殿最。"

《后汉书·刘焉传》记载，与刘焉同时担任州牧的还有太仆黄琬，任豫州州牧；宗正刘虞，任幽州州牧。

汉灵帝的改革很像后来唐玄宗的改革。汉灵帝创造了州牧这个军阀集团，唐玄宗则创造了节度使。他们的目的都是一样的，因为行政效率低下、财政开支分散（或者不足），无法满足军事需要，所以，必须在地方上安排一个掌管一切的官员，统一管理财政，形成合力。

但是，官员虽然可以提高行政效率，却由于缺乏监督，很快就独揽大权。这时候，就算是皇帝也拿他们没有办法了。

在州牧这个职位设立一年后，中平六年（公元189年），汉灵帝驾崩，大将军何进联合袁绍，欲除去宦官势力，但在争斗中被宦官所杀。何进死前曾经邀请在北方带兵的董卓前来洛阳，帮助他对付宦官势力。何进死后，董卓仍然以这个名义进入洛阳，挟持年幼的天子，剪除了宦官势力。

之后，董卓另立汉献帝，这就是汉代最后一个皇帝。

董卓擅权时，汉灵帝创造的州牧显出了巨大的活力：他们掌握着一个地方的全部资源，可以迅速调动资源用于战争。袁绍（冀州）、袁术（扬州）、曹操（兖州、冀州）、刘备（徐州、豫州、益州）、刘表（荆州）等，都从地方起家，他们或者亲自担任，或者派心腹代理，但最终的目的都是控制一个地方的所有资源，以用于战争。东汉政权终于在这巨大的离心力之下走向崩溃。

第五章　魏晋南北朝：战争时期的财政竞争[1]

在势均力敌的战争中，获胜的一方往往是财政组织更出色的一方。这个现代军事的基本原理在三国时期就有着很好的反映。

东汉末年，最早发现战争财政秘密的是曹操。董卓囤积了大量钱币，却无法买到粮食，袁绍、袁术等人由于不重视后勤，军士们甚至不得不吃桑椹和河蚌，只有曹操组织大规模的屯田，为军队提供了充足的粮食保障。在三国的竞争中，曹魏也是最重视粮食生产的一方，而蜀汉则在连年战争中消耗了大量的粮食，一直处于后勤劣势之中。这种战略性的差异造成了三国不同的结局。

在灭亡蜀汉和东吴时，司马氏的谋臣们首先考虑的是屯田积累粮食，其次才是打仗。魏晋在统一过程中，屯田起到了巨大的作用。

西晋建立后，曾经试图进行平均化的土地改革，实现耕者有其田。但是，由于晋代继承了从汉到魏的庞大遗产，社会结构已经固化，改革很快就夭折了。

---

[1] 本章涉及的时间范围是公元 189—589 年。

南朝时期，政府的头等大事是清查税源。由于大批的人依附于豪族，变成非纳税户，而大量的土地都成了豪族的免税田，南朝各代皇帝不断清查户籍和土地，却从来没有查清过，税收也不断萎缩。因此，南朝被行政效率更高的北朝超过、推翻。

三国：财政为王

公元196年，汉献帝建安元年。

东汉的末代皇帝汉献帝逃脱郭汜、李傕等西北将领的围追堵截，从长安出发，一路辗转，来到了洛阳。到达洛阳时，首都的宫殿已经全部毁于战乱，跟随皇帝的百官行走在荆棘之间，靠在残垣和断壁上休息。中原的军阀们早就忽略了皇帝的存在，他们手握强兵，却没有人前来看望皇帝。群臣饿坏了，只能挖野菜吃，有的甚至饿死在东都的废墟之中，有的被乱兵所杀。

在这时，曹操前来收留皇帝，把疲敝交加的皇帝带到了许都。

这一年，整个中原都处于混乱之中：袁术、袁绍、吕布、公孙瓒等各霸一方，征战不止。这也是东汉末年最残酷的时期，每一个军阀都拼命挣扎，图谋吞并别家，成为最终的胜利者。

就在这种局面下，曹操做出了一个惊人的举动。所有的人都关注军事，他却强调农事。这一年，羽林监枣祗给曹操出了一个主意：赶快屯田。[2]

---

2 《晋书·食货志》："魏武既破黄巾，欲经略四方，而苦军食不足，羽林监颍川枣祗建置屯田议。"

曹操听从了这项建议,以枣祗为屯田都尉,任峻为典农中郎将,四下招募流民,把他们安置在许都一带的空田进行耕作,得到了百万石的粮食。之后,又将这个经验四处推广。自此,屯田成为惯例。

曹操这一看似不经意的举动,成为他统一北方的关键步骤。正是靠着屯田,他从强大的北方军阀中脱颖而出。他也最早意识到这条规律:战乱时期,谁最擅长筹措军费,谁就会成为最后的赢家。

东汉末年和三国时代属于典型的战乱期,而整个三国的历史,就是一部屯田和增加财政收入的历史。可以说,三国的竞争,首先是财政的竞争,其次才是军事的斗争,谁能够建立起更加持久有效的财政体系,谁才能击败其他的竞争者。

董卓之乱后,整个东汉王朝的财政体系彻底崩塌。各地的州牧和将军们为了供养部队,首先实行的是掠夺式财政政策。

一切都是暂时的,以一次性搜刮为目的。他们谁都不知道明天是什么样,在必须拼命度过今天的时候,明天显得过于遥远。最典型的例子就是董卓本人。作为灭亡东汉的第一推手,董卓也是推行掠夺式财政政策的典型代表。攻克城池之后,他的军队都会将城市的财富洗劫一空。

与曹操看重粮草不同,董卓根据以往的经验,更看重货币。[3] 他认为只要有了钱,就可以买到一切。劫持皇帝之后,他就废除了五铢钱,铸造另一种小钱来流通,希望持有更多数量的铸钱。

---

3 《晋书·食货志》:"及董卓寻戈,火焚宫室,乃劫鸾驾,西幸长安,悉坏五铢钱,更铸小钱,尽收长安及洛阳铜人飞廉之属,以充鼓铸。"

由于极端缺乏货币，董卓还将传了数百年的秦始皇金人熔化掉了。当年，秦始皇收缴天下的兵器后，将它们铸成了十二铜人（也称十二金人），董卓将其中的十座毁掉，铸成了钱币。

在和平时期，这种做法可以直接从民间抽取大量的财富。但在战争时期，由于民间已经抛弃了货币，董卓的做法最终失败。

不管是劫掠，还是铸造更多的铜币，最终目的只有一个——军粮。有了军粮，才能招募更多的士兵，进而形成战斗力。但在战乱时期，许多百姓都无法耕种田地，无法生产足够的粮食。这时，不管出多高的价格，都买不到军粮，钱币又有什么用处呢？

董卓被吕布刺死后，部将郭汜、李傕继续作乱。当时的物价已经涨到了一石粟五十万，一石豆麦二十万，大约是和平时期物价的一万倍。由于没有足够的粮食，甚至出现了人吃人的惨象：白骨成堆，腐烂的人肉和残缺的尸体处处可见。[4]

当时还在长安的汉献帝叫人把皇室储存的米、豆拿出来给饥民煮粥，但是粮食被官员们直接盗走，饥民们每天大批地死去。皇帝只好亲自去给饥民施粥。

汉献帝东逃后，郭汜、李傕在后面追杀。皇帝、皇后也缺食少衣，皇后的几匹细绢被人抢夺，连她身边人的性命都赔了进去。到了后来，皇帝也只能用野草、青菜充饥。至于曾经繁华的长安城，更是一无所有，连人都看不到，整个关中平原成为一片荒地。

董卓、郭汜、李傕等人大肆掠夺西部，却没有想到，正是这种暴虐

---

4 见《晋书·食货志》。本节未作标注者，均出自《晋书·食货志》。

的做法导致了他们的败亡。由于他们的大肆掠夺，农民无法种粮，随着粮食的枯竭，军队也成了受害者，战斗力下降，最终西北部的军阀被东部的军阀消灭。

在东部的中原一带，与曹操争天下的二袁——袁绍和袁术，同样不知道后勤的重要性。在争霸战争进行期间，他们的军费是临时筹措的，也以掠夺为主。甚至，袁绍的军队要靠路边的桑椹糊口，而袁术的军队则寻找河蚌充饥。

在东汉，中原一带分布着大面积的水域，有丰富的水产，可以暂时解决军队的食品供应。可一旦进入战争状态，这些水产却无法成为辎重。

在军阀混战时期，货币经济也已经停止，市场重新回到了以物易物的时代。当战争向着长期化发展时，谁第一个反应过来，从掠夺式财政政策走向可持续的生产式财政政策，谁就会成为受益者。

在中国历史上，屯田制是一个充满争议的制度。

这种制度在和平时期总是表现得效率低下。但是在战争时期，由于普通农户无法得到安全的保障，只有军队能够出面维持治安，屯田反而成为唯一能够有效组织生产的方法。

在西汉时，由于西北战争的需要，皇帝曾经试验过屯田制。汉武帝设立了张掖、酒泉等郡，又在北方的上郡、朔方、西河等地设置了屯田官员，发动六十万士兵实行军屯。《汉书·赵充国传》记载，在汉宣帝神爵元年（公元前61年），赵充国为了应付西北的军事需要，也实行了短暂的屯田。

东汉的汉明帝、汉和帝和汉顺帝时期，政府也都在西北实行过屯田。

这些屯田大都附属于北方的军事行动，由于政府无法远距离运送大批的粮草，只能让士兵在当地生产。但由于生产效率低下，一旦军事目的达到，屯田要么改为私田，要么逐渐被废弃。

历史上真正大规模、长期的屯田，发生在三国时代。

曹操在许昌屯田成功后，将经验向全国推广，每年的粮食产量达到了几千万石。定都邺城后，由于局势的稳定，除了屯田之外，曹操还将普通农田的税收加以制度化：普通的耕地要求每亩收租四升，每户每年再缴纳两匹绢、两斤绵，除此之外不得擅自征收。

依靠严格的财政纪律，曹操统一了北方。在战争中，曹操也特别重视粮草、辎重问题。《三国志·魏书·武帝纪》记载，在官渡之战中，曹操两次重击袁绍的后勤部队，这是击垮袁绍的关键所在。

统一北方后，曹魏已经到了人人谈论发展经济，讨论如何获得更多粮食的地步。在这个阶段，精通各种经营的能臣辈出，经济头脑已经成为谋士必备的素质之一。

比如，董卓之乱后，关中地带几无人烟。这里在历史上一直是京畿要地，农业繁荣、物产富庶。战乱时，关中一带的老百姓四处流亡，有十多万户流落到荆州，脱离了曹魏的国土。

曹魏统一后，侍中卫觊想恢复关中的经济，决定将这些逃亡户招纳回来。他发现，老百姓很想返回家园过正常的生活，但他们身无分文，就算回到家乡，也根本没有办法组织生产。如果要让他们回家，政府必须提供生活补贴，帮助他们渡过最初的难关。但是政府手中也没有钱去帮助百姓。这该怎么办呢？

卫觊想出了办法，上奏提出，西汉时，政府曾经利用盐铁专卖获得财政收入，虽然东汉时期由于行政效率过低，无法恢复，但现在随着政府对社会控制力的加强，可以恢复一部分盐业控制权来帮助老百姓回归。这相当于国家从盐业中提取一笔特别税，这笔税款专项用于购买农具和牲畜，补贴返乡的关中老百姓。

卫觊的提议已经有了现代财政中定向征税的色彩。政府采取了他的提议，许多老百姓因此得以返乡种田。关中经济步入了恢复的轨道。

战后，人们生产工具不足，京兆太守颜斐就鼓励人们学习木工，多养猪，之后再卖掉猪去买牛。很快，老百姓家家户户都有了牛和车，耕种效率大幅度提高。

由于耕田需要水利灌溉，曹魏时代也成为中国历史上一个大兴水利的时代。可以说，中国人对于水利的钟爱，从东汉起步，到曹魏时代达到一个小高峰，之后延续到晋朝、南朝，到隋炀帝时代达到另一个高峰。

曹魏的扬州刺史刘馥兴修芍陂、茹陂、七门、吴塘等水利工程，用以灌溉稻田。豫州刺史贾逵在汝水建造水坝、开挖运河。沛郡太守郑浑兴修水利工程郑陂，粮食产量得以大幅度增加，政府财政收入大幅增加。

在西北方，凉州刺史徐邈兴修盐池、广开水田，敦煌太守皇甫隆推广楼犁、灌溉田地。上述地区都实现了粮食的增产。慢慢地，曹魏境内各地都实现了粮食的自给自足，不再需要中央调配物资。这一点使得曹魏成为当时最强盛的国家。

与曹魏开展轰轰烈烈的大生产运动相比，三国中另外两个国家在屯田上花的力气要小得多。

由于曹魏所在的中原是汉末战争的主要战场，原来的社会结构已经被战争破坏了大部分。中央政府在重建制度时，乘机将权力收紧，曹魏也是以武力打天下，弹压了许多地方豪族。这两个因素决定了曹魏的行政效率比东吴和蜀汉都要高很多。

在东吴，孙坚父子并非本地人，根基不深，而江东受战争的破坏最少，最大限度地保留了东汉时期的豪族门阀结构。所以，孙吴政权更多的是利用门阀势力来统治整个国家。战争对经济的破坏小，意味着孙吴并不迫切需要屯田；而门阀势力更强大，意味着皇帝的命令无法贯彻得那么彻底，行政效率更低下。

但孙吴政权仍然进行了一定的屯田工作。东吴黄武五年（公元226年），由于曹氏统一了北方，江淮一带成为争霸的主战场，孙吴的财政需求也在增加，故而陆逊上表请求屯田。孙权亲自劳动，鼓励农耕，也获得了一定的效果。

在三国中，蜀汉的地盘最小。《通典·食货七》记载，三国时期，魏国在籍人口大约是440万，吴国不到240万，蜀国不足100万。这个数字虽然有争议，但大体上可以反映蜀国的疲弱。

蜀汉治下，也有过短暂的屯田。丞相诸葛亮平南蛮，开拓了云南市场；他在四川也大力务农；在陕西境内，也有计划屯田，以供征伐。诸葛亮的计划由姜维实现，姜维在甘肃境内进行了屯田。

然而，蜀国的粮食却浪费在了连年的北伐战争之中，这些战争大都没有结果，几乎每一次撤军，都是受困于粮食的不足和运粮的困难。这一次次的浪费让蜀国缺乏应对危机的物质基础，最终成为最早灭亡的国家。

魏青龙二年（公元234年），诸葛亮最后一次北伐。为准备这次北伐，诸葛亮开辟从四川前往陕西的水路，并囤积了大量的粮草，力图不再受制于粮食的短缺。但可惜的是，由于诸葛亮在北伐过程中去世及随之而来的撤军，大量的粮草资源落入敌人司马懿的手中。第二年，《晋书·宣帝纪》记载，魏国的中原地区发生大灾，司马懿从陕西调五百万石粮食救济洛阳，其中就可能包括当年诸葛亮辛辛苦苦从四川运去的粮食。

统一战争中看不见的战场

魏齐王正始四年（公元243年），司马氏终于掌握了曹魏的实权。司马懿开始着手筹划统一三国的大计。这时距离蜀汉灭亡还有整整二十年，距离东吴灭亡还有三十七年。

司马懿的谋臣中，有一位将军叫作邓艾，是三国时期最著名的战将之一。二十年后，正是他率兵入蜀，灭亡了蜀汉政权。邓艾除了敢冒险、能打仗之外，还是位有名的财政专家。

在司马懿筹划统一时，邓艾写了一篇《济河论》，向司马懿提出自己的观点。他认为，战争到最后，一定是财政的比拼，谁能够在财政上取得压倒性的优势，谁就能赢得最后的胜利。曹魏之所以能够占领半壁江山，就是因为实行屯田，积累了足够的粮食。[5]

现在，如果要将南方半壁收入囊中，必须首先考虑继续发展农业、

---

[5] 《晋书·食货志》："昔破黄巾，因为屯田，积谷许都，以制四方。今三隅已定，事在淮南。每大军征举，运兵过半，功费巨亿，以为大役。"

储存粮食。根据邓艾的计算，如果要征服南方，必须做好长期打仗的准备，十万大军，五年时间，或许是最低的估计。而要供应十万大军五年的粮食，意味着必须有三千万石的粮食储备。[6]

但问题是：怎么才能储存三千万石粮食呢？

邓艾看上了许都以东寿春地区的土地。在魏国与蜀、吴对峙的过程中，共有三个地方起着战略枢纽的作用，分别是：魏和蜀对峙的汉中地区，在陕西和四川交界处，这里也是诸葛亮北伐的基地；现湖北襄阳、荆州地区，魏占领了襄阳，而荆州先是被蜀占领，之后被吴占领，与魏形成对峙；第三个地点就是寿春，即现在安徽的寿县。

在三国时代，魏国要进攻吴国，有两条路几乎必选其一：一条经襄阳，一条经寿春。寿春被魏国占领时，这里还是一片尚待开发的土地，位于与吴国对峙的正前线。但是，这里的土地非常肥沃，当北方的土地都已经被开发得差不多了，邓艾发现，寿春正是一个天赐的粮食生产基地。

邓艾认为，由于缺乏水利设施，这里的土地虽然肥沃却产量不高，如果合理地开凿运河进行灌溉，土地产量可以提升三倍。只要五万士兵参与耕田，加上充足的水源，就可以每年上缴五百万石的稻谷作为军粮。六七年后，就可以凑够三千万石的粮食，为战争做好准备。

邓艾的提议受到了司马懿的大力称赞，并立即实行。大修水利，兴兵屯田，曹魏南方的气象也为之一变，官田和民田交错其间，一片繁忙景象。

---

[6] 《晋书·食货志》："六七年间，可积三千万余斛于淮土，此则十万之众五年食也。以此乘敌，无不克矣。"

邓艾的计策为司马氏的统一奠定了物资基础。财政成为西晋统一战争中看不见的战场，深深地影响着中国历史的走向。[7]

邓艾的方法之所以能够被司马懿接纳，是因为司马懿本人也是一位有名的财政专家。

起初，作为曹操的手下，司马懿也是早期提醒曹操要注意屯田的大臣之一。根据他的计算，当时有二十多万人因为战乱而脱离农业生产。正是因为看到这些闲置劳力的存在，曹操才对屯田有了足够的信心。

洛阳以南的中部地带，也就是荆州以北，靠近吴、蜀的前线。蜀将关羽入侵这片地区之后，许多老百姓逃走了。曹操决定收拢这些逃走的百姓，把他们迁往北方进行安置。司马懿阻止了曹操的做法，他认为关羽的侵袭不会持久，日后，这些人还会返回家乡进行耕种，如果把他们迁往别的地方，反而伤害了老百姓的积极性，还让前线变得更加空虚。

曹操再次采纳了司马懿的意见。这片肥沃的土地仍然保持着繁荣，为日后进军江南做好了铺垫。

司马懿对财政和经济的深刻理解，更体现为他能够严格把握人民和政府之间的界限。他认为，虽然要重视财政，但是一定要避免扰民过甚。随着魏国的扩张，一些新的边境地区加入了魏国。这些地区的人民大都没有户籍，政府想通过核查来落实户籍制度，便于未来征税。

司马懿不赞同这么早清查户籍。他说，吴国和蜀国正是因为建立了

---

[7]《晋书·食货志》："每东南有事，大军出征，泛舟而下，达于江淮，资食有储，而无水害，艾所建也。"

严密的户籍制度来防范百姓，征收严苛的税，所以百姓才将其抛弃。我们应该反其道而行，不要建立严密的户籍网络，也不要干扰人民的生活，让他们安乐。[8] 只有人民安居乐业，政府才会富足，否则，登记户籍也没有用。这件事表明，他的看法比起一般人都高明得多。

在曹魏与蜀汉的对抗中，诸葛亮屡屡被粮草困扰，而司马懿却在陕西一带兴修水利，发展农业，鼓励人民种田，使曾经荒芜的陕西再次成为粮仓。当中原地区发生灾荒，司马懿竟然可以从陕西调粮食来支援中原。

司马懿一生在征战的同时，走到哪儿都会发展经济，保证政府可以获得足够的财政来支持战争。正是他高瞻远瞩的气魄，才使他能够采纳邓艾的提议。对于他来说，一场战役的胜负，远没有完善的财政系统重要。

当邓艾灭亡蜀汉，司马氏的晋国取代魏国之后，晋武帝司马炎为了统一全国，延续了祖辈的政策。他亲自参加耕种，并多次下诏鼓励农业，奖励那些善于发展农业的地方官员，并积极兴修水利。

更难得的是，晋灭吴的两大功臣羊祜和杜预除了在军事上出类拔萃之外，在财政上同样颇有建树。[9] 他们和灭蜀的邓艾一样，精于财政竞争。

晋武帝时，作为尚书左仆射的羊祜被派到襄阳掌管军事。羊祜到达之后，发现那儿连百日的余粮都没有，他立刻发动士兵开垦土地，很

---

[8] 在战争中，非但不苛求民众，反而以宽待人，这种品格尤其难得。司马懿的原话是："贼以密网束下，故下弃之。宜弘以大纲，则自然安乐。"（《晋书·高祖宣帝纪》）

[9] 见《晋书·羊祜传》《晋书·杜预传》《晋书·食货志》。

快就积攒了十年的余粮。

太康元年（公元280年），晋武帝发动针对东吴的统一战争时，羊祜已经死去，但正是依靠他留下的政治遗产和战略，晋朝才成功统一了天下。羊祜也成为伐吴的第一功臣。

晋武帝时期，出现了另一个状况。由于前期人们发展农业的指导思想过于单一，出现了副作用。

之前，人们总是强调建坝拦水，开荒种地，而种的地以水田为主。可是，由于人们四处建坝，许多地方出现水灾，大水长期不退，造成了灾难。

当时的河南尹杜预认为，这时不应该再建这么多水坝和水田，而应该挖开一些水坝，将水放走，发展一些旱田。另外，为应付战争，政府曾经留了很多种牛，现在应该把这些牛大批配发给老百姓，让他们发展农业。

在平吴战争中，杜预是晋军的指挥官之一。除了死去的羊祜之外，杜预是最主要的功臣。

长期以来，我们只把羊祜、杜预和邓艾这三位平定了吴、蜀之地的人看作军事家，但他们首先都是深刻理解财政问题的经济专家，只有在军备上做到了极致，才有可能发动战争并取得胜利。

更重要的是，只有在财政上做好充分的准备，才能在平定吴、蜀之后，仍然保持政权的稳定，而不是随着开支的扩大，增加新的不稳定。所以，晋武帝年间，西晋何以能够统一这个问题，已经超越了军事范畴，成为一个事关全局的财政问题。

西晋：道不尽的禅让制

太康元年（公元280年），晋武帝司马炎灭亡东吴，统一了中国。

当中国经过近一百年的混战重新走向统一时，雄心勃勃的皇帝随即展开了宏大的财政改革，要为王朝的长治久安打下牢固的基础。

财政改革的主要目的是：摸清王朝的人口数量，并把耕地平均分配给广大的人口，让他们安居乐业的同时，为政府提供可靠的财政收入。

经过清查，晋朝的人口为1 600余万人。[10] 根据三国时期的统计，蜀国大约100万人，吴国230万人，三国加起来也只有不到770万人。统一后，晋朝人口数量已经比三国的总人口数量增加了一倍多。之所以会出现增加，除了太平时期的人口自然增长之外，还有流民重新回归家乡，被纳入户籍的缘故。

查明户籍之后，晋武帝实施了更具革命性的土地改革。《晋书·食货志》记载的这份土改纲要规定：每一个男丁可以占田七十亩，女丁可以占田三十亩，一个家庭（一夫一妻）正常的土地是一百亩。

从晋武帝的分地意图来看，是要实现"无人不饱暖"的大同社会。在税收上，政府也考虑得非常周到。为照顾老人和小孩，规定男女16—60岁是正丁，需要课税；而65岁以上的老人、12岁以下的孩子都是免税的。剩下的人（13—15岁，61—65岁）属于次丁，在税收中享受优惠条件。

---

10 《晋书·地理志》："太康元年，平吴，大凡户二百四十五万九千八百四十，口一千六百一十六万三千八百六十三。"

至于土地税，也并非耕种的所有土地都缴税。一个正丁男子最多按照五十亩土地缴税，而次丁男子则按二十五亩土地缴税。正丁女子只缴二十亩的税，次丁女子免税。除了土地税之外，还有户调税，规定正丁男子每年上缴绢三匹、绵三斤，次丁男子和正丁女子减半。

上述税收都是针对汉人的，远方的少数民族也需要缴纳一定比例的税收。

晋武帝改革计划之完善，令人敬畏。如果这个办法顺利推行下去，那么，晋朝将成为一个持续数百年的强大王朝，不用等到唐代的出现，中国就将进入另一个太平盛世。

但事实是：晋朝的安定局面只维持了十一年，随后就进入了著名的八王之乱时期。八王之乱造成了社会解体，少数民族政权崛起，北方少数民族大举南迁的时代到来。而晋武帝设想的财政改革也没有得到有效的推行。随后的两百多年反而成为中国历史上少有的财政混乱时期。

那么，为什么司马炎雄心勃勃的改革计划会流于失败？为什么西晋王朝如此短命？也许，从司马氏通过禅让得到天下的那一刻，一切都已经注定。

在中国历史上，禅让是一件让人既爱又恨的选择。

人们之所以喜欢禅让制，是因为这意味着在朝代更迭时没有发生新旧皇族之间的战争，政权是和平交接的，整个社会所受到的破坏不像武力夺权那么大。

但人们之所以担心禅让制，是因为禅让之后的朝廷往往都比较羸弱，毛病不断，这些疾病伴随政权的终身。而那些从彻底的乱局中以武力脱颖而出的王朝却可能拥有更长的寿命。

禅让得来的政权之所以短命，原因在于新政权虽然继承了前朝的统治权，却也继承了前朝政权积累下的诸多毛病。政权内部结构盘根错节，形成了巨大的惯性，新皇帝束手无策。这样的政权不可能重新设计政治和经济制度，只能在前朝的基础上做些许的改变。政权只能是维持式的，而不是革新式的。哪怕如司马炎这样有心改革的人，最终也会发现一切只是徒劳而已。

禅让的弊病在晋代显得更加突出。

当权力传到晋皇室时，已经经过了两代禅让，曹魏禅让自东汉皇室，司马氏在接受禅让时又几乎将曹魏时期的问题都接收了下来。而在东汉建立时，由于光武帝无力解决西汉时期留下的社会问题，已经先天性地带上了西汉的一系列问题。这就注定西晋只是一个临时性的政权，非常容易发生新的失衡。

司马炎的土地改革立即遇到了新的问题。

他的改革试图覆盖全国，但有可能推行的只局限在北方曹魏控制的区域。这个区域由于经历的战乱最多，大量劳动力变成流民，许多耕地变成了荒地，土地多次易主，已经不可能恢复汉代的土地权属关系了。只有这样，政府才能够统一规划，进行分配。

而蜀汉和东吴，由于继承了东汉时期的土地权属关系，每一块土地都是有主的。晋虽然征服了这些土地，却没有能力改变土地权属关系，更无法进行大规模的重新分配。所以，晋武帝的土地改革在江东和四川等地都无法推广。就算在北方，土地改革也不顺利。

曹魏时代，为快速生产粮食，实行了大面积的屯田制度。屯田时，政府招募大量的流民，令其耕种土地，这些人称为屯户。按照当时的规矩，如果屯户自己有牛，种地的粮食就和政府对半分；如果屯户没有牛，由政府提供牛，那么种出来的粮食由屯户分四成，剩下的六成给政府。[11]而政府则保证这些屯户不缴其他税，也不服兵役。屯户的生活反而比普通的农民还要舒服。[12]

到了后来，皇帝把政府控制的屯田大批赏赐给官僚和世族，土地上的屯户也随着土地一并转移给了他们，这些屯户就被称为佃客。这时，佃客就从依附于国家变成了依附于官僚和世族。这些佃客在国家的户籍上没有登记，也不需要服兵役，只需要向他们依附的世族缴纳粮食。当佃客越来越多时，政府的税收和兵源就受到了影响。

晋武帝司马炎的土地改革，本来就是针对这些佃客的，希望通过清理户籍，让他们重新向政府缴税并服兵役。可是那些世族并不想放弃特权，而佃客也并不想隶属于国家（那意味着服兵役，甚至多缴税）。

晋武帝司马炎的政权是禅让得来的，所以，他不得不对官僚世族做出妥协，在他看似完美的改革纲领里开了不少后门。于是，除了规定普通人按照男子七十亩、女子三十亩分配土地外，王公大臣的土地并不需要遵守这个规定。对于官僚，晋武帝有另一套规定：晋朝的官员按照职位和考核分为九品，第一品官员可以占田五十顷，也就是五千亩。以后每品官员递减五顷，第九品可以占田十顷，也就是一千亩。

---

11 《晋书·傅玄传》："又旧兵持官牛者，官得六分，士得四分；自持私牛者，与官中分，施行来久，众心安之。今一朝减持官牛者，官得八分，士得二分；持私牛及无牛者，官得七分，士得三分，人失其所，必不欢乐。"

12 见李剑农所著《中国古代经济史稿》（三册）。

官员不仅可以比普通人多占几十倍的土地，他们的土地还都是免税的。同时，官员亲属的土地也都是免税的，最多可以包括九族，最少也有三代。除了亲属之外，官员还可以庇护一定数量的佃客（农民）和衣食客（佣人）。比如第一品官员可以拥有五十户佃客、三户衣食客。

于是在法律上，晋朝把人分成了至少三个阶层：一是不需要纳税的官僚世族阶层；二是不需要纳税的"客户"阶层，也就是佃客和衣食客等；三是纳税的普通人。

官僚世族阶层的人数是有限的，但他们可以拥有众多的"客户"阶层。"客户"阶层人数一多，纳税的人就会大幅度减少。

晋武帝虽然向官僚世族做了让步，让他们可以拥有土地和"客户"，但只要数量不超过限制，政府还是拥有足够数量的纳税人的。

但是，由于晋朝政府权威不足，不能将法律贯彻实施，限田数量变成了虚设，国家的纳税人口就越来越少了。

由于禅让得来的皇位权威不足，晋武帝还采取了另一个措施：大肆分封司马氏的诸侯王。晋武帝希望通过家族势力来镇服各地的世族，维持晋祚。

然而事与愿违，这些诸侯王不仅没有帮助皇帝维持中央王朝的秩序，反而利用中央政府的疲弱，开始明争暗斗。

西晋皇室的财政问题本来就没有得到有效解决，随后的八王之乱更是直接击垮了财政，中央政府不可能再组织任何统一的军事行动。八王之乱时，晋惠帝逃出京城，在路上只剩下两块布和三千文钱，想吃一只鸡都不可能。

当北方和西方的少数民族入侵时，各地诸侯只能自发组织抵抗行动，并自行解决财政问题。匈奴刘曜围困晋怀帝时，官员都挨饿，甚至出现了人吃人的现象。

在一片混乱中，这个始终没有实现财政统一的王朝轰然瓦解。晋武帝推行的貌似完美的土地改革法案也随即被废弃，成为中国历史上又一个美丽的幻象。

查不清的土地，理不尽的户籍

永昌元年闰十一月初十（公元322年1月3日），晋元帝司马睿死在了宫中。他死前已经心灰意冷。他建立了东晋，却作为失败者死去。

在他死的这一年，天下已经到了无比混乱的地步。在半年多以前，他的大将王敦刚发动了一次针对皇帝的战争，皇帝的军队完败，奋威将军侯礼战死，尚书令刁协在逃跑途中被贼军杀害，镇北将军刘隗干脆投奔了北方的少数民族石勒。

王敦占领首都后，晋元帝只好写信给他，表示：如果你心里还有晋，就息兵让天下安定一会儿吧。如果你心里已经没有了，我就回我的琅琊（晋元帝当皇帝前，是琅琊王），退位让贤。

王敦选择了暂时息兵。他当上了丞相，掌管了晋的军政大权，加封武昌郡公，封邑达到万户。不过，不要以为他满足了——从这时起，王敦大肆杀戮忠于晋室的将领，在晋元帝的眼皮底下为禅让做准备。东晋的领土内，纷争叛乱不断。

在东晋外围，蜀地的张龙入侵巴东，石勒更是侵袭不断，这一年他骚扰河南，攻陷太山、襄城，就连晋元帝的老根据地琅琊都叛归了石勒。这一年，东晋还发生了大瘟疫，疫区死亡率高达20%—30%。

就在这一片凄凉中，晋元帝离世，将不确定的未来留给了他的继任者。

幸运的是，王敦的篡位没有成功，这个风雨飘摇的政权又存在了近百年。然而，东晋的现实已经在开创者的软弱中定了型。

之后，这个不幸的朝代又经历了苏峻和祖约的叛乱、桓温的擅权、前秦的淝水之战、孙恩的叛乱，以及桓玄的短暂称帝。东晋政权如同一叶扁舟在风浪中颠簸，最终被刘裕的宋所取代。

在东晋这个孱弱的朝廷中，皇帝已经成了可有可无的东西，他之所以存在，只不过是因为世家大族们商量不出一个公认的领袖来取代他，不如让司马氏继续干着。至于皇帝的权威，则早就被剥夺得一干二净。

然而东晋又是一个名士层出不穷的时代，这些名士语不惊人死不休，放浪形骸却又满腹经纶。这还是一个奢侈之风横行的时代，各大豪族倚仗着巨额财富，挥霍、宴乐充满了史书，使人很难相信这是一个战乱和悲剧的时代。

但战乱就在身边，不断失败的北伐，权臣当道，北方和西部的少数民族侵扰，内部的纷争充斥，生活在那个时代的大多数人绝对感觉不到幸福。

可以说，这是一个少数人的天堂时代，也是多数人的地狱时代。一个有利于豪族，却对皇权和普通人不利的时代。

皇权之所以衰落，是因为东晋本身就是一个客居的政权。它是在原本东吴的地盘上建立起来的，甚至连东吴的社会结构都没有理清。北方陷入了战乱，司马睿仓皇南逃，东晋只不过是他建立的流亡政权。

《晋书·食货志》记载，南渡后，晋元帝检视国库，发现整个国库只有四千多匹布。到后赵皇帝石勒向南进攻时，晋元帝悬赏石勒的人头，价格是一千匹布。

在这个政权中，一切都是临时措施，晋武帝制订的土地改革计划早已经被放弃，因为东吴本来就缺乏土地，根本不可能给每个人都分配法律规定的土地数量。

在东晋时期，财政上有两个必须解决的问题：土地和人。

所谓土地，指的是政府需要知道详细的土地数据，来作为课税的依据。东晋建国时，由于原本南方的贵族占据了太多免税的土地，政府的税源本来就少。司马氏南逃后，许多北方的贵族世家也跑到南方购买和霸占土地，土地更加成为稀缺资源。所以，政府的第一要务是查清能够课税的土地有多少。

所谓人，又牵扯到东晋时期一个特有的问题：侨民。由于少数民族占领北方，北方的许多汉人都逃到了南方，司、冀、青、并、雍、凉、兖、豫、幽、平这些州已经全部沦陷，徐州丧失一半。这些州的人口大量南逃，挤在了扬、荆、江、梁、益、交、广几个原本就不发达的州。

最初，这些南逃的人都盼着有一天能够回到北方，认为只是暂时居住在这里。他们没有户籍，后来，政府为便于管理，给他们发了临时身份证。那些原住民的永久身份证用黄色木片登记，所以称为"黄籍"，临时身份证则用白色的纸登记，称为"白籍"。[13]

13　关于黄白籍问题，《晋书》《宋书》《南齐书》等都有提及，但均不系统。系统的总结，可参考李剑农的《中国古代经济史稿》。

在白籍聚集的地方，按照他们在北方的居住地，设立了许多侨郡和侨县。这些侨郡、侨县和北方的郡县同名，但地处南方，只管人，没有土地或者只有少量土地。侨郡、侨县只有其名，没有其实。

白籍的人除了世家和官员，大部分在南方都没有土地，他们依靠打工为生，寄身于有土地的豪族门下，成为佃客。困扰着中央政府财政的豪族占地、佃客失控现象都愈加严重。

不过，白籍比起黄籍来，并非完全处于劣势：由于他们没有土地，不用向政府缴纳土地税；而政府为了优待这些逃难的人，也免除了他们的劳役。于是这些人就彻底脱离体制，与中央政府脱钩了。

东晋政府还曾经希望能够收复中原，让白籍人士回到北方，但当收复无望时，就必须考虑让他们变成原住民，加入黄籍，为政府贡献税收和劳役。

除了白籍之外，还有一些什么户籍都没有的人，被称为浮浪人。[14]这些人没有固定工作，没有户籍，更难管理。

清查土地和人口，就成为东晋政府的要务。

晋成帝咸和五年（公元330年），这两项工作都铺展开来。在丈量土地方面，政府取得了重要进展，虽然仍有许多免税的土地，但政府还是在大部分土地上推广了土地税。

东晋的土地税税率为1/10，摊入土地中，每亩地纳税三升米。

对户籍的整理称为"土断"，这时，政府连白籍都还没有建立，首

---

14 《隋书·食货志》："其无贯之人，不乐州县编户者，谓之浮浪人……"

要目标是登记有多少逃难者。但是，随土地丈量一起进行的土断却并不彻底。由于东晋立国不久，许多人口还在迁移之中，所以，无法将他们纳入固定的户籍体系。

到了咸康七年（公元341年），东晋政府再次进行土断，这次的目的仍然是清查人口。也是在这时，政府发明了白籍，将侨居的人口注册进去，而将原住民注册为黄籍。[15]

白籍出现后，引起了南方原住民的极大不满，在他们看来，这些外来人口不仅抢占他们的生存空间，还享有免役的特权。黄白籍制度成了东晋户籍争论的焦点。为对付白籍人口不纳税的问题，东晋政府让各地因地制宜地制订了许多收税方法，对工商业、土特产都进行征税，避免由户籍和土地问题造成税收流失，同时也可以安抚拥有土地的黄籍人士。

晋哀帝继位后，隆和元年（公元362年），为了减轻土地税问题带来的不公，皇帝将土地税从每亩三升减为每亩二升。[16]

两年后的兴宁二年（公元364年），在权臣大司马桓温的主持下，政府对于户籍的整理工作正式启动。[17]这次户籍整理被称为"庚戌土断"，其核心是通过减少白籍人口，来扩大国家的税基，并解决劳役、兵役人口不足的问题。同时，将世家大族庇荫的佃客阶层都释放出来，编入国家户籍。

此时恰逢桓温准备第三次北伐，土断被认为是解决人口和财政问题的双重武器，所以此次土断的力度非常大，对于敢隐匿户籍者，严惩不

---

15 《晋书·显宗成帝纪》："（咸康七年）实编户，王公已下皆正土断白籍。"
16 《晋书·哀帝纪》："隆和元年春正月壬子，大赦，改元。甲寅，减田税，亩收二升。"
17 《晋书·哀帝纪》："三月庚戌朔，大阅户人，严法禁，称为庚戌制。"

贷。晋宗室彭城王曾经因为隐匿了五户，就被治罪。经过土断，政府暂时获得了户籍和赋税。然而，由桓温强行推进的户籍制度改革却在他死后因行政效率的降低而变得松弛。

更麻烦的是，随着行政效率的降低、士族的壮大，东晋的税收问题再次体现了出来。由于豪族占田太多，剩下的土地已经不足以养活整个庞大的官僚阶层和军队。

与此同时，在东晋的北方，一个强大的少数民族政权正在兴起。

《晋书·苻坚载记》中说，桓温北伐时，在长安城外的灞上曾经遇到一位奇客，他在大庭广众之下边抓虱子边和这位权臣说话。这位奇客就是王猛。后来，王猛辅佐前秦王苻坚，把前秦从部落政权变成了一个制度化的文明政权。中国北方经过长期的混乱，终于进入了制度重建的轨道。

前秦的出现，给东晋施加了巨大压力，皇帝和群臣必须更加注重财政和军事，避免在与前秦的对抗中处于下风。

《晋书·食货志》记载，晋孝武帝太元二年（公元377年），政府宣布不再按照土地收税，改为按照人头收税，王公以下每人每年三石粮食，只有服役的人可以免税。

这项改革的实质是：由于政府永远查不清土地，干脆不查了，改换成更为简洁的以人口征税的方式，便于管理。在后来的唐代、明代，皇帝由于查不清人口的多少，只能把所有的税收都摊入土地之中，而在晋代正好相反，人口可以查清，查清土地却更加困难。

此项改革六年后，淝水之战爆发。在这次战役中，东晋以少胜多，粉碎了前秦的进攻。这次战役也使得中国北方再次陷入一片混乱，东晋政权得到了暂时的喘息。

不过，淝水之战也给东晋带来了新的财政问题。为对抗前秦，谢玄成立了以北方流人为主的北府军，随着军事化的加强，中央财政再次吃紧。淝水之战两年后，东晋政府开始加税，每人每年的税负变成五石粮食。

随着税收依据从土地改为数人头，户籍的重要性再次凸显出来。这种情况下，当政府税收不足时，清查土地已经没有用了，只有把多余的人口找出来，才能增加税收。

于是，到了东晋最后一个权臣时，土断再次变得重要起来。

晋安帝义熙九年（公元413年），太尉刘裕实行了东晋历史上最严格的一次土断。[18]

在这之前，东晋遭遇了桓玄的叛乱和短暂称帝。刘裕击败桓玄后，掌握了军政大权，并率军南征北战。土断发生前，他已经向北灭了慕容氏的南燕政权，并平定了南方的卢循兵变，正准备给西方的西蜀谯纵以最后一击。随着疆域和财政开支的扩大，土断启动。

义熙土断撤销了大部分侨郡侨县，将白籍的人口大量并入黄籍。对于敢反抗的人，刘裕不惜以死刑相威胁。这次土断之前，会稽的士族虞亮就曾经因为藏匿了千余逃亡户，被刘裕处以死刑。

然而，东晋时期的政策特点是，不管多严格的政策，都会留有一定的后门。刘裕在制定政策时，也留下了后门：由于刘裕背后的武装是北

---

18 《宋书·武帝纪》："于是依界土断，唯徐、兖、青三州居晋陵者，不在断例。诸流寓郡县，多被并省。"

府兵，而北府兵的来源大都是徐州、兖州、青州的流亡人士，所以，义熙土断将三州人聚集的晋陵（现常州）一带排除在外了。

只是，这时距离东晋的灭亡已经很近。刘裕的改革与其说是帮助东晋，不如说是为篡位打下了一个好的社会基础。

土断七年后，刘裕废黜了东晋恭帝司马德文，自己当上了皇帝，是为宋武帝。由此开场的禅让大戏在南朝越来越狭小的区域内一次次上演。

南朝：漫长的终曲

南齐武帝永明三年（公元485年），由于南齐前后两代君主提倡节约，并与北方的北魏休战，齐武帝统治期间出现了一个小小的繁荣时期。

然而就在这一年，在浙江西北部的桐庐，一个叫唐宇之的人却准备造反。

唐宇之的造反理由在现代人看来有些奇怪。在那几年，齐武帝正在严格调查户籍问题。自东晋末年以来，历经南朝宋，中国的户籍再次出现了大混乱。东晋时期，只有显贵的大家族（士族）才能拥有免税、免役的特权，而士族的身份都是世袭的。可到了南朝宋以后，许多原本没有地位的人也依靠做官、经商发了大财，他们甚至比士族更富有，却没有身份。这些人趁着政治混乱的时机，买通地方官员或士族而假认亲，将身份从普通人（庶族）改为士族。这种做法叫作"冒籍"。

这些庶族成为士族，获得了免税、免役特权之后，更多的穷人投靠他们，在他们的庇荫下，也取得了免税、免役权。

随着作弊的人日渐增多，政府的税收变得更加困难。从南齐开国起，齐高帝就非常关注户籍问题。齐高帝在休养生息的同时，决心下大力气整顿户籍。齐高帝建元二年（公元480年），他下诏征求整理户籍的意见。

一位叫作虞玩之的官员上书提出了看法。他建议皇帝设立专门的户口检查官员（校籍官），由官员通过检视黄籍，抓出那些弄虚作假的分子。为了防止校籍官懈怠，皇帝必须给他们制定数量指标，要求他们每天都必须查出数起弄虚作假的案子。

《南史·虞玩之传》记载，虞玩之是一位正直、负责的大臣。他个人生活简朴，一双鞋竟然可以穿二十年，在政治上也常常因为直言不讳而得罪人。他提出的建议在当时来说是最有效的。

皇帝采纳虞玩之的建议，设立了校籍官。虽然校籍官也存在着收受贿赂的行为，可是由于有考核指标，还是有大量的虚假户籍被抓了出来。这些被抓出来的人被称为"却籍户"。

另一个叫吕文度的官员乘机又给皇帝出了一个主意：为了给人们以警示，皇帝应该将那些却籍户充军，送到边防去接受再教育。

这项古代的"上山下乡"提议迫使大量的却籍户逃亡。而唐宇之所在的浙江一带也有大量的却籍户，同样面临着被抓走充军的风险。唐宇之决定利用这些人发动叛乱。

永明三年（公元485年），叛乱爆发。叛乱者最初只有四百多人，但当唐宇之打出抵抗户籍审查的旗号之后，各地的却籍户纷纷赶来投靠，竟达到了三万多人。

唐宇之率领部队进攻桐庐、钱唐等地，第二年，在钱唐建立了吴国，自称吴王。

在南齐皇帝和他的官员看来，唐宇之的行为是荒诞的。那些弄虚作假的却籍户本来就是一群违法分子，而皇帝对于户籍的整理更是无可厚非。然而，为什么这些违法分子敢于理直气壮地进行反抗？为什么还会有这么多人响应？

原因在于，却籍户认为自己不是犯罪，而是在打破一项不合理的制度。在他们看来，所谓"士族"和"庶族"的区分，就是一种落后制度。士族依靠出身就可以不缴税、享有特权，而普通人不管怎么努力，都无法进入那个特权圈子。那些冒籍的人虽然目的是获得特权，却也明显带着对这种制度的怨恨。

而皇帝通过检籍找出弄虚作假的人，虽然缓解了政府的财政压力，却也间接地维护了早就不合时宜的士族制度。

所以，唐宇之的叛乱，反叛的是不合理的户籍制度。

他的叛乱很快被镇压下去。但这次叛乱也让齐武帝意识到，政府的行动不能太冒进。上书建议的虞玩之辞职了，而齐武帝也不得不做出既往不咎的决定，在南朝宋的升明年间（公元 477—479 年）之前已经冒籍的不再追究，而发配边关的人也都被遣返回来。

一场整理户籍的改革不得不草草收场。

唐宇之的叛乱也显示出南朝制度的复杂性。与东晋相比，南朝的所有皇帝都不是士族出身，他们大都成长于寒门，从武职晋升到高位，并通过禅让获得政权。

从出身来看，他们并不喜欢士族豪门，这些豪门把持着社会资源，却不给政府纳税，处处以特权为荣。但是，他们又不可能完全离开士族，因为那是文化和教养的象征。

于是，南朝就在"改朝换代——皇帝革新——经济发展——皇帝变得奢靡——经济衰退——改朝换代"这个圈子里一次次地循环。

南朝宋的开国皇帝刘裕被认为是一代明主，他打击地方豪族势力，试图使王朝的财政正规化，还从寒门中选拔官员，整理全国户籍，这一切使社会经济进入一个上升期，也使得刘宋的皇帝都可以在较为宽裕的财政状况下执政。

刘裕死后，王朝的财政在宋文帝刘义隆时期还能支撑起王朝大规模的北伐活动，这是在整个东晋和南朝期间少有的新气象。

但宋文帝的北伐导致连年征战不断，到了下一位皇帝宋孝武帝时期又缺钱了，于是又有了新一轮的整顿吏治和整理财政。不过，这时的皇帝已经迅速堕落，变得荒淫无度，贪图享受，刘宋一朝急速进入衰退期。

南齐高帝萧道成篡权建立南齐王朝之后，首先做的又是整理财政。他的财政措施从节约开始，提倡将宫廷里的金银铜玉器全部换成铁器，希望用这种方法来节省开支。之后，又大规模整理户籍。他的措施被其儿子齐武帝所继承，形成了另一个繁荣期。

前两任皇帝的节俭带来的繁荣，到了南齐后几位皇帝那里，又成为他们享乐的基础，很快，皇帝的挥霍让刚刚丰盈的国库再次干瘪下来。

梁武帝萧衍篡位之后，又开始新一轮的厉行节约。但梁武帝的厉行节约又经常让位于他对佛教的偏爱，由于在佛教上花了太多的钱，梁朝的财政一直不健康。加上梁武帝识人不明，发生了影响巨大的侯景之乱。这次叛乱也标志着南朝的好时光过去了。

南梁后期，南朝丢掉了四川和江陵一带最富庶的地区，实力大打折扣。

到了陈霸先建立陈朝之后，南朝在实力上已经远远落后于北朝，缩小为一个地方政权。它的士族始终活得那么优雅，但它的财政和政治制度已经过于僵化，无法与北朝对抗了。

从秦到南朝，中央王朝的财政系统一直保持着延续性。秦代和汉代初期是试验期，几位皇帝在试着建立一种新式的庞大王朝。在以前，人们甚至不敢想象能在这么大的疆域内维持统一和繁荣。但经过几代人的尝试，到汉景帝时期，中央王朝不仅存续，而且繁荣。

然而汉武帝却发现了一个大一统王朝的巨大缺陷：当产生战争等大的开支项目时，王朝财政无法支持如此庞大的开销。他试图引入一套官营垄断体系来解决这个问题。这个办法奏效了，却给中央王朝带来了更致命的新问题。由于垄断体系的约束，社会永远不可能得到健康的发展，而官僚体系在参与经济的具体运行后，社会经济变得庞杂和混乱。当权力与经济勾结在一起，社会阶层固化再次损害了王朝的财政。

王莽试图解决阶层固化问题，他想利用皇家权力，强行击碎原阶层，结果却只击碎了他自己的皇位和脑袋。

东汉一代，皇帝都只能承认现实，采取修修补补的做法。然而由于前代遗留的社会的特点，东汉一直无法有效组织财政，再加上官僚制度的侵蚀和外族入侵引起的财政超支，政权最终分崩离析。

三国时期，各个地方政权"八仙过海，各显神通"，想尽一切办法发展财政，试图成为最终的胜利者。而作为胜利者的晋武帝却发现，他仍然敌不过惯性这个隐形的杀手，他雄心勃勃的改革可以有蓝图，却永远没有结果。

在阶层更加固化的社会中,东晋和南朝继续腾挪着最后的资源,两朝在财政的紧箍咒下挣扎,每一次都指望着放松一点。到最后,八百多年的试验终于结束。

东晋、南朝之所以能够维持长久,并不是因为它们的强大,而是因为北方的虚弱。对于北方来说,从游牧民族的部落制起,人们一点一点地学习和改造,在前秦时期第一次接受系统的中原文明,在北魏时期,这一成果得以巩固,到了北周时期,才建立起更加成熟的制度,并传给隋唐。

这是一个从怀胎到分娩的过程,时间持续了两百多年,漫长得令人绝望,但这套制度是全新的,没有盘根错节的利益冲突,也没有无法化解的阶层固化,它立刻显示出巨大的优越性。最终,北方的飓风席卷了南方,将自秦汉以来积累了八百多年的陈规全都扫入风中,一卷而去,中国大地步入第二次社会重建。

第二部

财政失控的繁荣王朝

（公元386—1279 年）

第六章　唐德宗：吝啬皇帝的感慨悲歌[1]

当中央王朝从和平走向战乱时，首先乱套的就是财政系统。一旦财政系统乱套，即便是皇帝也会变成可怜虫。

安史之乱发生后，由于战乱，中央财政收入降为原来的三成，能否收到足够的税，以及能否把各地的税收送到皇帝的军队手中，成为中央政府存亡的关键。

唐肃宗起用"财政大臣"第五琦，打通运输道路，建立官营企业，进行货币贬值，从而筹集到了与安禄山、史思明作战的经费。

唐代宗继续重用第五琦与刘晏，加强专卖制度，加强开发土地税。到唐德宗时期，进行税制改革，从复杂的租庸调制改为简单的两税法，唐代的中央收入得到一定的恢复。

借助财政的恢复，唐德宗决定镇压藩镇势力，恢复大唐盛世。但叛乱引起的财政崩溃再次袭来，唐德宗不仅无法恢复盛世，反而被赶出了首都。他最终意识到，当失去了财政的支持，一个皇帝会变得多么窘迫，

---

[1] 本章涉及的时间范围是公元779—805年。

他已经不可能恢复当年的盛世,只能接受藩镇割据的事实。

唐德宗在后半生迫于财政压力变成了守财奴,但他积累的财富却足够唐宪宗完成一次中兴。

当皇帝出逃时

唐德宗建中四年(公元783年),一场突如其来的兵变扰乱了首都长安。[2]

唐德宗执政时,已经是安史之乱后的藩镇割据时期,全国布满了大大小小的藩镇(节度使),他们手握兵权,争夺地盘,中央政府处于半失控状态。

一年前,淮西节度使李希烈叛乱,唐德宗任命龙武大将军哥舒曜为东都畿汝州节度使,率军前往镇压。但哥舒曜在败仗之后,退守襄城,遭到李希烈的围攻。

唐德宗连忙召集新的人马去救助哥舒曜。建中四年(公元783年)冬天,位于长安西面的泾原节度使姚令言接受皇帝命令,率领泾原的军队向东前进,援救哥舒曜。第二天,泾原军离开京城,到了距离长安东面不远的浐水,一场兵变在此爆发。

泾原军之所以兵变,与唐德宗时期的军费制度有关。在藩镇割据时

---

[2] 见《旧唐书·德宗纪》。关于唐代的正史一共两本,其中《新唐书》以思想和结构见长,《旧唐书》纪事虽然拖沓啰唆,但保留了更多的原始材料。本书在引用传记时多参考《旧唐书》,但引用各志时则优先考虑《新唐书》。

期,由于皇帝手中的兵马不足,要借助藩镇的军队来打仗,所以每次调动藩镇的军队,皇帝都必须给予丰厚的补偿。

在皇帝与藩镇间,军费的分配如下:如果藩镇只是在自己的统治区里调动军队,那么军费由藩镇负担;如果藩镇的军队接受皇帝的命令,离开其统治区,那么从离开的那一天起,皇帝必须支付给藩镇一笔丰厚的军事补贴,叫"出界粮",每个士兵的花费相当于平常的三倍。[3] 许多藩镇为了拿到这种补贴,故意派出军队,不打仗,专门拿津贴。中央政府的任何军事行动都花费高昂,却效果有限。

这一次,皇帝动用泾原军,本应该按照规矩,给军队以高额的补贴。当士兵们经过首都长安时,心里也充满了对美妙赏赐的憧憬。然而,令这些饥肠辘辘的士兵们感到不满的是,中央政府派来犒劳的官员京兆尹王翃只提供粗茶淡饭,一分钱都没有拿出来。

士兵们离开长安时,大失所望,感到被皇帝欺骗了。军队中传播着谣言,说长安城里有数不尽的金银珠宝,皇帝一个人享受着荣华,却置士兵的死亡于不顾。上战场的士兵越想越冤,决定停下不走了。[4]

士兵的"罢工"让唐德宗大惊失色。此时的长安城已经没有军队守卫,在山东地区(现河北、山东一带)有四大藩镇正在拥兵对抗中央,

---

[3] 《新唐书·食货志二》:"是时,诸道讨贼,兵在外者,度支给出界粮。每军以台省官一人为粮料使,主供亿。士卒出境,则给酒肉。一卒出境,兼三人之费。将士利之,逾境而屯。"《旧唐书·德宗纪》:"凡诸道之军出境,仰给于度支,谓之食出界粮,月费钱一百三十万贯。"

[4] 《旧唐书·姚令言传》:"泾师离镇,多携子弟而来,望至京师以获厚赏,及师上路,一无所赐。时诏京兆尹王翃犒军士,唯粝食菜啖而已,军士覆而不顾,皆愤怒,扬言曰:'吾辈弃父母妻子,将死于难,而食不得饱,安能以草命捍白刃耶!国家琼林、大盈,宝货堆积,不取此以自活,何往耶?'"

而淮西则是李希烈在作乱，为应付他们，几乎所有的军队都被派了出去。

唐德宗赶快下令安抚泾原军，派人前去犒军。这次的赏赐是每人两匹帛，当赏赐下发时，士兵们更加愤怒了：皇帝如此吝啬，不仅不值得替他卖命，还应该把他推翻，换一个大方的。

此时，泾原节度使姚令言已经失去对军队的控制，只能任由士兵怀着对财宝和劫掠的渴望，冲向了王朝的首都。

泾原兵变爆发。乱兵攻入长安，在皇宫外扎营，形势已经非常危险，唐德宗匆忙调动自己的禁卫军神策营进行抵抗，可令他感到泄气的是，禁卫军竟然没有抵抗——他们也不愿为皇帝卖命。

唐德宗只好带着太子、诸王、妃子、公主共计一百多人，加上几个愿意跟随他的宦官，从皇宫的花园北门出逃。这时他遇到了四百多名弓箭手，由右龙武军使令狐建率领，这些弓箭手成了皇帝仅剩的护卫，与他一同逃难。

当天晚上，皇帝一行逃到咸阳，匆匆吃了几口饭，继续起程。第二天，皇帝到达奉天（现陕西乾县）。皇帝本来还嫌奉天太小，希望继续西逃，到凤翔避难，谁知凤翔随即发生了叛乱，唐德宗被叛军团团围住，困守在奉天小城。

这是公元 8 世纪下半叶唐朝皇帝第三次逃出长安。第一次是唐玄宗避安史之乱，第二次是唐代宗避吐蕃之兵，第三次则是唐德宗避泾原兵变。

唐德宗在奉天孤苦无助，长安的叛军却迅速控制了局势。

攻克长安后，不知谁想到的主意，叛军走在街上，让百姓都别怕，他们会免除百姓的货柜税、间架税。[5] 叛军于是立即受到长安市民的欢迎，这些市民没有表现出对于大唐政权的任何忠诚，毫不犹豫地投入叛军的怀抱。

货柜税和间架税是唐德宗发明的新税种。所谓货柜税，就是向长安的钱庄借钱，向粮商借粮。钱庄里的钱都是储户的，但皇帝决定让钱庄拿出1/4来救济，粮商也面临着同样的政策。命令下达后，整个长安的市场一片哗然，商人们纷纷罢市抗议。而间架税则是向所有的房产收钱，每间房最高要缴纳2 000文钱。

皇帝的税法彻底激怒了百姓，他们宁肯支持叛乱的士兵，只求废除这些苛捐杂税。但是，市民和士兵不知道的是，皇帝这么做也纯属无奈。此刻唐朝的财政已经捉襟见肘、拆东墙补西墙，即便搜刮聚敛，仍然满足不了战争开支。皇帝之所以没有赏赐士兵，也是因为国库已经空了。

叛乱的士兵最后找到了一位叫朱泚的人来做皇帝。朱泚担任过卢龙节度使、太尉，由于弟弟朱滔参加了北方四镇的叛乱，他在长安附近被免职赋闲。朱泚自称大秦皇帝，亲率大军进攻奉天。而在奉天的唐德宗部队在围困中缺衣少食。士兵们向皇帝请求发一些御寒的衣服，唐德宗拿不出来，只能把亲王腰带上的金饰拿下来卖掉，再给士兵补贴。

《旧唐书·德宗纪》记载，在困境中，唐德宗发出了著名的罪己诏，不惜痛斥自己长在深宫，"不知稼穑之艰难，不恤征戍之劳苦"，将整个国家带向了灾难。"天谴于上而朕不寤，人怨于下而朕不知。"这是中国

---

[5] 《新唐书·食货志二》："赵赞复请税间架、算除陌。其法：屋二架为间，上间钱二千，中间一千，下间五百；匿一间，杖六十，告者赏钱五万。除陌法：公私贸易，千钱旧算二十，加为五十；物两相易者，约直为率。而民益愁怨。"

历史上皇帝最深刻的自责。大多数时候，皇帝总是将错误推给别人，明朝的末代皇帝崇祯临死还认为是别人辜负了他。唐德宗的诏书却不惜把皇帝的威严全部打掉，只怪自己。

他甚至赦免了大部分发动叛乱的人。不管是北方四镇还是淮西李希烈，一概既往不咎。只有称帝的朱泚不在赦免之列。不过，朱泚的弟弟朱滔是北方四镇的叛乱者之一，皇帝怕他担心受到朱泚的连坐，宣布朱滔也会得到赦免。皇帝还宣布废除苛捐杂税，发誓要做一个好皇帝。

在奉天被困数月后，唐德宗才有机会逃往汉中地区。在汉中几个月后，朱泚叛乱被平息，他得以回到物是人非的长安。

既然唐德宗在诏书中如此痛斥自我，那么回到长安后，人们是否看到了一个痛改前非的皇帝呢？答案是：唐德宗的确变了，但他的变化令人心碎。

在这几次叛乱之前的唐德宗是一个雄心勃勃、励精图治，试图恢复大唐昔日荣耀的君主，他罢黜专权的宦官，提倡节俭，摒弃不正规的税收，试图为中央政府建立健康的财政，并以此为突破口，将藩镇的权力收回，置于中央政府的监督之下。

可是叛乱过后，皇帝却向着另一个极端靠拢。他不再信任任何大臣，重新依赖宦官掌权。[6]他逃离长安的历史已经证明，所有的大臣、所有的百姓都是不可靠的，会为了一丁点儿利益便抛弃整个皇朝。他也不再指

---

6 唐德宗前期想除掉宦官揽权的弊端，但在统治后期，由于不再信任大臣，他唯宦官是听，造成了整个中晚唐宦官专权的局面。

望正规的税收，变得贪婪无比，四处找钱，如果想打动皇帝，只有一个办法：向他进贡比别人更多的钱财。

唐德宗在叛乱中得到的最大教训就是：即便是皇帝，有着无数的美好计划，如果你没有钱，还是什么都做不成。他的所谓痛改前非，就是变成守财奴。

这个老守财奴的雄心已经被钱给消磨掉了，他终生为财政问题焦头烂额，攫取任何可以捞到的收入。他的形象显得如此卑微，以后历代的皇帝都把他当作笑柄，提醒后代不要变成受困于财政的守财奴。

唐德宗去世时，唐代的财政制度已经千疮百孔，谁都无法纠正了。但他给后代留下了大量的财富，使得唐宪宗能够利用这些钱重新实现中央集权。也许，唐宪宗烧钱打仗时，有一个老守财奴的灵魂正在天上欣慰地望着世间的风云，感慨自己一辈子的忍辱负重是值得的。

安史之乱后，皇帝为财政付出的努力，如同一部血泪史，向人们诉说了一个中央王朝财政崩溃的心酸……

战争时期的加税经济学

天宝十四载（公元 755 年），安史之乱爆发。以唐玄宗为代表的盛唐时期正式结束。

在叛乱爆发之前，唐朝的财政失衡问题已经非常严重，只是掩盖在表面的繁荣之下。而叛乱爆发之后，政府的财政问题迅速以一种令人瞠目结舌的方式暴露出来。

在叛乱前的天宝十四载（公元 755 年），唐朝中央政府统计的总人口一共有890万户，近5 300万人。[7] 但是叛乱之后，中央政府能够控制的人口数量迅速下滑，几年后的上元元年（公元760年），《通典·食货七》记载，人口只剩下193万户、1 700万人。户数不到几年前的1/4，人口不到1/3。

更麻烦的是，在这193万户、1 700万人中，有117万户、1 462万人（老弱病残和特权阶层）是不需要缴纳租庸调税的，只剩下76万户、237万人来承担整个唐朝庞大的租庸调税。

由于每个人承担的税率不可能大幅度增加，中央政府的收入锐减为唐玄宗时代的1/3左右。之所以叛乱前后人口差别那么大，并不是战乱中死了这么多人，而是因为此时中央政府已经失去控制力，许多人游离于政府的户籍统计之外。

安史之乱对唐朝的打击不仅仅是军事上的，更大的打击在于将唐朝的行政中心和经济中心阻隔开来。

有唐一代，行政中心仍然是首都长安所在的关中平原（现陕西地区），而经济中心则变成了东南方以扬州为中心的江淮地区。扬州是唐代运河的南方起点，南方的粮食都汇集到这里，再通过运河转运到汴州（现开封），从汴州沿黄河、渭河到达长安，或者走黄河、洛河到达洛阳。

安禄山从范阳（现北京附近）起兵南下，占据中原地区，逐渐切断

---

[7] 从附表2，见《通典·食货七》，但需指明，各典籍记载数目略有差异。根据《旧唐书·玄宗纪》，天宝十三载，户部见管州县户口："管郡总三百二十一，县一千五百三十八，乡一万六千八百二十九；户九百六十一万九千二百五十四，三百八十八万六千五百四不课，五百三十万一千四十四课；口五千二百八十八万四百八十八，四千五百二十一万八千四百八十不课，七百六十六万二千八百课。"

首都长安（行政中心）与东南地区（经济中心）的联系，东南的粮食无法到达长安了。所以，战争爆发后，首先破坏的是中央政府的财政动员能力，让它无法利用唐朝的物资来供养军队，对抗叛军。

在安禄山的逼迫下，唐玄宗仓皇逃往四川，他的皇太子李亨北上灵武称帝，决心平叛，是为唐肃宗。

在唐肃宗的领导下，唐朝经历了一场财政上的"生死时速"。中央财政收入减少为原来的1/3，而军费开支却比之前还要庞大，唐肃宗必须抛开所有的顾虑，想尽一切办法从能够控制的区域内搜刮钱财。

为了解决经费问题，至德元年（公元756年）唐肃宗即位后，首先想到的是从商业上寻找补贴。在此之前，唐代的税收主要针对农业，叫租庸调制，也就是对土地收取一定的租税，再对农户收取"调"（农产品税，以麻布和丝绸为主），并征发每年二十天的"庸"（劳役）。[8]

对商业，唐政府一直采取开放的态度，商业税的税率很低，且不是主要税种。正因为此，唐代的商业一直比较发达。

《新唐书·食货志一》记载，为了支付军费，唐肃宗派遣御使郑叔清前往还效忠于中央政府的江淮、四川地区，一次性向富商征收两成的资产税，即率贷。除了这两个地区，效忠于中央政府的其他区域也在集市和关卡向商人征收贸易税，凡是一千钱以上的货物都必须缴纳。

---

8 《新唐书·食货志一》："凡授田者，丁岁输粟二斛，稻三斛，谓之租。丁随乡所出，岁输绢二匹，绫、绨二丈，布加五之一，绵三两，麻三斤，非蚕乡则输银十四两，谓之调。用人之力，岁二十日，闰加二日，不役者日为绢三尺，谓之庸。有事而加役二十五日者免调，三十日者租、调皆免。通正役不过五十日。"

对商人征收重税，是唐代税制变化的初步尝试。

但这种对商人的临时性征税仍然无法满足庞大的军事开支，皇帝必须另想办法。这时，一位叫作第五琦的官员出现了，据《旧唐书·第五琦传》记载，他建议设立一个新的职务：租庸使。租庸使坐镇经济上最富庶的江淮地区，责任就是寻找一切税源，比如吴地的盐、蜀地的麻和铜。租庸使征收完毕，并不直接将盐、麻和铜运送到朝廷，而是就地卖掉，换成土特产运输到其他地方卖高价。

由于史思明已经占领运河枢纽，中央政府的物资没有办法通过运河和黄河运来了。于是，中央政府开辟了另外一条道路，从长江走汉水到襄阳，再从襄阳继续走水路到汉中，从汉中走陕西的凤翔。[9]这条水路难度大，运力小，所以换成土特产可以降低重量，既减少了运输成本，又多卖了钱。

租庸使的出现又导致了另一个现象：原本唐代的正式官制以三省六部制为主，各位官员各司其职，但皇帝由于临时性的需要，利用租庸使绕过了正式官员直接办事，就破坏了政治制度。从这以后，各种各样的"使"职大批出现，这都是皇帝为了避开三省六部而设立的事务性官员。到最后，政府的权力反而转移到了这些人手中，将正式官员晾在一边，造成庞大的冗员和办公效率的低下，从而加剧了财政的困难。

唐肃宗之后，唐代掌管经济的使职官员林林总总，蔚为大观。《旧唐书》列出的有：转运使、租庸使、盐铁使、度支盐铁转运使、常平铸

---

[9]《新唐书·食货志三》："肃宗末年，史朝义兵分出宋州，淮运于是阻绝，租庸盐铁溯汉江而上。"

钱盐铁使、租庸青苗使、水陆运盐铁租庸使、两税使等。每一个使职都拥有着或大或小的权力，由皇帝直接授权，超乎正规的官僚体系之上。[10]

但仅仅依靠商业税仍然无法满足政府的需求。第二年，在郑叔清和宰相裴冕的提议下，唐肃宗开始卖爵。人们只要向政府交钱，就可以得到皇帝颁发的证书，被授予一定的官勋称号。除了卖爵之外，朝廷还贩卖一切有变现价值的证书。比如，唐代已经实行科举制度，考生考取后就有了相应的出身，在未来可以做官或者获得社会地位，在唐肃宗时代，人们只要交钱就可以获得明经科出身。

唐代对和尚、尼姑和道士的数量都有严格的限制，因为他们都是免税的，每个僧人都要持有经过中央政府认可的度牒。唐肃宗出卖度牒，凭空增加了许多僧道。《新唐书·食货志一》记载，对于商人阶层，唐肃宗则向他们贩卖免役权，免除他们的徭役。

这些做法无不是短期行为，会导致长期的问题：不仅会让许多不合格的人挤入官僚队伍，同时，还会让政府丧失更加长远的财政收入。

唐肃宗借助回纥人收复了两京。然而，皇帝发现财政支出不仅没有减少，反而增加了，他不仅要养活唐代的军队，还要补贴回纥人。

此刻，全国各地的人都跑到朝廷来要钱。唐肃宗并不是一个雄才大略的皇帝，他从小养在十王宅中，每天都为躲过宫廷的各种阴谋诡计而战战兢兢，没有机会接触政治的实务层面。战争时期的混乱已令他精疲

---

10 《旧唐书·食货志》："开元已前，事归尚书省，开元已后，权移他官，由是有转运使、租庸使、盐铁使、度支盐铁转运使、常平铸钱盐铁使、租庸青苗使、水陆运盐铁租庸使、两税使，随事立名，沿革不一。"

力尽，他发现卖僧牒的收入刚刚入库，各种将领就纷纭而至，一下子把钱抢得一干二净。不管他如何拼命地寻找财源，都无法满足人们的需求。

唐朝朝廷的财政储备一般是放在一个叫左藏库的仓库里，财政支出和监督有着严格的规定。平常由太府掌管，由尚书的比部审核。皇帝只是过一段时间接到一次汇报，却无法控制具体的每一笔开支。第五琦看出了皇帝的恐慌，建议将中央王朝的财政库藏从左藏库移走，送进皇家的大盈库。

大盈库一般供应皇室生活开支，皇帝更加容易控制。皇帝将国库"私有化"，这进一步破坏了唐代的财政系统。[11]

与政府财政私有化同时进行的，还有第五琦推出的两项影响深远的改革措施：实行货币贬值和建立官营企业。这两项措施终于破坏了唐代初期宽松的经济氛围，回归到汉武帝时期的传统。然而，这又毫不令人感到意外，唐代政府损失了 2/3 的财政收入之后，不能仅靠卖爵、搜刮等短期手段来解决长期的财政问题，必须系统地寻找到大规模的财源，来弥补土地和户籍税的下降。

在唐肃宗之前，除了唐高宗时期短暂打过货币的念头，大部分唐代帝王都尽量保证官铸货币的足值，维持价格体系的稳定。唐肃宗之前，社会上唯一流通的官方货币是开元通宝，每一千枚重六斤四两。

为了获得额外的财政收入，唐肃宗新发行了一种货币，名称是"乾

---

[11] 《新唐书·食货志一》："第五琦为度支盐铁使，请皆归大盈库，供天子给赐，主以中官。自是天下之财为人君私藏，有司不得程其多少。"

元重宝",这种钱的重量是千枚十斤,面值却是开元通宝的十倍。也就是说,通过发行新币,将货币贬值为原价值的 0.16。

第二年,唐肃宗再次出手,发行了千枚重二十斤的"重轮乾元重宝"。这种钱有两道边,每枚价值开元通宝五十枚,在乾元重宝的基础上,再次将货币贬值为原价值的 0.4。

货币的贬值造成了物价飞涨,开元通宝也在市面上迅速消失,一部分被藏在家里舍不得用,另一部分被人拿去熔化掉,再偷铸成乾元重宝和重轮乾元重宝。

社会价格体系的混乱,迫使唐肃宗不得不屡次调整货币的币值。

由于开元通宝的价值被低估,他第一次调整了币值,规定一枚开元通宝价值十文,而一枚乾元重宝价值三十文,一枚重轮乾元重宝价值五十文。

这时候,"文"这个货币单位第一次被虚化了。以前,每一枚货币就是一文,可现在流通的三种钱,最小的开元通宝也价值十文,却没有代表一文的货币。人们第一次有了文是货币单位,不是货币本身的概念。

这次币值调整引发了进一步的通货膨胀。各地的铜器都被人们拿去偷偷铸钱了。京城更是达到了人人偷铸的程度。为了防止偷铸,官府四处抓人。郑叔清当京兆尹时,曾经一个月内杀了八百人,仍无法止住这股风潮。

上元元年(公元 760 年),唐肃宗再次做出稳定币值的努力,将三种钱的币值分别改为一文、十文、三十文,但混乱依旧。

上元三年(公元 762 年),唐肃宗死去,他的儿子唐代宗继位。唐代宗继位后,首先将改革的矛头对准了父亲定下的货币体系。他下令将开元通宝和乾元重宝等值流通，并废除了重轮乾元重宝。

唐代宗的改革得到了民间的配合，很快，乾元重宝和重轮乾元重宝都退出了流通领域，只剩下开元通宝继续流通。民间经济暂时从金融混乱中走了出来。

初唐和盛唐时期是少有的商业开明时期，中央政府不设立官营企业，不参与盐铁的经营，只收取一定的税额。

到了唐肃宗时期，盐铁铸钱使第五琦将财政增收的目标定在了盐业上。乾元元年（公元758年），新盐法推出，政府下令垄断产区，招收游民开采盐业。开采的盐由政府统一收购，不准私卖。后来，随着安史之乱的平定，第五琦担任了各州的榷盐铁使，在全国范围内（中央政府还能够管辖到的区域内）实行盐的专卖。

盐铁专卖是唐肃宗财政聚敛中最成功的改革。在专卖之前，每斗盐只值10文钱，专卖之后涨到110文，整整上涨了10倍，其中的差价就是政府的财政收入。

更为夸张的是，随着对私盐打击的加强和各种官僚机构越来越庞杂，盐的价格还将进一步上升。到了唐代宗时期刘晏掌管盐铁事务时，盐的批发价最高已经达到370文，而零售价格还要高一倍。

当然，随着盐业专卖、缉私等制度的常态化，盐业收入中很大一部分都消耗在了制度上，并没有作为中央财政收入用到实处。否则，盐业在国家财政中的占比还会更夸张。

与汉代相比，唐代的冶铁业非常发达。从技术上，政府已经没有办法再垄断经营，基于这个原因，这个行业没有出现垄断。

唐肃宗死后，安史之乱已经进入尾声。唐代宗继位后，开始考虑王朝财政的正规化问题。

唐代宗所面临的局面仍然复杂，由于在镇压安史之乱中大量使用回纥兵，政府必须对回纥人进行安抚，每年送马十万匹、锦帛百万匹。《旧唐书·吐蕃传》记载，在他的任上，吐蕃人也乘机从西藏进入青海、新疆、甘肃一带，甚至在广德元年（公元763年）占领长安长达十五日。加上皇帝无法掌控领土内全部的土地资源，政府的开支仍然紧张。

但与他父亲不同，唐代宗更注重财政的可持续性，除了吐蕃入侵京城的短暂时期之外，大部分时间都没有实行劫掠式的财政措施。

他放弃父亲所有的失败改革措施，同时把当年成功的改革措施保留下来，甚至推行到了极致。唐肃宗发现的两位理财天才——第五琦和刘晏，也是唐代宗理财的左膀右臂。

唐代宗的改革重点落在两个方面：加强专卖制度，加强开发土地税。

唐代宗任用刘晏来管理盐业垄断。《旧唐书·刘晏传》记载，刘晏借助民间资本，建立了一条官僚资本的产业链，由政府垄断源头，再由官商资本贩运到全国各地，政府则为这些大资本提供免税待遇。两者的勾结使得政府把对盐业的控制权延伸到了全国各个角落。

在刘晏任上，政府的盐利从一年四十万缗涨到六百余万缗，增长了十四倍，占政府总收入的一半以上。从宫廷开支到军饷、百官俸禄，都要依靠刘晏的盐业。[12]

---

12 《新唐书·食货志四》："晏之始至也，盐利岁才四十万缗，至大历末，六百余万缗。天下之赋，盐利居半，宫闱服御、军饷、百官禄俸皆仰给焉。"

除了盐之外，唐代宗还逐渐建立了酒业专卖，唐代的专卖制度进一步复杂化。

在建立专卖制度的同时，唐代宗在土地税的开发上也没少动脑筋。[13]

在安史之乱前，唐代的税制主要分成两部分：一部分是著名的租庸调制；另一部分人们了解很少，叫地税和户税。

租庸调制是依据人民的户口来征税的制度。唐代有着严格的户籍系统，一个人一生要享受一次政府分配土地的待遇，而他的户口就落在分配土地的地方。原则上来说，一个人不能离开户籍所在地，每年都要在这里纳税。

但随着战争爆发，许多人都流亡到其他地方，而一个人就算到其他地方住下，由于户籍还在原地，也不需要缴纳租庸调税。

由于户籍混乱，唐代宗更看重以居住地和土地来纳税，加强了地税和户税系统的管理。

在唐代宗时期，地税的税率比安史之乱前增加了四倍。在唐玄宗的开元盛世时期，地税的税率是每亩二升，但是到了永泰元年（公元765年），政府试图在关中推行每亩收一成的新税率，四年后，又确定为好地每亩一斗（十升）、坏地每亩六升。过了一年，每亩又在这个基础上加了一升。

除了地税，户税系统也至少翻了一番。

除地税和户税之外，还有许多苛捐杂税，最典型的是青苗税。每年庄稼还只是青苗时，政府最初每亩收十文，到后来变成每亩收十五文、三十文。

通过对土地和户口加税，以及政府垄断经营，唐代宗逐渐恢复了财

13　以下讨论见《新唐书·食货志一》。

政平衡。然而，这种平衡如此脆弱，禁不起折腾，而它面对的，却是强大的藩镇势力和复杂的国内环境。

藩镇割据时期的财政死穴

建中元年（公元780年），唐德宗继位。

此时的大唐王朝已经变成了一具陌生的躯体。这个躯体曾经属于一个中央皇朝，现在则四分五裂，缺乏统一的指挥。

安史之乱前，（藩镇）节度使只存在于边境地区，是为防范外族入侵而设的。但在平定安史之乱的过程中，皇帝为了防止叛军占领更多的地盘，在内地也建立藩镇，授予节度使军政全权。

内地的节度使最多时接近五十个，每个节度使都是一个不受节制的土皇帝。

安史之乱前，唐代的地方行政结构是这样的：地方分成州、县两个级别，州有刺史，县有县令，他们是负责地方行政工作的主要官员。而州县的下属官员主要由中央政府任命（在汉代是由郡县长官任命下属官吏，这是唐代和汉代的区别，也向进一步集权迈出了一步），以防止州县长官拥有过大的权力。

后来，政府又设立了10~15个道，[14] 每个道设置一个观察使，但这个

---

14 《新唐书·地理志》："太宗元年，始命并省，又因山川形便，分天下为十道：一曰关内，二曰河南，三曰河东，四曰河北，五曰山南，六曰陇右，七曰淮南，八曰江南，九曰剑南，十曰岭南……开元二十一年，又因十道分山南、江南为东、西道，增置黔中道及京畿、都畿，置十五采访使，检察如汉刺史之职。"

观察使并非行政官员，也不负责地方行政工作，而是监视州县官员有没有违法乱纪。

政府在各地还有一定的驻军，归都督府管辖（相当于现在的军区），都督府可以协调周围的州县资源，但不得干涉地方事务。

《新唐书·兵志》记载，藩镇节度使就相当于兼有观察使的监察职能、都督府的军事职能，同时还有管辖几个州的行政权。有的节度使还拥有任命下属州县官吏的权力。当军事、行政和监察权都集中于一人，这个人还拥有任命官吏的权力时，他就等同于一个小规模的皇帝了。

这些藩镇节度使对中央政府的忠诚度各有不同。东北地区（现河北、北京一带）几个藩镇的节度使都曾经是安禄山和史思明的部将，《旧唐书·仆固怀恩传》记载，唐军将领仆固怀恩在平定史思明叛乱的过程中，允许他们投降朝廷。事后还给他们保留了节度使的职务。

这几个节度使由此获得了东北地区的军事行政大权，几乎完全独立于朝廷，只有名义上的隶属关系。而江南地区的藩镇节度使则更加拥护中央，但前提是：中央必须默许他们有很大的财政自由度，可以截留大笔税收。

另外，各个藩镇都招募了大量的军队，军费开支成为藩镇和中央政府财政的重头戏。

唐代中央政府真正能够控制的区域是：从西北的甘肃，到以长安为中心的关中平原，再到河南南部，结束于江南、岭南一带，呈一个长条形。而河北、山东、北京的大片地区，以及淮西地区则游离于中央之外，甚至形成了节度使的世袭制。

对中央政府来说，这种结构最大的弊病在于财政。虽然皇帝规定了更加高昂的税额，但这些税大都到不了中央政府的手中。当时的税收一部分需要留在州政府，也就是州刺史收税后，提留下来用于本州的行政花费；一部分则交给节度使，供他养兵之用；最后一部分才上缴中央。经过层层盘剥之后，中央政府所能利用的资金就很有限了。

除了经费不足之外，中央政府手中的军队也不足，除了有一支比较精良的神策军之外，其余的部队几乎都不能打仗。如果有征伐，必须依靠其他藩镇贡献军队。如果中央政府征调了藩镇的军队，还必须提供军事补贴（出界粮），每个士兵的花费相当于平常的三倍，代价高昂。

为了节省财政，皇帝甚至连好衣服都舍不得穿，一件衣服要洗染好几次。即便如此，皇帝的财政收入仍然无法满足一次大规模的军事需要。

总结起来，唐代宗留给儿子以下三项财政遗产。

第一，管理财政的官僚系统出现了更迭。以前的财政机构主要归属于户部，而现在户部已经靠边站了，整个中央财政控制在两个名称古怪的使职手中。东都洛阳以及整个王朝的东南部地区归转运使管辖，而西京长安以及整个王朝的西部地区由度支使掌管。担任这两个使职的就是刘晏和第五琦。两个人努力抓住任何赚钱的机会，帮助中央政府创造收入。

而财政系统中，唐初的租庸调税已经萎缩，战争中形成的盐业、酒业专卖正在扩大，加上唐代宗逐渐摸索的地税和户税，构成了中央政府的主要收入。

第二，中央政府虽然收不到钱，但人民缴的税并不低。由于藩镇割据，加上地方的州县吏治恶化，这些机构截留了太多的税收，民间被压榨得很厉害，但中央政府并不了解民间经济的苦楚。

第三，藩镇虽然不愿将正规的税收交给中央，却又乐意为中央政府提供额外的"上贡"。于是各种名目的月供、年供源源不断地送往长安。"上贡"对于藩镇是有好处的，因为每上一笔贡，藩镇都会以此为借口向民间进行一次额外的摊派，也就多一个名目收钱，最终民间要承受几倍的代价。

虽然皇帝知道财政走到这一步，既无法维持，又代价庞大，却又因为离不了地方的"贡品"，只能睁一只眼闭一只眼，装作不知道。

通过这种弊病丛生的税收系统，在唐代宗离世时，中央政府达到了暂时的税收平衡。但是，每个人都清楚，这种状况不会维持长久，势必改变，不是向好，就是向坏。

建中元年（公元780年），新皇帝登基时，大家迫不及待地期盼着。在当时的人们看来，他的祖父唐肃宗保住了唐王朝的国祚，而父亲唐代宗则完成了平叛，并初步恢复稳定，到了唐德宗，会将这种趋势继续下去，贯彻中央集权，达到永久的平衡，恢复大唐的稳定和繁荣。

但是，唐德宗能否实现这个目标呢？

雄心勃勃的帝王和可怜的财政

唐德宗上台后，立刻马不停蹄地展开了一系列的改革。

唐德宗首先废除了皇室一系列的奢侈消费。唐代宗虽然生性节俭，但因为相信佛教，在宗教支出上从来不知节省，他又喜欢人们上贡，许多人借着上贡的名义来讨好他。

《旧唐书·德宗纪》记载，唐德宗在太极殿继位后的一个月内，下了至少七道圣旨，禁止了一系列的进贡。这些贡品五花八门，包括东北（新罗、渤海）的鹰鹞、山南的琵琶、江南的柑橘、剑南的春酒，以及各地的奴婢、其他的珍禽异兽，等等。他还撤销了皇宫里管理戏子的机构，戏子被解散，一百多名宫女被送回家，就连皇宫里的三十二头大象也送归了山林。

他父亲在位时，宦官已经逐渐居于重要地位。唐德宗对待宦官也毫不手软。他继位不久，宦官邵光超借着去淮西出差的机会，收了淮西节度使留后（即代理淮西节度使）李希烈的七百匹绸缎。唐德宗发现后，打了邵光超六十杖，并发配充军。从此以后，宦官再也不敢胡作非为。

之后，唐德宗撤销了不必要的朝廷食客机构，削减宫廷开支，严令中央官僚不准从事商业经营活动，废除酒类专卖。

此时，一个雄才大略的帝王形象已经浮现，如果这种势头继续下去，那么，人们可以期待又一次的中兴。毕竟，唐德宗时代距离唐玄宗盛世不过只有三四十年而已，人们太渴望社会的复兴了。

唐德宗并没有让人们失望，接下来的改革更加关键，也更加显示出皇帝的雄心。

在唐德宗登基的第二年，他采纳宰相杨炎的提议，推出影响深刻的两税法，对唐初的租庸调制进行了彻底改革。两税法，是指每年的税分夏天和秋天两次缴纳。[15]

---

15 《新唐书·食货志二》："至德宗相杨炎，遂作两税法，夏输无过六月，秋输无过十一月。置两税使以总之，量出制入。户无主、客，以居者为簿；人无丁、中，以贫富为差。商贾税三十之一，与居者均役。田税视大历十四年垦田之数为定。"

后世往往夸大了两税法的意义，认为这是政府税收从"对人收税"转变到"对土地收税"，也就是从按人头收税变成按照土地额来收税。这个说法并不准确，两税法仍然要同时统计人口和土地。

两税法的实施，主要是因为先前的租庸调制经过了一百多年的实施，已经积累太多的问题，无法清理了。

租庸调制包括三部分：地租（租）、劳役（庸）和家庭手工业品（调），三部分都根据家庭来缴纳。

每年，地方政府都会组织调查，给新生人口分一块土地，把亡故之人的土地收回，统计一个家庭有多少亩需要纳税的土地，有几个可以服劳役的年轻人，要缴纳多少布或者帛。这些统计数据就成了纳税的依据。

但是，随着人口数量的增加，政府已经没有新的土地可供分配，而那些该缴回土地的家庭也不愿意上缴，土地数据逐渐失真。由于人们不愿服役，人口数据也出现了混乱。[16]

唐代的户籍分为主户和客户，主户就是百姓分配土地的地方，如果此人移居别地，需要登记为客户。按照规定，主户需缴纳租庸调税，而客户不需要缴纳。于是，许多人把手里的土地卖掉，搬到其他地区，就不需要再缴税，而购买土地的人也将土地隐藏起来，不去登记。这就造成了税收的大量流失。

在杨炎的两税法中，不再区分主户和客户，也不再区分土地的性质。政府只确定人们现在的居住地和拥有的土地数量，以此作为纳税的依据。当然，政府以后也不再承担分配土地的责任。

---

16 《新唐书·食货志一》："盖口分、世业之田坏而为兼并，租、庸、调之法坏而为两税。"

税种则分为户税和地税。所谓地税，就是按照每户拥有的土地数量缴税。所谓户税，是一种财产税，统计每户的财产多少，按照一定比例纳税。

在制订财政计划时，政府是以大历十四年（公元779年，也就是两税法前一年）的税收额度为参考基准的。中央政府根据这个额度制订财政计划，分摊给各个地方。

这就类似于包税制：地方负责征税交给中央。中央要求的额度是一定的，地方政府可以多征，把剩下的留给自己，只要中央额度得到满足，皇帝就不管地方的行为。这种做法保障了中央政府每年的岁入。

据《新唐书·食货志二》记载，按照分配，中央政府每年可以得到钱950万缗、米1 600万斛，地方政府可以得到钱2 050万缗、米400万斛。

两税法的实施并没有让民间经济产生根本性的好转。由于一系列折算的问题，加上地方层面的征税失控，农民需要缴纳的税额可能已经达到了初唐时的十几倍。[17] 但两税法的意义在于，中央政府由此得到了较为稳定的财政收入，中央政府的话语权大大加强。

如果按照这种趋势走下去的话，唐德宗距离恢复中央政府控制力的梦想，更近一步了。

---

17 按大历十四年（公元779年）的数据定基准时，政府采用的是以金钱折算的方式。人们缴纳的是实物（米和粟），可在统计时，按照市价折算成钱币，以钱币的数字作为未来税收的基准。而在未来的年份缴税时，又要将钱币按照当年的市价折算成米和粟，农民真正缴纳的，还是以实物为主。不幸的是，大历十四年恰好是粮价昂贵的一年，所以算出来的以钱币计价的税额很高。这一年过后，粮价一路下跌，加上政府故意压低价格，农民缴纳的实物实际上已经是当年的好几倍。两税法实施时，其税率就已经是初唐时的数倍，中唐时期的税率之重，可能已经是初唐的十几倍了。

但就在这时，情况出现了逆转。过于心急的唐德宗做出了一个错误的决定——削藩。

唐德宗本应该等中央政府的财政更加巩固时，再着手对付地方的藩镇势力。

要削藩，必须做好武力准备。而政府要发动战争，必须给人民留下足够休养生息的时间，也必须等大家都适应了新的税收体制，粮食和金钱塞满仓库。曹魏和西晋决定南征时，首先考虑的都是粮食储备问题。但在唐德宗时代，事情的发展速度超出了皇帝的控制。

建中二年（公元781年），也就是两税法实施的第二年，成德（位于现河北和山东境内）节度使李宝臣去世。在河北一带，一共有四大节度使拥兵自重，都是安史之乱时期投降中央的叛军将领，也是中央政府的大患，他们掌管的藩镇是成德、魏博、淄青和卢龙。[18] 唐德宗如果要削藩，首先就要对这四家下手。

按照代宗时期留下的惯例，对于这些地位显赫的节度使必须给予安抚，默认他们的世袭权力，当老节度使死去后，朝廷就任命他指定的接班人（一般是儿子）来担任新节度使。

但这一次，唐德宗决定采取强硬的态度，拒绝任命。

---

18 成德节度使治理恒州（现河北正定）、冀州（现河北冀州）、赵州（现河北赵州）、深州（现河北深州），魏博节度使治理魏州（现河北大名）、博州（现山东聊城）、相州（现河南安阳）、贝州（现河北清河）、卫州（现河南辉县）、澶州（现河南濮阳）。淄青节度使治理山东中部和东部半岛地带。卢龙节度使治理今北京、天津及周边的河北地带，直到辽宁辽阳。四藩镇的事迹见《新唐书·藩镇魏博传》《新唐书·藩镇镇冀传》《新唐书·藩镇卢龙传》《新唐书·藩镇淄青横海传》。

唐德宗的拒绝迫使成德与附近的魏博、淄青联合起来，向朝廷宣战，参加叛乱的还有远处的山南东道，一共四镇。

为对付四镇叛乱，唐德宗动用的武力除了朝廷控制的神策军，还包括周边数个藩镇的军队。神策军需要军费，而藩镇武装等着补贴，不管是哪种方式，都得花钱，这就变成了一场财政的消耗战。

然而，掌管财政支出的度支杜佑却给出了悲观的估计，认为当时朝廷的财政储备只够几个月的军费。[19]

如果唐德宗能够等几年，等朝廷的府库更加充足，也许削藩的过程会更加顺利。可现在，一旦缺乏军费，皇帝必须重开敛财的门路。

杜佑认为，为了再多支撑半年，必须向长安的商人借五百万缗钱。于是朝廷命令户部侍郎赵赞筹措，虽然约定战后归还借款，可是没有人相信。在朝廷官吏的巨大压力下，有的人受不了压榨而自杀。但就算这样，整个长安也只凑了八十万缗，距离目标数额还差很多。

为了继续搜刮，唐德宗开征货柜税以及粮食贸易税，最高税率达到1/4，整个长安抗税罢市。市民们守住路口，拦住宰相哭诉。可政府仍然征收了两百万缗。

首都宣布征税时，地方也行动了。最先加税的是淮南节度使陈少游，加税的幅度是两成，唐德宗下诏全国推广。

除直接从市场上抢钱之外，唐德宗又打起了常平仓的主意。常平仓就是官府调节粮价的仓库，丰年时低价收购粮食，歉年时加一点价平仓卖出，相当于赈济百姓。但这类的平准制度看上去很美好，实行起来却

---

[19] 《新唐书·食货志二》："德宗以问度支杜佑，以为军费裁支数月。"

总是出现大量的粮耗子把常平仓偷盗一空,而最大的粮耗子不是别人,正是皇帝和政府。

在唐德宗之前,全国的常平仓已经被政府偷空过几次,到了唐德宗时要征收一些特别税来重建常平仓。现在由于打仗缺钱,正好把里面的粮食拿走吃掉。[20]

再后来,赵赞又想出了新办法:除陌钱和间架税。除陌钱的税率,以前是每发生一千钱的交易额,缴二十钱的税,而现在增加到五十钱。所谓间架税,就是房屋税,官员挨家挨户去数房间,每个房间都要交税,上等间两千钱,中等间一千钱,下等间五百钱,隐匿一间打六十杖。[21]

唐代的城市里有许多破落户,祖上发达时购买过许多房子,家境衰落后,所有的动产和现金都没了,只有房子还在。政府征收间架税时,这些破落户首当其冲,成了受害者,他们其实已经很穷了,但因为房屋众多,成了缴税大户。许多人为了完税被逼得自杀。[22]

在社会被财税压垮的同时,皇帝的削藩过程却一波三折,越拖越长。

最初,皇帝的部队占了先机,几乎降伏叛乱的藩镇。然而皇帝错估了形势,没有及时收手。他没有意识到财政的脆弱,一旦和平无法维持,

---

20 《新唐书·食货志二》:"自太宗时置义仓及常平仓以备凶荒,高宗以后,稍假义仓以给他费,至神龙中略尽。玄宗即位,复置之。其后第五琦请天下常平仓皆置库,以畜本钱。……属军用迫蹴,亦随而耗竭,不能备常平之积。"
21 《旧唐书·德宗纪》:"至是又税屋,所由吏秉笔持算,入人庐舍而抄计,峻法绳之,愁叹之声,遍于天下。"
22 《旧唐书·食货志》:"衣冠士族,或贫无他财,独守故业,坐多屋出算者,动数十万。人不胜其苦。"

不仅社会受不了，中央也无处再征收更多的钱了。

皇帝的强硬让本来与中央政府联合的幽州节度使朱滔也担心了，他害怕皇帝胜利后会对付自己。于是幽州反转矛头，加入了叛乱的一方。幽州是东北方最强大的藩镇，它的转变不仅改变了实力对比，还让唐政府的财政状况急剧恶化。

使形势雪上加霜的是淮西藩镇。淮西地处运河要道，是中央政府获得南方粮食的枢纽。淮西节度使李希烈曾经帮助中央政府打败了反叛的襄阳，却没有得到足够的好处，这时也参加了叛乱。淮西的叛变让中央政府的江南粮食供应彻底中断。

建中四年（公元783年）八月，淮西节度使李希烈围攻襄阳，唐德宗的兵马还在北方，只好命令泾原节度使率兵前去救援。由于中央政府已经没有钱进行补贴，泾原士兵发生叛乱，攻克长安。唐德宗仓皇出逃。

直到贞元二年（公元786年），整个叛乱才归于平静。

在战争中，除了皇帝感到精疲力竭之外，各个藩镇也已经力不从心了。

当叛乱的藩镇离开了自己的地盘时，也突然发现财政问题难以解决。在自己的地盘上，可筹措的粮食都是现成的，可一旦进军长安，就等于是实行远距离打击，后勤工作必须跟上，否则就会进入衰退期，直至被消灭。

中央政府无法消灭藩镇，而藩镇也无法推翻中央政府。两者是一种共存关系，剩下的只是如何认清形势，寻找一个平衡点。

当唐德宗认清形势，递出了赦免的橄榄枝时，藩镇经过一段时间的斗争，也发现要么接受这个台阶，要么慢慢地消耗直至灭亡。两相妥协，局势再次恢复了平静。只是，这次战争的代价实在太大。叛乱后，中原遍地士兵，养兵费用失控，大量人口逃籍，户口减少了2/3，[23] 财政状况更是雪上加霜。

随着户口的减少，两税法带来的问题也越来越明显。这个税法的成立，需要足够数量的人口来支撑。由于王朝征收的总税额是不变的，如果一个人逃走了，那么他的税额要由其他人平均承担。全国户口减少2/3，意味着剩下的1/3人口的税负要增加两倍。

税负的加重让更多的人逃亡，而逃亡的人越多，剩下的人税负就越发沉重。这个恶性循环抑制着经济的发展。

这些问题，中央政府一清二楚，也曾作为议题被多次讨论，但都因为财政需求而被束之高阁。

沦为守财奴

战争结束时，唐德宗一生的悲剧已经注定。

他曾经想重振王朝，重新建立可靠的财政制度，成为中兴的明君。但刚刚开了个好头，就被现实击得惨败。

叛乱之后，他回到长安，感慨着所有的人都背叛了他。他曾经试图信任大臣，却发现他们在关键时刻都离自己而去。他曾经试图清除宦官，

---

23 《新唐书·食货志二》："朱泚平，天下户口三耗其二。"

却发现落难时只有窦文场、霍仙鸣等几个宦官紧紧相随。[24] 他曾经试图让皇室府库充盈,可在逃难时却连给士兵买衣服的钱都没有。

他意识到,真正的错误在于,自己没有做好财政准备就贸然发动了攻势。于是,他用整个后半生去弥补这个错误。他不再管什么正规财政手段还是非正规财政手段,只要能给他带来金钱的都是好的。

他曾经拒绝各地藩镇的贡献,因为他知道,藩镇每贡献一分,就会从民间压榨三倍到五倍的财富。但现在,他对任何贡献都敞开大门。各个地方给皇帝的贡品络绎不绝,节度使们有的日进,有的月进,还有的故意把正税算作给皇帝的私人进贡。皇帝都当作不知道,他知道的只是人们给他带来了多少钱。[25]

有的人假托皇帝密令增加课税,或者克扣官饷,加收关税、丧葬税、蔬果税。但只要能够分得一杯羹,唐德宗都欣然接受。[26]

---

24 《旧唐书·宦官传》:"窦文场、霍仙鸣者,始在东宫事德宗。初鱼朝恩诛后,内官不复典兵,德宗以亲军委白志贞。志贞多纳豪民赂,补为军士,取其佣直,身无在军者,但以名籍请给而已。泾师之乱,帝召禁军御贼,志贞召集无素,是时并无至者,唯文场、仙鸣率诸宦者及亲王左右从行。志贞贬官,左右禁旅,悉委文场主之。"

25 《文献通考·国用考》给出了德宗皇帝后期执政最好的图景:"初,德宗居奉天,储蓄空窘,尝遣卒视贼,以苦寒乞襦,不能致,剔亲王带金而鬻之。朱泚既平,乃属意聚敛,常赋之外,进奉不息,剑南西川节度使韦皋有'日进',江西观察使李兼有'月进',他如杜亚、刘赞、王纬、李锜皆徼射恩泽,以常赋入贡,名为'羡馀',至代易又有'进奉'。户部钱物,所在州府及巡院皆得擅留,或矫密旨加敛,或减刻吏禄,或贩鬻蔬果,往往私自入,所进才十二三,无敢问者。刺史及幕僚至以进奉得迁官。继而裴延龄用事,益为天子积私财,生民重困,又为宫市。"

26 《新唐书·食货志二》:"度支以税物颁诸司,皆增本价为虚估给之,而缪以滥恶督州县剥价,谓之折纳。复有'进奉''宣索'之名,改科役曰'召雇',率配曰'和市',以巧避微文,比大历之数再倍。"

为了增加收入，唐德宗还派宦官作为宫使（皇帝的使者），以几乎白拿的价格来买东西，还要向人们索取各种好处。只要这些宦官出动，就会吓得街上的商户纷纷逃走、关门。白居易的新乐府诗《卖炭翁》所写的就是唐德宗时代的宫使以"半匹红绡一丈绫"的价格，就拿走了卖炭翁的千余斤炭。

唐德宗曾经取消酒类的专卖，可是到了贞元九年（公元793年），他却下令对茶叶征税，只是因为每年的茶税能够给政府带来四十万贯的收入。他后面的皇帝则借鉴他的方法，干脆对茶叶实行专卖。[27]

也正是在唐德宗时期，宦官进一步得势。《旧唐书·宦官传》记载，皇帝不信任外朝的大臣，不敢把手里唯一的军队（神策军）交给大臣，只能重用宦官，让他们指挥军队。同时，唐德宗还派出宦官当监军使，去监督地方的军事力量。即便是各个藩镇，也要给这些宦官面子，任由他们大发横财。

唐代后期，宦官问题愈加突出，其中最重要的原因就是皇帝无法驾驭整个官僚体系，只能倚重身边人进行统治。唐德宗对于官僚体系和财政体系的放纵留下了无数的隐患，但即便换一个人也很难做得比他更好。

谁也没有想到，这个贪财吝啬的皇帝竟然积攒下了深厚的家底，唐代的财政状况得到了改善。当这个家底传到他的孙子唐宪宗时，唐宪宗

---

[27]《新唐书·食货志四》："初，德宗纳户部侍郎赵赞议，税天下茶、漆、竹、木，十取一，以为常平本钱。及出奉天，乃悼悔，下诏亟罢之。及朱泚平，佞臣希意兴利者益进。贞元八年，以水灾减税，明年，诸道盐铁使张滂奏：出茶州县及商人要路，以三等定估，十税其一。自是岁得钱四十万缗，然水旱亦未尝拯之也。"

竟然能利用它完成一次中兴,将主要的藩镇势力一一降伏。

历史将掌声送给了唐宪宗,却没有人意识到他将唐德宗留下的家底再次耗空,造成了唐王朝的最终衰落。历史将嘲讽留给了唐德宗,却没有意识到有了唐德宗的吝啬和抠门,才有了唐宪宗的成功。只有想到这一层,我们才会对这个古怪的老皇帝多一分同情,理解他的无奈和苦心。

有人认为,唐德宗之所以这么窝囊,并不怪他本人,而应该怪他的曾祖父唐玄宗,正是唐玄宗时期积累下来的问题导致了安史之乱。战乱之后,无论谁都无法控制局势了。

在唐玄宗时期,王朝的财政问题已经非常严重。唐玄宗不止一次受困于财政的不足,想出了种种方法去化解。而藩镇制度就是他想到的方法之一,只是这种方法不仅没有解决问题,反而带来了灾难。

但人们在责怪唐玄宗时,也应该看到,唐玄宗时期财政问题的根源在于更早时种下的祸根,甚至唐代一诞生,就已经注定了后来的结局。

唐初,统治者继承了北魏、隋代的传统,设立了土地公有制,建立了一套过于复杂的财政制度。随着时间的推移,这套制度变得千疮百孔,让每一个皇帝都头疼不已。

北魏最早建立的土地公有制传统,跨越朝代的界限,造就了唐代这个财政失控的中央王朝。一次"公有制"试验,将它的影响传到了数百年之后……

第七章　一千多年前的"土地革命"[1]

中国历史上影响唐宋的一次著名改革，发生在北魏时代。北魏在冯太后与孝文帝的主持下，进行了一系列的改革，建立起均田制。这种制度通过北魏传承给了西魏、北周，之后被隋继承，并最终成了唐代的制度样板。

北魏土地革命的核心是分地。每个人从出生开始，就由政府分配一块土地，到他死后，再由政府回收土地。这实际上是农民只有使用权，没有继承权。

均田制是一种极易退化的制度，因为农民并不乐于在死后将土地还给政府，他们的子女往往对父母的死亡隐瞒不报，私藏土地。北魏的直接继承者北齐就由于无法查清土地数量，出现了财税不足的问题，而北魏的旁支继承者北周由于建立制度较晚，土地清查更彻底，获得更多的财政收入，这一点决定了双方的成败。

隋代速亡之谜的谜底实际上是一场冒进运动。隋文帝取代北周后，建立了一套严苛的土地和户籍制度，要求将每一个人、每一寸土地都查

1　本章涉及的时间范围是公元386—618年。

清楚。隋文帝的喜好导致官员们虚报土地数目,虚报数字最高的时候比实际数字高出了十倍以上。

由于征税机器太高效,加上官员的浮夸,隋炀帝利用强大的征税能力开展了规模巨大的工程和战争,最终拖垮了民间经济。

北魏太后的政策与爱情

北魏孝文帝太和十年(公元486年),是文成文明太皇太后(史上多称"冯太后")丰收的一年。她不仅找到了推行改革的方法,还找到了一个美妙的情人。

中国古代对后妃的要求是贞淑沉静,这和冯太后完全不沾边。太后情欲旺盛,权力欲极强。

她的丈夫魏文成帝拓跋濬在世时,夫妻恩爱,伉俪和谐。文成帝死时,皇后差一点自杀殉葬,幸亏人们将她救了下来。

但她不甘心做一个传统的寡妇,辅佐养子魏献文帝拓跋弘的同时,在政治上,冯太后干净利落地除去了权臣乙浑,临朝听政;而在感情上,她更是频频招纳情人入宫私会,丝毫不顾忌人们的闲言碎语。

魏献文帝实在看不下去了,借故诛杀了冯太后的情人李弈。冯太后大怒,逼迫十八岁的小皇帝让位给他虚岁五岁的皇太子拓跋宏,是为魏孝文帝。于是冯太后变成了太皇太后,魏献文帝变成了太上皇。

五年后,冯太后干脆杀死魏献文帝,取得了对王朝的完全控制权。[2]

---

2 《魏书·皇后列传》:"太后行不正,内宠李弈。显祖因事诛之,太后不得意。显祖暴崩,时言太后为之也。"

魏孝文帝时期，冯太后的风流韵事仍然层出不穷，皇帝对此不仅不反对，还与冯太后的情人们和平相处，即便冯太后死后，也仍然善待他们。[3]

魏孝文帝时期，冯太后进行了一系列影响深远的改革。[4] 太和八年（公元484年），北魏实行了整顿吏治的班禄制改革。在这之前，北魏的中央官员都没有俸禄，官僚阶层依靠许多不正规的手段，如战争劫掠和霸占土地获得收入。随着战争的远去，官僚阶层没有了战利品，更多地依靠骚扰民间来获得收入。冯太后决定给官员发薪水，而发薪水的钱则来自向民间征收的一笔特别税。

为从民间征税，冯太后在第二年启动了土地改革，将土地分给百姓耕种，以获得足够的税收。分地进行得并不顺利。要给百姓分田地，必须掌握户籍资料。可是北魏的统治者还不知道怎么去统计和管理户籍，土地改革也就无法顺利推进，税收不能如期收缴，官员的俸禄也就无法落实。如果继续依靠劫掠式财政，那么北魏就称不上是一个文明的王朝，只是游牧部落的变种而已。

一位名为李冲的官员时任内秘书令、南部给事中，他上表提出了建议：如果要顺利推进一系列的改革，那么首先要建立基层组织，在县以下设立三级机构，由这些机构负责基层的户籍和税收管理。

李冲容貌俊美，又满腹文采，让冯太后眼前一亮，她明白自己不仅多了个好帮手，还有了个好情人。此后，李冲在冯太后的宠爱之下迅速

---

3 太后死后，作为太后的情人，李冲在孝文帝手下仍然一直得宠。《魏书·李冲传》："文明太后崩后，高祖居丧，引见待接有加。……高祖亦深相杖信，亲敬弥甚，君臣之间，情义莫二。"

4 改革内容三方面：班禄制、土地改革、三长制。均见《魏书·高祖纪》。

上升为政治明星，他的建议也成了太和改制的有力手笔。这次改制代表着北方文明的重建，也是北方压倒南方的起始。

公元4世纪初，当南方的东晋和南朝政权苦苦挣扎于旧秩序之中时，北方的中原、关中、河北地区却处于匈奴、鲜卑、羯、氐、羌等少数民族南迁之后的混乱时期。

游牧民族只熟悉草原的规则，建立的国家与其说是政权，不如说是部落，原来社会中成熟的结构——被打破、消灭，而新的结构只能从无到有地逐渐建立。

如同欧洲从中世纪逐渐向文艺复兴过渡一样，重建需要漫长的时间，但也带来新的机会：北方摆脱了汉代之后长达八百年的制度累赘，可以不背历史包袱地重新设计一套新制度，轻装上阵。

北方的重建在前秦的苻坚时期达到了一个小高潮。苻坚任命王猛，引入了西晋的朝廷模式。然而王猛死后，苻坚在淝水之战中失败，前秦分崩离析，没有足够的时间去巩固制度化的成果。

北方的第二次重建属于魏孝文帝所在的北魏。魏太祖登国元年（公元386年），淝水之战三年后，鲜卑人重新建立代国。在此之前，这群鲜卑人曾经被前秦吞并，借着前秦崩塌的机会，魏太祖拓跋珪再次崛起。

在孝文帝之前，北魏的制度是一种混合着游牧色彩和农耕文化的特殊模式。很多时候，统治者们仍然对牛马、乳制品有着特殊的偏爱，他们的官僚阶层与其说是官员，不如说是部落首领。

但是，随着与中原接触日久，北魏的统治者们意识到，作为马背上的少数民族政权，要想站稳脚跟，必须放弃草原思维，学会新的农业精神。与北方的其他许多少数民族政权不同,早期北魏统治者虽然也以血统为傲,但他们很早就学习中原的经济发展方式,强调农业的重要性,试图建立稳定的户籍制度和耕作制度。

魏太祖在建国之初就在北方采取了屯田措施,生产粮食,保证军队的后勤供给。[5] 为了鼓励农耕,他一方面做表率,亲自耕田,另一方面将战乱中空置的农田重新分配,并设立行政区划,尽快地发展农业。

魏太祖之后的历代皇帝也特别重视农业和户籍。魏世祖时期开始整理户籍,北魏高宗时期有了中央官员巡查地方的制度,北魏显祖时期则废除农业税之外的杂税,减轻了民间的负担。这一步步的措施反映出,北魏统治下的北方社会从战时状态逐渐恢复到一个较为稳定的状态。

延兴元年(公元471年),魏孝文帝即位时,他的父亲魏献文帝已经是位虔诚的佛教徒,而云冈石窟也已经在首都平城(现大同)开凿了十一个年头。北魏的官僚系统进一步成熟。这时,作为中原文化代表的冯太后进行的一系列改革,就成了巩固制度建设成果的关键因素。

魏孝文帝活到了太和二十三年(公元499年),他统治期间所进行的一系列改革统称为"孝文帝改革"。改革可以分成前后两个阶段:第一阶段是在太和十四年(公元490年)之前,冯太后在世时主持的,以经济和政治制度改革为主;另一阶段是冯太后去世后魏孝文帝独自主持的,以汉化为主要特征的改革。

---

5 《魏书·食货志》:"方事虽殷,然经略之先,以食为本,使东平公仪垦辟河北,自五原至于稒阳塞外为屯田。"

历史上对魏孝文帝的评价不一，因为这两个阶段的改革是割裂的。

虽然冯太后本人是汉人，她的措施却并不激进，都是切合实际、以解决问题为主的。

冯太后死后，魏孝文帝亲自主持的改革大都带有很浓的意识形态特征，比如改汉姓、穿汉服、禁鲜卑语等。这些改革（除了迁都）虽然看上去很激进，却没有太大的必要性，还很容易造成北魏皇室的分裂。果然，在魏孝文帝之后，北魏的保守和改革两派分歧更加明显，最终造成了不可弥合的分裂局面。[6]

由此，北魏无力统一整个中国，将机会留给了继承者隋唐。而隋唐最核心的经济制度，在北魏一代就由冯太后设计好了。

延兴五年（公元475年），在太上皇魏献文帝还没有驾崩时，冯太后先导性的改革拉开了帷幕。由于北魏的地方官僚制度不够完善，各级政府都以搜刮的方式向民间摊派税收。县一级的政府负责收税，但是州和郡的政府也不时跳出来直接向人民征税。政出多头，意味着中央政府没有形成一个合理的财税体系。

冯太后下令，未来的税收只能由县政府征收，由更高级的政府监督调运中央，再由中央政府统一调拨财政，供给各级政府使用。[7]

这次改革使得皇帝逐渐建立了一套中央集权的财政规则。然而它引发的新问题是，当各级政府没有权力擅自征税，财政由中央统一调拨时，

---

[6] 北魏末年，导致王朝衰落的六镇叛乱，其原因就在于对孝文帝迁都和汉化政策的反抗。见万绳楠整理的《陈寅恪魏晋南北朝史讲演录》。

[7] 《魏书·高祖纪》："癸未，诏天下赋调，县专督集，牧守对检送京师，违者免所居官。"

中央就必须把各级政府的办公经费、官员薪水都承担起来。

到这时为止，北魏的官员仍然没有固定的俸禄。与后来的元朝一样，北魏朝廷的官员要依靠战争和劫掠获得第一桶金，占领大量的土地，再把土地租出去获利，或者放贷实现财产增值。

冯太后敏锐地意识到，这个做法是无法长久维持的。官员们每天都在操心自己的财富，就无心为国家付出全力。

太和八年（公元484年），她推行了官员俸禄改革。这次改革首先叫停官商勾结现象，"罢诸商人，以简民事"。让官员从掠夺和资产经营中退出来，由政府提供俸禄，这样政府就可以名正言顺地惩处那些劫掠、贪污的官员。[8]

不过，俸禄改革又引出了新的问题：政府必须有足够的财政收入，才有钱去发俸禄。为此又要实行税收改革，政府向每户多收三匹帛、二斛九斗粟的税，充作官俸。

《魏书·食货志》记载，北魏原来每户的税收为：帛二匹，绵二斤，丝一斤，粟二十斛，外加帛一匹二丈存在州郡库内，作为政府的户调外收入。政府收官俸税之后，调外费也加到了两匹。

冯太后的做法，相当于要民间付出一定的代价，来换取官员不再随便掠夺经济，从而稳定社会环境。按照现代的说法，当时的北魏政府正式从"流寇"转化为"坐寇"。

由于俸禄改革牵扯到增税问题，如何扩大税基就成了冯太后接下来

---

8 《魏书·高祖纪》："禄行之后，赃满一匹者死。"

要考虑的问题。北魏时期，由于北方经济刚刚从战乱中恢复，许多土地都没有人耕种，而许多流亡的人却没有土地可以耕种。

王莽、司马氏都曾经盼望着进行一次彻底的土地改革，把土地私有制废除，改为均田制。但可惜的是，在他们的年代，由于土地关系错综复杂，改革根本不可能进行下去。而北魏的统治者最初并没有想要推进改革，只是北方特殊的状况，反而给了他们进行彻底改革的舞台。

北魏时期，游牧民族刚刚在中原定居不久，对于中原文化充满了憧憬和敬畏，而汉代所整理的儒家典籍更是被他们奉为圭臬。所以，汉儒们理想中的均田制歪打正着地在游牧民族手中复活了。

太和九年（公元485年），《魏书·李孝伯传》记载，大臣李安世建议，由政府主导土地改革，将天下的土地分配给人民。为此，政府制定了一系列的规章制度来保证土地改革的顺利进行。

政府规定：男子年满十五，就可以从政府那里得到四十亩的露田，女子减半，另外，每户凡拥有一头耕牛可以得到三十亩土地，但每户的上限是四头耕牛，超过此数，再多的牛也不增加授田了。另外，考虑到土地轮作制，可以多授一倍的田用于土地轮休。受田人去世后，政府将露田收回，授予其他人。而耕牛如果死去，政府也会相应把因牛而分的土地收回。

除了露田之外，还有桑田。当时，家家户户都需要养蚕，桑树成了一种重要的资源。但是，桑树是一种长效的经济作物，桑田不适宜流转，所以桑田的受田人死后，政府并不收回，而是传给受田人的子孙。最初，桑田授予每人二十亩，要求种桑树五十棵、枣树五棵、榆树三棵。不适合种桑的地区，每人只授田一亩来种枣树和榆树。

另外，生产麻布的地区还有麻田十亩，女子减半。除了这些田，还有每三口人一亩的宅基地，三口人六百平方米的住宅，比现代人宽松得多。

地方官员也有公田，刺史授予十五顷，太守十顷，治中、别驾都是八顷，县令、郡丞六顷。官员离任时，必须将全部公田交付给他的继任者。

可以想见，在配田之初，人们耕种土地的积极性大涨，因而产量大大提高。

不过，随着全国开始推行配田，新的问题接踵而至。

最重要的问题是，政府发现自己根本摸不清楚经济的底。魏孝文帝初期刚刚取消了州、郡、县胡乱征税的局面，规定由县统一征税。但是县这个行政单位仍然太大，政府很难对每家每户进行细致的管理。而统计田地和人口、分配田地、征缴税收都需要巨大的人力才能做到准确无误。

可以说，均田制如果要实行得好，政府必须有一个实时更新的数据库，其中有人口、户籍和土地的详细数据。而北魏粗糙的政府机构无力建设这个数据库。

到了太和十年（公元 486 年），后来成为冯太后情人的李冲提出了最后一项改革：三长制改革。[9]

所谓三长制，就是在县以下设立半自治机构，来负责一部分中央政府的行政工作，同时也借以实现民间经济的自我管理。在任何一个稳

---

[9] 《魏书·李冲传》："旧无三长，惟立宗主督护，所以民多隐冒，五十、三十家方为一户。冲以三正治民，所由来远，于是创三长之制而上之。文明太后览而称善，引见公卿议之。"

定的时代，虽然皇权不下县，但是，县以下都存在类似的半自治机构。

《魏书·食货志》记载，北魏的三长制是：五家设一邻长，五邻设一里长，五里设一党长。三长要求挑选当地有威望的人担任，并享有一定的徭役免除或优惠。三长负责厘清土地和人口状况，征收土地税和户调。所谓户调，就是除了粮食产出之外，以户为单位征收的农产品，主要是布匹。

李冲的提议获得了冯太后的肯定，却遭到了其他官员的激烈反对。中书令郑羲说："不信臣言，但试行之，事败之后，当知愚言之不谬。"[10]

官员们之所以反对，在于官员其实是霸占土地、隐匿户籍的大头，如果政府通过立三长来统计数据，那么受到损失最大的是官僚阶层。在官员的带动鼓噪下，整个社会也充满了不安。其实，任何变革的时刻，人们都更倾向于保守的选择。

冯太后看到了问题的症结，坚决把改革推行下去。

结果证明，改革的成就是巨大的。在改革前，由于是按户纳税的，许多人为了逃避税收，一个家庭往往聚集了几十口人。由于户数太少，平均下来，每户达到二十多斛。没有那么多人口的贫困小家庭根本缴不上税。改革后，大家庭拆成了一夫一妻的小家庭，每一对夫妇纳税帛一匹、粟二石，绵、丝等杂物也一并取消。这样的改革对于穷人非常有利。

三长制的执行让政府的土地改革顺利推行下去，获得了土地的人瞬间得到了好处，对于政策也不再质疑。[11]

---

10 《魏书·李冲传》："中书令郑羲、秘书令高祐等曰：'冲求立三长者，乃欲混天下一法。言似可用，事事难行。'"
11 《魏书·食货志》："初，百姓咸以为不若循常，豪富并兼者尤弗愿也。事施行后，计省昔十有余倍。于是海内安之。"

随着三长制的确立，北魏得以查清了统治范围内的人口和土地资源，政府有了广阔的税基。

查明税基是一个政权走向正规的标志，但同时，这在集权时代又是一把双刃剑，政府收税过于容易，就容易收过头。比如隋代将人口数字落实得清清楚楚，收税很容易，结果隋炀帝就花费无度。唐太宗和隋炀帝一样东征高句丽，对民间经济破坏很大，但由于唐代查不清人口，征税难度大，反而对民间形成了一定程度的保护。

太和十四年（公元490年），冯太后去世。魏孝文帝对冯太后十分依赖，他屡次下诏悼念这位把他亲手带大的老太后，并守孝三年表达哀思。

然而在政策上，对冯太后的依恋却让魏孝文帝显得更加偏激。取汉名、迁都、穿汉服、禁鲜卑语等一系列政策直接导致了北魏朝廷内部的对立。孝文帝死后，北魏只坚持了二十五年，就卷入六镇叛乱的大旋涡。依靠镇压六镇叛乱而崛起的尔朱荣控制了政权，其后，高欢擅权，北魏分裂为东魏和西魏，又分别被北齐和北周所取代。

北魏虽然亡国，冯太后的改革却跨越了朝代的界限，被北齐和北周继承。在土地分配问题上，北齐和北周大致采取了北魏的做法，只是偶尔做一些小小的修改。而隋代又继承自北周，接纳了北周的财政制度，再将整个制度传给了唐代。北魏冯太后的改革通过一系列的传承，影响了中国最伟大的王朝。

从制度意义上看，冯太后的功劳远远超过唐太宗，是从北朝到南宋这一千多年里，影响中国历史进程的第一人。

表 4 北朝至隋唐的土地分配[12]

朝代	男 露田（口分田），人死后回收	男 桑田（永业田），人死后不回收	女 露田（口分田）	一夫一妻共分得土地亩数	宅基地	附注
北魏	40亩，由于土地轮作，加倍授田为80亩	20亩	20亩，轮作加倍授田为40亩。寡妇授田不课税	140亩	3口给1亩宅基地，奴婢5口给1亩	丁牛1头受田30亩，限4牛。老弱残废减半
北齐	80亩	20亩	40亩	140亩	/	丁牛1头受田60亩，限止4牛
北周	男丁100亩，有家室的140亩	20亩	/	140亩	10口以上给5亩，5口以下给3亩（其余4亩）[13]	/
隋	80亩	20亩	40亩	140亩	3口给1亩，奴婢5口给1亩	/
唐	80亩	20亩	寡妻、妾各给30亩	100亩	3口以下给1亩，每增3口加1亩。贱口5口以下给1亩，每5口加1亩	老弱残废40亩。商业者口分和永业都减半，土地紧张的狭乡都不授予

12 本表根据《魏书》《隋书》《新唐书》整理而成，并参考万国鼎的《中国田制史》。
13 《隋书·食货志》："凡人口十已上，宅五亩；口九已下，宅四亩；口五已下，宅三亩。"

六世纪的冒进

开皇十七年（公元597年），在汉文帝之后，历史再次迎来了普天下的免税。根据《隋书》记载，这一年"户口滋盛，中外仓库，无不盈积"。除去所有的花费之外，京城的府库还放满了钱币，多余的储藏甚至堆积到了走廊上。由于没有地方存放新的赋税钱币，隋文帝下令停止征收这一年的正赋。

历史上将这次事件当成隋代鼎盛的标志之一。

许多人将功劳推给了隋文帝。这位皇帝厉行节俭，不仅本人省吃俭用，对待大臣也非常抠门。宫廷里一切花费能省则省，因而积攒了大量的财物。在登基三年后，隋文帝罢黜了酒坊和盐井税，将王朝的财政重心放在了农业上。隋代的农业税也比北周时期降低了很多。[14]

从北魏到隋代，以北周的农业税为最重，为每户五石，到了隋代降为每户三石，唐代则降为每户二石。

这一切措施令政府和民间的日子更加好过，经济迅速得到发展，成就了一番盛世。

然而，隋文帝的盛世又引人生疑。根据中国历史发展经验，一个乱世中诞生的王朝，从开创到真正的盛世往往需要五十年左右的时间。汉代由于一直实行休养生息政策，是所有朝代中恢复最快的，从汉高祖建

---

[14] 《隋书·食货志》："先是尚依周末之弊，官置酒坊收利，盐池盐井，皆禁百姓采用。至是罢酒坊，通盐池盐井与百姓共之。远近大悦。"

国（公元前202年）到汉文帝末年的盛世也经过了约四十年的时间；[15] 唐代建国（公元618年）之后，虽然很快进入了所谓的"贞观之治"，但"贞观之治"更多是政治上的调整，经济仍然萧条，直到唐高宗时期，社会才显出富裕的势头，而进入盛世则是在建国百年之后了；宋代从建国（公元960年）到宋仁宗（公元1022年登基）时期的太平盛世用了六十多年；明代从建国（公元1368年）到"仁宣之治"（始于公元1425年）也用了五十多年；清代从统治中原（公元1644年）到康熙后期社会繁荣时期，也用了五六十年，到乾隆时期则用了百年以上。

只有隋代是个例外。以隋文帝免税的开皇十七年（公元597年）为例，这时距离北周灭北齐只有二十一年，距离隋代替北周只有十七年，距离隋灭西梁（南朝梁的残余，北周的附属国）只有十一年，距离隋灭南朝陈而统一全国只有九年。在这些年里，整个中国一直处于战乱之中，加之北方突厥人不断侵犯，根本没有足够的时间进行休养生息。战争结束九年之后，隋代就达到了繁荣的高峰，令人感到意外。

更让人感到不可思议的是，隋文帝时期刚达到盛世，经过他的儿子隋炀帝的统治，隋代竟然在各地的反抗中分崩离析。如何将隋文帝的盛世与隋炀帝的衰亡联系起来？这让上千年来的历史学家挠头不已。

然而，如果从中央王朝的财政角度去抽丝剥茧，就会发现，隋代的"鼎盛"是一种人为制造的泡沫。所谓"繁荣"，不是民间经济的繁荣，而是王朝财政收入的繁荣。

---

15 汉文帝上台时，汉代刚刚经过吕后死时的混乱，经济还很薄弱，直到他统治后期才进入繁荣。

隋文帝建立了一套极端高效的抽税系统，在民间还没有真正恢复时，就将资源源源不断地从民间抽取到政府手中，塞满了政府的仓库。所以，本节开头所描述的繁荣是虚假的，只是政府财政的丰裕，却并不意味着民间的富足。

由于这个抽税系统过于强大，到了他的儿子隋炀帝时期，终于抑制不住花钱的冲动，以为府库充足，于是四下征战。但他的活动将民间彻底抽干，导致了政府的垮台。

人们都已经吃不上饭了，各地纷纷叛乱，但当叛乱的首领们打开政府的仓库时，还可以看到堆积如山的粮食……

在三国的魏文帝时期，有不少郡县新归附了魏国，这些郡县老百姓的户籍残缺不全，逃户现象严重，皇帝希望对他们的户籍进行一次严格整理。

这时，司马懿上奏说，不能这么干。正是由于敌国采取了严密的控制网络，郡县的老百姓离心离德，才归附了魏国。魏国不仅不应该严查户籍，反而应该宽容，允许政府和人民之间存在一定的模糊区域。

司马懿作为当时最聪明的政治家，看到了集权时代的一个悖论：为了财政，政府必须建立户籍制度让老百姓纳税，可为了不过度压榨老百姓，户籍制度又必须存在一定的模糊性，这样，老百姓能够逃避一部分苛捐杂税。

历代帝王也都面临着这个难题：既不能让户籍和土地统计过于混乱，以致无法征税，导致政府的崩溃；又不能让统计过于明白，否则征税必然过度，造成民间经济的凋敝。

隋代之前，在北齐和北周的争斗中，北齐属于统计过于混乱的一类，导致了国家的灭亡。由于直接继承了北魏政权，北齐的行政效率比北周更加低下，在土地、户籍问题上弄虚作假的成分太大，导致税收出现了困难。按照户口缴纳的租调最多时竟然少了六七成。而由于政府规定光棍之家只需要按照普通人家的半数来纳税，于是，许多人为逃避税收，结了婚却不登记。在阳翟这一郡，竟然大部分人都登记的是光棍。[16] 北齐的皇帝也知道问题严重，但由于控制力弱，想不出办法，在财政困难时，甚至不得不削减百官俸禄，裁减人员编制。

北周则将土地和户籍政策执行得更加彻底，并实行了战斗力更强的府兵制。北周最终吞并北齐，再次完成了中国北方的统一。

北周的政权传到隋文帝时，这位节俭的皇帝建立了比北周更严格的制度，民间经济活动完全暴露在政府的目光之下，无所遁形，走上了另一个极端。

隋文帝对于财政的用心，在他当皇帝之前就已经显现。他担任相国时，北周的大臣尉迟迥、王谦、司马消难预感到他要篡权，一一起兵发难。在镇压他们的过程中，仅赏赐士兵的钱就上亿，隋文帝感觉到了财政的重要性。[17]

得了天下之后，为了兴修新的首都大兴城，政府从山东地区（崤山

---

16 《隋书·食货志》："旧制，未娶者输半牀租调，阳翟一郡，户至数万，籍多无妻。有司劾之，帝以为生事，由是奸欺尤甚。户口租调，十亡六七。"
17 《隋书·食货志》："是时尉迟迥、王谦、司马消难，相次叛逆，兴师诛讨，赏费巨万。"本节未注释者，均引自《隋书·食货志》。

以东的河南、山西等地）征调了大量民工。这个地区原属于北齐，户籍制度本来就不够清晰，许多人逃避了政府的征调，于是，隋文帝心中有了清理户籍的念头。

正好在这时，北方的突厥与隋朝的战争也逐渐升级。《隋书·突厥传》记载，突厥在著名首领沙钵略号召下，团结成了一个整体，拥有四十万大军。由于隋文帝对突厥很傲慢，而沙钵略的妻子千金公主又出自北周的皇室，于是，沙钵略频繁入侵隋朝境内。

为对付突厥，隋文帝征调了大量的士兵、粮草和运输人员，当时社会经济尚未恢复，政府的财政开始吃紧。

基于以上原因，隋文帝决心改善政府的财政收入状况，而要改善财政，首先就是整理全国的户籍和土地。

由于北齐的政治结构直接继承自北魏，留下了太多的弊端，税收更加不合理，统一之前属于北齐的山东地区的人们为了逃避税役，常常投机倒把，更改年龄，以求获得政府的免税权。

隋文帝决定以这个地区为突破口，命令地方官员进行一次运动式的大检查，把人们全都叫到官府，逐个当面核实年龄，发现有作假的，不仅本人受惩罚，就连所在地的里正和党长都要发配边关。[18]

由于隋代（包括之前的北齐和北周）是按户纳税的，在北齐地区内，许多大家庭都有几十甚至上百口人，这些人共同算是一户，只纳一份税。隋文帝乘机将大家庭打散，规定叔伯兄弟必须分家，避免逃户现象。经过这次大检查，政府从民间获得44.3万户新劳力，人口也增加了164万。

---

18 《隋书·食货志》："高祖令州县大索貌阅，户口不实者，正长远配，而又开相纠之科。"

对于山东地区的成功，隋文帝感到非常满意。群臣立即摸准了皇帝的心思，渤海郡公高颎乘机上本，要求把整理户籍的经验向全国推广，同时，还要把运动的成果变成制度固定下来。

在高颎的建议下，一套更加严苛的户籍制度建立起来。政府统一制定税收户籍册发给各个州县，而各个州县的户籍是一年一清理。每年的正月初五，各地都要进行一次人口普查工作。

经过隋代君臣的共同努力，户籍制度达到了一个前所未有的高峰。政府几乎掌控了社会的各个角落，没有人能够逃避政府的税收和劳役。

可惜的是，皇帝的重视必然会引起官员的迎合与浮夸风，在隋文帝的号召下，户籍和土地数据都被夸大了，而且夸大得很严重。

最能反映浮夸情况的，是隋代的土地数据。开皇九年（公元589年），根据政府的统计，《通典·食货二》记载，隋代的土地达到了约19.4亿亩。这个数字放在隋代，可能人们不会觉得异常，但如果放在现代，这就是一个令人震惊的数字。

为什么震惊？

隋代的1亩是240平方步，每步6尺，每尺大约30厘米，换算下来，当时的1亩略高于现代的1.1亩。[19] 19.4亿亩也可以换算成现代的21.3亿亩土地。而根据2023年的统计数据，中国的耕地数量至今达不到这个数字。[20] 也就是说，隋代的耕地面积竟然比现在的都大！

隋代的统治疆域比现在小得多，而官方的耕地数量已经超过了现

19　见附表1。
20　见中华人民共和国自然资源部《2023年中国自然资源公报》。

代,这怎么可能?

答案只能是:官员浮夸。

事实上,在汉唐时期,中国耕地数量大约在五亿亩(现代亩)左右徘徊,明代之后才大幅度攀升。[21] 隋文帝的土地普查数据已经偏离了实际数据的三倍。当皇帝重视农业,希望农业取得大发展时,地方政府必然投其所好,夸大统计数据,而夸大之后的数据必然意味着更高的税收,民间的负担猛然加重。

隋文帝建立的严格制度给他带来了意想不到的财政收入。隋代初期,各地的灾荒频发。关中地区人口众多,土地不够,还经常遭遇旱灾,而在中原地区则经常有水涝灾害。比如,开皇四年(公元584年),关中地区的大旱就导致农民颗粒无收,政府只能从山东地区运米来救济,就连皇帝也跑到洛阳避灾。[22] 之后更是连年灾害:关中大旱,山东大水等。

隋文帝虽然生活节俭,却常常大兴土木。他当皇帝之后,修建了新的都城大兴城,又在岐州北面建造仁寿宫,开挖一条从大兴城到潼关的广通河。这三大工程都耗费了大量的物力和人力。隋炀帝之所以热衷于建设更加宏伟的工程,其灵感就来自他父亲的三大工程。

在建设仁寿宫时,开山填谷,工期紧迫,大批劳工死去,被扔到坑里,盖上土石了事。宫殿建成后,文帝来视察新建的宫殿时,路的两旁就堆满了死尸,由于临时无法处理,监工的大臣杨素只能命人将尸体

---

21 见赵冈、陈钟毅的《中国土地制度史》。
22 《隋书·高祖纪》:"甲戌,驾幸洛阳,关内饥也。"

烧掉。[23]

但即使全国有这么多的灾难,在征税机构的高效运作下,隋文帝的仓库也仍然是满满当当,从来没有空虚过。

皇帝仿佛有发不完的钱,给百官的俸禄和功臣的赏赐优厚,对出征陈朝的将士的赏赐从京城的朱雀门开始,一直排到了京城的南郊。一次性发放的布帛达到三百多万段。就算这样,政府的钱仍然花不完。开皇十二年(公元592年),财政官员报告各个府库都已经装满,再收税就没有地方可以放了。连隋文帝都感到惊讶,问他的官员为什么已经发了这么多赏赐,仓库还是满满的。[24]

真实的答案是:由于制度过于高效,皇帝已经在不知不觉间从民间抽取了过高的税收。但是没有人这么回答,大家只是敷衍了事。

隋文帝没有办法,只好开辟左藏院,建立新库房来继续堆积物资。

在全国各地,隋文帝建立了一系列的大型仓库,用于税收的转运或者储存,如卫州的黎阳仓、洛阳的河阳仓、陕州的常平仓、华州的广通仓,等等。这些大型仓库无不被填满,即便在各地灾难频发的时期也都没有空虚过。

隋文帝虽然也发布了一系列的诏书来降低民间的税负,包括开皇十七年(公元597年)免除天下正税,但隋代民穷官富的现象一直没有

---

23 《隋书·食货志》:"十三年,帝命杨素出,于岐州北造仁寿宫。……役使严急,丁夫多死,疲敝颠仆者,推填坑坎,覆以土石,因而筑为平地。死者以万数。宫成,帝行幸焉。时方暑月,而死人相次于道,素乃一切焚除之。"
24 《隋书·食货志》:"十二年,有司上言,库藏皆满。帝曰:'朕既薄赋于人,又大经赐用,何得尔也?'对曰:'用处常出,纳处常入。略计每年赐用,至数百万段,曾无减损。'"

解决,一边是时常发生的灾害,甚至出现人吃人的惨剧,另一边则是堆积如山的政府财政收入。

然而,由于财政的错误信号,隋代的统治者始终没有意识到民间的困境,只是从增加财政收入出发考虑问题,从而导致了灾难的发生。

隋文帝最后一项导致灾难的政策是义仓改革。所谓义仓,是指人民将丰收年的粮食储存下来,到了灾难年用于救灾的仓库。

开皇五年(公元585年),由于各地灾难频发,政府为了增强抗灾能力,鼓励民间开展自救,在丰年建立义仓,这种组织称为当社。人民向当社缴纳粮食后,由专门委任的社司来检查出入数字。由于隋代初年的运动风潮,各地很快都设立了当社,仓库里的粮食堆积如山。

然而,这期间建立的机构往往是低效和浪费的。经过十年的运转,当社已经显示出巨大的弊病,各地当社的粮食都出现了被盗用、浪费的情况。到了出现灾荒,需要用粮食时,虽然仓库的账簿显示粮食充裕,但打开仓门一看,并没有多少库存。

看到这样的景象,隋文帝不仅不反思政策,反而得出结论:义仓之所以失败,是由于老百姓缺乏长远考虑,随意损耗粮食。义仓虽然是皇帝推行的,却由民间社会负责运营,皇帝对民间社会不放心,决定将义仓"公有化"。

他下令,所有民间义仓的粮食都上缴到各个州政府统一设置的社仓来保管。同时,缴纳义仓粮也变成了一种强制的税收,百姓被分成了上、中、下三个等级,上户每年缴纳一石粮食,中户七斗,下户四斗。

义仓制度从一种自愿的社保变成了强制的税收,而使用义仓的权力则收归政府。不管各地出现什么样的灾荒,只要政府不想发放粮食,那么为救灾设计的义仓就无权发放。

到了隋代后期,常常出现政府的官员在大灾时不敢打开义仓放粮的局面。义仓起不到应有的作用,却彻底变成了百姓的负担。

当社会在雄心中崩溃

大业五年(公元609年),隋炀帝率领军队从大兴(现西安)出发,进行了一次著名的远征。这可能是中国统一的中央王朝皇帝唯一一次亲自出征进入青藏高原的崇山峻岭之中。

隋炀帝为了征伐吐谷浑,率军从首都向西出发,进入甘南,再向西北进入现青海西宁一带,从西宁北上经过大斗拔谷(现青海甘肃间的扁都口)。大斗拔谷位于青藏高原北沿的祁连山脉之中,是古代一条连接西宁与河西走廊的险峻小路。这里风雪弥漫,天昏地暗,隋炀帝与他的随从失去联系,士兵也冻死了一大半。

翻越祁连山到达张掖后,隋炀帝接受了高昌王麴伯雅的朝见,高昌王向隋炀帝献出了位于新疆的大片土地,隋炀帝在那儿设置了四个郡:西海、河源、鄯善、且末。这是隋代疆土的鼎盛时期。

这一年,也是中国人口达到高峰的一年。据《隋书·地理志》记载,当年统计的人口数据是:户数890万户,人口4 602万人。

日后,人们总是津津乐道于唐太宗的"贞观之治",但是,如果从官方统计看,《新唐书·食货志一》记载,唐太宗贞观年间,人口不过300万户而已,相当于隋炀帝时期的1/3。只有到了唐玄宗的开元盛世时期，人口和户籍才重新接近隋炀帝时期的数据。

隋炀帝是一位雄才大略的君主，在当皇子时，就担任过灭陈战争的行军元帅。他的军队纪律严明，灭陈之后，陈朝府库一概封存，本人不取一分。他当皇帝之后，对人民也非常体谅，大业二年（公元606年），曾经下令免天下租税。[25]

在他执政的前五年里，两条大运河已经开工。隋代的三大运河工程中，一条广通河连接首都大兴与黄河，由隋文帝开凿。剩下两大运河都由炀帝开凿，分别是：连接黄河、淮河与长江的通济渠，这条运河是隋唐时期的主干道；从黄河北达涿郡（现北京附近）的永济渠。这两条大运河，特别是通济渠，成为中央王朝的生命线，将物资源源不断地运往首都。到了唐代，通济渠更是成为中央政府财政的命脉。

大业五年（公元609年），隋代的一切看上去还是那么金光闪闪，雄才大略的皇帝、繁盛的人口、繁华的两京，无不诉说着这个新型王朝的兴旺。

但是，谁也没有注意到，在王朝深处，有什么东西正在被压碎。

执政前五年，隋炀帝之所以能够取得众多成就，在于他的父亲隋文帝留下了一个高效的财政系统。他需要多少税收，就可以获得多少。即便他曾经推出减税措施，这个系统仍然一丝不苟地从民间压榨出一点一滴的物资，送进官方的各个仓库。

特别是，隋炀帝为兴建东都，又在东都附近修建了大量仓库，为装

---

[25] 《隋书·炀帝纪》："辛亥，上御端门，大赦，免天下今年租税。"

满仓库，官员们已经将民间挤压殆尽了。只是这个高速的征税机器根本停不下来，就算在垮掉的那一刻，也不会发出警报声。

同样是大业五年（公元609年），《隋书·地理志》记载的统计数据令人心惊：天下的田地达到了55.85亿亩。在隋文帝时期，19.4亿亩的数据已经夸大了至少3倍，而隋炀帝时期的数据距离实际情况已经有了十余倍的差距。统计数据上的失误必然加大人民的税负，在短期内却给皇帝带来了丰厚的财政收入。

第二年，隋炀帝决定亲征高句丽。由于此前一年，大部分军马都在西征中损耗殆尽，炀帝下令向天下富人征集兵马，抵充赋税。庞大的军队集合后，向高句丽进发。在军队的背后，王朝腹心地区的河南一带正经历着严重的水灾。这时，财政崩溃的声音终于传了出来。

随着隋炀帝远征的失败，灾难造成的减产、军事行动造成的加税都凑在一起，隋文帝高效的征税系统在民变面前显得不堪一击。隋朝进入了混乱时期。

只是人们都还不明白，隋朝如何从几年前的歌舞升平迅速进入了混乱和萧条。一切数据都显得那么完美，所有画面都透露着繁荣……

《贞观政要·辩兴亡第三十四》记载，唐太宗曾经对黄门侍郎王珪评价隋代的制度说："隋开皇十四年大旱，人多饥乏。是时仓库盈溢，竟不许赈给，乃令百姓逐粮。隋文不怜百姓而惜仓库，比至末年，计天下储积得供五六十年。炀帝恃此富饶，所以奢华无道，遂至灭亡。炀帝失国，亦此之由。凡理国者，务积于人，不在盈其仓库。古人云：'百姓不足，君孰与足？'但使仓库可备凶年，此外何烦储蓄？后嗣若贤，自能保其天下，如其不肖，多积仓库，徒益其奢侈，危亡之本也！"唐太宗算是看到了些许的本质。

直到隋代灭亡，王朝的仓库里仍然堆满了帛匹和粮食。与府库堆积对应的是遍地饿殍。叛乱者每占领一个地方就开仓放粮，粮库里都满满当当的。在堆积帛匹的仓库里，人们甚至把帛当柴烧。

随着隋代的统一，社会的生产效率的确在迅速提高，只是，社会上的物资都被一台高效的征税机器送到了政府手中，又被束之高阁，或者浪费掉。无论人们生产多少东西，都无法满足政府的浪费行为。

资源的错配使得一方雄心勃勃，而另一方却饿着肚子。这提醒人们，在中央王朝时代，高效的征税机构貌似实现了公平，但很可能意味着普遍的贫穷，因为当税都被官府拿走之后，留给老百姓的，只剩下劳苦和饥饿。

可是，隋代的冒进，并没有引起后世的警惕。

第八章　唐代：最简单的财政，最复杂的问题[1]

唐代同样采取均田制，并受效率低下的困扰，一直税收不足。唐代虽然拥有繁荣的民间经济，却一直得不到充足的财政收入。

由于财政收入不足，唐代采取一种奇特的养官制度：自我经营模式。皇帝拨给各个政府机关一定的土地和货币，要求政府将土地出租，将货币放贷，把收上来的地租和贷款利息作为办公经费使用。这些土地和货币分别叫作公廨田和公廨钱。

由于政府机关不懂经济，公廨钱贷出去往往收不回来，唐太宗只好设立一个叫捉钱令史的新职位，这些人专门负责替政府放贷。捉钱令史出现后，引起了大臣的集体反对，令唐太宗陷入了朝令夕改的困境。

武则天时期，由于政府无法把足够的税粮送到长安，又由于陕西的关中平原已经没有足够的粮食养活长安的人口，皇帝只好不定期迁往洛阳居住，以减轻长安的缺粮压力。

唐玄宗时期，王朝的财政更加紧张，皇帝的周围，形成了两个集团：

---

[1] 本章涉及的时间范围是公元618—907年。

贤相集团和聚敛集团。贤相集团强调减少政府开支、不增加农民税负；而聚敛集团则迎合皇帝的财政需要，想方设法增加收入。随着财政压力的增加，皇帝最终倒向了聚敛集团。

等到北方的边事紧张，唐朝的财政已经养不起足够多的士兵，唐玄宗只好设立节度使的职位，将行政、司法、财税、军事权合一，授予节度使。这种做法导致节度使权力过大，并引起了安史之乱。

中唐以后，中央王朝的财政事实上已经从财政集权制变成了财政分权制，唐代中央政府的税收羸弱不堪，无力镇压藩镇。

为解决财政问题，唐武宗发起了灭佛运动，没收寺院财产，强迫僧人还俗，增加财政收入和纳税人口等。

被高估的行政效率

贞观十九年（公元645年），《旧唐书·太宗纪》记载，唐太宗李世民终于步隋炀帝的后尘，决定对高句丽开战。

唐太宗一生戎马倥偬，作为秦国公和秦王时，就参加了隋末叛乱之后的统一战争。他亲自率军平定陇西的薛仁杲，击败并州、汾州的宋金刚、刘武周，歼灭河南王世充、河北窦建德，战功赫赫，威名远播。成为皇帝之后，唐太宗派兵灭东突厥、击吐谷浑、并高昌，继续了扩张势头。但整体而言，唐太宗有意限制了战争的规模，避免军事开支的失控，以发展经济为首要目标。

可是到了统治的后期，雄心勃勃的唐太宗终于抑制不住心中的冲动，准备完成隋炀帝未竟的事业，征服高句丽。

《新唐书·高丽传》记载的唐军三次出征与隋炀帝的结局也类似：劳民伤财，却突破不大。

贞观十九年（公元645年）的第一次出征，十万大军在唐太宗的率领下向东北进军。唐军奋勇向前，取得了局部的胜利，然而，对方采取了紧缩防守的策略，依靠冬天的天气击退了唐太宗。这一次战役，唐军的人员损失不大，但军马损失了八成，在冬天的大雪和泥泞中狼狈撤回。

两年后，唐军再次水陆并进，攻击高句丽，仍然没有取得决定性的胜利。

两征高句丽都无功而返，唐太宗却更加执迷不悟。到了贞观二十三年（公元649年），他决定再派三十万大军前往征讨。为了做准备，他在黄河上的陕州和山东半岛一带大量储存军粮，又在南方集合了庞大的舰队。

一部分征高句丽的舰船要在四川境内制造，再顺长江驶入东海，前往高句丽；另一部分则先从四川境内采集木料，顺江而下，运到浙江一带制造，造船的钱由四川出，每艘船的成本大约为一千两百匹缣。

对四川的加税终于引起了当地的骚动，邛州、眉州、雅州的民众发动起义。为了镇压这次起义，唐太宗又从现甘肃、陕西、重庆、湖北一带调兵。于是，东征高句丽变成了一场全国性的大调兵，稍有不慎，就会引发中央王朝的全面危机。

然而，唐太宗这时去世了，他的征服计划也随之搁浅。继承皇位的唐高宗性格软弱，不想打仗。将近二十年后，高句丽内部衰落，终于在总章元年（公元668年）被唐朝征服。

在征高句丽的过程中，一个真实的李世民显现了出来。抛开被神化的纳谏因素，晚年的唐太宗已经变得奢侈、傲慢，军事行动也愈加失控，本质上与隋炀帝并没有太大区别。

　　历史上对他英明的推崇其实表现了百姓对圣君的渴望。特别是到了中晚唐之后，由于人们对现实政治不满，就夸大了初唐时期的政治清明。吴兢的《贞观政要》问世后，更是没有人怀疑唐太宗的治国能力了。

　　但实际上，使唐太宗免于落入隋炀帝结局的，不是他故作姿态的纳谏，而是比隋代低得多的行政效率。这一点，从唐代的人口统计数据上就可以看出来。

　　隋炀帝时期，《隋书·地理志》记载，人口数据最高时接近900万户，人口则达到了4600万。由于隋文帝严格的制度，政府的人口统计准确，没有人游离于户籍之外。

　　隋炀帝统计人口十年后，《通典·食货七》记载，唐高祖武德年间（公元618—625年），人口统计数据下降到只有200万户。也就是说，十年时间内，中国人口减少了七成还多。

　　这个数据肯定是有问题的，其原因在于唐代的统计粗疏，许多人成了逃籍户，并未出现在政府的花名册上。到了唐太宗的鼎盛时期，《新唐书·食货志一》记载的全国统计数据也只有300万户，距离隋代的高峰仍然相差甚远。

　　《旧唐书·高宗纪》记载，到了永徽三年（公元652年），由于前一年的户籍增加了15万户，唐高宗志得意满，觉得很了不起，随口问他的户部尚书高履行，隋代有多少人，现在有多少人。

　　高履行回答，隋朝大业年间，户口有870万，今年我们有380万。

　　唐高宗惊讶于高履行的回答时，他也许不知道，幸亏自己的皇朝查不清户籍，否则，高效的征税机器必然对民间经济造成巨大的破坏。

唐代每户征税二石，而隋代每户三石，[2] 也就是说，唐代的税率只有隋代的 2/3，加之统计人口只有隋代的 1/3，唐代社会的整体税负只有隋代的 20% 左右。大量的财富留在民间，才能形成所谓的贞观之治。

即便唐太宗在晚年也有了大把花钱的习惯，但是，由于户籍管理不完善，政府即便想多征税也找不到人头，这种模糊性间接保护了百姓。

那么，为什么唐代的户口总是查不清楚？为什么唐太宗无法建立一套高效的财政体系？非不为也，是不能也。这和唐代继承了隋代的土地制度有关系。

唐高祖称帝前只是隋代太原一代的地方官僚，[3] 夺取天下后，政府机构、财政制度、土地制度，都没有创新，而是直接继承自隋代。

在讨论土地制度前，不妨先看一看唐代的行政、军事制度，以及制度如何在财政的影响下，出现进一步的流变。

汉代的官制以三公九卿制为主，之后，三公的权力逐渐被从内廷分化出来的尚书台所取代。到了魏晋南北朝时期，尚书台权力外化，皇帝认为尚书台不好管理，又倚重中书省。到中书省过于庞大时，皇帝又扶持门下省。[4]

隋代时，隋文帝整改了整个官僚系统，彻底抛弃了三公九卿制，将

2　唐代数字见下文，隋代数字见《隋书·食货志》。
3　《旧唐书·高祖纪》："十三年，为太原留守，郡丞王威、武牙郎将高君雅为副将。群贼蜂起，江都阻绝，太宗与晋阳令刘文静首谋，劝举义兵。"
4　魏晋南北朝时期的制度流变，可参考白钢《中国政治制度史》。

尚书、内史（中书）和门下三省并置。唐代继承了这个制度，改为尚书、中书、门下，这三省构成中央官制的核心。[5] 其中，中书省（内史）是帮助皇帝起草诏令的机构，诏令起草好由皇帝签字之后，还要送到门下省去讨论，如果门下省认为诏令有问题，可以将诏令封还，即门下省有封驳之权。诏令传达下去之后，尚书省负责执行。

在一个决策过程中，如果中书省先起草，门下省又封驳，如是折腾上几个回合，就要耽误不少时间。所以，皇帝在起草诏令之前，会在政事堂举行中书省和门下省的联席会议。皇帝的政策可以在联席会议上先进行讨论，然后再进入起草阶段。参加联席会议的包括三省的长官，三省各有正副长官各一名，一共六名。隋代时，这六人均为宰相。也就是说，隋唐实行的是委员会制，由一个小小的官员集团共同承担宰相的职责。

到了唐代，由于尚书省只是执行机关，地位下降，尚书省的长官逐渐退出了联席会议。皇帝想让尚书省的长官参加会议时，会授予他"同中书门下平章事"一类的加衔，获得加衔才有资格参加联席会议。

尚书省下设吏、户、礼、兵、刑、工六部，每部又设四个司，共二十四个司。另外，还有处理专门事务的九寺五监，它们分别隶属于六部，却又独立运作。在三省六部之外，设立御史台，它是最高的监察机构，负责监察百官，并向皇帝进谏。

隋唐时期地方官僚体制与汉代不同。后者采取以郡县为主的二级体制，而前者是以州县为主的二级体制。

汉代的郡县下属官吏，可以由郡县长官来任命。隋唐时期不仅州县

5　唐代官制，见《新唐书·百官志》。

长官是中央吏部任命的，下属的官吏任命权也收归吏部，地方政治更加依赖于中央。

唐代更是设置了两倍于隋代的州，每个州刺史的权力都更小。除了州县之外，唐太宗将全国分为十个道，并派出观察使不定期地巡查。

唐王朝还实行了府兵制，全国各地设有总管府（都督府），这些府本来只管军事，不负责民事，地位却在州之上。有的都督府驻扎在一个州内，同时节制周边的数个州，形成了一种复杂的结构。

这种结构在初唐时对于民事几乎没有影响，但其实带着某种藩镇制的苗头。中唐之所以采用藩镇制，除了安史之乱的因素外，另一个因素就是唐代的州面积太小，数量太多，不便于中央政府直管。

对唐代政治影响最大的，是土地制度和财政税收制度。这些制度继承自隋代，却贯穿唐代始终，造成了诸多问题。

唐代实行的是授田制。所谓授田制，是指一个人出生之后从政府处获得份地，毕生从事农耕，并上缴税收，人死后，份地由政府收回再分配。[6]

税收制度则取租庸调制。根据武德七年（624年）唐高祖时期制定的法令，租庸调制的规定如下。

1. 租：成年的男丁可以从政府处得到一百亩土地，伤残人士得田四十亩，寡妻/寡妾得田三十亩。如果是一家之主，还可以另外得到二十亩土地。在这些田里，两成是世业田，其余八成是口分田。当受田

6　见《新唐书·食货志一》。唐代土地分配制度可参考本书第七章"表4"。

人死后,他的世业田由户主继承,而口分田则要交还官府,重新分配给别人。受田人按照每一丁男每年纳粟二石的标准,向政府缴税。

2. 调:即家庭手工业税。各地根据产出的不同,向政府缴纳不同的手工业产品。养蚕的地方每年每户上缴绫绢二丈,加上二两纯丝;不养蚕的地方缴纳布匹代替丝绢,但是要加两成,同时再缴麻三斤。

3. 庸:即力役税。所有丁男每年为政府服力役(不是兵役)二十天,如果不服役,则可以缴纳代役钱,每天丝绢三尺。如果多服役十五天就可以免除户调负担,多服役三十天则租和调都可免除。每年服役不得超过五十天。

4. 杂项规定:岭南各州不缴粟而缴米,上等户每年一石二,次等户八斗,下等户六斗。少数民族区域减半缴纳。北方游牧区则缴纳钱和羊。遭遇天灾的地方,如果损失达到四成就免除租税,损失六成则免除租和调,损失七成则租庸调全免。

按照唐代的规定,土地每年都要进行重新分配,[7]而每户的财产也需要三年厘定一次。[8]

从理论上讲,由于政府把土地和户籍挂钩,税负由分得土地的人承担。然而,在现实中,这一理想的土地分配制度立刻出现了扭曲。

早在隋文帝时期,土地数据就出现了巨大的浮夸,[9]这种浮夸必然加

---

7 《新唐书·食货志》:"凡收授皆以岁十月。"
8 《旧唐书·食货志》:"凡天下人户,量其资产,定为九等。每三年,县司注定,州司覆之。"
9 见第七章第二节。这里可以对数据失真的原因做进一步猜测:土地浮夸可能来自皇帝对土地分配的强调,由于地方政府拿不出土地来分给农民,只能在账面上作假应付皇帝,而浮夸的土地数据又刺激了税收的增长,使得民间受到压迫。

重人民的负担，政治一旦松弛，就会立即出现严重的逃户事件。[10]

唐代建国时的混战恰好是人民占有土地、逃避户籍的大好机会。由于唐高祖采取了宽简政策，政府没有再恢复隋代高效的行政机器。[11]隋代分配土地时，许多流民第一次获得了土地，即便受田人去世，其家人也不愿意向政府交还土地。而到了唐代初年，政府已经没有足够的土地，分配制度就慢慢执行不下去了。越来越多的人脱离户籍，但越来越多的土地并没有被政府回收，而是被私人偷偷在市场上买卖，形成了一个地下市场。

人们寻找一切可能的免税免役机会，逃避户籍的方法也是五花八门，有的人托关系拿到僧道的度牒，有的人占用军籍，或者依靠豪族，充当色役。[12]

许多有权势的家族开始囤积土地，远超规定的额度。[13]到了唐高宗时期，皇帝决定向土地地下市场开刀，下令禁止买卖口分田，回到由政府回收土地重新分配的轨道上。但皇帝的命令比不上利益的诱惑，人们照样买卖不误。[14]

10　万国鼎《中国田制史》第三章第二十九节："均田制度均授民以田，而逃户之多，乃以实行均田制度之北朝隋唐为最。"
11　《旧唐书·食货志》："高祖发迹太原，因晋阳宫留守库物，以供军用。既平京城，先封府库，赏赐给用，皆有节制，征敛赋役，务在宽简……"
12　《通典·食货七》："其丁狡猾者，即多规避，或假名入仕，或托迹为僧，或占募军伍，或依信豪族，兼诸色役，万端蠲除。"
13　《新唐书·循吏传》："永徽中，迁洛州。洛多豪右，占田类逾制。敦颐举没者三千余顷，以赋贫民。"永徽是唐高宗的年号，只有六年，紧跟在太宗贞观之后。但从行文上得知，土地问题在太宗时期就已经恶化了。
14　《新唐书·食货志一》："初，永徽中禁买卖世业、口分田。其后豪富兼并，贫者失业，于是诏买者还地而罚之。"

唐代玄宗之前的皇帝们都为土地问题头疼不已，屡屡下令不准买卖，试图回收土地，但总是没有效果。唐玄宗则干脆默认既成事实，彻底放松了对户籍和土地的管理。[15]

到这时，唐代的均田制已经名存实亡，由于政府无法获得准确的土地和户籍数据，税收出现混乱，造成唐代财政一直不健康。由于无法从正规渠道收到足够的税款，皇帝只好另辟蹊径。也正是从唐玄宗开始，各种临时性的财务官员层出不穷，唐肃宗、唐代宗时期开始重新建立官营企业。为了节省开支，唐玄宗推出的节度使改革葬送了盛唐。

总结起来，从北魏到唐代的土地制度之所以失败，源于它本身固有的巨大缺陷。在任何朝代，如此大规模的土地分配制度，都无法长期维持下去，最后的结果一定是农民将土地占为己有，或者土地进入地下市场，流入权贵的手中，政府无法收回土地。

政府虽然在某些时间可以强迫人们退回土地，但随着官僚惰性的滋长，以及人情世故的变化，退地会越来越少，到最后，政府不得不认可土地的私有化进程。而唐初，就是这一进程的起点。

元朝的马端临在《文献通考》中感慨地说，唐玄宗开元天宝年间是唐代的盛世，可是根据统计数据，天宝十四载的人口不过891万户，与隋代相当，而其中不需要缴税的就有356万户，占了总户数的三成还多。

---

15 《新唐书·食货志二》："租庸调之法，以人丁为本。自开元以后，天下户籍久不更造，丁口转死，田亩卖易，贫富升降不实。"

根据唐代规定，不需要缴税的只有鳏寡、残废、疾病、奴婢、带有余荫权的品官后代，这些人竟然能占总人口的三成还多，只能说明作假的人太多了。

更滑稽的是，安史之乱爆发后，人口逃散得只剩下天宝年间的 1/3，而免税户已经达到了总户数的 2/3，[16] 纳税户俨然成了少数派，到这时，土地公有制和分配制度就连表面上的形式都维持不下去了。

奇特的自我经营式财政

贞观十二年（公元 638 年）的一场争论，让后人得以看到唐代财政的一次特殊危机。

这场危机的主角是一批特殊的公务员，他们遍布于京城七十多个衙门，形成了一个特殊的集团。与其他的官员需要科举取士不同，这些人只有一个考核指标：放高利贷。[17]

这些公务员的出现，令那些科举出身的大臣感到恐慌，其中谏议大夫褚遂良就直言不讳地说，从太学和各州送来的人才都要淘汰一半，还有不少不合格的，可是这群家伙一年却有六百多个等着授官，朝廷又怎么能接收得下来？更何况他们都是些粗俗的商人，会坏了官场的风气！

而唐太宗本人也不知道如何处理，他翻来覆去改变主意。制度调整之频繁，体现了中央政府的无奈。这时候，人们看到的不是一个雄才大

---

16 见本书第六章第二节。
17 见《新唐书·食货志五》。本节未做说明者，均出自该书。

略的皇帝，而是一个六神无主的可怜虫。

什么危机能将唐太宗折磨得这么可怜呢？这要从隋唐时期的一个财政政策说起。

在北魏孝文帝之前，朝廷的官员没有俸禄，只能依靠劫掠财物、土地，再将财物放贷、土地出租来赚钱。北魏孝文帝实行俸禄制改革之后，官员们有了固定收入。但是，放贷钱财和出租土地的现象并没有完全终止。

隋替代北周之后，官家的放贷和出租已经变成了一种特殊的制度——公廨田和公廨钱。

所谓"公廨田"和"公廨钱"，是指中央政府给每一个衙门都配备一些土地和货币，由官员去经营，赚的钱充作办公经费。后来，隋代由于财政充足，废除了公廨钱制度，官员不再搞经营。

到了唐代，中央政府的财政状况一直不健康，无法清查土地和户籍，皇帝对于正规的财政一直不信任。唐高祖从建国伊始，就决心建立一套更加独立于税收的自我经营式财政体系。

所谓"自我经营式财政"，是一种一劳永逸的模式：各个部门不需要政府每年下拨办公经费，只需要在最初得到一笔财产，再利用这笔财产去赢利，获得的利润就足以维持部门的运转了。

唐高祖理想中的政府部门就是一个个的企业，每个企业用经营获利来维持行政运转，政府就是企业，每一级政府都有赚钱的使命。

在唐代，政府负责的经营项目是土地和货币。中央政府给每一个部门配发一定的土地和一定的铜币,安排专门的人手去收租和放贷。[18]

除了政府的公廨田和公廨钱之外,就连给官员发放俸禄也带有自我经营的色彩:政府会根据官员地位的高低授予他们一部分永业田,再根据职位授予他们一部分职分田。官员调任时,需要把职分田交回去,到下一个岗位再重新分配,永业田则可以一直保留并传给子孙。官员的职分田和永业田数量都远远超过普通百姓的分田,如此一来,官员的收入就有了保障,不再需要朝廷发给俸禄。

中央政府最大的开支除了养官,就是养兵。在养兵上,唐高祖沿袭西魏北周时期形成的府兵制。府兵制是一种亦兵亦农的制度。由中央政府给每一支军队授予一定的土地,士兵们战时为兵,平常务农。生产的粮食充当军费,只有战争时期,士兵的生产跟不上军费所需,才会使用中央政府的财政税收来填补。

唐高祖设立"公廨田(钱)+职田+府兵制"的制度模式后,他认为政府所有大的开支都已经实现了"自我经营",不再需要中央政府投入,政府也就不需要完善财政职能了。百姓是否愿意登记户籍,政府能否把税足额收上来,都已经不重要了。

唐高祖当皇帝没几年,全国还没有完全平定,就被儿子赶下了台。唐太宗继承基业后,却发现父亲设计的这套"自我经营"模式并不好用。

最早的问题出在官员的俸禄上。还在唐高祖时期,官员就发现,职

---

18 《新唐书·食货志五》:"京司及州县皆有公廨田,供公私之费。其后以用度不足,京官有俸赐而已。诸司置公廨本钱,以番官贸易取息,计员多少为月料。"

分田和永业田不足以满足他们的开支。一方面是由于他们消费太高，另一方面则是因为经营土地并不简单，从出租到收租，再到粮食的运输、储藏和加工，其中任何一环出了问题，官员的收入就要大打折扣。最后，皇帝除了分给官员土地之外，还要发一部分俸禄。

接着出现问题的是官员的职分田。随着官员的职分田增多，侵占百姓土地的现象屡屡发生。贞观十一年（公元637年），唐太宗下令不再按照规定给官员分配足额的职分田，如果官员少分了田，政府就从公廨钱的放贷收入里拨出一部分，按照每亩地两升粟的价格给予补贴，算作他们的职分田地租。

可这时，公廨钱的问题又冒了出来。

在唐代初年，金融业并不发达，大部分人务农，借钱的只是少数的商人。由于市场小，借钱成本也很高。在唐初，借款年利率在100%左右。由于利率太高，人们借钱大多是短期使用。[19]

唐代中央政府设立的公廨钱分散在每一个部门中。尚书、中书、门下三省，吏、户、礼、兵、刑、工六部，每个部门除有一定的官员编制之外，还有若干办事员，称为"令史"。比如，门下和中书省各有带令史头衔的办事员八十多人，而尚书省中，仅户部一部就有令史一百七十余人。[20]

这些令史大都负责打杂和文书工作，唐高祖让这些人掌管公廨钱，负责放贷和收取利息。放贷本是一个专业工作，由非专业人士掌管时，

---

19 根据李剑农《中国古代经济史稿》，公元618年（唐高祖武德元年）的放贷年利率为100%，到公元841年（唐武宗会昌元年）降到了40%。
20 根据《新唐书·百官志》统计得出。

不仅赚不到利息，可能连本金都赔了。所有的政府部门都放贷，市面上没有这么多需要贷款的人，掌管放贷的人不称职，也无法控制贷款的风险。如果仅仅依靠公廨钱来筹措办公经费和补贴官员，各个衙门就会慢慢倒闭，官员就吃不上饭了。

到了贞观十二年（公元638年）时，皇帝决定认真对待这个问题。他首先想到的办法是撤销公廨钱。但撤销公廨钱之后，政府部门的办公经费和官员的职分田补贴谁来出？

唐太宗想到另一个办法：从全国找了七千户最有钱的上等户，逼这些富户每年交钱供养官府和官员，"定向资助"政府的办公经费和官员的职分田补贴。[21]

这种新的定向资助办法实行三年，由于过度扰民，受到了太多的批评。唐太宗只得再次下令废弃这个做法，回到老路上去。中央政府再次给各个部门发公廨钱，让其自行经营。

这次，为解决管理人员不专业的问题，唐太宗直接设置了一个新的岗位，叫作"捉钱令史"，即专门管理公廨钱的办事员。每个单位设置九人，每人掌管五万钱（五十贯），通过向市场放贷来获得利息。

为了防止资金再次流失，唐太宗下令捉钱令史必须实现盈利。他参考了市场利率，认为每年获得100%的回报是可能的，因此规定每个令史每个月必须提供4 000钱的利息（一年48 000钱，折合年利率96%）。完不成任务的就要受到惩罚，完成任务的给予奖赏。如果捉钱令史连续

---

21 《新唐书·食货志五》："十二年，罢诸司公廨本钱，以天下上户七千人为胥士，视防阁制而收其课，计官多少而给之。"

十二个月都完成了任务，就可以升官。

此法一出，立即引起一场轩然大波，出现了开头的争论一幕。褚遂良更是扬言这会让整个官场都庸俗化，导致政治的败坏。

在唐太宗一朝，整个三省六部的官员定额只有七百三十员，[22] 虽然唐太宗时期已经出现了许多编外官，但是捉钱令史的编制还是太庞大了，中央政府一共七十多个部门，每个部门都有九个捉钱令史。如果每年有六百多人需要升官，官僚系统又怎能受得了？

在群臣的抗议下，唐太宗再次废除了公廨钱，由政府财政接管办公经费，并逐步恢复发给官员职分田的做法，让他们自己养活自己。

但是，问题并没有消失。财政不平衡仍然折磨着这位一代明君。

贞观二十二年（公元648年），唐太宗在经历两次失败后，还是毅然决定再设置公廨本钱。这一次设置的原因，还是政府的财政收支无法平衡。唐高祖已经设立了自我经营式财政制度，要想摆脱对公廨钱的依赖，需要花费很大的力气重新设计制度。唐太宗在财政上的智慧并不出众，只能一次次地尝试老方法，试图通过改进来获得成功。

但是，这个制度设计的缺陷实在太明显。社会本不需要这么多的贷款，而且总有一时间贷不出去的情况。如果贷不出去，捉钱令史的办法只有两种，一种是拿本金充作利息，期待下一次提高贷款利息补回本金；另一种则是强迫商人贷款，并强迫他们付出利息。不管哪一种方法，到

---

[22]《新唐书·百官志一》："初，太宗省内外官，定制为七百三十员，曰：'吾以此待天下贤材，足矣。'"

最后都是不可持续的。

唐太宗死后,他的儿子唐高宗随即废除了公廨钱。这已经是唐代第三次废除公廨钱。

令人惊讶的是,唐高宗随后第四次重建了公廨钱制度。不过这一次有一些区别。唐高宗通过多收一定的特别税来获得本金。政府把这笔本金直接交给外面的高等户(富裕人家)。至于高等户怎么使用这些钱——是去放贷,还是扔在柜子里,皇帝不管,但是高等户每个月必须按时把利息交给皇帝。

这就将政府的经营变成了明目张胆的讹诈。高等户只能自认倒霉,把它当作每年必须缴纳的特别税处理。

公廨钱制度在屡次的兴废中伴随了唐代的始终。随着唐代经济的发展,公廨钱的利率也逐渐降低,从唐太宗时期的100%,降到了开元初的70%、开元末的50%,到了晚唐时期,只有40%。

它之所以出现,是因为唐代的财政制度始终问题重重,效率低下,财政收入不足以养活日益庞大的官僚系统。

虽然中央政府的财政不健康,但由于政府对民间缺乏控制力,民间经济出现了极大的繁荣。只是,不健康的财政最终还是会迫使政府用各种歪门邪道来获得收入。在唐代初年,问题看上去还不大,但越往后推,财政紊乱引起的问题就越明显。随着官僚系统的膨胀和军事开支的增加,政府的财用不足。税收制度不能满足所需,政府就更有动力去绕开正规的税收制度,采取其他方法来满足自己的需求。

到了唐玄宗一朝早期,皇帝和大臣们已经在想方设法开拓其他的渠道来筹措资金。而这又进一步造成了制度性的失衡。

比如，当政府需要更多士兵时，不是通盘考虑财政状况，而是出于惯性直接设立若干节度使，让他们自己筹措军队，并自己解决粮草的问题。节度使包揽军政大权，造成制度失衡，从而开启了安史之乱的闸门。

到了后期，各种各样的方便之门大开，唐代的财政官僚制度也进入崩坏阶段。户部逐渐被边缘化，新设的转运使、租庸使、盐铁使、度支盐铁转运使、常平铸钱盐铁使、租庸青苗使、水陆运盐铁租庸使、两税使等，取代了户部的职能，在正规财政机构之外敛财。

正规财政是政府的一道紧箍咒，因为从民间要钱总是困难的。政府采取正规财政之外的其他做法都是为了方便，带着偷偷摸摸的成分。有的政府给货币减重造成通货膨胀，有的政府搞经营垄断资源，等等。唐代的财政制度既促进了初期的经济发展，又造成了最后的失衡。

财政逼迫下的皇室搬家

《旧唐书·则天皇后纪》记载，大足元年（公元701年）冬天，天册金轮圣神皇帝武曌回到了阔别已久的京师长安。作为纪念，她将年号改成"长安"。她这次在长安只待了两年，就回到了神都洛阳。此时，已经到了她政治生涯的晚期。回洛阳两年后，她被迫退位，离开了政治舞台。大足元年（公元701年）回到长安，对于年老的女皇帝，更像是一次对一生的回顾，让她找回记忆中的那个旧舞台。

女皇一生的故事可以说是一部在京师长安和东都洛阳之间的双城记。永徽六年（公元655年），武昭仪在京师长安被唐高宗立为皇后。

唐代的京师[23]东西长十八里一百五十步，南北长十五里一百七十五步。南北十四条街，东西十一条街，这些街道纵横，将城区分成了一百零八坊。城市共有两个大市场。皇城在城市的西北角，称为西内。其东北方向则是著名的大明宫，称为东内，唐高宗在位时把大明宫当作主要的居住场所。后来，唐玄宗在位时又在大明宫的南面设立兴庆宫，称为南内。京师城外的北面是禁苑。苑城东西二十七里，南北三十里，东至灞水，西连汉代的长安城，南靠京师，北枕渭水。

武昭仪被册立为皇后两年后，她陪伴皇帝第一次前往东都洛阳。唐高宗在有生之年里，七次从京师到东都居住，每一次都由皇后陪伴。到了后来，由于身体不佳，皇后开始帮他处理政事，上朝时坐在帘子后面听政，与皇帝并称"二圣"。

唐高宗时期洛阳的地位已经与长安不相上下，它北据邙山，南对伊阙，洛水穿城而过。整个城市规模比长安稍小，南北长十五里二百八十步，东西长十五里七十步。城中各纵横十条大街，将城市分成一百零三坊，也有两个大市场。

与长安一样，洛阳的宫城也在城市的西北角。宫城的西南有上阳宫，上阳宫西面又有西上阳宫。禁苑在都城的西面，呈不规则形状，东面十七里，南面三十九里，西面五十里，北面二十里。

从长安到洛阳的大道先是沿着渭水一路前行，当渭水并入黄河之后，又沿着黄河伸展，最后一段则翻山进入洛水谷地。路程在十至十六

23　见《旧唐书·地理志》。下文对洛阳的描述亦出于此。

天,但是,由于大道上布满了皇帝的行宫,皇室走这条路时游山玩水,旅程最短也需要二十天,有时甚至长达一个多月。

唐高宗第七次离开长安后,再也没有活着回到京师。他的遗体装在棺材里被运往长安,葬在了乾陵。

在他的灵柩被送往墓地时,武皇后却没有陪伴左右。皇太后决定留在东都洛阳执政,巩固自己的地位。她也厌恶频繁地在两京之间来回迁徙,想找一个不需要折腾的地方。于是,新改名为神都的洛阳取代了京师长安,在这位太后兼女皇执政期间,成为唐代的政治中心。

唐高宗与皇后执政时,他们的迁徙并非完全出于自愿,很多时候都是被迫的:长安所处的关中平原已经无法养活整个庞大的中央官僚体系了。

在西汉,由于官制相对简单,养官成本小,政府在关中地区仍然可以获得足够的资源。但到了唐代,事情发生了变化。

唐太宗时期,内外官员的定额是730人,唐太宗曾经说,按照这些名额来招纳天下的贤才已经足够了。但随后,由于公事大量增多,太宗不得不增加了许多编外的官员,称为"员外""特置",以及许多加上"检校""兼""守""判""知"之类的官员,之后又有各种使职,官制更加混乱,《新唐书·百官志一》记载的官僚人数已经远超730人。

在太宗一代,养官成本仍然可以控制。贞观二十二年(公元648年),《新唐书·食货志五》记载的中央政府官员俸禄是152 730缗钱。即便加上办公费用,也不会过于庞大。由于关中地区自产粮食,每年只需要从中原地区调运 20 万石粮食，就足以供应整个京师的消耗。[24]

然而从唐高宗和武后，直到唐玄宗上台之前的时期，是唐代官僚系统膨胀最厉害的时期。显庆二年（公元 657 年），唐代的官僚人数已经从最初的数百人扩张到了 13 465 人，比起唐太宗初年已经增加了近 20 倍，而且每年还新增 1 400 人进入官僚队伍。[25]

这还不算夸张，唐代初年的宦官人数并不庞大，[26] 到了唐中宗神龙年间（公元 705—707 年），宦官人数已经达到 3 000 人。到唐玄宗时期，仅宫女就有 40 000 人，带品的宦官已达 3 000 人，更高级别穿紫衣的也有 1 000 人。

开元二十一年（公元 733 年），官员数量达到了 17 686 人，其他公务员（吏）更是多达 57 416 人，还有许多有了官员资格，但还没有授官的人。[27] 这些人加上皇族、官员子弟，以及各式各样的仆人、供养人，等等，形成了一个庞大的脱离农业且需要供养的集团。

随着官僚人数以及都市规模的膨胀，长安的粮食日渐供应不上了。

唐代之前，隋炀帝已经发现了中国经济的变化趋势，长安和关中平原这个西汉时期最富裕的地区已经变得贫穷，曾经被视为荒僻之地的江南地区已经汇聚了大量财富。隋炀帝建立运河系统的初衷，就是要将江

24　《新唐书·食货志三》："高祖、太宗之时，用物有节而易赡，水陆漕运，岁不过二十万石，故漕事简。"

25　《旧唐书·刘祥道传》："今之选司取士，伤多且滥；每年入流数过一千四百，伤多也……今内外文武官一品以下，九品以上，一万三千四百六十五员。"

26　根据《旧唐书·宦官传》，唐制有内侍省，官员六十名。另外设有五个局，各有宦官人数不详。

27　见《资治通鉴》开元二十一年（公元 733 年）相关记载。

南富庶地区与首都连接起来。一旦首都资源紧张，可以便利地从江南调运物资。

然而，在唐代初期，人们发现隋炀帝当初的设计有一个瓶颈：南方的粮食经过运河北上到达黄河不难，经黄河运输到长安却困难重重。[28]

当时的运输路线是这样的：每年二月份开船从扬州出发，四月之后才能通过淮河进入汴河（属于大运河河道），由于这时候运河水浅，通行不便，要到六七月份才能到达运河与黄河交接的河口。可这时恰逢黄河的丰水期，无法通航，只能等到八九月份黄河水落下去之后，再航行进入洛河（洛水）。把粮食从扬州运往洛阳，需要耗费多半年的时间。从运河转黄河时，江南的水手由于不熟悉黄河的水性，必须雇佣当地人，这也加大了运输成本。

把粮食运到洛阳，整个运输工程只完成了一半。从洛阳转运到长安还有更大的麻烦。首先，要从洛阳用车辆或者牲口把粮食驮运到陕州（现三门峡市陕州区），通过陆路绕过三门峡，再重新入黄河，入渭河，将粮食运往长安。

为什么粮食从运河进入黄河之后，不直接沿着黄河一直西进直达渭河和长安，而非要经过如此麻烦的陆路转运呢？因为黄河有天堑——三门峡。[29]

在古代，位于河南、陕西交界的三门峡是造成黄河运输困难的最主

---

28 见《新唐书·食货志三》裴耀卿的奏章。
29 关于三门峡和漕运对唐代长安城的影响，可参考赵冈的著作《中国城市发展史论集》第三章。根据其测算，唐玄宗时期解决了漕运问题之后，每年最高运量可养活51万人，而唐代长安城人口达到了60万。

要原因。这个峡口位于崤山的怀抱之中，河中立有砥柱，水流湍急。当时坐船过三门峡，十艘有七八艘会出事故。走水路必须做好折损八成资产的准备。而走陆路的成本又很贵，从洛阳到陕州的三百里，每运送两石粮食就要花费一千钱，运输成本远超粮食的价值。

由于运输成本太高，唐代的中央政府根本无法大规模运输漕粮到长安。皇帝只能采取另一个做法：不定期地将政府从长安迁移到洛阳。政府迁移到洛阳时，所有相关人员也都跟过去，长安的粮食需求迅猛下跌。

隋文帝也采取过类似的方法，开皇四年（公元584年），关中地区大旱，隋文帝就只好跑到洛阳。

唐高宗和武后也屡屡采用这个策略。《旧唐书·高宗纪》记载，咸亨元年（公元670年），四十多个州出现灾情，其中关中最严重，第二年正月受灾最重之时，新的收成没有下来，老的收成已经吃完。皇帝立即决定打包走人，迁徙到东都，避免与民争粮。武后曾经跟着唐高宗七次迁徙，唐高宗一死，她立即决定永久性地解决这个问题：在洛阳建立神都，不再回长安了。

武后的选择也显示出长安的窘迫地位：从西周时期，长安所在的关中平原就是最繁华的所在，但到了唐代，随着经济的进一步发展，长安已经变成西北一隅，在经济上丧失了重要性。但是，由于它在政治上仍然是首都，政府必须利用行政手段大量向长安输血，这就造成了巨大的财政负担。

武后时代，也是唐代财政问题逐渐积累的时代。她依靠迁都避免了漕运问题，但其他财政问题都在恶化。

在官僚系统上，唐高祖制定的一系列可笑的自我经营式财政政策已经失效，而官僚的膨胀速度超过了预期，政府需要更多的财政经费来维持运转。

均田制也执行不下去了。随着人口的增加，政府能回收的土地有限，土地兼并问题表现得愈加明显。

而令唐代政府更加头疼的是逃税户问题，一旦税收加重，超过百姓承受的极限点，百姓立即逃走不再缴税，而他们的土地也被更强势的人兼并。

唐高宗时期的名将刘仁轨曾经在白江击败日本和百济的联军，他在上奏时却说，自从开战以来，政府大肆征兵，稍微有一点钱的人都靠贿赂逃避兵役，没钱的人，哪怕是老弱之人也被充军。[30]

武后时期的陈子昂更是屡次谈及民间的困苦，如四川的官吏横征暴敛，导致大量人口抛弃土地，逃入山林。[31]狄仁杰谈道，由于军事征召，河北地区出现大量人口逃离的现象。"近缘军机，调发伤重，家道悉破，或至逃亡，拆屋卖田，人不为售，内顾生计，四壁皆空。"[32]

武后时期也是府兵制逐渐衰落的时期。这种农战结合的兵役模式在建立之初极有效果，但是，随着机构的老化，军士的惰性增加，府兵制必然如同官营企业一样低效，整个系统变得臃肿，士兵既不能耕地，又不会打仗，军事体系出现了巨大的问题。

---

30 见刘仁轨《陈破百济军事表》，《全唐文》卷一百五十八。
31 见陈子昂《上蜀川安危事三条》，《全唐文》卷二百十一。
32 见狄仁杰《请曲赦河北诸州疏》，《全唐文》卷一百六十九。

武后看到了问题所在。她一上台，就准备整理财政。她试图查清税基，避免偷税漏税。

普查工作取得了一定的效果。《资治通鉴》卷二〇八记载，神龙元年（公元705年），武后将帝位传给儿子唐中宗的那一年，唐代的户籍已经达到了610万户以上，比唐高宗初年增加了230万户。

人口的增加使得政府税收也相应增长，但仍然比不上官僚队伍膨胀的速度。

为防止忠于唐皇室的官员起兵反对她，也为整治贪污成风的现象，武后进行了又一轮的集权。她撇开正规的官僚体系，借助亲手提拔的酷吏，加大监察力度，并采用举报加酷刑的方式，让官员俯首帖耳，减少贪污，从而解决更加恶化的财政状况。

但这些酷吏一旦掌了权，就和武则天想惩治的官员一样，变得不受约束、为所欲为，武则天只能扶持新一批酷吏来对付前面的一批，这样的循环直至她下台才结束。她死去时，唐代原本的官僚系统正在解体，宰相权力削弱，围绕着皇帝形成了新的小圈子。

宫廷挥霍成风、养官成本增加、军费开支扩大、官员行为缺乏约束，这是唐高宗和武后时代遗留的问题。

贤相集团与聚敛集团

天宝元年（公元742年），水陆转运使韦坚导演了一出"百船来朝"的精彩好戏，让长安人大开眼界。[33]

33　本故事见《新唐书·食货志三》《旧唐书·韦坚传》。

在长安城外浐水旁的长乐坡，修有皇帝的宫苑望春楼，这里突然开挖了一个水潭直通浐水，过了些时候，从渭水开来三百艘船，停在了水潭外，长长地排开，首尾相接，绵延数十里。船上的人头戴斗笠，脚穿草鞋，衣袖宽大，与长安一带的着装绝不相同，反而像是从南方来的。

就在人们议论纷纷、互相猜测时，皇帝到达望春楼，与他同行的还有许多文武大臣。

皇帝到后，突然一声令下，歌声四起，三百艘小船如同活了一般，排着队挨个儿从水潭经过。每一艘小船上都写着州郡的名称，仿佛它们是从全国四面八方汇集来的。

船上还摆放着各地的土特产品：广陵的锦、铜器、官端绫绣，会稽的罗吴绫、绛纱，南海的玳瑁、象牙、珠串、沉香，豫章的瓷器、茶具和锅，宣城的空青颜料、孔雀石绿，始安的蕉葛布、蟒蛇胆、翠鸟羽毛，吴郡的方文绫，等等，应有尽有。

就在人们被船上丰富的贡品吸引时，突然有人发现这支船队的领头人有些怪异。这个人站在第一艘船的船头，穿着短袖的衣衫，红抹额，欢快地领着大家唱歌。两侧则是从京城来的一百多个女性，她们妆饰鲜艳，鸣鼓吹笛。

有人发现领头人是陕县县尉崔成甫，而他所唱的歌叫《得宝歌》，歌词也是为了这次表演创作的，分成十段，风格喜庆。

当船队来到望春楼下时，水陆转运使韦坚走过来，将船上贡品的代表拿过来，献给楼上的皇帝用来分赐众人，又送上了百余种食品。船队边奏乐边表演，俨然一副军民同乐的联欢场面。

联欢结束后，皇帝大肆赏赐，将新开凿的水潭命名为广运潭。

这是唐玄宗时期典型的热闹场景之一，昭示着盛唐时期的奢侈与繁华。

然而，这个场景还有着另外的意义。对于唐玄宗而言，广运潭和之前一系列的水陆工程，表明首都长安的粮食运输问题已经得到解决。通过几位大臣共同的努力，黄河天险成通途，增强了唐朝的运输能力，关中地区不再缺粮。困扰唐高宗和武后几十年的问题终于在他的手上得以解决，而他也不用再时不时到东都洛阳了。

任何看到这一幕繁华景象的人都没有想到，这已经是盛世王朝的晚期，再过十几年，唐朝就会在安史之乱的灾难中步入残年。即便是后世的人们，也无法理解，为什么开元年间尚是盛世，天宝年间就一派萧条了。

在传统的历史书中，开元和天宝之间如同有一个鸿沟，开元时期的唐玄宗英明神武，到了天宝时期却昏庸不堪，引起了千古巨变。

但事实上，唐玄宗的统治是一贯的，他与前代帝王的统治也是连续的，只是中央王朝的隐患在唐代的前半期逐渐积累、失衡，才终于在唐玄宗末年爆发。

天宝变局为什么会发生？答案仍然是：财政。

先天二年（公元713年），唐玄宗粉碎武后之女太平公主的政治集团，巩固帝位，改元开元，开创了中国历史上最有名的盛世。

然而，新皇执政伊始就面临着诸多问题。

在他之前，韦后和太平公主相继擅权，这两个女人治理经验不如武后，将之前遗留的问题扩大化了：她们提拔大批不称职的亲信，进一步破坏了官僚体制，并给财政造成巨大的压力。而府兵制的进一步衰落已经威胁到边疆的安全，特别是在吐蕃崛起之后，军队能否经得起战争的考验已经成疑。土地制度的破坏，令户籍管理也逐渐陷入混乱，影响了王朝的财政收入。另外，困扰王朝的漕运问题仍然存在，关中的粮食不足以养活庞大的王朝，但从中原运输，又受到自然条件的限制。

如果处理不好这些问题，唐朝随时有可能面临一场危机。

唐玄宗登基后，进行了一系列改革：斥退冗官，减少皇室开支。在找到有效的军事改革办法之前，宰相姚崇制定了保守的军事原则：除非迫不得已，不进行战争。为了解决关中粮食不足的问题，皇帝学习武后的做法，不定期地迁往东都洛阳。在天宝之前，唐玄宗在洛阳居住的时间合计不下十年。

从开元初年开始，唐玄宗任命了一系列的贤相治理国家，姚崇、宋璟、苏颋、张嘉贞、张说、张九龄等人先后拜相，他们或者为官清廉，或者政宽刑息，或者满腹文采，形成了少有的政治新气象。

然而，这些宰相有一个共同的弱点：他们可以帮助皇帝节省财政开支，却不愿意帮助皇帝增加财政收入。

所谓节省开支，指的是精减官僚机构，减少军事行动。政府可以少花钱，但是随着官僚机构的扩大，能节省的开支也有一定限度。节流之外，政府还有着强烈的开源要求。

唐玄宗时期，《新唐书·食货志一》记载每年的财政收入是：租钱200余万缗，粟1980余万斛，绢740万匹，绵180余万屯，布1035余万端。

同时，唐玄宗时期的花费却非常惊人。以他建立的收容皇族的十王宅和百孙院为例，十王宅每院配置400宫人，百孙院每院也有几十人，这个庞大的群体都必须由政府来养活。官员和吏有7万多人，宫人4万多人，军费也在连年上涨。

但是，所有的宰相都不会帮助皇帝去增加财政收入，他们的心里还认为，增加财政收入就意味着盘剥民间。

皇帝需要另外一类人来帮助自己，也就是聚敛之臣。他们更懂得商业，更知道如何帮助皇帝赚钱。

于是，在正规的官僚系统之外，皇帝设置了一系列的使职，来帮助他获得更多的收入。在开元贤相们各领风骚的同时，唐玄宗的周围也形成了一个与汉武帝时期不相上下的聚敛团队，主要人物包括：宰相裴耀卿、监察御史宇文融、太府卿杨崇礼及他的两个儿子杨慎矜和杨慎名、户口色役使王鉷、水陆转运使韦坚，还有后来著名的宰相李林甫和杨国忠。除了裴耀卿，其余每一位都是野心家的典范。

这样，唐玄宗的身边就围绕着两个集团：贤相集团与聚敛集团。皇帝需要前者帮助他治理国家、抚慰人民，又需要后一种人帮助他寻找财源。这两个集团从皇帝上台之始就并存。

最初，唐玄宗还能在贤相群体与聚敛之臣之间维持微妙的平衡，让他们各自发挥所长。但随着财政压力越来越大，唯有聚敛之臣才能给皇帝带来更多利益时，皇帝最终倒向了他们。

正是靠着聚敛之臣这个群体，唐玄宗才解决了从东方支援京师长安的重大工程。这项工程始于开元二十一年（公元733年），由当时的京兆尹裴耀卿主持。当年由于出现了灾情，唐玄宗从京师前往东都，而裴耀卿适时地提出了解决运粮问题的方法。[34]

他认为，之前运粮最大的问题，在于从江南来的船在路上要等待很久，由于运河水浅，从淮河经过运河到达黄河口要等两三个月才能通过，而从黄河口进入黄河，又要等两个月才能过去。他希望在每一个需要等待的地方设立粮仓，船直接把粮食卸在仓库里就掉头，分级转运，效率会更高。

另外，由于黄河三门峡一段很险，难以通船，裴耀卿在三门峡口的两侧都设了仓库，运粮时先走水运到东库，从东库走陆运，经由十八里山路到西库，再走水运从西库到京师长安。整个行程只有十八里路是陆运，其余都走水运，降低了运输的成本。

裴耀卿还开辟了一条北路，将粮食先运送到太原，再走水路进入黄河和渭河，这条北路也可保证河东地区的粮食得以汇聚京师。

通过裴耀卿的努力，唐玄宗时期的税粮运输能力从每年不到一百万石增加到二百三十万石，足以供应关东地区。唐玄宗在后期，已经没有必要不定期迁往东都了。天宝年间，唐玄宗回到了京师长安与杨贵妃缠绵，东都洛阳恢复了陪都的地位。

裴耀卿功成身退，却没有想到他带来的示范作用给一批钻营之人指明了道路。

在裴耀卿榜样的作用下，开元二十九年（公元741年），陕郡太守李齐物决定开凿三门峡，将峡谷河道中间的砥柱山凿开一条船道，再在两边开凿栈道用来拉船。他的目的是粮食运输不用再转陆路，全部

34　见《新唐书·食货志三》《旧唐书·裴耀卿传》。

走水运。

但不幸的是,由于开凿过程中大量的石头崩塌进入河道,反而使河道更加险峻,只能等涨水时再拉船通过。这个方法劳民伤财,并不实用,但是李齐物仍然上报表功。唐玄宗有些怀疑,派宦官下去调查,李齐物通过贿赂封住了宦官的口。

而开头提到的韦坚,在取代李齐物任转运使之后,更是把关乎国计民生的大事变成了仅供皇帝观赏的游戏,整个漕运系统不停地运转,每年的运量已经达到了四百万石,远远超出了实际的需要。[35]

除了税粮运输系统之外,皇帝最头疼的是户籍制度和土地制度的混乱。避税逃户的人太多,如何把这些人找到,逼迫他们缴税,成了政府的当务之急。

这个工作交给了监察御史宇文融。[36]

宇文融请求清查全国的户口和土地,统一纳入征税范围,来增加财政收入。获得皇帝允许后,宇文融立刻任命了二十九个劝农官到各地去巡查。由于他为人严苛,各地的官员出于畏惧,不惜报假数据来讨好他,结果又造成了新的逃亡户。

不过,报给皇帝的数字却非常漂亮:当年就增加了八十万户(新增人口达到了总人口数的一成),以及同比例的无主土地。政府随即按照数字派税,当年税收增加了几百万贯。

---

35 见《新唐书·食货志三》《旧唐书·韦坚传》。
36 见《新唐书·食货志一》《旧唐书·宇文融传》。

宇文融的巨大成功让他升了官,但也遭到了大量的质疑。有人认为,他的做法过于侵扰百姓,会让百姓变得更加贫困,让更多的人逃亡。但皇帝认为宇文融能带来新的财源,不容许质疑,并将皇甫憬、杨玚等反对人士都加以贬斥。

宇文融高升终于引发了贤相集团与聚敛集团的正面冲突,宰相张说看不起宇文融,不断地压制他,宇文融则大肆诋毁张说。在这场两个集团的斗争中,唐玄宗最终选择了宇文融。贤相集团主导的政治历程已经接近尾声。

宇文融对政治气氛的破坏极其严重,除了以聚敛之臣的身份官拜宰相,他还设立了一大批临时官员(使职),穿梭于全国,以满足皇帝对财政收入的需要。

后来,皇帝在其他官员的坚持下,贬斥了宇文融,但随即就问宰相裴光庭:"卿等皆言融之恶,朕既黜之矣,今国用不足,将若之何?卿等何在佐朕?"

宰相默然。但是这个问题已经变得如此尖锐。宇文融下台后,由于他对正规财政系统和民间经济的破坏,财政收入势必下降得更快,但是皇帝不认为问题是宇文融造成的,反而认为正是缺了他,才有了问题。宇文融死后,皇帝还在怀念他。

但皇帝不用等太久,太府卿杨崇礼接替了宇文融,开始从地方压榨财税。[37] 杨崇礼是一个清廉的官员,但正因为他清廉,反而给地方经济造成了更大的伤害。除了杨崇礼,他的两个儿子杨慎矜和杨慎名也都是

37　杨崇礼、王鉷、韦坚的事迹,见《旧唐书》各自的本传。

著名的理财官员。

聚敛更甚的是一个叫作王鉷的人，他善于搜刮财产，每年献给皇帝的钱就达上百亿，上贡的其他财宝也差不多值这么多钱，更重要的是，王鉷宣称这些钱都不是正式的税收，不用存入国库，而是存入唐玄宗的私库——百宝大盈库，供唐玄宗私人支配。这就彻底破坏了唐代的财政基础。

当这些聚敛之臣得势，控制唐玄宗的宫廷之后，他们之间的内斗也越来越激烈。韦坚、杨氏兄弟、王鉷互相倾轧、互相告状，而皇帝利用完他们之后，一一将其诛杀。最终的胜利者，是唐玄宗时期最著名的奸相李林甫。

到此刻，政府已经陷入财政饥渴症不能自拔。贤相集团退位后，聚敛集团带领着唐玄宗，为了财政目的出台了一系列政策。其中一项直接导致天宝变乱，将盛世王朝彻底葬送。

天宝变乱的财政之谜

天宝十二载（公元 753 年），如果你问当时天下最繁忙的人是谁，会有人告诉你，是宰相杨国忠。

杨国忠的繁忙超出了一般人的想象。他身兼大大小小四十余个使职，还担任着唐朝的右相，兼任吏部尚书、集贤殿大学士、太清太微宫使、判度支、剑南节度、山南西道采访、两京出纳租庸铸钱使等。他掌管着唐朝的财政、行政、军政大权，并负责官吏的考核与任命，同时，还监管着四川地区的军政、民政等各方面事务。

杨国忠的办事效率奇高无比，在他以前，吏部对官员的选拔有复杂的程序，经过三道唱选，评比从春天持续到夏天，才能将官员选出。但是杨国忠却做得轻轻松松，他在私宅里进行选拔，再召集官员在尚书省唱一次票，一天之内就选定完毕。

对于唐朝的国库，他也维护得井井有条，不让国库出现哪怕一时的短缺。直到安禄山兵起，各地的物资仍然在源源不断地送到京师长安，将府库填满。有一次，唐玄宗去左藏库视察，看到仓库堆得满满的，对杨国忠推崇有加。

除了吏治和财政之外，杨国忠对于军事也"有所涉猎"。在他的组织下，唐政府对西南方的小国南诏连续发动了两次大的战役，都是全军覆没。不仅如此，战争过后，原本臣属于唐朝的南诏国全面倒向当时唐朝最大的威胁——吐蕃。但是，在杨国忠的汇报中，这两次战役都是唐朝大捷。为了扭转人们私下里对他的非议，他决定在军事上再立功勋，将安禄山拿下。

人们很难想象，唐玄宗晚期的宰相李林甫和杨国忠两人怎么能够获得如此之大的权力。

除了唐玄宗沉浸在温柔乡这个因素之外，更重要的是这两个人能够满足王朝的财政需求。这时，中央政府已经离不开这些敛财能手的帮助了，否则王朝的财政就要亏空。

如果一切以财政为目标来考核政绩，政治权力就会被这些财政专家把持。

更致命的是，同样是基于财政的原因，唐玄宗做出的一项军事改革，让中央政府彻底失去了对军队的控制，再也无法回转。

在唐玄宗时期，突厥已经不再构成威胁；回纥人还在遥远的北方，没有进入中央政府的视野。然而此时，在西方崛起的吐蕃成为唐朝最大的威胁。

统治中心位于现在西藏的吐蕃几乎与唐朝同时崛起，又同时崩溃。唐玄宗时期，吐蕃恰好也处于鼎盛时期，领地从现在的西藏，向西进入巴基斯坦、阿富汗的山地地带；在东面进入四川西部、青海、甘肃一带；在北面，则进攻新疆的部分地区。

吐蕃全面扩张，从巴基斯坦经过新疆延伸到四川、云南的巨大弧形区域都与唐朝存在着军事对抗。

在与吐蕃对抗时，唐玄宗发现，王朝建立的府兵制已经腐朽得不能打仗了。府兵制要求士兵一直服役，到老才能退休。但由于招不够兵，许多人都已经白发苍苍了，还在驻守边防。唐代实行边防轮换制度，内地的府兵过一段时间就轮换到边防去，但随着制度惰性的增大，轮换制也成了虚设。[38]

唐玄宗登基后，进行了军事制度的改革。

在宰相张说的主持下，政府裁撤一批府兵，招募一批新兵，建立了十二万人的彍骑卫队来守备京师。募兵制建立后，府兵制更成为累赘。

到了天宝年间（公元742—755年），就连当初精锐的彍骑卫队也退化了。以守卫京城的部队为例，他们本来是最有战斗力的军队，但是在安史之乱爆发前，这支号称侍卫皇帝的侍官队伍，却已经变成了京城的

---

[38] 《新唐书·兵志》："自高宗、武后时，天下久不用兵，府兵之法浸坏，番役更代多不以时，卫士稍稍亡匿，至是益耗散，宿卫不能给。"

耻辱，人们骂人时就骂对方是侍官。队伍里的人也是五花八门，富裕的变成了商人，忙着做买卖，身强体壮的就靠玩杂耍、拔河来糊口，他们已经彻底脱离了军事训练，到安史之乱爆发时，这些人甚至不知道怎么穿铠甲，更别提打仗了。[39]

面对边境少数民族的挑衅，唐玄宗不得不开始另外组织部队。他倚重一项源自唐高宗时期的改革——节度使。

唐高宗时期，由于在军事行动中需要协调各方面的关系，唐高宗给一些军事官员（都督）授予了节度使的称号。他们由中央派出，带着皇帝的令符，负责节制当地的军事。但当时的节度使并不是一个正式官职，只是临时性的称号。

到了景云二年（公元711年），由于西北方向用兵的需要，皇帝授予凉州（现武威）都督贺拔延嗣一个新的名号——河西节度使。节度使成了正式官职。

所谓节度使，不同于之前的都督，因为都督只负责军事，不参与民事；也不同于地方的州刺史，因为刺史不管军事，只负责民事；他还不同于观察使，因为观察使只有监察权，没有军事权和民事权。节度使将所有这些权力都合而为一了，不仅负责招兵买马，还负责民事和税收，同时还可以选择下属官员，拥有任命权和监察权。[40]节度使的兵员也不

---

39 《新唐书·兵志》："故时府人目番上宿卫者曰侍官，言侍卫天子；至是，卫佐悉以假人为僮奴，京师人耻之，至相骂辱必曰侍官。而六军宿卫皆市人，富者贩缯彩、食粱肉，壮者为角觝、拔河、翘木、扛铁之戏，及禄山反，皆不能受甲矣。"

40 《新唐书·兵志》："及府兵法坏而方镇盛，武夫悍将虽无事时，据要险，专方面，既有其土地，又有其人民，又有其甲兵，又有其财赋，以布列天下。然则方镇不得不强，京师不得不弱，故曰措置之势使然者，以此也。"

再依靠府兵制，而是直接从民间招募，这样，士兵就会和直接长官结成非常强烈的忠诚关系，反而将皇帝边缘化了。

到了唐玄宗时代，府兵制已经无法应付西方和北方的军事需要。于是，唐玄宗在边境采取募兵制，也就是招募士兵发给固定的薪水，不再需要他们种地。

但是，中央政府没有足够的钱养活这些士兵。根据统计，唐玄宗初年，中央政府每年的养兵费用只需要200万贯钱。随着边境战事的扩大，以及募兵制成本的增加，到了唐玄宗中期，直接养兵成本已经高达1000万贯，之后又增加到1260万贯。[41] 需要说明的是，这些钱只包括士兵的口粮、衣服以及零花钱，如果将运输成本考虑在内，再将打仗时的军事开支、赏赐计入，那么，实际军事开支要比统计数字高得多。

随着军事开支出现了几倍，甚至十几倍的增长，中央政府不可能获得足够的财政收入来应付庞大的花费。唐玄宗决定进一步削减内地的府兵，由此，边境的士兵占了全国士兵总数的大半。

为解决军费问题，唐玄宗又设立了几个节度使，授予他们行政权，让其在统治区域内自行搜刮。

《旧唐书·地理志》记载这些节度使是：安西节度使、北庭节度使（前两个节度使的辖区位于现新疆）、河西节度使（辖区位于现甘肃）、朔方节度使（辖区位于现黄河北部大拐弯内外）、河东节度使（辖区位于现山西北部）、范阳节度使（辖区位于现北京、河北一带）、平卢节度

---

41 《通典》："自开元中及于天宝，开拓边境，多立功勋，每岁军用日增。其费籴米粟则三百六十万疋段，给衣则五百二十万，别支则二百一十万，馈军食则百九十万石。大凡一千二百六十万（开元以前每岁边夷戎所用不过二百万贯，自后经费日广，以至于此）。"

使（辖区位于现北京以东的东北地区）、陇右节度使（辖区位于现陕西甘南、青海一带）、剑南节度使（辖区位于现四川西部和云南）。

这些节度使并不能帮助皇帝减少财政开支，却可以把财政"隐形化"。他们的许多开支完全是自行筹措，不再受皇帝的管制，也不需要皇帝操心。

为了保证节度使的忠诚，皇帝特别注意派遣可靠的官员，比如请一些在职或退职的宰相担任或兼任节度使，因为这些宰相对皇帝忠贞不贰，也有足够的社会资源来执行使命。

但是，随着贤相集团的崩溃，唐朝的宰相职位被聚敛集团把持。聚敛集团有着严酷的内斗传统，获胜的人不会把节度使的职责交给那些失败者。

李林甫成为宰相后，决定再进一步，将节度使授予归顺的少数民族将领。于是，少数民族将领获得了唐朝边境的部分军政实权。

就能力而言，李林甫是一个合格的宰相。他能够通过高效的行政系统完成皇帝的一切要求，特别是财政需求。另外，他还亲自主持汇编了一系列的法律典籍，比如中国历史上著名的《唐六典》就是在他任宰相期间完成的。但唐玄宗时期的宰相已经不同于唐太宗时期。唐太宗时期的宰相有四个，是集团领导制，而唐玄宗时期是以一个人为主。能干的李林甫享有过多的权力，承担过多的事务，能制约他的力量也越来越小。只要他还在任，他亲手并精心建立的政治平衡就能保持下去，整个政府就不会出乱子。他一旦离任，这种平衡立即被打破，整个政府机构就会变得千疮百孔，不可收拾。

在他的新措施下，安禄山、史思明、高仙芝、哥舒翰等一批少数民族名将掌握了庞大的军队。

在李林甫的机制中，少数民族的将军虽然掌握大权，但对李林甫本人仍然保持着尊敬。李林甫死后，杨国忠为相，少数民族将军不听从他的指挥，与宰相出现了严重的对抗。

杨国忠试图从最大的节度使安禄山下手，整治藩镇。安禄山也意识到，在杨国忠的逼迫下，自己不得不反。于是，一场悲剧发生了。

在天宝变乱发生后，杨国忠依然保持着高效的财政工作。当各地的勤王士兵们纷纷赶到时，他首先考虑的不是如何保证军队的战斗力，而是为军队花掉太多的钱感到惋惜。他决定尽量不动国库，而是另外找钱来帮助皇帝打仗。

《新唐书·食货志一》记载，他派侍御史崔众到太原出卖僧尼道士的度牒，用这种方式筹钱上百万缗。但此刻的搜刮已经无助于维持唐朝的稳定，唐玄宗把他的理财官与宠妃一起，抛弃在了马嵬坡……

盛世王朝的终结

会昌五年（公元845年），全国掀起了一场轰轰烈烈的灭佛运动。

唐武宗是一位虔诚的道教徒，从他登基那一天起，就宠信一位叫作赵归真的道士，向他学习法术。此外，衡山道士刘玄靖、罗浮道士邓元起等人也在唐武宗的朝廷内当官，传授长生不老之术。

在道士们的影响下，唐武宗一直打压佛教，但在会昌五年（公元845年）之前，所有的行动都是偶发性的，直到这一年，唐武宗决定发动一次全面的灭佛运动。

这年四月，唐武宗请管理僧道的祠部先进行了一次调查，查出全国存有寺庙4 600座，僧舍（兰若）4万处，和尚、尼姑共26.05万人，占全国人口的0.5%以上。[42]

到了七月，皇帝正式下达灭佛的法令。中书门下上奏，请求在每一个大州留一座寺庙，其余寺庙里的先皇、先贤塑像，可以移入这座保留的寺庙。至于小州，则不需保留佛寺。东西两都各保留10座寺庙，每座寺庙10个和尚。

皇帝回答：大州如果有精美的寺庙，可以考虑保留一座，如果没有也不用保留。两都可以考虑各保留4所寺庙，每所30名僧人。其中上都长安的左半部保留慈恩寺和荐福寺，右半部保留西明寺和庄严寺。

除了皇帝允许保留的几十所寺庙之外，其余的寺庙都予以毁弃，僧尼全部还俗。

在唐代一直繁荣的佛教突然间遭受到毁灭性的打击。

除了佛教之外，全国当时还有从中亚传来的基督教（景教）和波斯的祆教。这两个教派约有3 000名教士或僧人。唐武宗决定连这两个教派也不保留，3 000人一起转业。

然而，三个月后，新的麻烦又来了。佛教除了是一种信仰，还是一套慈善机构。在唐代，佛寺负责赡养老弱病残人士，佛寺关门之后，这些人没了着落，大部分贫病交加，濒临死亡。灭佛成了人们批评皇帝的把柄。

---

[42] 唐武宗会昌五年（公元845年）户数为495万户，缺乏口数，但以唐代人口整体趋势判断，应在5 000万左右。

唐武宗只得命令京城和各州的政府拨出一定的土地，利用土地的地租来赡养这些人，将原本由佛寺主持的慈善机构变成公办。当然，这个机构效率不会高，却可以堵住批评者的嘴巴。

通过这一系列的措施，唐武宗加入了一个短名单，历史给这个短名单起了个名字"三武一宗"。在中国历史上，大规模灭佛的皇帝一共四个，即北魏太武帝、北周武帝、唐武宗，以及五代时期的后周世宗。

唐武宗登基第二年就遭到了"报应"：在他宠信的道士的怂恿下，他不停地吃丹药，而这些丹药的毒性太大，他最终中毒而死。

新登基的唐宣宗随即废除了唐武宗的灭佛措施。那时，由于老皇帝死去，许多僧人又偷偷地回到已经成为废墟的寺庙之中。唐宣宗下令，僧人回流，政府不得干涉。

佛教徒只是从教义和因果报应的角度去看问题，从来没有想到，给他们惹祸的其实不是信仰，而是财富。

"三武一宗"灭佛的理由只有一个：财政。[43] 他们在意的不是佛经对错，而是三样东西。

一是佛寺的人力资源。每个寺庙都充斥着年轻力壮的和尚，但他们不仅不劳动，还不纳税和服劳役，政府早就想打他们的主意了。

---

43 我们可以把唐武宗的诏令当作自白书来看。在诏令中，他详细谈到了自己对佛教危害的认识："洎于九州山原，两京城阙，僧徒日广，佛寺日崇。劳人力于土木之功，夺人利于金宝之饰，遗君亲于师资之际，违配偶于戒律之间。坏法害人，无逾此道。且一夫不田，有受其饥者；一妇不蚕，有受其寒者。今天下僧尼，不可胜数，皆待农而食，待蚕而衣。寺宇招提，莫知纪极，皆云构藻饰，僭拟宫居。晋、宋、齐、梁，物力凋瘵，风俗浇诈，莫不由是而致也。"见《旧唐书·武宗纪》。也可见本书作者的《哲学密码》。

二是佛寺的土地。根据传统，佛寺的土地都是免税的。当政府的征税过于严苛时，人们甚至把土地先送给寺庙，再变成寺庙土地的租户，得到的收入反而比拥有土地更划算。但政府却因此少了许多收入。

三是佛寺的铜像。在唐代后期，由于政府垄断经营铸币，既缺铜也缺钱，而佛寺里有大量的铜像可以用来铸钱。

在唐武宗之前，政府已经考虑过采取限制寺庙的做法。比如，和尚也要服兵役，寺院土地也要纳税，而寺院必须用土、石、木头来做塑像，只准在纽扣、饰物上用一点铜来装饰。但这些方法受到了太多的抵制，无法推行。

唐武宗的灭佛彻底解决了问题，可谓硕果累累。根据他的总结，中央政府获得的收入不菲：26万僧尼还俗，变成了两税户；同时，佛寺雇佣的15万奴婢也变成了两税户；另外，政府新增土地数千万顷，都是最优质的土地。

至于佛像，没有办法给出具体的估计。但是，当皇帝下令把佛像铸成铜币，政府的铸币机关竟然没有办法把这么多铜像熔化。当大量的铜币涌入市场之后，全国的物价立即出现混乱。到了唐宣宗时期，政府把一部分钱币重新铸成铜像，减少货币投放量。[44]

唐宣宗恢复佛教后，并没有将相关的土地资源重新划给佛寺，他享用了唐武宗灭佛带来的好处，却避免了灭佛的恶名，可谓一举两得。

---

[44]《新唐书·食货志四》："及武宗废浮屠法，永平监官李郁彦请以铜像、钟、磬、炉、铎皆归巡院，州县铜益多矣。盐铁使以工有常力，不足以加铸，许诸道观察使皆得置钱坊。淮南节度使李绅请天下以州名铸钱，京师为京钱，大小径寸，如开元通宝，交易禁用旧钱。会宣宗即位，尽黜会昌之政，新钱以字可辨，复铸为像。"

唐武宗的灭佛也可以被看作国家逐渐瓦解过程中的一个环节。安史之乱后，唐代虽然已经孱弱，却仍挣扎着，一时间恢复，一时间衰落，直到一百多年后才最终解体。

唐德宗用一生聚敛财富。虽然制度性的败坏已经深入骨髓，但从表面上看，唐德宗积累的财富又足以让他的孙子唐宪宗进行再一次集权的努力。唐宪宗也因此被称为"中兴皇帝"。

唐宪宗对唐代藩镇制度进行了两次重大改革，并在其统治的十五年间，让大部分藩镇重新听命于中央。

元和四年（公元809年），唐宪宗针对地方财政制度进行改革。在改革之前，地方向中央上缴财税，州政府征税后，留一部分给自己，剩下的交给节度使，节度使留够了自己的，剩下的才会上缴（或者进贡）给中央。

唐宪宗试图限制藩镇的征税权。由于每一个藩镇都下辖几个州，而节度使选择其中的一个州作为驻扎地（直辖州）。皇帝规定，直辖州的征税权完全交给节度使，但是对于其他的非直辖州，其财政收入则完全上缴中央，不再经过节度使。[45]

中央政府这种自断一臂、保全身体的做法，其实减少了节度使的权限。之前的节度使可以全面插手下辖的几个州的财政，现在只能管辖一个州，相当于将节度使的财政权降到了和州同样的级别，这自然引起了节度使的不满。

---

45 《新唐书·食货志二》："分天下之赋以为三，一曰上供，二曰送使，三曰留州。宰相裴垍又令诸道节度、观察调费取于所治州，不足则取于属州，而属州送使之余与其上供者，皆输度支。"

但由于唐宪宗时期的财政状况比唐德宗时期有所好转，他坚持不懈，依靠灵活的合纵连横的策略，加上武力胁迫，最终将这项政策逐渐贯彻下去，让大部分藩镇遵从了这个新的规则。

十年后，到了唐宪宗执政的末期，当财政重整规则见效、藩镇的财政权受到遏制时，皇帝再次推出了另一项改革：针对藩镇的军事制度，采用与财政制度类似的规则。节度使直辖州的军事完全归节度使统辖，而非直辖州的军事权则授予州的刺史，州刺史所辖军队也不再听从节度使的调遣。[46]

这是中央政府第一次将军事权交给州刺史，表面上看是加强了地方分权，但由于削弱了节度使的军事权力，藩镇对抗中央政府的能力大幅削弱。

在这两次改革中，唐宪宗也逐渐利用军事行动，将当年侮辱他祖父的东北诸侯一一纳入控制之中。

而对中央政府威胁最大的，除了东北诸藩镇，还有淮西。这个藩镇地处运河要道，威胁着唐朝中央政府的漕运安全。在唐宪宗的支持下，《新唐书·李愬传》记载，名将李愬率领中央军，雪夜奔袭，拿下淮西藩镇的中心蔡州，拔掉了这枚钉子。

根据《新唐书·食货志二》的统计，唐宪宗初期，每年都上缴赋税的有浙西、浙东、宣歙、淮南、江西、鄂岳、福建、湖南八个道，一共

---

[46]《旧唐书·宪宗纪》："丙寅，诏：诸道节度、都团练、防御、经略等使所管支郡，除本军州外，别置镇遏、守捉、兵马者，并合属刺史。如刺史带本州团练、防御、镇遏等使，其兵马额便隶此使。如无别使，即属军事。其有边于溪洞连接蕃蛮之处，特建城镇，不关州郡者，不在此限。"

有144万户，只有天宝年间的1/4。而政府财政需要养活的士兵却达83万，比天宝年间增加了1/3。平均每两户就要养一个士兵。京西北和河北地区由于军队太多，将赋税全部减免。而到唐宪宗统治结束时，全国户数达到335万，士兵人数99万，大约三户养一兵，比起当年已经有了好转。

唐宪宗的削藩和集权措施取得了惊人的成功，人们将他视为中唐以后最强大的君主。但人们忽视了其中一点，任何一次削藩都要付出一定的成本。唐宪宗时期的财政虽然经过重整，但远称不上健康。而当唐宪宗诉诸武力时，那条左右过唐德宗的财政规律再次起作用了。

在下一任皇帝统治时期，东北藩镇又不服从中央的领导了，而中央王朝的财政状况已经不允许再采取一次唐宪宗时代的大规模军事行动了。

经过几代懦弱的皇帝和宦官专权之后，皇位传到了唐武宗，财政收入再次出现困难。唐武宗必须依靠武力来平定泽潞节度使的反叛，这次平叛虽然成功了，却留下了巨大的财政窟窿，皇帝必须依靠灭佛来筹钱。

税务整顿促成了唐代最后一个安定时期。唐武宗与唐宣宗时代，唐代户口恢复到495万户。

只是，这时所谓的"安定"，与财政匮乏始终是相伴而行的。唐宣宗时期，全国两税、盐酒茶的专卖收入每年有922万缗，但每年的开支却要多出300万缗以上，[47]而其中的财政缺口只能靠寅吃卯粮、提前收税

47　以上数据均见《新唐书·食货志二》。

来解决。末世的气象初现，民间的反抗已经不可避免。

唐宣宗还在世时，浙东的裘甫叛乱已经爆发。政府为了镇压反抗，不得不投入更多的军费。而更多的税收意味着对民间更大的压迫，这又会带来更大的反抗。所以，一旦财政入不敷出，政府很容易就会陷入这个恶性循环之中，再也挣脱不出来。

各地反抗频发时，唐宪宗改革的另一个弊端也显现出来。唐宪宗为了削藩，不惜降低整个政府的行政效率。比如，在藩镇统兵时期，藩镇为了自身的生存，会加强士兵的训练。但唐宪宗削弱了藩镇的力量，将兵权分散在各州刺史的手中，不仅兵力分散，而且州刺史没有动力维持军队的训练，财政不足时，首先考虑的是克扣军饷，减少军事开支。

咸通六年（公元865年），越南北部出现叛乱，中央政府不得不派兵镇压，可军事开支的缩减再次造成了兵变，政府进一步失控。随着藩镇制度的衰落，唐代统治者已经没有力量来防范全国性的反抗了。

最后的一击来自唐代的重臣高骈。黄巢叛乱时，身处江淮最富裕地带的高骈按兵不动，放走了黄巢。中央政府失去江淮这块最富庶的土地，也就失去了最重要的财政来源。

此时距离唐朝的灭亡仅仅一步之遥。当官制无法保证统一，财政也无法养活这个庞大的官僚结构时，中央王朝分崩离析。中国历史进入了五代十国时期。

第九章　宋代：改革之殇[1]

宋代最著名的改革是王安石变法，最令人惋惜的改革却是范仲淹主持的庆历新政。

庆历新政与王安石变法一样，目的都是解决政府财政不足的问题，说具体一点，就是三冗问题：冗员、冗兵、冗费。范仲淹的出发点是：既然财政收入无法增加，那就减少财政开支。通过整顿官僚制度，减少官员和士兵数量，提升士兵的战斗力，从而达到节省财政的目的。

范仲淹的改革遭到了整个官僚阶层的抵制，他们不愿意自己成为裁减三冗的牺牲品。改革最终不了了之。当人们意识到，削减开支的改革不能成功时，就有另一帮人开始呼吁进行增加财政收入的改革，王安石就是最典型的代表。

宋代三冗问题出现的原因在于宋代是一个继承性的朝代，继承了从唐代到五代形成的庞大官僚阶层和士兵队伍，加上皇帝为了赎买权力，允许官员享受过量的福利，以上这些都使得宋代的开支一直非常庞大。

---

[1] 本章涉及的时间范围是公元960—1100年。

宋代也是官买官卖制度发展最完善的朝代，盐、茶、酒、香、矾，加上其他奢侈品，都被纳入官营体系，政府收取高昂的税收，甚至将这些物资信用化成票据流通，成了中国金融最复杂的朝代。

王安石变法的初衷是：增加政府的财政收入，并以此为出发点设计政策。他试图使皇帝相信，改革既可以让民间富足，又可以增加财政收入。但改革的结果却扰乱民间经济，遭到了几乎整个社会的抵制。

王安石为了推行变法，不得不排挤大部分在朝的官员，扶持自己的势力，导致宋代的朝堂斗争失控，许多小人升官。派系斗争成了北宋晚期的主旋律之一。

岳阳楼上叹革新

庆历三年（公元1043年），宋仁宗接待了一位重要的朝臣。这位大臣刚从边境的战场回来，在谏官欧阳修的推荐下担任了参知政事（副宰相）的职务。皇帝之所以要见他，是向他请教富国强兵之道。这位大臣就是范仲淹。

范仲淹被后世推举为宋代官吏的楷模，甚至有人认为他的地位还在苏轼、欧阳修之上。他的《岳阳楼记》传诵千年，脍炙人口，其中"先天下之忧而忧，后天下之乐而乐"、"不以物喜，不以己悲"，以及《灵乌赋》中"宁鸣而死，不默而生"的名句，足以反映中国文人的气节。他曾经因为不肯随波逐流，秉笔直言，得罪了皇帝和权贵而遭到数次贬官，又凭着政绩数次崛起。

在皇帝接见范仲淹之前，宋代恰好刚经历过一次危机。

《宋史·范仲淹传》记载，宝元元年（公元1038年），西夏人的领袖李元昊称帝。由于宋代皇帝不承认李元昊的帝位，双方立刻发生了严重的军事冲突。

在冲突中，李元昊几乎一年一次大捷，在三川口、好水川、定川寨，共灭宋军几万人。宋军表现得极端无能，连吃败仗。最后，在前线担任守备的范仲淹、韩琦、文彦博等人建立起一道较为牢固的防线，控制住西夏人的扩张。而李元昊由于消耗太大，也决定与宋和谈。这次和谈断断续续，到庆历四年（公元1044年）才达成协议：宋每年输送给西夏银7.2万两、绢15.3万匹、茶3万斤。

就在宋代与西夏发生战争的同时，原本与宋代维持和平的辽国也趁火打劫，要求增加岁币。四十年前，宋辽签订澶渊之盟，宋每年向辽纳贡银10万两、绢20万匹。到这时，辽威胁宋仁宗在战争、割地和增贡之间做出选择。

虽然知道这是辽朝的无理要求，但宋仁宗还是屈服了，他派富弼与辽朝签订了新的合约：给辽国的岁贡增加10万两，绢增加10万匹。[2]

与西夏和辽的扩张相比，更让人头疼的是北宋政府自己的问题。政府内部冗官充斥，军队规模庞大但是战力疲弱。财政吃紧，战争的爆发使朝廷不得不大幅度提高税收，民间经济也受到了影响。

据掌管财政的三司使统计，战争爆发之前的宝元元年（公元1038年），陕西、河北、河东三路的财政收入分别为1 978万、2 014万和1 038万，而财政支出分别为2 151万、1 823万和859万，整体略有结余。

---

2 见《宋史·仁宗纪》《宋史·富弼传》《宋史·食货志下一（会计）》。

宋代财政收入的计算单位很特别。在收税时，主要收的是金、银、钱、帛、粟等，金银以两为单位，钱以贯（1 000 钱）为单位，帛以匹为单位，粟以石为单位。在统计时，政府不是把所有贡品折算成货币，而只是将各种物品的数量简单相加，算出一个总数。各省的财政数字中包含了所有的税收，但人们无法折算，只能进行大体的比较。

《宋史·食货志下一》记载，到了战争开始后的庆历二年（公元1042 年），三路的财政立刻出现了大幅度变动。其中陕西路由于是宋夏战争的主战场，花费更大，税负极其沉重，政府收入猛涨到 3 390 万，而支出也达到了 3 363 万。京师汴州（开封）的财政收入从宝元元年（公元 1038 年）的 1 950 万涨到了庆历二年（公元 1042 年）的 2 929 万，支出从 2 185 万涨到了 2 617 万。

面对西夏和辽的逼迫，以及内部的重重问题，宋仁宗痛改前非，发愤图强。而在这时，从前线回来的范仲淹成为皇帝信任的对象。宋仁宗询问这位立了战功的大臣，如何才能解决财政问题、加强军事战备，防止下一次危机。

范仲淹面圣退下后，对人说，陛下的确想用他。但是，朝廷已经积弊太深，不是一朝一夕就能改变的。

宋仁宗很快就再次向范仲淹请教富国强兵的良策。这次，范仲淹做了书面答复，这就是著名的《答手诏条陈十事》。他提出了十项改革建议，分别是：明黜陟、抑侥幸、精贡举、择官长、均公田、厚农桑、修武备、推恩信、重命令、减徭役。

十项改革主要针对当时四种现象：冗兵、冗官、冗费、行政效率低下。

关于冗兵，新政针对性地提出恢复府兵制。宋代实行募兵制，兵员数额庞大，达一百多万人，成为财政的巨大负担。[3]但由于战争频仍，淘汰冗兵说起来容易做起来难，所以范仲淹更强调从机制上寻找解决方法，减少养兵的花费，而府兵制寓兵于农，士兵自己种地养活自己，可以减少军费开支。

在"修武备"一项中，他认为，由于当前京畿卫士抽调边关，首都兵力空虚，可以考虑先在京畿地区实行府兵制，再推广到其他地方。皇帝应该招募五万京畿卫士，这些兵三时务农，一时训练，既可以实现粮食的自给自足，又可以保持强大的战斗力。

关于府兵制的提议，一个有趣的现象是：在中国历史上，既有实行府兵制的时期，又有实行募兵制的时期。实行府兵制的时期，人们就想改革成募兵制；而实行募兵制的时期，又想改革成府兵制。比如，《新唐书·兵志》中说，隋唐时期人们看到先前的募兵制花费太高，所以改用府兵制解决花费问题，这和范仲淹的初衷是一样的。但唐代中期以后，人们发现府兵制虽然节约军费，但士兵的战斗力不强，为了打仗，还是得用募兵制。募兵制持续到宋代，由于花费控制不住，范仲淹又提出要改为府兵制。

这种循环说明，军队的战斗力与军费开支之间的关系是一个长期无解的难题，要么战斗力低，要么军费高，即便暂时能找到一个平衡点，也无法长期保持。范仲淹想从募兵制往府兵制调整，这可以看作一种寻找再平衡的尝试，在北宋军费太高的情况下，找到一个降低花费的方法。

---

3 冗兵问题详见下一节。

针对冗官问题，范仲淹提出"明黜陟、抑侥幸、精贡举、择官长、均公田"，其核心是减少不合格官员的数量，削减因为家庭背景而当官的人数，同时改革官员选拔和考核体系，选出合格的官员。

所谓"明黜陟"，指的是改革官员的选拔机制。由于官僚制度的惯性，宋仁宗时代形成了官员定期"磨勘"的制度：官员按照资历，文官三年升迁一次，武官五年升迁一次。范仲淹认为，这个制度使官员们根本没有动力去追求政绩，只需熬资历即可。必须改革磨勘法，根据官员实际的能力和成绩来提拔，将那些熬资历的不称职者淘汰，形成良性的竞争局面。

所谓"抑侥幸"，指的是官员的恩荫制度。宋真宗以来，皇帝要向大臣显示恩惠，便大量地分封官员子弟当官，由此形成了庞大的冗官体系。范仲淹算了一笔账：一个学士以上的官员在朝任职二十年以上，竟然能帮助兄弟、子弟二十人在京做官。如果不做出改变，官僚集团的膨胀速度会迅速吃空政府财政。

所谓"精贡举"，是改革贡举制度。由于朝廷的考试注重诗词歌赋，所以招来的人才大多以辞章文采见长，而缺乏真正的治理能力。范仲淹试图改革贡举制度，并在学校教育中加强实务训练。

"择官长""均公田"两项，则是希望谨慎地选择合格的地方官，防止不合格官员为祸民间。发给官员职分田，让他们无后顾之忧，不偏不倚地工作，避免贪赃枉法。

总之，范仲淹希望利用制度革新老化的官僚体系，精减官员数目，提高官僚素质，将有限的财政用到这些合格的官员身上。

针对行政效率低下，事情拖而不决，范仲淹提出了"推恩信""重命令"两项措施,要求朝廷不要总是变动命令,一旦发布命令,就要执行到底。

针对冗费,范仲淹提出"厚农桑""减徭役"。政府通过兴修水利、政策鼓励、减少税收的措施来鼓励农民,发展农业和手工业。同时,又通过减少不必要的征召,合并政府机构,节省用人,减轻百姓负担,让他们安心从事生产劳动。

范仲淹提出改革纲领之后,宋仁宗经过考虑,除了府兵制不予恢复之外,其余的都下诏办理。[4] 在范仲淹的领导下,北宋政府终于走上了变革之路,史称"庆历新政"。

范仲淹是一个务实的人,他不提过于宏大的目标,不像后来的王安石想一次性地变革朝廷的体系。他只想在现有制度框架之下,将原来的制度中已经乱套的地方重新调整好。可以说,这是一次现实主义和保守主义的改革。

范仲淹的改革暗含着三条原则。

第一,政府虽然要收税,但不是越多越好,财政应该量入为出,而不是量出为入。政府的职责是发展经济而不是加强税收。

第二,政府不应该直接参与经济活动来获利,而应该只依靠税收来解决财政问题。

第三,政府的主要问题不是财政收入不足,而是官员规模膨胀过快,

---

[4] 《宋史·范仲淹传》:"天子方信向仲淹,悉采用之,宜著令者,皆以诏书画一颁下;独府兵法,众以为不可止。"

政府的规模降下来，花费自然可以减少。

总之，改革的核心不是加强政府权力和干预民间经济运行，而是针对政府自身，要从自己身上割肉，减少政府对市场的干预。

在中国的历史上，绝大部分改革都是为了增加财政收入，只有少数改革是为了缩小政府规模而推行的，庆历新政属于后者。如果它成功了，那么北宋可能会统治得更长久；而如果它失败了，人们将会从另外的角度考虑问题：既然无法限制政府的规模，那么就只能增加政府的收入。到了这时，就该聚敛之臣上台了。

庆历新政的命运到底如何呢？

宋仁宗的诏书下达后，立刻引起了人们的兴趣。

对于范仲淹的才华，人人佩服不已。此前，宰相吕夷简在任时，压迫、驱逐了一批良臣。范仲淹受重用后，富弼、韩琦等较为正直的官员随即被起用，与范仲淹共同筹划改革方案。这时，人们对他们的政策报以极大的期待。

然而，政策下达之后，真正重要的是有人依据政策去执行。这时，事情却乱了套。

为了将那些不合格的人裁撤，把那些依靠恩荫制度上台的人弄走，必须实行严格的考绩制度，但范仲淹没有足够的人手来推行政策，下层机构也不愿意配合。人们议论纷纷，认为改革涉及的面太广，内容太多，于是不再看好范仲淹的改革。[5]

---

5 《宋史·范仲淹传》："而仲淹以天下为己任，裁削幸滥，考核官吏，日夜谋虑兴致太平。然更张无渐，规摹阔大，论者以为不可行。及按察使出，多所举劾，人心不悦。自任子之恩薄，磨勘之法密，侥幸者不便，于是谤毁稍行，而朋党之论浸闻上矣。"

范仲淹做了一次努力，他上书皇帝，提出政出多门，每个衙门自己不做事，还不让别人做事，要想推进改革，必须把更多权力集中在宰相手中。他要求作为辅政大臣，监管兵事和财政，而将其他的权力交给中书和枢密院两府，与辅政大臣共同推进改革。

范仲淹的建议牵扯到了真正的利益分配，经过讨论之后，群臣建议宋仁宗否决范仲淹的提议，只授予他刑法的司法权。

范仲淹仍然不想放弃，既然他有了刑法的司法权，就决定借此继续推进改革。他派出了按察使出巡各地，督促官员执行改革，同时打击那些不为民办事的官员。随着越来越多的问题被揭露出来，他的改革终于激起整个官僚阶层的反抗。

官僚阶层发现，如果改革成功，首先是他们的权力被限制。改革恩荫制度之后，官员的后代当官不再那么容易，赚钱的机会也少了，而磨勘制度变得严密之后，当官混日子也不方便了。

当整个官僚阶层开始反抗时，范仲淹知道，改革已经进行不下去。他了解宋仁宗的弱点：性格仁慈，能受委屈，却对付不了会哭闹的官员。随着与西夏维持和平的希望增大，财政改革的需求也不那么急迫了，一切都在向着旧轨道滑去。

庆历新政实行了一年多之后，范仲淹已经无力将改革再推行下去。恰好这时，边境传来警报，范仲淹和改革派大臣、枢密副使富弼一同申请戍边。宋仁宗也已经厌烦了改革，任命范仲淹担任河东、陕西宣抚使，赐以黄金百两，将他打发走了。到了边关之后，范仲淹将这百两黄金分给了将士。

对于改革的失败，范仲淹是什么心情，历史没有过多记载，他的名作《岳阳楼记》中,那"不以物喜,不以己悲"的名句或许恰好反映了他的内心。这时的他已经将成败看淡了,只求问心无愧。

北宋的第一次也是最靠谱的一次改革失败了,让人扼腕不已。如果这次改革成功,也许就不会有王安石那次伤筋动骨的改革了。

庆历新政也留下了一定的成果:宋仁宗偶尔想起来范仲淹的建议,就会清理一批冗官。但不久后,总会出现新一批的冗官,王朝财政仍旧在恶化。

北宋是中国历史上一个特殊的时代。这是一个经济发达的时代,也是一个财政混乱的时代。宋朝拥有最复杂的官僚体系、最庞大且无用的军队、最全面的专卖制度、最先进也最无赖的金融工具。

宋朝的命运在它建立之初就已经注定。人们虽然反抗过,改革过,但最终都无法对抗庞大的财政惯性,政府在一次次找钱的努力中消耗着力量,最终瓦解。而北方虎视眈眈的敌人利用这个机会,吞并了中国历史上最独特的王朝。

错综复杂的财政集权

显德七年(公元960年),一支后周的军队从京师汴州北上抗击北汉契丹联军。一天晚上,他们驻扎在京师北面、黄河北岸的陈桥驿,一场阴谋即将在这里展开。[6]

---

6 见《宋史·太祖纪》《宋史·赵普传》。

当晚，阴谋的主角归德军节度使、检校太尉赵匡胤先喝酒将自己灌醉，回到帐中呼呼大睡。赵匡胤的弟弟赵光义和掌书记赵普则在外策划军队造反。到了五更时分，有组织的军人们在一种狂热情绪的支配下来到陈桥驿的驿门，鼓噪着要求赵匡胤当皇帝，他们随后向赵匡胤的寝帐进发。赵光义和赵普乘机走进赵匡胤的寝帐，将醉眼蒙眬的赵匡胤叫醒。

等赵匡胤从屋里出来，有人立即给他套上一件黄袍，众人山呼万岁，簇拥着他向京师的方向前进。

到了京师，士兵们把宰相范质带到赵匡胤的面前，范质一看大事不好，只得承认了既成事实。赵匡胤控制了京师，逼迫未成年的后周恭帝将皇位禅让给自己。另一位后周权臣韩通听说此事，立即往家跑，他跑到家还没有来得及关门，赵匡胤的手下王彦生就进屋杀了他全家。

赵匡胤登基后，后周太尉李筠、淮南节度使李重进相继叛乱。他们被镇压之后，赵匡胤显得忧心忡忡。

从中唐晚唐至五代十国的一两百年时间里，由于中央政府缺乏控制力，各地的节度使成为地方事实上的统治者。他们拥有军队，从地方收税来养兵，还有自己的官僚系统，已经完全独立于中央。

赵匡胤虽然得了天下，但是，如果这样的结构不改变，下一次改朝换代很快又会发生。如何坐稳江山，成了他必须解决的问题。

更棘手的是，他并没有机会建立一套全新的制度。他通过和平禅让获得权力，必须安抚那些推举他上台，或者默认他当皇帝的人。禅让的王朝总是带着前朝的所有问题，要想在这个基础上建立稳固的架构更是难上加难。

帮助赵匡胤黄袍加身的赵普心领神会。他向赵匡胤提出了计策，总结起来，有三个方面：在政治上，削夺其权；在军事上，收其精兵；在财政上，制其钱谷。

虽然继承了唐、五代时期的基本政治架构，但是皇帝为了加强中央集权，在正常的官僚制度之外，另外加上了许多的监管措施，来防止官员擅权。在唐代，宰相的权力很大，但在宋代，为了分散宰相的权力，还设置了副宰相（参知政事），兵权分出去，归枢密院，财权也分出去，设置了三司使，号称计相。

在地方官制上，财权、军权、行政权力也各自分离，官员皆由中央任命，并且互相牵制。除了设州县之外，宋代在州之上还有一个叫作路的机构。路不算是一级政府，只是中央的派出机构，但又承担了政府的许多职能。

就这样，宋代成了中国历史上官僚制度最复杂的朝代，各级政府机构盘根错节，任何人即便想要反叛，也无法获得足够的权力。

军事上，为了对抗节度使的权力，五代时期已经形成了枢密院领兵制度。枢密使这个发端于唐代宦官、从五代时期起由非宦官担任的职务，到了宋代已经掌管军事大权。

为了限权，除枢密使之外，宋代还设置了殿前司、侍卫马军司、侍卫步军司组成的三衙。这三衙统领全国的禁军和厢军，负责军事训练。三衙负责练兵，枢密院负责调兵，而打仗时还要另设将帅领兵。路、州、县各个地方政府也设有各种各样的军事职务，负责当地驻军的监管、协调和后勤工作。

宋代与初唐军事体制最大的不同，是初唐采取府兵制，而宋代采用募兵制。募兵制与府兵制的区别，在于募兵制的兵都是招募而来的职业兵，只负责打仗，不负责生产和屯田，他们是由中央政府发工资的。募兵制相对于府兵制的优点是兵士的军事素质更高，而缺点则是养兵必须全靠政府拨款，费用高昂。

要想达到军事上和政治上的集权，就要考虑这样一个问题：该如何控制百姓，让他们乐意帮助政府建立集权制度呢？

赵普的提议中，最核心的内容是"制其钱谷"，从财政上剥夺其独立能力，使其不得不依靠中央政府，这样才能解决财政问题。"剥夺其权"和"收其精兵"都是外在的动作，就像绑住一个人的手脚一样，虽然能够制服他，却也剥夺了他为皇帝效力的能力。只有"制其钱谷"，才能在不损害一个人战斗力的前提下，让他服服帖帖。

宋太祖为剥夺各个地方的独立财权，派遣了大量的使职官僚下地方。他规定，地方财政事务都由中央政府设立的转运使掌控，而地方长官（节度使、防御使、观察使、留后、刺史等）均不管理财政事宜。

回想一下唐代后期，一份税收要分成留州、送（节度）史、上贡（朝廷）三部分，而上贡的比例有时甚至不到一成，大部分的财政都被地方克扣了。甚至有的藩镇干脆不向中央缴税，只是不定时地送一些贡品。

唐德宗当年的窘况仿佛是长鸣的警钟，随时提醒着宋代帝王。《续资治通鉴长编》卷三十七记载，宋太宗赵光义直言不讳地说，整顿财政就要以唐为鉴。

前代帝王昏弱，天下十分财赋，未有一分入于王室。唐德宗在梁、洋，公私窘乏，韩滉专制镇海，积聚财货，德宗遣其子皋往求，得百万斛，以救艰危，即时朝廷时势可见矣。朕今收拾天下遗利，以赡军国，以济穷困；若豪户猾民，望毫发之惠，不可得也。

财政官员直属于中央，地方官就没有办法也没有能力来插手王朝的财政了。

1992年，中国政府启动新一轮分税制改革，在财政分配上偏向中央，地方需要花费，就由中央进行转移支付。

而一千年前的宋代，也采取了类似的做法，宋代规定税收必须全部解京，即使由于交通不便无法送到，也必须在当地封存，不允许地方官员动用。

中央财政比例的加大形成了干强枝弱的局面，这是整个宋代财政状况的一条主线。

在中央，皇帝设立了三司使，专管财务。财政官员的地位提升，并独立于原有的行政系统之外，皇帝对于财政的控制权加强了。[7]

宋太祖设立的制度如此成功，直到宋代末年，地方官僚都无法与中央政府对抗。

但是，由于宋代在前代官制的基础上设置了太多权宜性的职位，官僚队伍膨胀的速度超过了之前的任何朝代。由于军权分得过散，没有人

---

[7]《宋史·职官志二》："三司之职，国初沿五代之制，置使以总国计，应四方贡赋之入，朝廷之预，一归三司。通管盐铁、度支、户部，号曰计省，位亚执政，目为计相。其恩数廪禄，与参、枢同。"

为军队的实力负责，百姓从军只为养家糊口，战斗力糟糕得一塌糊涂。

冗官和冗兵，是宋代财政最大的两个包袱，怎么甩都甩不掉。

《宋史·食货志下一》记载，在宋真宗时期，宋代的士兵大约为91.2万人，接受俸禄的宗室、官僚大约为9 785万人。到了宋仁宗宝元时期（公元1038—1040年），士兵人数已经达到了125.9万人，而接受俸禄的宗室、官僚为15 443人。到了宋英宗治平年间（公元1064—1067年），由于天下太平，士兵人数终于降至116.2万人，接受俸禄的人却立刻扩充了3/10。

宋仁宗时期的名臣蔡襄曾经统计过皇祐年间（公元1049—1054年）的税赋收入和军事开支。税赋分为钱、绢帛、粮、草四项，其中军事开支分别占了总收入的26.99%、84.87%、86%和84.89%。[8]

由于养兵养官的包袱，宋代不得不大大增加财政收入。与唐代相比，宋代的农业税和劳役都更加沉重。

农业税仍然以两税为主，但对两税再次做出了简化：夏税纳钱，秋税缴米。除了两税之外，又有无数的苛捐杂税：农器税、牛革筋角税、义仓税、进际税、蚕盐税、曲引钱、纳醋息钱、头子钱，等等，名目繁多。[9] 缴税又有不同的方式，一会儿缴钱，一会儿又折算成米，算来算去，政府就吃足了其中的差价。

由于经济的发展，宋代的垦田数量超过了前代，然而，与垦田数量

---

8 见《蔡忠惠公文集》卷十八。四项收入的具体数据为：钱36 822 541贯，绢帛8 745 535匹，粮26 943 575石，草29 396 113束。四项军事开支的具体数据为：钱9 940 147贯，绢帛7 422 768匹，粮23 170 223石，草24 980 464束。

9 见李剑农《中国古代经济史稿》，第三十九章。

大增并行的,是逃亡户的增加。在群臣的讨论中,逃亡户一直是个令人头疼的问题。由于不缴税的"形势户"太多,大量的税收负担都压在普通户的头上,人们突然发现,依靠农业致富已经成了一种空想。[10]

如果一户人家想多种几棵树,他会发现树还没有长大,地方政府已经调高了他的户等和税赋,算算账,还不如把树砍掉划算。任何财产的变动都可能成为政府加税的理由,最终,人们发现当一个游民反而最省心。许多人不再从事农业生产,这也间接地促进了工商业的发达。

除了田税之外,劳役问题也十分严重。在宋代,最令人头疼的劳役是替官府出差的衙前,以及治理民间的里正。特别是衙前,本来是一个替官府出差的职位,按照现代人的理解,替官府做事是可以赚钱的。但在宋代,由于这种差没有俸禄,还要受官僚的欺负,充当差役是要倒贴钱的,成了典型的苦差。为了找人充差,政府只能强迫富裕的人家出人,但就算是富裕人家,出衙前差也可能导致倾家荡产。[11]

即便这样搜刮,随着官僚队伍和军事开支的继续膨胀,仅仅依靠农

---

10 关于人民被逼逃亡的最好描述,由宋太宗的一位官员给出。《宋史·食货志上一(农田)》:"至道二年,太常博士、直史馆陈靖上言:'……今京畿周环二十三州,幅员数千里,地之垦者十才二三,税之入者又十无五六。复有匿户舍而称逃亡,弃耕农而事游惰,赋额岁减,国用不充。诏书累下,许民复业,蠲其租调,宽以岁时。然乡县扰之,每一户归业,则刺报所由。朝耕尺寸之田,暮入差徭之籍,追胥责问,继踵而来,虽蒙蠲其常租,实无补于捐瘠。况民之流徙,始由贫困,或避私债,或逃公税。亦既亡逋,则乡里检其资财,至于室庐、什器、桑枣、材木,咸计其直,或乡官用以输税,或债主取以偿逋;生计荡然,还无所诣,以兹浮荡,绝意归耕。'"
11 《宋史·食货志上五(役法上)》:"初,知并州韩琦上疏曰:'州县生民之苦,无重于里正衙前。有嬬母改嫁,亲族分居;或弃田与人,以免上等,或非命求死,以就单丁。规图百端,苟免沟壑之患。'"

业税，仍然无法满足需要。北宋时期的农业财政收入大约在5 000万~7 000万，[12]它的财政总收入则在1.2亿~1.5亿，[13]其中的差额，则要靠组织最严密的官营垄断事业来填补。

宋代发展出了最复杂的官买官卖制度。

官买官卖遍天下

《宋史·食货志下三》记载，庆历四年（公元1044年），一位叫作范祥的太常博士提出了一个奇怪的建议，试图解决困扰中央政府的军事财政问题。

由于与西夏战争造成的财政紧张，加上范仲淹改革失败，中央政府已经没有力量支援陕西边境的财政。

此刻，各地的税收再也加无可加，而各种专卖制度已经很严密，政府建立了盐、茶、香药、奢侈品等专卖机构。这些特殊的官营机构控制着从生产到销售的每一个环节，最大限度地将利润压榨出来供给中央政府养官和打仗。

但政府仍然入不敷出，宋仁宗的满朝名臣都束手无策。这时，枢密

---

12 《宋史·食货志上二（方田、赋税）》："凡岁赋，谷以石计，钱以缗计，帛以匹计，金银、丝绵以两计，藁秸、薪蒸以围计，他物各以其数计。至道末，总七千八十九万三千；天禧五年，视至道之数有增有减，总六千四百五十三万。其折变及移输比壤者，则视当时所须焉。"

13 《宋史·食货志下一（会计）》："天禧末，……天下总入一万五千八十五万一百，出一万二千六百七十七万五千二百……皇祐元年，入一亿二千六百二十五万一千九百六十四，而所出无余……治平二年，内外入一亿一千六百一十三万八千四百五，出一亿二千三十四万三千一百七十四，非常出者又一千一百五十二万一千二百七十八。"

副使韩琦向皇帝推荐了名不见经传的范祥,他又能想出什么办法呢?

范祥的办法是:用盐来养兵。

在范祥之前,宋代的食盐专卖制度是这样安排的:全国划分成若干区域,每个区域内有一个食盐产区,而这个产区的盐只能在本区域销售,否则就将受到严厉的惩罚。

比如,四川地区的井盐只能在四川和三峡地区销售,浙江沿海的盐只能供应两浙地区,福建长清场的盐主要供应福建,而解州(位于现山西运城)的解盐供应给北方的广大地区。

在每一个产地,盐或由政府组织生产,或者由盐农生产,但盐农只能以极低的价格卖给政府,不得销售给他人。政府再组织运输,将盐运往各地销售。不过,在销售店铺方面,规则却有一定的松动。比如解盐,在首都等核心地区都是政府直接建立零售机构,别人不得经营。但是,在一些偏远的地区,政府的机构覆盖不到,就准许商人从政府批量购入再自行销售。但是,批发商人也只能在指定地区销售,如果越界,就要受到严惩。宋代的这种做法在后来历代中一直被沿用。

虽然宋代政府已经通过食盐专卖获得大量的收益,但是到了宋仁宗初期,食盐专卖的收益却因为另一项临时措施的出现而打了折扣,这项临时措施和政府的运输能力不足有关。

当时,在与西夏接壤的西北地区,需要外部运进大量的物资和粮食,可是运输是要花钱的,而政府没有那么多钱,无法把粮食运送到边疆地区。

为应对运输问题,《梦溪笔谈·官政二》记载,政府想了一个主意:

鼓励商人往边疆运输粮食。

淳化四年（公元993年），由于边关粮草吃紧，宋太宗请求大商人帮助政府把粮食运送到边防，边关守将接收了商人运来的粮草之后，就开一张证明，载明捐赠物资价值多少钱，由商人将这张证明带回京师，政府把钱款划拨给商人。

商人之所以愿意接受政府的条件，是因为边关守将会把粮食的价格尽量高估，留给商人一定的利润空间。另外，政府为了激发商人的积极性，还规定商人结款时可以不要现钱，而要一些政府垄断的商品，最初主要是茶叶。垄断商品的价值更高，也更受欢迎。

咸平五年（公元1002年），三司使王嗣宗进一步细化了规则：政府付款给商人的是四成的香药、三成的犀牛角和象牙，以及三成的茶叶券，商人可以用茶叶券去换茶。后来改为六成的犀牛角和象牙，以及四成的茶叶券。

《宋会要辑稿·食货》记载，到了天圣五年（公元1027年），宋仁宗规定商人可以向政府要现钱，也可以要求政府支付茶叶、香药、象牙或者盐、白矾等紧俏物资。从此，盐进入了商人们的换购清单，政府不得不允许商人参与盐业的垄断经营。

然而，这种办法却让商人钻了空子。由于粮食的价格被高估，商人可以用较少的粮食换得较多的专卖品，更有甚时，商人往边关运送一束草，就可以获得12斤11两的高质量颗盐。并且，商人运输的货物质量并没有保证，常常是劣质的。更严重的是，随着商人手中的专卖品越来越多，政府无法任意抬高专卖品的价格了。随着专卖品价格的降低，中央财政的收入就减少了。官员们纷纷检讨，认为这个临时性的做法对政府财政的影响弊大于利。[14]

结果,宋代的军费还没有解决,财政收入又出现了问题,可谓顾此失彼。就在这时,范祥提出了他的盐票改革计划。

范祥认为,目前的食盐专卖体系和边关运输方式都太低效了,如果将食盐票券化,就能够获得更多的收益,同时可以帮助政府解决向边关运输的问题。

范祥发行了一种叫作盐钞的证券,同时不再让商人向边关运输粮食物资,而是让商人直接向边关运输现钱,按照当地市价购买物资。这样一来,成本竟然比让商人运输物资要便宜得多。简单地说,以前边关粮草是政府安排统购统销,价格高昂,质量低劣,后来改为公开招标,价格反而便宜下来了。

商人向边关输送钱币,又能获得什么样的利益呢?

守将收到钱款后,会将相应数量的盐钞交给商人。商人持盐钞直接到盐产地(盐池)去提盐,再到指定地区卖盐。政府不再负责盐的运输,而交由商人自己负责。

商人不需要再跑到京师,而是直接去盐产地,也不能再要求犀牛角、象牙等东西,只能换盐,政府的负担减轻了。但这并不意味着商人亏本,盐在宋代是抢手货,商人都乐于收购。范祥想通过改革营造双赢的局面。

---

14 《宋史·李仕衡传》:"度支使梁鼎言:'商人入粟于边,率高其直,而售以解盐。商利益博,国用日耗。请调丁夫转粟,而榷盐诸州,官自鬻之,岁可得缗钱三十万。'"

到后来，商人们甚至可以把盐钞当作货币使用。在宋代北方的大宗贸易中，盐钞就是一种通用的交换媒介，商品可以以盐钞计价，用盐钞可以直接购买粮食、茶叶等物品。

当盐钞成为商品交换中介之后，政府就可以加量发行，获得更大的利益，将盐钞逐渐货币化。最后，盐钞的数量超过人们对食盐的实际需求，只有到这一步，政府才算利用盐业将利润最大化。

范祥的设计虽然很好，却并没有马上得到宋仁宗的认可。又拖了四年，宋仁宗才终于下决心实行。

一开始，盐钞制度就遭到了抵制。抵制范祥的大都是大商人。在此之前，他们把粮食运到边关，可以高估粮食价格，投机倒把，以次充好。但现在，价格被锁死，他们虽然还能赚钱，但暴利已经不存在了。许多官员对范祥也不满意，因为在以前的制度下，他们能够和商人勾结，吃回扣，钻空子，现在这样的机会少了。

在商人和官员的联合抵制下，宋仁宗让时任三司户部副使包拯前往调查。铁面无私的包青天经过研究，得出结论：商人和官员反对，是因为他们钻空子的机会少了，但是实行盐钞制度，政府的财政浪费会大大减少，而利润相应增加，这项政策对政府是有利的。

包拯的报告让盐钞得以继续。[15]

事实证明，盐钞的实行的确给政府带来了更多的收入。到了皇祐元年（公元1049年），盐钞收入已经达到221万，四年后稳定在215万，

15　包拯对范祥的评价一直很高，在范祥死后也为他的子孙争取优遇。《宋史·范祥传》："嘉祐中，包拯言：'祥通陕西盐法，行之十年，岁减榷货务使缗钱数百万，其劳可录。'官其子孙景郊社斋郎。"

这四年的总收入比之前六年的总收入还多68万。

更重要的是，以前政府还要支出一部分钱给商人，感谢他们把物资送到边关。《宋史·食货志下三》记载，庆历二年（公元1042年），这笔支出就达到了647万，庆历六年也有480万，由于商人不需要再到首都来领钱，这些钱都省下了。

根据记载，仅仅盐法一项，就已经满足了八成的边疆军事开支。

范祥的改革让皇帝尝到了甜头，也看到官卖制度可以带来很大的收益。宋代对食盐买卖源头的垄断，会产生令人瞠目结舌的收益。

但这种效果却是有代价的，因为盐钞的整个流程都只建立在百姓对盐的需求上，而这个需求毕竟是有限的，如果超额发行盐钞，就会形成巨大的泡沫，直到坍塌。

在实行盐钞制度之前，宋代政府甚至依靠强行摊派，规定每个人必须每年买多少盐。后来，政府不再强迫人民买盐，但是又发行了太多的盐钞。只要商人去给边关送钱，政府就发盐钞，根本不在意是否超额。

到了宋神宗熙宁六年，民间实际的用盐量只有428 601席（每席为116.5斤），而陕西边关发出的盐钞达902 716席，已经超过实际用量的一倍。盐钞越来越不值钱了。

除了范祥的改革之外，宋代的盐业还经过了多次改革，但整体的指导思想从来没有变化：帮助政府从民间获取更多的财政收入。

宋代的专卖制度大都经历了与此类似的过程。中国历史上政府垄断经营和专卖的高峰就出现在宋代，到了最后，政府将所有适合垄断经营的项目都收了过来。

这些专卖大都继承自五代时期，那时各个小朝廷为了应付军费开支，不断寻找新的财源，开辟了各种专卖制度。到了宋代，这些专卖制度大都没有废除，甚至更加发达了。

宋太宗时期，实行盐、酒等专卖。《续资治通鉴长编》卷二十四记载，侍御史田锡就对财政，特别是专卖制度表达了自己的忧虑：

笼榷货财，网利太密，躬亲机务，纶旨稍频。臣所谓网利太密者，酒曲之利但要增盈，商税之利但求出剩。或偶有出剩，不询出剩之由，或偶有亏悬，必责亏悬之过。递年比扑，只管增加，递月较量，不管欠折。然国家军兵数广，支用处多，课利不得不如此征收，笼榷不得不如此比较，穷尽取财之路，莫甚于兹，疏通殖货之源，未闻适变。

《续资治通鉴长编》卷四十二记载，宋太宗去世时，王禹偁等人再次直言：

冗吏耗于上，冗兵耗于下，此所以尽取山泽之利而不能足也。夫山泽之利，与民共之。自汉以来，取为国用，不可弃也，然亦不可尽也。方今可谓尽矣。

人们以为宋太宗已经穷尽专卖的能事，但这只是个开端。到了宋真宗时期，由于财政窟窿太大，盐酒的专卖已经不能满足需求，于是朝廷瞄准了茶、矾、香等一切可能产生垄断收益的商品，而专卖产生的利润也更加丰厚。

高峰时期，宋代的正规税收只能提供三成左右的财政收入，而更多收入则来自这些官僚经营机构。

由于许多垄断的物资出自海外，比如犀牛角、象牙、珍珠、玳瑁、乳香，等等，皇帝甚至将专卖制度延伸到了海外，为此制定了严格的海关制度。[16]

根据规定，一艘海外的帆船来到中国的港口，首先必须进行登记，缴纳一成的物资作为税收。纳税完毕之后，官员们再拿出两张名单：第一张名单上写着只准政府采购的商品，如果船上有这些物资，必须全部卖给政府；第二张名单上是政府优先采购的商品，先保证政府的所需，剩余的才能卖给民间。

政府采购的物品统一进入官方的专卖系统，并以垄断价格进行销售。

但皇帝没有想到的是，为维持这种专卖制度，必须雇佣大量的人来运作，而这些人都需要财政养活。为了经营，官僚集团也变得更加庞大，这些官员在帮助政府盈利的同时，也在谋取私利。随着宋代专卖制度的盛行，民间的负担也更加沉重。

到最后，政府其实做了一笔亏本买卖，除了效率低下，还产生了巨大的冗员，财政问题更加突出了。

宋仁宗死后，他的养子宋英宗有心改革却英年早逝，继而上台的宋神宗终于下决心面对财政危机，进行了历史上最著名的一次改革。

---

16 对宋代海外贸易的精彩叙述见李剑农的《中国古代经济史稿》第三十七章。

熙宁变法和元丰改制

熙宁元年（公元 1068 年），一场激烈辩论出现在了宋神宗的朝堂上。辩论的双方是两个翰林学士——司马光和王安石。

这一年，京师汴州接连发生地震，冀州一带出现了黄河决口，而河朔也发生了巨大的旱灾。为了救灾，政府花了不少钱，官员请求宋神宗在例行的南郊典礼中不要再颁发赏赐。按照原来的规矩，典礼中皇帝应该给他的功臣们赏赐金帛财物。

宋神宗觉得有些过意不去，请三位学士王珪、王安石和司马光前来商量。

三人中，学士承旨王珪资格最老，《宋史·王珪传》记载他性格温和，人们讥笑他平生只会做三件事："取圣旨""领圣旨""已得圣旨"，是"三旨相公"。面对皇帝，王珪果然适时地保持了沉默。

而翰林兼侍读学士司马光则赞同提议，认为为了救灾，需要节省其他开支。

这时，翰林学士兼侍讲王安石却把话题引向另一个方向，于是这次讨论变成了财政思想的大辩论。

王安石认为，国用不足不是财政紧缩的理由，政府的正常开支不应该缩减。钱不够用，政府就应该积极理财，增加财政收入。

司马光则嘲笑对手：所谓的善于理财，不过是政府从民间搜刮的理由而已。

王安石不同意，认为善于理财并不是要从民间搜刮。其实，聪明的官员不需要增加民间税率，也可以达到增加财政收入的目的，做到国用充足。

司马光继续反驳：天下哪有这种道理？就产出了这么多的财物，不在政府手中，就在民间。所谓不剥夺民间财物，依靠理财生钱，只不过是汉代桑弘羊使用过的花招罢了。

双方你来我往，争议不已。我们现在已经无法还原争论的现场，而从《宋史》保留下的材料看，司马光的观点更有说服力。

但事实上，王安石的观点更能打动人。宋仁宗最后打了圆场，宣布作为个人，他赞成司马光的提法；但是作为皇帝，应该姑且按照王安石的意见去做。皇帝的态度已经预示了司马光和王安石的命运。

在这件事前后，王安石与宋仁宗都有过密切的交流，他系统地向宋仁宗讲述了变法思想。争论过后的第二年，王安石担任参知政事，启动了历史上最有名的熙宁变法。

自从庆历三年（公元1043年）范仲淹的庆历新政失败后，人们就对下一次改革如何进行议论纷纷。

范仲淹改革的突破口是整顿官僚队伍。通过整顿官僚和军队，减少财政开支，这种方法是保守的。自从他失败之后，人们意识到裁减官僚已经不现实了。

宋神宗继位后，将理财放在了最为优先的位置上。最初，他仍然采取传统思路，命令翰林学士司马光制定政策，以庆历二年（也就是庆历新政的前一年）为标准来压缩朝廷开支。但司马光研究了几天，承认这个工作不是短期能够完成的。《宋史·食货志下一》记载，他对皇帝说："国用不足，在用度大奢，赏赐不节，宗室繁多，官职冗滥，军旅不精。

必须陛下与两府大臣及三司官吏，深思救弊之术，磨以岁月，庶几有效，非愚臣一朝一夕所能裁减。"

司马光等坚守传统的官员承认无法骤然完成使命时，恰好有另一个人跳出来，宣布他有妙法能够让王朝财政起死回生，也就难怪宋神宗偏向于此人了。等王安石掌权的时候，宋代的改革就进入了下一个阶段：从节省财政开支变为增加财政收入。

王安石并不是一个典型的理财专家，而是一个怀有梦想，又缺乏实务经验的人。他自始至终相信，可以在帮助政府增加财政收入的同时发展民间经济。

王安石曾经向宋仁宗递交过万言书，详述了他的改革思想，然而宋仁宗并没有重视他的提议。[17] 到了宋神宗时期，年轻的皇帝急于扭转财政的颓势，王安石无所畏惧的性格恰好与皇帝的期望不谋而合。

从熙宁二年（公元1069年）起，王安石推出了一系列的变法条文。主线只有一个：加强中央集权，利用政府的力量指导并参与经济运营，搞活经济，从而获得更多的财政收入。

这个主线的唯一问题是：只要政府参与具体的经济运营，整个市场的效率就必然降低，从而造成经济的衰退。至于政府的财政增收，的确可以做到，但这是以民间的损失为代价的。在王安石看来，这是一个把

---

17 《宋史·王安石传》："于是上万言书，以为：'今天下之财力日以困穷，风俗日以衰坏，患在不知法度，不法先王之政故也。法先王之政者，法其意而已。法其意，则吾所改易更革，不至乎倾骇天下之耳目，嚣天下之口，而固已合先王之政矣。因天下之力以生天下之财，取天下之财以供天下之费，自古治世，未尝以财不足为公患也，患在治财无其道尔。'"

饼做大的变革，但实际上却是一场分饼大战，政府分得多了，民间必然分得少。只有理解这一点，才能从更深层次上理解熙宁变法的失败。

这场变法之所以对未来影响深远，还在于王安石在集权过程中对于官制的破坏。

在熙宁变法之前，朝廷集中了一批优秀的大臣，比如欧阳修、韩琦、富弼、司马光、"三苏"等人，但这些人大都不认同王安石的变法。

司马光是典型的保守派，反对新法最甚。虽然他提不出立即见效的方法，但他极力反对新法，认为精减政府机构、减税才是王道。

司马光和王安石在争斗中都表现得很极端，为了让对方下台，不惜把反对者彻底打倒。宋朝的官斗愈演愈烈，已经不再以是非为标准，而变成了纯粹的拉帮结派。

而苏轼等人的想法更为现实。苏轼一方面看出王安石的大部分主张不可行，另一方面看到了有一些具体的改革措施是不错的，同时，他不赞成激烈的官斗。在所有宋朝官僚中，苏轼的见解和姿态一直高人一筹。但王安石不分青红皂白地将这一派的人士也一并打倒。

在打倒了这两派之后，王安石必须另外选择一批官员来执行他的改革，但是，随着正直大臣纷纷离职，他能选择的只有一批"无所谓东西"的钻营之徒。这些人虽缺乏成熟的政治主张，却不缺乏自我意识，很快就学会了利用新法为自己牟利，这就更加败坏了新法，加速了变法的失败。

另外，王安石的集权主张让这些人更加容易利用手中的权力，使得权力缺乏制约。这个问题一直持续到北宋终了。

从具体的条文上来讲，变法的大部分内容都在以前的历史中出现过,并非王安石的原创。

王安石制定的均输法,是为了节省政府的运输能力,允许主管官员(发运使)更灵活地处置税收,比如将大米卖掉换成土特产,土特产的重量更轻,也就节省了运输能力。

这个做法出现在汉武帝时期,《汉书·食货志》记载,由著名的理财大臣桑弘羊提出。在汉代,这一做法就已经出现了问题:由于发运使权力太大,频频搅乱市场,造成了囤积居奇、强买强卖等各种不法行为。

青苗法也是一项前人的制度,不过王安石将它的规模扩大了。所谓青苗法,是政府给农民发放青苗贷款的法律。[18] 地里还是青苗的时候,可能是农民最缺钱的时候,因为这时候他们可能已经把去年的存粮都吃完了,可是今年的粮食还没有下来,青苗还没有熟。有的农民甚至把留种子的那点粮食都吃掉了,连地都种不下去。此时官府如果出面,拿出钱来贷给农民,等粮食熟了再让农民还回来,这样,官府可以获得一部分利息,而农民也不至于饿死。这个想法看上去是很不错的。

可是,很不错的想法在执行的时候却必然失败。为什么?因为官僚效率的低下和粗暴。

从理论上分析,这个做法的确可行,但实行起来,如果中央政府不强行推动,各地政府就懒得理睬,不了了之。中央政府要想推动,就必须下达指标强行推进,如果官员完不成指标,要受到惩罚。可是,一旦下达额度指标,每年必须贷出去多少,收入利息多少,这个额度就必然被滥用。本来可能一百户农民只有五户需要贷款,但官僚系统的低效率

---

18 《宋史·王安石传》:"青苗法者,以常平籴本作青苗钱,散与人户,令出息二分,春散秋敛。"

却无法找到真正需要贷款的这五户，反而抓到了另外五户，强行把钱贷给不需要的人，好赶快完成指标。到最后，地方政府执行青苗法就变成了强制贷款、强行收租，把额度指标完成了事。最终的成本都转嫁到了民间，而借贷的效率反而愈加低下。这也可以看出，变法的本质不是发展经济，而是增加财政收入。

同样的问题还出现在市易法上。[19]政府想建立市易务，利用这个官方的交易平台来平抑物价，这样的做法在理论上是完善的。只有到了现代，人们才意识到其中的漏洞：官方主导的流通市场必定是一个"剪刀差"横生、低买高抛的好地方，最终会成为官僚企业和关系户大赚其钱的地方，不仅无法降低市场的波动性，反而会增加不确定性。

为降低军事开支，王安石还订立了保甲、保马和将兵之法。这些法律要求裁撤不合格的军队，同时在民间建立保甲组织，相当于是民兵资源，定期进行军事训练。由于民兵是不花政府钱的，这种安排可以降低财政压力。另外，军马以前是官方养殖，现在也要把军马放到农户家里去养，减少官方成本。但是，北宋时期由于职业分工的发展，农民搞军事训练不仅没有效果，反而耽误了种田，可谓劳民伤财。

开封府有人为了逃避保甲，不惜断指自残。知府韩维上奏谈到这事，王安石却认为，这是士大夫针对他的阴谋，就算有这种事情，也说明有愚民被士大夫们挑拨了，政府不应该因为有一两件这种事就放弃变法。[20]

---

19 《宋史·王安石传》："市易之法，听人赊贷县官财货，以田宅或金帛为抵当，出息十分之二，过期不输，息外每月更加罚钱百分之二。"
20 《宋史·王安石传》："开封民避保甲，有截指断腕者，知府韩维言之，帝问安石，安石曰：'此固未可知，令令有之，亦不足怪。今士大夫睹新政，尚或纷然惊异；况于二十万户百姓，固有蠢愚为人所感动者，岂应为此遂不敢一有所为邪？'"

王安石制定的政策，并非毫无可取之处，若干法律如果慢慢地实行，而不是一下子打包推出，是可以取得一定的成效的。

比如农田水利法，政府的确应该建设一定的公共工程，满足灌溉等农业发展的基本需要。中国历史上，治水的名臣辈出，经验丰富，但是这项法律必须在地方层面上落实，而且各个地方有水利需求，才会有效果。如果以运动的方式来做的话，必然会因征调太多的劳力，对民间形成干扰。

另一个可能有好处的法律叫方田均税法。如果执行得当，对于政府和民间也都有好处。由于宋代的土地占有存在严重的不公，加之许多本该纳税的人逃避了纳税义务，让税收负担向着穷人集中。通过重新丈量和登记土地，可以让税收更加平均。

但是，除非像北魏那样存在大片荒地有待重新规划，如果像宋代这样，所有的土地都已经被人占了，那么不管怎么调查，总会有遗漏的土地。所以，执政者一定要清楚，完全调查清楚是不可能的，必须考虑调查成本和民间承受程度，适可而止。

而王安石希望进行一次全面的丈量，还设计了一个新的单位叫作方（100万平方步），将土地重新划为五等，重新厘定税收，有着明显的加税意图。

这项规模浩大的工程执行时，民间的敌意终于越来越深，人们担心清查土地之后，税收会加重。随着各地的抵制和恶评，这项法律最终被搁置。据《宋史·食货志》记载，经过清查的土地已经达到了2 484 349 顷，约占当时耕地面积的三成。

在王安石的改革中，最令人感到可惜的法律是免役法。在所有的法律中，这是最可能成功的一项。由于宋代有着繁重的劳役，已经给人们的正常生活造成严重的影响，特别是衙前和里正这两个差事，甚至可以使人倾家荡产。

王安石制定这项法律，是想让人们缴纳一定的钱，获得免役，再用免役钱去雇佣劳役。这符合当时的需求，实际是在进行职业的分工和细化。从执行的情况来看，由于把户籍分成了五等，按照财富输钱，也将主要的出钱方锁定在了富人身上。最穷的人不需要纳税，而中间户也获得了足够的利益。

《宋史·食货志上六》记载，根据杭州知州苏轼的观察，杭州的三等户人家一般八年一个轮回，出差役两年，再休息六年。如果按照免役法的规定出钱免役，那么每年需要出三四千，八年合计约三万钱。如果不免役，必须服役的话，那么两年的服役期间产生的生活成本约为七万。即便不算时间成本，仅仅从金钱上衡量，免役法也给他们带来了巨大的利益。

但随着两派争斗的升级，不管是王安石的改革派，还是司马光的保守派，都已经不单单站在政策本身的角度看问题。变法之争演变成了党争。

王安石下台后，新上台的司马光不顾大量的反对声，将免役法废除。变法仅有的正面成果也消失了。

王安石拜相之后，宋仁宗时期积累下来的一群名臣被一一拿下。吕公著、韩维、欧阳修、文彦博、富弼、韩琦、司马光、范镇，都被不遗余力地排挤，御史刘述、刘琦、钱颛、孙昌龄、王子韶、程颢、张戬、陈襄、陈荐、谢景温、杨绘、刘挚和谏官范纯仁、李常、孙觉、胡宗愈等也都因为反对王安石的变法而离任。

而王安石的党人却只有吕惠卿、蔡确、章惇等少数人，这些人都经过了党争的训练。宋代的朝廷规矩也出现了极大的变化，人们在朝堂上斗得你死我活，抛弃了一切原则。

熙宁七年（公元1074年），在两位太后的要挟下，宋神宗罢免了王安石的宰相职务。但熙宁九年（公元1076年），又重新启任他担任宰相，直到一年后，再次罢免。

即便王安石离开朝堂，他的政策也没有被废除，此时朝廷已经没有人能够主持拨乱反正，同时也没有人能够将他的新法坚持到底。更重要的是，他的新法虽然给民间带来混乱，却实实在在地增加了财政收入。

根据记载，熙宁六年（公元1073年），官方通过青苗法一项的收入大约为292万贯利息。[21] 免役钱也是一个能够带来实实在在收入的项目，熙宁九年（公元1076年）的数据显示，该年免役收入为1 041万贯，买役支出仅为649万贯，两者的差额就是政府的收入，约为393万贯。[22] 市易法的收入每年不到100万贯。[23]

除了这三项法令之外，其余的政策对财政的贡献微不足道。但这些

---

21 《宋史·食货志上四（屯田、常平、义仓）》："六年，户部言：'准诏诸路常平可酌三年敛散中数，取一年为格，岁终较其增亏。今以钱银谷帛贯、石、匹、两定年额：散一千一百三万七千七百七十二，敛一千三百九十六万五千四百五十九。'"
22 《宋史·食货志上五（役法上）》："是岁，诸路上司农寺岁收免役钱一千四十一万四千五百五十三贯、石、匹、两；金银钱斛匹帛一千四十一万四千三百五十二贯、石、匹、两，丝绵二百一两；支金银钱斛六百四十八万七千六百八十八两、贯、石、匹；应在银钱斛匹帛二百六十九万三千二十贯、匹、石、两，见在八十七万九千二百六十七贯、石、匹、两。"
23 市易法带来的利润，可参考汪圣铎的《两宋财政史》的第一编第二章第一节。

钱大体上可以缓解一部分的财政压力。

王安石下台之后,宋神宗的改革却并没有停止。王安石主持的是增加政府财政收入的理财改革,但宋神宗又探索了另一条路:节省资金、提高行政效率的官僚改革。

元丰三年(公元1080年),宋神宗在王安石党徒蔡确的帮助下,推出了著名的"元丰改制",对于冗官问题做出调整。[24]

在王安石变法的过程中,吏治问题已经十分严重。中央的法令在地方上执行时总是失效或者变味;而官僚机构的重叠、牵制增多,皇帝无法进行有效的统治。

元丰改制的目的就是裁撤冗余机构,合并事权,提高效率。为达到这个目的,宋仁宗整理了唐代的行政文件《唐六典》,对官制重新进行顶层设计,试图重建三省六部制的结构,将多余的官僚机构去掉,将政府管辖的事务重新装入六部的框架里。中央的权力又回归到宰相的手里。

而对财政机关而言,最主要的改革就是宋初形成的三司使权力下降,财政权力重新回归户部,由户部统一领导。

许多省、台、寺、监的临时性官员要么被裁撤,要么归并到正规的系统之中。为了避免官员任用过滥,中央还将官员纳入一个25等的官阶,便于升迁和发放俸禄。

这次改革是朝代中期的皇帝提高行政效率、减少官僚干扰的一次尝试。但从实行初期,就隐藏了极大的混乱。时间一长,各种冗官重新出现,依附在改革后的官场上。到了宋徽宗时代,已经看不到改革带来的任何效果了。

24　见《宋史·职官志》《宋史·神宗纪》。

第十章 纸币:温水煮青蛙的游戏[1]

宋代为世界金融史贡献了最早的纸币:交子。但宋代也为世界金融史贡献了另一大奇观:恶性通货膨胀。后世纸币造成的恶性通胀,源头都可以追溯到宋代,纸币一直到现代仍然是各国政府敛财的主要手段之一。

纸币之所以发展,是民间抵御政府不当政策的结果。

当时的四川是宋朝政府规定的铁币区,在这个区域内没有铜币流通,只有笨重廉价的铁币。陕西则属于铜币和铁币混合使用区域,而剩余的地方才是铜币使用区域。

在四川,由于铁币的价值太低,有商号发明了不记名的交子。人们可以把铁币拿来存在商号,由商号开交子作为存款证明。人们可以用交子做交易,不管谁持交子到商号,都可以按照票额领取铁币。

交子最初的发行是在民间,随后由于有的发行交子的商号出现倒闭的情况,引起了信用纠纷,政府开始限制民间发行,并最终改为政府发行。

官方交子发行之初,实行准备金制度。但随后,政府开始加大印钞

---

[1] 本章涉及的时间范围是公元993—1100年。

量，准备金制度被破坏。这时候的交子已经成为不可兑换的纸币。

一旦政府掌握了利用印钞来筹款的秘密，纸钞就成了最隐秘的敛财术，让政府神不知鬼不觉地将财富从民间吸走。

纸币猛于虎

1948年8月19日，国共内战已经进行到后半场。为解决严重的通货膨胀问题，国民政府发行了一种新型的货币——金圆券，来取代已经贬值的法币。

按照规定，金圆券的发行总额为20亿元，并且有黄金储备作为后盾，每1两黄金兑换200元金圆券，每1两白银兑换3元，银币1枚兑换2元，美金1元兑换4元。由于法币已经严重贬值，政府要求民间用300万元法币兑换1元金圆券。

然而，政府受迫于严重的财政缺口，三个月后就取消了发行限额，印钞机"嗡嗡"开动，一刻不停。到了1949年1月，发行超过200亿元，3月份达到2000亿元，到了5月，竟然发行了68万亿元，超过限额的3.4万倍。钞票发行过量引起的巨大恐慌又让纸币加速贬值，一石大米的价格涨到了价值数亿元钞票。[2]

这次超级通胀是国民政府垮台的重要因素。然而，这却不是中国历史上唯一的大通胀。

从近处讲，1949年之后，中国也曾发生过大通胀。1949年到1950

2　见宁可主编的《中国经济发展史》第四册第三编第十四章。

年3月，全国一共出现了四次通货膨胀，粮食、金银、棉纱、工业原材料等价格轮番上涨，其原因就是财政收支的不平衡。

据统计，1949年的财政收入相当于粮食303亿斤，而财政支出却达567亿斤，赤字达到264亿斤。

为了平衡收支，政府将大批的纸币抛向市场。自1948年12月人民币发行到1949年年底，一年内通货增加了160倍，至1950年2月更增加到270倍。结果物价横飞，人们纷纷囤积粮食，爆炒金银。中央政府决定打击投机倒把，禁止私藏银圆。

到了1955年，第二套人民币取代第一套人民币，规定第二套的一元兑换第一套的一万元。这次通胀虽然没有国民政府发行的金圆券的通胀猛烈，但也可以称之为一次巨型通胀。

当我们以为纸币通胀只是现代人的产物时，历史却告诉我们，从宋代纸币诞生之初，大大小小的通货膨胀就花样百出，一次比一次热闹。

由于北宋使用了交子、盐钞、盐引等多种信用工具，导致物价横飞。从景德四年（公元1007年）到皇祐元年（公元1049年），物价涨了四倍，到政和元年（公元1111年），涨了十二倍。物价之后进入了崩溃的节奏，纸币贬值率达到了几十分之一，最后政府不得不将部分批次的纸币直接作废，使得持有这些纸币的人倾家荡产。[3]

南宋由于更加依赖纸币，并且通过偷偷加印纸币来解决财政问题，结果纸币出现了更为严重的贬值，原本一贯的纸币只值铜币五六十文，

3　关于宋代物价的讨论，见漆侠的《宋代经济史》。

大约贬值为 1/20。

而更为严重的贬值出现在金朝。这个由女真族建立的王朝在使用纸币这一点上也不甘落后。于是金朝的纸币展现了"连续迭代"的能力，一种纸币失败，立即用另一种纸币顶上；新纸币不行，再换一种更新的纸币。[4]而整体的通货膨胀率，即便按照保守的估计，也达到了数千万倍，比国民政府时期的金圆券有过之而无不及。

金朝的纸币最初叫交钞，出现于海陵王贞元二年（公元1154年），到了贞祐二年（公元1214年）时，每贯纸币只值一文铜币，贬值为1‰。于是，政府决定禁止钱币流通，全部用钞，市场出现了巨大的混乱。

第二年，金朝决定为交钞改个名字，叫贞祐宝券，但仅仅改名字，无法提振人们的信心。

两年后（兴定元年，即公元1217年），随着贞祐宝券成为垃圾票券，政府决定发行一种贞祐通宝来替代贞祐宝券，两者的兑换比是1∶1 000，将钞票贬值为1‰。

为了保证贞祐通宝的价格，政府规定，四贯贞祐通宝与一两银子是等值的。但很快，由于政府纸币发行量太大，"贞祐通宝"也出现了大幅度贬值，一两银子可以兑换800贯纸币了。

四年后（兴定五年，即公元1221年），政府再次发行新纸币，称为"兴定宝泉"，与贞祐通宝的兑换率是1∶400，规定一两银子值两贯兴定宝泉。

4　金朝货币的记载取自《金史·食货志》。

随后，兴定宝泉又出现了大贬值，政府只好在两年后（元光二年，即公元 1223 年）再次发行了元光重宝和元光珍货。到了天兴二年（公元 1233 年）又发行了天兴宝会，此时距离金朝灭亡已经咫尺之遥了。

到了朝代末期，由于财政的失控，政府控制的纸币贬值速度也呈现加速状态，经济出现了巨大的通胀，更无力抵抗社会和军事危机。

元代、明代也都有过恶性的通货膨胀，直到现在，纸币仍然是政府最隐蔽的财政工具。纵观世界纸币发展史，可谓"纸币猛于虎"也。

只要存在纸币的垄断发行，政府利用纸币补贴财政就是一种天然的行为，不管人们如何防范都没有办法制止。当财政收支出现不平衡时，只要开动印钞机就可以解决问题，这种诱惑谁也无法抵挡。

随着 20 世纪世界各国都进入了纸币时代，超级通胀也奔向了全球。这时回到源头去看一看，了解纸币的缘由和发展，更有助于了解世界未来的走向。

金融诈骗案引出的货币由来

《续资治通鉴长编》卷一〇一记载，大约是在宋仁宗天圣元年（公元 1023 年）之前，益州知州寇瑊接到了数起金融诈骗报案。这些金融诈骗的手段非同寻常，在此之前还没有出现过。诈骗是通过一种存款凭证完成的。

当时，益州（现成都）市面上有十六家富裕的钱庄联合发行一种存款凭证，每当有人将钱币存入他们的店铺时，就发给储户一张纸作为存款凭证，这张纸叫交子。交子是统一印制的，上面印着风景人物，以及各个店铺特殊的印记、押字，避免伪造。当人们拿钱过来，店铺就在事先印好的交子上填上数额，交给储户。储户随时可以用交子来提取现款，只需付少量的手续费即可。

叙述到这里，交子貌似和现代普通的存款凭证没有什么区别。但是这种纸却有着另一番魔力。由于市场已经认可了交子，人们可以把它当钱花，拿着交子就可以去市场买东西。卖家收了交子之后，可以去钱庄取现钱。甚至卖家也不愿意去取钱，他们觉得持有交子比持有现钱更方便，金属钱币太沉，一张纸却既不占地方，也没有重量。

但是，当市场认可交子之后，问题却来了。发行交子的十六家富商中，有几家由于经营不善，把存款人的钱花掉了，他们发行的交子已经无法完全兑现。

人们发现了这一点之后，拿着交子上门要求兑钱，这几家富商开始四处躲避，人们找不到他们。即便抓到了，最多也只能兑换七八成，给不了全额。

寇瑊到任后，接到了数次报案，决定清理交子乱象。他发现，这十六家富商来历不小，持有政府颁发的特许经营牌照，也就是说，政府特许他们发行交子，给了他们诈骗的机会。

寇瑊劝说这些富商收手，不准他们再发行新的交子，把印刷的母版给毁掉了。而旧的交子也在逐渐清盘，退出市场。

寇瑊认为他的做法杜绝了类似的金融诈骗，作为政绩，将此事写入政府工作报告，上呈宋仁宗。但他没有想到的是，这件事却引起了激烈的争论，并非所有的人都赞同寇瑊的做法，甚至指责他干扰了市场。

恰好这时，薛田取代了寇瑊担任益州知州。薛田和转运使张若谷两个人经过调查，得出的结论是：交子不能作废，因为一旦作废，整个四川地区将有巨大的混乱。[5]

为什么交子对四川如此重要？

如果看得长远一点，就会发现它是一千多年以来民间最大的金融创新，代表着民间社会对中央集权式的金融体系的反叛，也解决了从汉代以来一直困扰着民间的问题——钱荒。

自从汉武帝将铸币权收归国有之后，政府的低效就一直让民间缺钱。在中国古代，把这种现象叫作"钱荒"。

所谓钱荒，是指与经济规模相比，铸币的数量总是不足，而铸币的质量也总是低劣。每个朝代之初，货币质量是最高的，但由于政府的造币能力不足，铸造的钱币数量有限，人们无法找到足够的货币进行交易。到了朝代末年，所谓的铜币大部分都已经不是铜了，而是铜、锡、铁和各种合金的杂合体，甚至脆弱到一摔就碎的地步。

政府通过铸币从民间抽取了过多的资源，却总是生产不出足够数量的货币。

以唐代为例，那已经是一个商品经济发达的时代，但是唐代的货币数量也一直不足，政府没有能力铸这么多钱，却又禁止民间铸造。[6]

于是，民间只能偷偷地铸钱来交易。唐代的钱币是唐高祖发行的开

5　见《宋史·薛田传》《宋史·食货志下三（会子、盐上）》。
6　见《新唐书·食货志四》。

元通宝钱，每一千枚钱币重六斤四两。民间铸币质量要差得多，他们只能偷偷地跑到山里，用小炉子熔化铜块，钱模的质量也比不过官钱。但由于缺钱，民间社会就连这样的钱币也一样接受。

唐高宗时期，民间的私铸行为已经非常严重，他下令不准恶钱流通，但屡禁不止，只能听之任之。

唐玄宗时代，宰相张九龄曾经提议放开民间铸币权，政府只监督钱币的质量，只要质量合格，不管谁铸的都可以流通。如果他的办法得到采纳，那么民间铸币的质量会提高，钱荒也会缓解。但唐玄宗没有采纳他的建议。[7]

随着唐代商业的发展，即便把民间铸的不合格钱币都算上，仍然满足不了金融需求。民间社会在没有办法的情况下，只能使用帛来交易。

在唐代，几乎家家户户都养蚕和织帛。帛是一种最常见却具有一定价值的商品，同时也是政府接受的一种纳税工具。久而久之，帛也成了一种民间接受的货币，在没有铜币的地方，人们就用帛来代替铜币。

只是，帛并不是一种良性的货币，它的保质期是有限的，时间太长就会变脆和损坏。它也不具有无限可分性，分割过小就失去了使用价值。

安史之乱后，到了唐宪宗时期，现金更缺乏，人们手头有了铜币也舍不得用掉。政府要求人们不得私自将铜币贮藏起来，除了留够手头花的钱，其余的钱都要上缴，用这种办法逼迫人们将铜币留在流通领域，而不是藏在家里的地板下。

---

[7]《新唐书·食货志四》："二十二年，宰相张九龄建议：'古者以布帛菽粟不可尺寸抄勺而均，乃为钱以通贸易。官铸所入无几，而工费多，宜纵民铸。'"

民间为了解决铜币短缺，发明了将一吊钱扣除 80 文的做法。如果在交易中付现款，一吊钱只用付 920 枚，打九二折。

由于铜币过于难得，唐代后期的各个地方政府还都采取了限制货币流通的方法，规定商人不得携带钱币离开辖区。商人的天性就是使财富流动，当他们无法把钱在全国进行转移，商业就受到了抑制。这时，民间就发明了一种规避的方法：飞钱。

所谓飞钱，是一种汇兑方式。[8] 人们在成都把钱交给当地的汇兑商，由汇兑商颁发一张凭证，拿着这张凭证，就可以到长安的汇兑所取钱。人们不用再带现金离开，避免了路上关卡的阻拦。

飞钱的出现，是民间利用技术手段突破行政管制的一次尝试。飞钱最需要的技术是雕版印刷。唐代后期，正是印刷技术取得突破的时候，商人们恰好利用了这一点。宋代的交子，就借鉴了飞钱的技术，来解决宋代特有的金融管制问题。

宋代七巧板式的币制

如果宋仁宗早期的一位商人要在全国做生意，会由于政府设置的种种障碍，面临许多现代人无法想象的困难。

比如，如果一个住在成都的盐商想去陕西卖盐，再把收入带到京师汴州去购买房产。那么他应该怎么做？按照现代人的想法，他可以直接

---

8 《新唐书·食货志四》："时商贾至京师，委钱诸道进奏院及诸军、诸使富家，以轻装趋四方，合券乃取之，号'飞钱'。"

从成都批发盐，送到陕西卖掉，再把钱带到京城。但是在宋代，他却要经历无数的折腾。

为了做这个貌似简单的生意，他必须耐心地完成如下八步。

第一，宋代政府规定，食盐不得跨界销售，虽然四川也产盐，但是四川的盐严禁进入陕西地区。这位商人只能带上钱，到陕西所在的盐区去批发盐。

第二，宋代不同的区域使用不同的钱币。四川是铁币使用区，只准使用铁币。铁币相对于铜币要沉重得多，四川铁币在其他地方也不被接受。他不能直接带上钱出发，而必须持巨量的铁币到成都的钱商铺子，换取钱商的汇款凭证。再拿着凭证前往长安，从当地钱商手中拿到陕西的钱。

第三，即便拿到了陕西的钱，他还是无法直接去批发盐，因为盐是由官方垄断销售的。由于宋仁宗早期还没有推行范祥的盐业改革，所以，这个商人必须拿着钱先去购买粮食等军需物资，再把粮食送到边关，让边关守将给他开一张凭证，证明他对王朝国防的贡献。

北宋政府之所以要这么折腾盐商，是因为政府运力不足，希望商人都有爱国精神，帮助政府把粮草送到边关。所幸北宋的疆域是有限的，边关地区距离长安也不远，只需走几百里即可。

第四，离开边关后，商人得到了这张凭证，但这只是生意的开始，他还得越过陕西，前往伟大的王朝首都（京师汴州），把凭证兑换成盐票，这些盐票相当于配额指标，注明他能够购买多少盐。

第五，商人带着盐票，去往盐产地提盐。北方的盐产地主要在山西解州，那里生产的盐叫解盐。于是商人离开首都后，又得马不停蹄赶往山西去领盐。

第六，当商人从解州领了盐，还只能在指定地区销售。陕西属于指定地区之一，他带着盐从山西再回到陕西。

第七，假设他这次足够幸运，顺利卖掉了手中的盐。当他卖掉盐，拿到陕西的货币之后，会发现钱币里既有铜币，又有铁币。陕西是铁币和铜币混用的地区，但是，京师汴州却只使用铜币。如果他把陕西的铁币带到汴州，不仅毫无用处，还可能违法。他只好再找一次汇钱商，把手里的铜币和铁币都交给汇钱商，领取凭证，到汴州取钱。

第八，当商人带着汇兑凭证，从陕西再次到达首都，他的旅行才告一段落。整个过程是三过长安（陕西），两到京师汴州，一进山西，一到边关，才完成了这貌似简单的生意。当他取了钱，买了房子，躺在首都舒服的宅子里时，回想起一路的艰辛，其中的感慨或许能让他"词兴大发"，填几首词出来。

上面的例子足以描绘出北宋围绕着金融、国防、盐业等垄断行业所产生的复杂的贸易体系。北宋是中国金融体系最复杂的朝代之一。

在北宋之前，一个统一的王朝只有一种金融制度，但是北宋的金融制度却是七巧板式的，每个地区都有不同的特点。[9]

如果不去追究更多的细节，北宋可以划分成三大区域，在四川地区是铁币使用区，而陕西等地是混合使用区，剩下的地区是铜币使用区。[10]

9　北宋钱币体系参考《宋史·食货志下二（钱币）》。
10　《文献通考·钱币考》："铜钱一十三路行使：开封府界，京东路，京西路，河北路，淮南路，两浙路，福建路，江南东路，江南西路，荆湖南路，荆湖北路，广南东路，广南西路。铜铁钱两路行使：陕府西路，河东路。铁钱四路行使：成都府路，梓州路，利州路，夔州路。"

为什么要划成三块，而不使用统一的金融制度呢？这要从历史和政治继承说起。

唐朝灭亡之后，国家散裂成五代十国的各个地方政权。这些地方政权都发行了自己的货币。由于战争不断，它们大都财政窘迫，铜币不足，为应付局面，有的地区发行了铁币。

中国发行铁币的历史也很悠久。东汉开国时，四川地区曾经被一个叫作公孙述的军阀占领，他发行了大量的铁币来解决金融问题。[11] 到了南朝梁武帝时期，再次大规模发行铁币，货币堆积如山，物价飞涨，人们拉着整车的钱去买东西，有时候甚至连具体的数目都不算，只看有多少串。[12]

由于铁不是稀缺金属，与铜的比值相差很大，所以在同样购买力的情况下，铁币的重量要大得多。对于任何一个发行铁币的统治者，这都只是穷于应付，不得不采取的办法罢了。

到了五代十国时期，位于四川的后蜀由于货币不足，也发行了铁币。[13]

后蜀的孟氏在四川发行铁币后，规定民间须将铁币和铜币按照一定比例混合使用，也就是一吊钱中必须有铜币若干、铁币若干，试图用这种方式来补充铜币的不足。

北宋并吞后蜀之后，中央政府乘机对四川地区进行金融劫掠。地方

---

11 《后汉书·隗嚣公孙述传》："是时，述废铜钱，置铁官钱，百姓货币不行。"
12 《隋书·食货志》："至普通中，乃议尽罢铜钱，更铸铁钱。人以铁贱易得，并皆私铸。及大同已后，所在铁钱，遂如丘山，物价腾贵。交易者以车载钱，不复计数，而唯论贯。"
13 《文献通考·钱币考》："西川、湖南、福建皆用铁钱，与铜钱兼行。"

官为了上贡,将大部分的铜币都运出四川,四川这个原本的铜铁币混合使用区只剩下了铁币。[14]

北宋初年由于全国还没有统一,而铜矿大多位于境外的其他国家,铜币铸造量不足。北宋政府干脆决定,将四川变成一个铁币使用区域,只在这里发行铁币,不准铜币流入,也不准四川铁币流出。这项特殊的政策造就了全世界罕见的铁币区。

陕西的情况又与四川不同。在北宋初年,陕西和北宋其他部分领土一样,都使用铜币。但随着西夏崛起,宋夏间的战争连绵不绝,而陕西则是战争的主要后方。到了宋仁宗时期,为应付经费的不足,朝廷考虑采用四川的方法,铸造一批铁币投向市场,将陕西从铜币区变成铜铁币混合使用区域。

除了铁币的问题之外,陕西还有大小钱问题。在铸币过程中,政府为获取更多的利益,不仅铸造和铜币一比一兑换的铁币,还铸造了所谓的大钱。大钱也分铜和铁两种,每一枚大钱可以兑换十枚正常的钱币(称为小钱)。这时,陕西就有铜币大钱、铜币小钱、铁币大钱和铁币小钱,一共四种货币。[15] 后来,河东路(山西中南部和陕西部分地区)也采取了类似的做法,通行铜铁大小钱。

---

14 《宋史·食货志下二(钱币)》:"蜀平,听仍用铁钱。开宝中,诏雅州百丈县置监冶铸,禁铜钱入两川。"
15 《宋史·食货志下二(钱币)》:"军兴,陕西移用不足,始用知商州皮仲容议,采洛南县红崖山、虢州青水冶青铜,置阜民、朱阳二监铸钱。既而陕西都转运使张奎、知永兴军范雍请铸大铜钱与小钱兼行,大钱一当小钱十;又请因晋州积铁铸小钱。及奎徙河东,又铸大铁钱于晋、泽二州,亦以一当十,助关中军费。"

陕西（和河东）地区变成铜铁币混合区之后，立即引起了民间金融秩序的混乱。在这四种货币中，最不值钱的是当十大铁币，所以民间竞相私铸这种铁币。后来，官府意识到比值不合理，改为一枚大钱当三枚小钱，后来改为当两枚小钱，民间才慢慢把大钱接受下来。

可民间虽然接受了大钱，对于铁币还是很排斥。逐渐地，两枚铁币只能当作一枚铜币用，甚至三枚铁币换一枚铜币。

币制也是朝廷大臣们交锋的主要论题之一。著名大臣欧阳修曾经去河东路考察过当地的币制，回来写了封《乞罢铁钱札子》向朝廷汇报。他的结论如下。

1. 河东有两个铸造铁币的钱监，分别位于晋州和泽州。两监共铸了大铁币4.48万余贯（折合小铁币44.8万余贯），小铁币11.77万余贯。

2. 晋州铸造大铁币的利润（用铜币购买铁，再铸造成铁币，铁币的面值与成本之差）有15倍之余，铸造小铁币的利润只有一倍有余。泽州铸造大钱利润23倍有余，小钱利润两倍。

3. 铸造小铁币并不划算，虽然看上去有一两倍的利润，但扣除人工成本和管理成本，加上铸造的数量有限，实际盈利的总额是很少的，所以不值得铸造小铁币。

4. 铸造大铁币的利润很高，但由于利润过高，人们铤而走险偷偷私铸，官府也屡禁不止，最终反而扰乱了市场。

基于上面的理由，欧阳修请求废除河东地区的铁币。

欧阳修的结论是经过细致考察后得出的。但这个结论可以引起人们的称赞，却不会引来皇帝的实际行动。当财政吃紧时，政府几乎不可能放弃任何一笔收入。

除了这两个特殊区域之外,其余地方主要使用铜币。北宋的铜币发行量巨大,好年份可以达到汉唐的几倍至十倍。元丰三年(公元1080年),曾经最高达到506万贯,也就是50亿枚钱币,可见北宋经济的发达。[16]

但即便是这么大的发行量,政府也没有试图减少铁币,回归铜币。发行量再大,政府都感到不够用。花费巨大的战争、贪食的冗官,让北宋的财政左支右绌,无力解决任何社会问题。

到这时,四川的民间力量开始苏醒,创造性地发明了纸币,来解决铁币难题。

交子:民间播种,政府收获

宋太宗淳化四年(公元993年),四川发生了王小波、李顺之乱。

叛乱中,位于四川的各个铸造铁币的钱监都不得不停了工。在这之前,四川每年都铸造数十万贯的铁币;而钱监停工后,民间立即出现了钱荒。

在叛乱之前,四川人就一直苦于铁币的不方便,探索着更加便捷的支付方法。

---

16 《文献通考·钱币考》:"(元丰三年)诸路铸钱总二十六监,每年铸铜、铁钱五百四十九万九千二百三十四贯。内铜钱十七监,铸钱五百六万贯;铁钱九监,铸钱八十八万九千二百三十四贯。"

在宋代，四川是全国经济最发达的地区之一，经济规模仅次于江南。可是，四川铸造的铁币大钱每贯重达12斤，小钱每贯也重达6.5斤。[17] 而铁币的购买力却小得可怜，一匹罗的价格大约是20贯铁币，[18] 也就是130斤重。一个女人如果出门买一匹罗，需要额外带一个壮汉当背夫，这人不是为了拿货，而是为了拿钱。

就是在这样的背景下，钱庄发行了一种特殊的存款凭证。由于铁币太重，人们直接拿这种凭据参与日常交易，把它变成了事实上的纸币。

这种存款凭证与唐代的飞钱类似，却又有着本质的不同。飞钱只是一种汇款工具，需要汇款人本人到异地领取。而这种新的凭据却是在本地使用，并且具有匿名的特性，已经接近于现代钞票了。

叛乱发生之后，由于钱荒的发生，这种存款凭证突然间变得更加流行，参与其中的钱庄数量也大大增加。

在发行凭证时，私人钱庄突然发现可以偷偷地多发行几张，供自己使用，这多发的凭证并没有人存钱，是虚发行的，没有准备金。只要人们不同时来兑换，就不会有露馅的风险。

但是，当所有的钱庄都偷偷增加发行量时，风险就产生了：总会有不谨慎的钱庄发行过度，到最后无法兑现。只要有一张票据没有兑现，其他持有票据的人听说了，就会赶快前来兑钱，这时就会发生挤兑行为，让市场出现混乱。

---

17 《宋史·食货志下二（钱币）》："大钱贯十二斤十两，以准铜钱。嘉、邛二州所铸钱，贯二十五斤八两，铜钱一当小铁钱十兼用。"

18 《宋史·食货志下二（钱币）》："淳化二年，宗正少卿赵安易言：尝使蜀，见所用铁钱至轻，市罗一匹，为钱二万。"

到了宋真宗时期，一位叫作张咏的官员担任益州知州，钱庄多发凭证引起市场不稳定的现象吸引了他的注意。《宋史·食货志下三》记载，在他的主持之下，进行了一次小规模的改革，将发行凭证的钱庄限定在最有财力的十六家，并形成一定的联保机制，以此增强金融市场的稳定性。

在这时，这种纸质的凭证已经有了名字：交子。不过由于是私人发行的，后来人们称之为"私交子"。

随着时间的推移，交子已经逐渐成为人们生活中的一部分，人们再也不想回到如同扛蒜辫一样携带铁币的时代。但是，十六家发行商由于财力的不同，也出现了分化。钱庄之所以存在，就是为了放贷，当人们把钱存进钱庄，钱庄就会把这部分钱贷出去收利息，人们存入的钱并不随时都放在钱庄里。

可是，有的钱庄管理得好，能够随时满足人们的提现要求，有的钱庄管理不善，就发生了现金流断裂。加上发行交子带来的更加复杂的管理问题，十六家发行商中有的渐渐落伍，有的成为优胜者。

落伍者由于无法拿出足够的现金，只能按照百分之七八十的比例来付现，一个人带一贯的交子来，钱庄只能付给700~800钱的现款。甚至，有的钱庄在提款人到来时，干脆闭门不出，让他们无法得到现款。

当官司越来越多时，政府开始第二次审视交子这一问题。

此时已经是宋仁宗初年，担任益州知州的就是寇瑊。

寇瑊决定废除交子。他劝说钱商王昌懿等人关闭了交子铺，并逐渐把钱退给了存款人。然而，当他将这个问题上报给宋仁宗时，朝内却引起了一场关于交子存废的大讨论。

寇瑊代表的是废除交子的一派，但他上呈报告之后，就离开了益州，被调往别处，接替他的是一位叫作薛田的官员，与薛田搭档的是张若谷。[19]

两人调查后，提出了相反的意见。薛田认为，由于交子便于使用，要想废除交子已经不现实了。如果政府明文废除，只会将交子逼入地下，更难管理。

与两人持同样观点的还有后来的交子务负责人孙甫。《宋史·孙甫传》记载，他说："交子可以伪造，钱亦可以私铸，私铸有犯，钱可废乎？但严治之，不当以小仁废大利。"

可是，薛田和张若谷虽然不赞成废除交子，但也并不赞成让私人发行交子。两人提出，与其让私人赚钱，不如将交子收归官营，由政府来赚取利润，补贴财政的同时，让民间也享受交子的便利。

于是，在民间发明了交子之后，官方跳出来赤膊上阵，将交子业务国有化了。

同一年，薛田主持成立了益州交子务，负责发行纸币。此时的纸币与民间自行办理时又有了变化。民办时期，每张纸的金额是不同的，需要现填；而官办时期，交子更加标准化了，政府事先印好1~10贯的数字，这就和现代的纸币完全一样了。

另外，交子还有四个特点。

第一，交子并非凭空发行的。每发行一贯的交子，必须有一定的准

---

[19] 《宋史·食货志下三（会子、盐上）》："转运使薛田、张若谷请置益州交子务，以榷其出入，私造者禁之。仁宗从其议。界以百二十五万六千三百四十缗为额。"

备金。最初时，一界交子印行的数量是 1 256 340 贯，而官方为此准备了 36 万贯的准备金。[20] 虽然保证金不是足额的，但考虑到人们不会同时提现，36 万贯已经足够安全，保证了金融稳定。

第二，交子有界的限制。每界三年，[21] 到第四个年头则发行新一界的交子，同时将旧交子换回并销毁，保证市面上总共只有 125 万贯的流通量，避免产生通货膨胀。

第三，交子只在四川使用，不得出四川界，在四川作为钞票，但在其他地方只是废纸。

第四，交子实行铁币本位，它标明的面值都用铁币来衡量。

宋代是金融创新的朝代，除了交子之外，在北方，特别是陕西使用的盐钞也是一种信用票据，即用盐来计算财富。可以说，盐钞就是一种用盐作为准备金的货币。

薛田和张若谷将交子发行权收归政府，结束了交子最具活力的时代。

在十六家"私交子"时代，虽然存在着一定的风险，但是，随着市场的优胜劣汰，不合格的参与者逐渐被淘汰，那些优胜者将有非常高的信誉和足够强的实力来保证金融市场的稳定。市场竞争虽然残酷，却又高效无比，能够产生最优质的产品。

更多信奉政府的人总是认为只有官营才能保证质量，但是，官方垄断了发行之后，交子是否更可靠了呢？它是否能够避免贬值问题呢？

---

20 《文献通考·钱币考》："大凡旧岁造一界，备本钱三十六万缗，新旧相因。"
21 关于交子界的时间，学界有"两年""三年"等多个意见，此处采用《宋史》的说法，为"每界三年"。

有时，政府的确想保证质量，但大部分时候，政府不仅做不到，还在偷偷地利用纸币敛财……

最隐蔽的敛财术

纸币为什么会贬值？

如果暂时把中国放一边，来看世界上其他国家的情况，会发现纸币的发行可以分为两种方式，其中一种是与某种硬通货挂钩。在20世纪之前，世界上所有使用纸币的国家，都会将纸币和金、银或者铜币挂钩。一元纸币相当于多少硬通货都有定数，人们随时可以拿纸币去兑换。

只有在少数战争时期，政府管制金银，才临时性地限制纸币兑换，但是战争结束之后，政府总是想方设法恢复与金银的兑换比率，实行自由兑换。在这个时期，纸币由于与硬通货的挂钩，是不会贬值的。

只是到了20世纪，特别是二战后，人们才发明了一种不与硬通货挂钩的纸币系统。到了现在，各国发行的纸币都已经浮动，不再与任何硬通货挂钩。但这样的体系只不过实行几十年，却已经造成了普遍的通货膨胀，即便被人们奉为楷模的美国，其平均通胀率也是使用纸币之前的数十倍。而不管是魏玛德国、民国政府、俄国，还是津巴布韦，都出现过更加令人瞠目结舌的超级通胀。

从世界的经验看，只要纸币不与硬通货挂钩，就必然产生通货膨胀。许多政府就依靠印钞票制造通胀，从社会的手中夺取财富。

这个规律在世界上算是新经验，而在中国，却已经是老智慧。交子出现之后，宋代政府就已经有了利用纸币来筹钱的试验。这个试验在北宋时期还是小心翼翼的，到了南宋则加速并失控。而与南宋一河之隔的金国，则由于效仿时用力过猛，脱缰野马般直接进入了超级通胀状态。

最初，四川官方的确想把交子作为一个有信誉的金融工具。在很长时间里，官方都遵守 1 256 340 贯的限额，没有加印或偷印钞票，交子被整个社会普遍接受了。由于铁币过于笨重，许多人甚至宁肯多出点溢价，也要持有交子，放弃铁币。

宋真宗与辽国签订了澶渊之盟，虽然每年向辽贡银 10 万两、绢 20 万匹，但由于和平的实现，经济的发展，政府没有破坏金融稳定的动机。

宋仁宗宝元元年（公元 1038 年），西夏李元昊称帝，事情出现了变化。由于宋仁宗不承认西夏人当皇帝，双方进入了战争状态。这次战争使得宋代政府立刻入不敷出。在四处搜刮民财的同时，一切审慎的金融政策就靠边站了。

宋仁宗庆历年间（公元 1041—1048 年），边关吃紧，朝廷让商人把物资送往前线，却拿不出现钱来支付商人的服务。中央政府让四川多发行了 60 余万贯的交子去支援陕西，这是交子第一次走出四川，在陕西试行。多印的交子没有准备金作为支持，有一定的破坏性。

庆历年间也是铁币在陕西逐渐流行的年份。铁币的发行让陕西陷入了与四川一样的困境。由于铁币的购买力太低，过于笨重，运输成了大问题。

《宋史·食货志下三》记载，到了宋神宗时代，由于西夏战争的消耗，财政更加困难，中央政府决定直接在陕西实行纸币。这次不是用四川交子援助陕西，而是陕西设立独立的交子办公室（交子务）发行纸币。

但这次发行和四川不同，四川有较为充分的准备金做后盾，而陕西却没有，所以发行并不成功。陕西此时已经有了另一种纸质凭证：盐钞。交子的发行，还影响了人们对盐钞的使用，可谓得不偿失。最终政府停止了在陕西发行交子的工作。

四川的交子发行规则是发新收旧，每隔三年发行一次新纸币，规定人民必须拿旧纸币按照原价兑换成新纸币，但是需要缴纳30文的工本费。这种做法保证了市面上流通的交子数量始终为1 256 340贯。

熙宁五年（公元1072年），为应对财政危机，中央政府再次打起了交子的主意，命令四川多发行一界交子，却并不按惯例把老一界的交子回收。[22]

于是，市面上两界交子并行，纸币量一下子扩大了一倍，但准备金却并没有增加。转眼之间，政府就将相当于12亿枚钱币的财富从民间转移到自己手中。

与政府发行量的扩大相应的是，市面上纸币贬值，交子出现了折价。一贯的交子已经换不来一千枚钱币，只能按照大约九五折的价格进行兑换。

与此同时，随着纸币数量的增多，四川的交子逐渐向北方扩散，开始在陕西流通，这进一步影响了盐钞的生意。政府下令，在陕西禁止使用四川交子，将通货膨胀的压力留在了四川境内。

---

22 《文献通考·钱币考》："五年，交子二十二界将易，而后界给用已多，诏更造二十五界者百二十五万，以偿二十三界之数。交子之有两界自此始。"

此时，政府对于纸币的性能已经有了更加清晰的了解。皇帝意识到，虽然没有准备金，但政府偷偷地超量投放了纸币，人们一开始既不会发现，又没有力量阻止，就像在酒里兑水一样，只要不过度掺水，限制在一定程度之内，是没有人在意的。

这对于政府不啻一条通往天堂的道路：只要动一动印钞机，多印一点钞票，就立马可以缓解财政危机。既然印钞票这个动作这么简单，又何必兴师动众去加强什么正规税收呢？

执政者并没有意识到，用纸币敛财的确是短期通往天堂的道路，但长期这么做，经济就会失控。

于是，纸币发行失控的时期终于到来了。

宋哲宗绍圣元年（公元1094年），政府又多发了15万贯交子。元符元年（公元1098年），又多发了48万贯。这些纸币主要用来应付陕西边境的开支，禁止陕西使用交子的法律也已经松动，不再有效。[23]

从这时起，政府印刷的纸币已经不再受数量的约束，在四川和陕西，交子越来越泛滥。到了宋徽宗时期，在蔡京的主持下，纸币和盐钞等宋代的新发明展现出了惊人的破坏力，引起了世界上第一场新技术条件下的金融大泡沫。

---

23 《文献通考·钱币考》："绍圣元年，成都路漕司言：'商人以交子通行于陕西而本路乏用，请更印制。'诏一界率增造十五万缗。"《蜀中广记·方物·钱》引费著《钱币谱》："绍圣元年增一十五万道，元符元年增四十八万道，祖额每界以一百八十八万六千三百四十为额，以交子入陕西转用故也。"

第十一章　金融大崩溃[1]

北宋末年,中央政府的财政几乎年年赤字,甚至财政收入只够满足支出的3/4。当群臣束手无策时,只有一位大臣可以救皇帝于水火,这个大救星就是蔡京。

蔡京的敛财手段包括:第一,将纸币从四川引向全国,发明一种叫作钱引的货币在全国大部分地区推行;第二,加大食盐的票据化,把盐票当作第二货币使用。

通过这些做法,蔡京实现了第一次利用金融工具从民间抽取巨额利润的举措,大量的纸片从政府飞到民间,将民间的真金白银和粮食掠走。

蔡京的做法造成了民间金融系统的崩溃,当金兵入侵时,政府再也筹集不上新的财富来抵御外辱,北宋灭亡。

南宋末年,当政府不得不靠印钞票度日时,再次出现了恶性通胀,南宋纸币会子出现八十余年后,印刷数量已经扩张了六十多倍,到了崩溃时期,更加疯狂的印钞行为让纸币彻底失去了信誉。

---

[1] 本章涉及的时间范围是公元1100—1279年。

为了挽救纸币的信誉，并为政府筹措财政，贾似道在南宋末年进行了一次大规模的土地改革，改革的重点是政府从富户手中购买多余的土地，把土地作为公田。之后，再把公田出租，获得租金收入，这些租金就可以养活军队并用于战争。

但由于政府没有足够的财力购买土地，只好印制钞票。而政府也经营不好公田，反而严重破坏了社会经济。这一次回买公田以及之后引起的巨大混乱，剥夺了南宋最后的生存机会，它再也无力抵御北方的入侵了。

能臣蔡京的金融投机

宋徽宗崇宁元年（公元1102年），皇帝下令召集几个工匠进入宫城。在宫城的南门内，是一组叫作大庆殿的宫殿群，这里是皇帝平日上朝、大宴群臣的所在。这组宫殿群的正衙殿叫文德殿，文德殿的南门叫端礼门。

几个石匠带着一块刻好的碑，立在了端礼门外。由于这里是朝臣们上朝的必经之地，显得非常醒目，官员们每天从此路过，都可以看到上面的碑文。

碑文是皇帝亲笔书写的，上面有120个人名，分为几大类：一类是宰相，以文彦博为首；一类是官小一些的侍从，以苏轼为首；一类是更小的余官，以秦观为首；一类是内臣，以张士良为首；一类是武臣，以王献可为首。

这些人是皇帝认定的"元祐奸人党"成员，把他们的名字公之于众，是为了表明皇帝的决心：凡是活着的，永不任用；凡是死了的，追夺封号，殃及子孙。

皇帝之所以动这么大肝火，是王安石变法之后派系斗争带来的恶果。

支持变法的宋神宗死后，九岁的宋哲宗当上了皇帝，此时由宣仁太后（宋英宗的皇后）执政，司马光、范纯仁等反对变法的旧党重新上台，废除了新法。

元祐八年（公元1093年），宣仁太后死去，宋哲宗亲政后，召回了新党的章惇等人，恢复了新政，打击旧党。

宋哲宗死后，宋徽宗继位，此时掌握政局的是向太后（宋神宗的皇后），向太后再次召回了一批被章惇等新党徒贬斥的旧党成员。

但向太后只执政几个月就死去了，宋徽宗得到亲政的机会。他立即着手制定政策，大肆打击旧党。就连新党的章惇、曾布也因为曾经反对宋徽宗继位而受到了打压。

执政第二年，宋徽宗已经羽翼丰满，随即推出了党籍碑，禁止元祐党人以及其后代在京城任职，彻底与旧党决裂。

但这次的打击只是开头，宋徽宗对于旧党的打击一直持续不断。立碑两个月之后，他禁止发行元祐党人的学术著作。

次年四月，宋徽宗将吕公著、司马光、吕大防、范纯仁等人在宫廷里的画像全部毁掉，同时下令销毁"三苏"、秦观、黄庭坚等人的文集。到了九月，皇帝仍然感到不过瘾，命令全国各地都要刻《元祐奸党碑》，并时时刻刻注意不要让他们的学说得以传播，否则严惩不贷。

到了第三年（公元1104年）六月，皇帝的措施再次升级，他把元祐奸党的花名册重新整理，从120人调整到309人，新党的章惇等人也列入了名单。这次的碑文由司空尚书左仆射兼门下侍郎蔡京书写，发往全国进行摹刻，以儆效尤。这也预示着，未来二十年的北宋政权将进入蔡京时代。

宋代历史上最著名的奸臣有两位，分别是北宋的蔡京和南宋的秦桧。但与秦桧不同的是，蔡京从本质上是一个偏重于财政的"能臣"。他在任上进行了复杂的财政改革，目的只有一个：帮助皇帝获得收入。在当时，由于其余大臣对于王朝的财政已经无能为力，所以，皇帝才不得不倚重蔡京，将脏活、累活一并丢给了他，让他主宰政坛二十年。与其说蔡京是奸臣误国，不如说是宋徽宗的财政挥霍让蔡京不得不进行改革，而财政改革的失败最终葬送了北宋王朝。

宋徽宗上台时，由于前代的积弊，冗官、冗费问题已经到了危险的地步。

虽然宋神宗试图对官制进行改革（元丰三年，即公元 1080 年），限制官员人数，落实事权。但在宋神宗死后的元祐年间（公元 1086—1094 年），人们就又开始抱怨官员人数太多，不仅比改制后几年有所增加，比改制前也增加了。[2] 而到了宋徽宗时期，官员更是多如牛毛，在短短的

---

2 苏辙《元祐会计录·收支叙》对皇祐和元祐年间（两者之间相差三十几年）的官员情况做了对比："臣请历举其数：宗室之众，皇祐节度使三人，今为九人矣；两使留后一人，今为八人矣；观察使一人，今为十五人矣；防御使四人，今为四十二人矣；百官之富，景德大夫三十九人（景德为诸曹郎中），今为二百三十八人矣；朝奉郎以上一百六十五人（景德为员外郎），今为六百九十五人矣；承议郎一百二十七人（景德为博士），今为三百六十九人矣；奉议郎一百四十八人（景德为三丞），今为四百三十一人矣；诸司使二十七人，今为二百六十人矣；副使六十三人，今为一千一百一十一人矣；供奉官一百九十三人，今为一千三百二十二人矣；侍禁三百一十六人，今为二千一百一十七人矣；三省之吏六十人，今为一百七十二人矣。其余可以类推，臣不敢以遍举也。"

20年里，比起元祐时期，用当时官员自己的话说，又增加了数倍。[3]

宣和元年（公元1119年），政府官员人数已经超过了4.6万人，[4]比宋仁宗时期扩大了三倍。

在这种巨大的压力下，户部的财政收入根本没有办法满足支出，几乎年年都有赤字出现，甚至收入只能满足支出的3/4。[5]

就在户部仰仗皇帝解决问题的时候，皇帝花钱的能力却更强了。宋徽宗本人的花钱能力也位居宋代皇帝之首。他爱好广泛，品味高雅，建了不少亭台楼阁，又因为喜欢艺术，让各地进献花石纲。贤臣们都已经被贬斥，没有人告诉皇帝，他的爱好已经对国家财政构成了巨大的负担。

在皇帝的周围，形成了一个巨大的享乐圈子，他们以搜刮民间、满足皇帝为首要目的，却从来没有考虑财政的承受能力。[6]而替政府筹措资金的责任，就压在了宰相蔡京的头上。

蔡京上台时，王朝的一切形势都对他有利，除了官场内斗造成的青黄不接外，就连宋神宗时期的官制改革（元丰改制）也对他有利。宋神宗之前，由于官职过于分散，政出多门，没有人能够做事。官制改革

---

3 《宋史·食货志下一（会计）》："克公抗言：'官冗者汰，奉厚者减，今官较之元祐已多十倍，国用安得不乏。'"

4 洪迈《容斋随笔·宣和冗官》："今吏部两选朝奉大夫至朝请大夫六百五十五员，横行、右武大夫至通侍二百二十九员，修武郎至武功大夫六千九百九十一员，小使臣二万三千七百余员，选人一万六千五百余员。"《皇宋通鉴长编纪事本末·官制》则记载，宣和二年官吏共四万三千余人。

5 《宋史·食货志下一（会计）》："户部侍郎范坦言：'户部岁入有限，支用无穷，一岁之入，仅了三季，余仰朝廷应付。'"

6 《文献通考·国用考》："靖康元年，言者论天下财用，岁入有常，须会其数，宜量入为出。比年以来，有御前钱物、朝廷钱物、户部钱物，其措置裒敛、取索支用，各不相知。天下常赋多为禁中私财。"

虽然成果有限，却将更多的权力集中在了皇帝和宰相手中，更便于蔡京弄权。

另外，交子、盐钞等金融工具的发展，也让蔡京有了更多的政策工具。王安石时期的变法仍然是一次传统的改革，以整理农业税、发展传统产业为主。而随着金融工具的进一步丰富，蔡京可以利用金融措施便捷地操纵社会经济，获得财政收入，手段更加多样化了。

崇宁三年（公元 1104 年），蔡京组织的全国性财政改革拉开了帷幕。

这一年，北宋中央政府决定利用纸币来筹资，扩大交子的使用范围，将原本不使用纸币的区域纳入纸币区。最先被纳入纸币区的是位于京城西边的京西北路（现安徽北部、河南大部）。中央政府仿效在四川的做法，在京西北路设立印钞机构，发行交子。此时发行交子不是为了方便贸易，而是财政需要，印刷的纸币也没有准备金在背后支撑。

到了第二年，蔡京决定把纸币经验继续向更广阔的地区推广，下令发行一种叫作钱引的纸币。老交子仍然在四川地区使用，而钱引则在除了闽、浙、湖、广之外的其他地区通行。其中福建（闽）由于是蔡京的故里，才免于遭殃。[7]

由于钱引是一种没有准备金的纸币，故而在各地受到了抵制，加之这些地区正在推行另一种纸质凭证——盐引，政府最后不得不暂停纸币的发放，任其自生自灭。

---

[7] 《宋史·食货志下三（会子、盐上）》："时钱引通行诸路，惟闽、浙、湖、广不行，赵挺之以为闽乃蔡京乡里，故得免焉。"

而对民间影响最大的通胀掠夺，仍然发生在四川地区。四川地区纸币发行得最成熟，人们早已经习惯了使用纸币。

宋徽宗崇宁元年（公元1102年），蔡京在四川奏响了滥发的序曲。他要求在四川地区增加交子的发行数量，造300万贯交子，并允许陕西使用四川交子。这次的发行有准备金，政府计划拨付100万贯钱币作为准备金（是否落实不知道）。[8]

然而，随着陕西用兵的增加，到了第二年，政府随即下令再印1 143万贯交子，第四年又印了570万贯，到了大观元年（公元1107年），又增印了554万贯。[9]这几次增发都没有准备金，出现了通货膨胀。

在政府发行交子之初，总发行量也只有1 256 340贯，仅仅这几年的发行量已经超过了原发行量的20倍，而且大部分都没有硬通货做后盾。在市面上，交子的价格已经跌到了一贯只值十几文钱，出现了金融崩溃的局面。

蔡京一看形势失控，连忙规定新发行的交子与旧交子不再按照一比一的比例兑换，而是四贯旧交子只能兑换一贯新交子。由于交子三年一界，每隔三年，人们必须把手中的旧交子换成新的。这种做法本质上是将交子一下贬值为1/4，持有交子的人一下子损失了75%的财产。

这种做法让人们对交子本身产生了怀疑。由于"交子"这个名称已

---

[8] 《皇朝编年纲目备要》："蔡京上奏：茶马司将川交子通入陕西，民已取信。今欲造三百万贯，令陕西与见钱、盐钞兼行，仍拨成都常平司钱一百万贯充本。"

[9] 《建炎以来朝野杂记·甲集·四川钱引》："崇观间，陕西用兵，增印至二千四百三十万缗（崇宁元年增二百万，二年又增一千一百四十三万，四年又增五百七十万，大观元年又增五百五十四万），由是引法大坏，每兑界以四引面易其一。"

经失去了信用，蔡京决定将其改一个名字，在四川发行钱引。钱引与交子的不同，只是名字的差异，其实质是一样的。蔡京以为这样就能骗过市场，重新开始。

但随后，市场做出了反应：钱引也大规模贬值。另外，全国其他地区的交子和钱引都已经不能兑换，只有四川可以兑换，于是，全国的纸币都越界进入了四川地区，更增加了贬值压力。

在这种情况下，政府最后下令，以前发行的纸币（对应于41界到43界），不管是钱引还是交子，政府都不再兑换，让它们自生自灭。政府重新发行一界新的钱引，按照旧的额度发行。[10]

通过一次明目张胆的违约行为，所有持旧交子的人都被政府洗劫一空。他们因为纸币方便才使用它，将所有的财富都换成纸币，到最后，政府开一下印钞机，就将所有的财富裹挟而去，留下懵懂的人们思考自己到底哪里没有算清楚，才致倾家荡产。政府获得巨利的同时，失去了民间的信任，将民间经济的活力彻底掏空。

除了瞄准纸币之外，蔡京对于以食盐为本位的盐钞也没有放过。

《宋史·食货志下三》记载，蔡京执政时期，中央政府的盐业收入（也是财政收入最重要的一部分）恰好经历了一次危机：中国最重要的产盐区——山西的解池，由于水涝问题产盐量下降。由于盐钞要求商人们都到解州的盐池去兑换盐，这件事就不仅影响了政府的盐业专卖收入，

---

10 《宋史·食货志下三（会子、盐上）》："三年，诏钱引四十一界至四十三界毋收易，自后止如天圣额书放，铜钱地内勿用。"

还让那些持有解盐盐钞的商人也无处换盐,造成了一次小危机。

蔡京及时地寻到东北和东南地区出产的末盐(解盐为颗盐,即颗粒状的盐,而其他地区大都为粉末状的末盐)来代替解盐,帮助政府获得了收入。同时,他规定商人持有的解盐盐钞可以拿到东南兑换末盐。

另外,盐钞还可以兑换乳香、茶叶、度牒等物品,扩大了使用范围。经过这些措施,盐钞反而更加流行,蔡京漂亮地处理了这次危机。

然而,处理危机时,蔡京也看到了盐钞的潜力。在改革的当年,商人们向中央政府缴纳了164万贯,而中央政府产盐的成本却只有14万贯,净赚了150万贯。[11]

蔡京意识到,只要把盐钞杠杆化,就可以从民间汲取大量的财富。在以前,只有北方解州盐使用区才实行盐钞制度,这种制度是由政府垄断食盐生产,大商人从政府处批发食盐后,卖给民间。而在南方则实行完全的政府专卖,从食盐的生产到运输再到零售,都由政府掌握。蔡京废除了东南末盐的专卖衙门,在全国都实行盐钞制度。原本只在北方实行的食盐票据化运动,就此遍及全国。

在宋代,只要政府把持了盐业供给,盐商就会帮助政府把盐价炒高。而盐价的高昂更激发了盐商的热情,政府又可以发行更多的盐钞。

当然,人们对食盐的需求是有限的,盐钞发多了,人们迟早会发现,储存的盐已经吃不完,那就是泡沫破裂的时刻。

但蔡京想方设法地避免泡沫破裂,他的办法是:让盐钞不断地贬值,

---

11 《皇宋通鉴长编纪事本末》卷一二二:"自去年九月十七日推行新法东北盐,十月九日客人入纳算清,至今年九月三日终,收趁到钱一百六十四万八千六百二十六贯三百六十八文,本钱一十四万七千七十三贯,息钱一百五十万一千五百五十三贯三百六十八文。"

增加盐商用盐钞换盐的难度。比如,本来盐商把钱交给政府,就可以获得盐钞去换盐。但有些早年的盐钞没有使用,就又已经发了新盐钞。对于旧盐钞,政府规定必须折价,去买盐时,最多只能使用三成的旧钞,其余的必须是新钞,或者还要搭配一部分现钱。

政府利用不断对旧钞折价的方法,控制了盐钞的数量。

为了增加收益,蔡京还设置各种各样的出货障碍和苛捐杂税,将利润做大。到了高峰时期,每年收入达到两千万贯以上。[12] 而在政府收入之外,则是食盐质量的大幅度下降。由于食盐价格高昂,许多山区能够吃得起盐的人家十户不过三户。盐商的手中则积攒了大量的盐钞,却因政府设置的各种规矩和障碍兑换不了。就算是与政府共舞的大玩家,也有一朝踩不准就倾家荡产的,朝为富翁,夕挂黄粱。[13]

除了盐业之外,蔡京在茶叶等方面的改革也同样出于聚敛的考虑,发行了一种纸质凭证——茶引(又分为长引和短引),利用金融杠杆,将大量的财富收于政府手中。

蔡京的做法是第一次利用金融工具从民间抽取巨额利润的尝试。交

---

12 《宋史·食货志下四(盐中)》:"新法于今才二年,而所收已及四千万贯,虽传记所载贯朽钱流者,实未足为今日道也。"
13 《宋史·食货志下四(盐中)》:"崇宁间,蔡京始变法,俾商人先输钱请钞,赴产盐郡授盐,欲囊括四方之钱,尽入中都,以进羡要宠,钞法遂废,商贾不通,边储失备;东南盐禁加密,犯法被罪者多,民间食盐,杂以灰土,解池天产美利,乃与粪壤俱积矣。大概常使见行之法售给才通,辄复变易,名对带法。季年又变对带为循环。循环者,已卖钞,未授盐,复更钞;已更钞,盐未给,复贴输钱,凡三输钱,始获一直之货。民无资更钞,已输钱悉干没,数十万券一夕废弃,朝为豪商,夕侪流丐,有赴水投缳而死者。"

子、钱引、盐钞、茶引……层出不穷的纸片将社会财富从民间送到政府手中。这些纸片的力量如此之大，以致人们都反应不过来，没有能力做任何的反抗，便最终被政府剥夺干净。

不仅仅是宋代，在任何时候，只要政府手中掌握着印这些纸片的工具，就必然会制造通货膨胀和财富再分配，在攫取巨额财政收入的同时，制造着一个又一个诱人的官商泡沫。

从王安石开始的政府理财实验，到蔡京时期终于达到高峰，只是，整个社会的金融系统已经在试验中分崩离析。当北方的战事兴起，政府已经无力再为战争筹集经费了。

北宋虽然亡于金人之手，但真正令它衰弱到无法抵抗之地步的原因，不在于外界，而在于内部的资源已经被剥夺到了极致，不管面临多大的外部刺激，都已经无力响应了。

靖康元年（公元1126年），宋徽宗让位于儿子宋钦宗，蔡京也同时被贬离京，《宋史·蔡京传》记载，他死于湖南长沙。就在第二年，金人攻破了北宋首都，俘获了徽、钦二帝，北宋灭亡了。

南宋的金融崩溃

宋宁宗开禧三年（公元1207年）十一月，南宋权臣韩侂胄正准备上殿奏事。这是他内外交困的一年。

《宋史·韩侂胄传》记载，一年前，作为宰相的他发动了针对金国的北伐（史称"开禧北伐"），想收复失地、恢复疆土。这是南宋建立八十年来，多少臣子盼望已久的时刻。他的支持者中不乏赫赫有名之人，如著名的词人陆游、辛弃疾，以及大思想家叶适等。

可是，北伐开始后出现的情况却出乎宰相的意料。宋军准备不足，金军早有绸缪，宋军吃了几场败仗之后，内部的主和派开始大肆行动，攻击宰相轻举妄动，在朝堂上给了他巨大的压力。

韩侂胄决定反击。他与右丞相陈自强策划，让林行可担任谏议大夫，对他的政敌礼部侍郎史弥远、参知政事钱象祖、李壁等人进行弹劾。这一天，他边思考问题，边向上朝的大殿走去。

南宋人把陪都杭州称为"行在所"，为了表示简朴和非正式，皇帝的宫殿也比北宋的京师汴州简单很多。这里也仿照汴州起了很多殿名，比如垂拱、大庆、文德、紫宸、祥曦、集英等，但是，这六个名字其实指向的都是同一个大殿，只是根据不同的事情换一下名称而已。

在韩侂胄到达之前，他的同党陈自强和林行可已经在殿外等候，而他的政敌钱象祖也出现在门口。

就在韩侂胄接近大殿时，突然从旁边出来一个人把他拉住，这人是负责宫城保卫的官员，名叫夏震。韩侂胄还没有明白怎么回事，周围又冒出来三百名士兵，这些士兵在夏震的率领下，挟持韩侂胄进入宫殿旁的玉津园。夏震拿出圣旨宣读了韩侂胄的罪状，随后命令士兵将他斩杀于皇帝的花园。

宋代是古代少有的对文官宽容的朝代。韩侂胄之死，和当年岳飞之死一样，属于宽容政策的例外，也表明了当时形势之复杂。斩杀韩侂胄由他的政敌史弥远一手策划。事前，史弥远已经在杨皇后的支持下，得到皇帝罢免韩侂胄的诏书，这才借着这个诏书将韩侂胄杀死。

第二年，在宋金议和之际，皇帝将韩侂胄的棺木撬开，将他的人头送给金国，完成了合议。南宋同意每年上贡银三十万两、绢三十万匹给金国，同时支付战争赔款三百万贯。

轰轰烈烈的开禧北伐以失败告终。开禧北伐不仅仅是一次军事失败，它更对南宋的经济和财政造成了不可恢复的持久性影响。

北伐前，南宋借着隆兴和议（宋孝宗隆兴二年，即公元1164年签订）已经获得四十年的和平时光。北伐始于开禧二年（公元1206年）五月，但到了当年十月，宋军就兵败如山倒。十二月，四川地区又发生叛乱，平叛期间，四川地区遭到了严重破坏。在此之前，四川地区是宋廷的主要财源之一；而之后，四川动荡，不仅无法向中央输出财政，反而需要政府投入大量的兵力维持秩序。这一系列的事件让宋廷彻底跌入财政崩溃的旋涡，再也无法挣扎出来。

由于财政收入的巨大漏洞无法弥补，政府加大了印钞力度，南宋好不容易维持住的金融系统再次陷入了混乱。

与北宋相比，南宋政府对金融系统的破坏更大，这是因为纸币的使用在南宋更加广泛。北宋时期，虽然四川地区发行纸币，但全国大部分地区仍然是金属货币区。而到了南宋，借着北宋末年蔡京的改革，政府在全国发行纸币，并大幅度减少了铜币的铸造量，纸币成为南宋货币最主要的形式。

导致铜币铸造量减少的因素很多：一是铜矿开采能力的衰弱；二是政府混乱，无法组织更大规模的铸币机构，由于生产量的缩小和效率的低下，甚至政府发行铜币本身就是一种亏本行为；[14] 三是政府过于依赖纸

---

14 《建炎以来朝野杂记·甲集·铸钱诸监》："赣饶二监新额钱四十万缗，提点官赵伯瑜以为所得不偿所费，遂罢铸钱。"

币，故意减少了发行量。北宋铜币最多时一年发行五百万贯，但南宋的铜币发行量长期在每年十五万贯左右徘徊。[15]

由于缺乏铜币，政府不得不大量发行纸币来满足民间的贸易需要。宋代政府喜欢在区域之间设立各种贸易障碍，南宋纸币的发行也变得支离破碎，在全国出现了几种不能互相流通的纸币。

政府在东南地区发行了一种叫会子的纸币。会子的发行也是一波三折。最初，政府试图按照四川的方式在江浙一带发行交子，但是没有成功。后来，政府突然发现，民间已经在自发使用一种叫作会子的东西，[16] 于是，政府禁止民间发行会子，改由官府经营。

与四川交子不同的是，会子是一种以铜币为储备的纸币（交子是以铁币为储备），理论上讲，会子与东南地区盛行的铜币有着一对一的兑换关系。会子的发行仅限于东南地区，也就是南宋最主要的经济区。由于区域限制，就算有人把东南地区的会子带到四川去，也没有办法使用，更没有办法兑换当地的铁币。

而在四川地区，南宋一共使用了三种纸币，其中一种是北宋末年取代交子的钱引，这也是影响最大的一种。除了钱引之外，还有一种叫作铁币会子的纸币，但流行的地区很小，影响也不大。另外，四川还有一种以银为储备的银会子，理论上用这种纸币可以与银兑换。

南宋时期，还有两个特殊的区域，分别是两淮地区和湖北一带。这两个地区原来也是使用铜币，但由于靠近这两个区域的金国同样需要货

---

15 《宋史·孝宗纪》："丁酉（淳熙三年十一月），定铸钱司岁铸额为十五万缗。"
16 《建炎以来朝野杂记·甲集·东南会子》："当时临安之民复私置便钱会子，豪右主之。"

币润滑经济，并且从这些边境地区大量走私铜币到北方，所以，为了防止金国把铜都运走，南宋政府规定这两个地区不再使用铜币，而改为使用铁币。

两淮和湖北使用铁币之后，也对应着发行了两种纸币，分别是淮交和湖会。这两种货币都以铁币为储备。但是，淮交和湖会都不能越界发行。虽然都是铁币储备的纸币，但淮交不能拿到四川使用，四川的钱引也无法拿到两淮使用。

通过这种方法，南宋将全国划分成四个金融区，分别是最大的东南区、次大的四川区域，以及两个较小的两淮和湖北区域。这些地方各自使用不同的铁币和铜币，并发行各自的纸币。其中东南会子和四川钱引的影响力较大，而东南会子又为最大。

东南会子最早发行于宋高宗绍兴三十年（公元1160年）。[17] 这一年，皇帝命令户部侍郎钱端礼根据以前的纸币流通经验，设计了会子。第二年设立会子办公室（会子务）。第三年通过《伪造会子法》，对伪造行为严厉镇压，违者处以死刑。

由于发行纸币的经验不足，在发行之初没有控制额度，于是，会子出现了第一次贬值。到了宋孝宗乾道二年（公元1166年），皇帝开始用现钱回购一部分超发的会子。两年后，会子正式采用了和当年交子类似的方法，分界发行。从这时起，会子正式成为南宋的主币。

按照规定，会子每一界的发行量为一千万贯，以三年为一界，到期

---

17 《宋史·食货志下三（会子、盐上）》："三十年，户部侍郎钱端礼被旨造会子，储见钱，于城内外流转；其合发官钱，并许兑会子输左藏库。"

后以旧换新，保持市面上流通的会子始终是一千万贯。

但南宋的货币发行制度始终不如北宋的四川地区，常常朝令夕改，一切以财政状况为依据。

最初，朝廷规定一界的发行量为一千万贯。但是这个额度很快就控制不住了。

宋孝宗淳熙三年（公元1176年），政府规定每界会子的展期为三年。每三年发行一界，每界使用六年，市面上同时运行两界会子。钞票的发行量扩大了一倍。

到了宋光宗绍熙元年（公元1190年），再次规定会子回收展期为三年。每三年发行一界，每界使用九年，市面上三界会子同时运行。钞票的发行量已经达到了最初的三倍。

但这一切仍然是可控的，失控马上就要到来了。

开禧二年（公元1206年）韩侂胄的开禧北伐惨淡收场，而北伐也对南宋的经济造成了不可弥补的损失。由于财政出现了巨大漏洞而无法弥补，所以，政府陡然加大了印钞力度。

据王迈《臞轩集》记载，会子最初发行时只有1 000万贯，开禧北伐时期，会子的发行总量已经达到1.4亿贯，比当初扩大了13倍。加上在四川发行的8 000万贯的钱引，[18] 两者加起来达到2.2亿贯。

---

18 《建炎以来朝野杂记·乙集·四川收兑九十界钱引本末》："先是，四川钱引以二年为界，每界书放之数止于一百二十五万。……嘉泰末，两界书放凡五千三百余万缗，通三界所书放，视天圣祖额至六十四倍。逮嘉定初，每缗止直钱四百已下。"据此计算，125万的64倍为8 000万。

发行量大增带来的是剧烈的通货膨胀。中央政府意识到了通胀的危险性，于是考虑减少纸币的流通量。这就牵扯到了另一个秘密：政府发行纸币非常容易，但回收纸币却困难重重。

如果要回收钞票，当时唯一可行的做法就是政府拿出库存的硬通货，将纸币买回来销毁。所谓硬通货，主要是金银。但是，政府在发行钞票的过程中，的确换回了不少物资，可这些物资随即就被花光了，在空空如也的国库内，并没有多少硬通货储备。

政府检视家底之后，发现国库里还剩下一点金银。另外，政府还可以卖一部分僧侣的度牒。中国古代的僧侣一直享有免税权，度牒持有人不管是不是和尚，都可以享受免税待遇。据《建炎以来朝野杂记·乙集·四川收兑九十界钱引本末》记载，按照每两黄金兑换60贯纸币，每两银子兑换6.2贯，每道度牒价值1 200贯计算，政府手中的资产一共可以兑换1 300万贯纸币，约占全国流通量的5%强。如果把这些金银和度牒集中投放在四川，则可以收回半界的四川钱引（四川有三界钱引并行，一共8 000万贯）。

但这次回收工作却引起了民间的恐慌，人们听说政府要回收纸币，立刻想到以后纸币都不流通了，结果纸币的价格从每贯价值400个铁币一下子跌到价值100个铁币，这引起了极大的混乱。[19]

但不管怎样，回收纸币这件事说明宋朝政府还是一个想负责任的政

---

[19]《宋史·食货志下三（会子、盐上）》："嘉定初，每缗止直铁钱四百以下，咸乃出金银、度牒一千三百万，收回半界，期以岁终不用。然四川诸州，去总所远者千数百里，期限已逼，受给之际，吏复为奸。于是商贾不行，民皆嗟怨，一引之直，仅售百钱。制司乃谕人除易一千三百万引，三界依旧通行，又檄总所取金银就成都置场收兑，民心稍定。"

府，并非道德败坏的剥削阶级，只是无法对如此庞大的王朝进行有效管理而已。

在更恶劣的情况下，政府会选择更为极端的做法，比如发行新会子取代旧会子。在发行新会子时，规定两贯旧会子才能兑换一贯新会子。当所有旧会子都按照这个比例兑换新会子时，市面上的钞票数量就减少了一半，从账面上做到了减少流通量。

虽然政府暂时回收了一部分会子，但由于财政系统已经遭到破坏，于是，政府很快又不得不靠印钞来解决财政问题。印钞速度再次失控，到了宋理宗绍定五年（公元 1232 年）前后，仅仅会子的发行量已经达到了 3.92 亿贯，这还不算四川钱引。[20]

到了宋理宗淳祐六年（公元 1246 年），会子的发行量已经达到了 6.5 亿贯。[21]

政府就在"财政困难——疯狂印钞——恶性通胀——朝廷感到害怕——想办法回收纸币——发行新纸币，强行以折价收兑旧纸币"的套路中不断循环。到了用第 18 界新会子取代第 16 界旧会子时（这时是两界会子并行），政府规定第 16 界会子不再使用，而第 18 界会子一贯相当于第 17 界会子五贯，直接将货币贬值为 1/5。[22]

到了淳祐七年（公元 1247 年），政府又决定要跳出这个循环，规定

---

20 《宋史・食货志下三（会子、盐上）》："绍定五年，两界会子已及三亿二千九百余万。"
21 《雪窗先生文集・丙午轮对第二札子》："楮之为数，近如版曹所奏，旧者已及四十二千万，新者已及二十三千万，方来者、伪造者，盖又不知其几。"
22 《宋史全文》卷三三："令措置十八界会子，收换十六界，将十七界以五准十八界一券行用。"

当时在市面上流行的两界会子（第 17 界和第 18 界）不再回收，永远使用。[23] 这等于宣布政府无力维持会子的回收工作，只能继续印钞票，任其贬值了。

到了南宋末年，政府的和籴政策（也就是拿纸币从民间强买粮食）又把更多的纸币注入民间经济中，结果人人谈纸币色变，这种似乎具有魔力的纸已经丧失了信誉。

贾似道当权后，为挽救南宋政府的财政和金融状况，做了最后一次努力。除回买公田之外，他还发行了一种新的纸币"关子"，取代已经丧失名义的会子。

在用旧会子兑换新关子时，规定第 17 界会子直接废弃，第 18 界会子三贯兑换一贯关子。[24]

贾似道本来是为重新树立政府权威，但强制作废、强制兑换的措施直接让政府彻底丧失了民意，人们再也不会相信任何纸币的魔术了。

南宋的金融体系彻底崩溃。

南宋的金融崩溃发生在蒙古人叩关之时，当政府最需要财政收入来组织军队打仗时，却由于金融的崩溃，没有钱养兵。而且金融破产影响到了每家每户，使得人民不再相信政府，也不愿为它卖命。从这个角度说，南宋的灭亡，不仅是军事上的失败，更是财政上的崩溃让这个中央王朝再也无力维持了。

23　《宋史·食货志下三（会子、盐上）》："七年，以十八界与十七界会子更不立限，永远行使。"
24　《宋史·贾似道传》："复以楮贱作银关，以一准十八界会之三，自制其印文如'贾'字状行之，十七界废不用。银关行，物价益踊，楮益贱。"

表5　南宋会子发行及货币指数[25]

年　代	纸币数量（万贯）	指　数
宋高宗绍兴三十一年至宋孝宗乾道四年（公元1161—1168年）	1 000（自300起，增加了700）	100
宋孝宗乾道、淳熙年间（公元1165—1189年）	2 000	200
宋孝宗淳熙年间（公元1174—1189年）	2 400	240
宋宁宗开禧年间（公元1205—1207年）	14 000	1 400
宋宁宗嘉定年间（公元1208—1224年）	23 000	2 300
宋理宗绍定五年（公元1232年）	22 900	2 290
宋理宗绍定六年（公元1233年）	32 000	3 200
宋理宗嘉熙四年（公元1240年）	50 000	5 000
宋理宗淳祐六年（公元1246年）	65 000	6 500
宋理宗景定四年（公元1263年）	日增印15	

表6　南宋纸币贬值情况[26]

年　代	纸币币值变化（一贯纸币兑换的铜币数量）	指　数
宋孝宗乾道四年（公元1168年）	1贯=770文	100
宋孝宗淳熙十二年（公元1185年）	1贯=750文	97.4
宋光宗绍熙二年（公元1191年）	1贯=500文	65
宋宁宗庆元元年（公元1195年）	1贯=620文	80
宋宁宗嘉泰元年（公元1201年）	1贯=600~750文	78~97
宋宁宗嘉定元年（公元1208年）	1贯=385文（顿损其半）	50
	1贯=600~700文	78~91

25 26　本表引自漆侠的《宋代经济史》。原表分为四列，今舍去"材料来源"一列。

（续表）

年　　代	纸币币值变化 （一贯纸币兑换的铜币数量）	指　　数
宋宁宗嘉定四年（公元1211年）	利用2旧纸币兑1新纸币，折半	50
宋宁宗嘉定八年（公元1215年）	1贯=620文	80
宋理宗端平元年（公元1234年）	1贯=429文	56
宋理宗端平三年（公元1236年）	1贯=240文足	31
宋理宗嘉熙四年（公元1240年）	按照5旧纸币兑1新纸币	20
宋理宗淳祐十二年（公元1252年）	川引1贯=150文	19.5
	广西1贯=200~210文	26
	比绍定二年贬值3/4	13.4
宋理宗景定四年（公元1263年）	1贯=250文	35
宋度宗咸淳三至四年（公元1266—1267年）	75文旧纸币=4文钱	5.32

贾似道：灭亡前的土地改革

大约是在宋理宗景定三年（公元1262年），由宰相贾似道组织的南宋最后一次大型改革正在悄然展开。

几年前，南宋与北方蒙古族的战争已经进入白热化阶段。在元宪宗大汗蒙哥的进攻下，南宋军队节节败退，欲和不能。开庆元年（公元1259年），蒙哥死去，蒙古陷入大汗之位的内争之中，南宋获得最后一次喘息的机会，于是紧锣密鼓地做着战备。

宰相贾似道查看政府剩余资源时，发现南宋的国库已经空了。在任何一个即将崩溃的朝代，揭开它的财政膏药，就会发现下面已经溃烂。

此时，南宋的金融体制已经形同虚设，政府发行了太多的纸币，无力控制物价。税收也同样空虚，大量的农民破产，政府收入锐减。更糟糕的是，随着蒙古威胁的增大，政府却需要更多的粮食为打仗做准备。既没有钱，又想多收购粮食，南宋政府不得不依靠古代版的"收购公粮"政策，即"和籴"。

所谓和籴，是指政府强行向民间摊派购买粮食。本来购买粮食是需要花钱的，但由于是政权行为，政府以极低的价格，强迫农民大量出售。最初购买时还是用钱币，后来则改成纸币，再后来纸币都给不全，常常亏钱。于是和籴成为农民的一大负担。

以开庆元年（公元 1259 年）为例，这一年和籴粮食达到了 560 万石，全部用纸币购买。[27]

南宋时期，人们对于和籴的批评不绝于耳，纷纷谴责这个可能让人倾家荡产的政策。《后村先生大全集·进故事》中同样是在宋理宗时期，大臣刘克庄也曾抱怨说，以前全国一年和籴只有 150 万石，现在，仅仅吴门一个郡就被迫交出 100 万石，全国更是不知已经增加了几倍。浙江中部本来属于富裕的地区，可是现在就连巨富，十家也有九家变成了穷光蛋。

《许国公奏议·应诏上封事条陈国家大体治道要务凡九事》中大臣吴潜则说起了两淮地区的情况。在两淮，一家人有 240 亩土地，已经算是

---

27 《宋史·食货志上三（布帛、和籴、漕运）》："开庆元年，沿江制置司招籴米五十万石，湖南安抚司籴米五十万石，两浙转运司五十万石，淮、浙发运司二百万石，江东提举司三十万石，江西转运司五十万石，湖南转运司二十万石，太平州一十万石，淮安州三十万石，高邮军五十万石，涟水军一十万石，庐州一十万石，并视时以一色会子发下收籴，以供军饷。"

富裕人家，但是政府除了收税之外，给这家人分派的和籴额度竟然达到了144石，这还不算，在征收时还要把两石算成一石，数额上立刻又翻倍。除了定额之外，还有各种各样的名目，呈样、罚筹、堆尖、脚剩，每一种名目又敛去若干，到最后竟然要上缴三四百石，家里几乎颗粒无剩。

在政府大量使用纸币与民间交易，导致粮食紧缺的同时，钞票却充塞市场，出现了恶性的通货膨胀。

贾似道看到，在官家逼迫之下，随着农民的破产，政府的财源将会很快枯竭，到时元兵袭来，军队由于缺乏供给，根本无法抵挡敌人的进攻。

要改变这种局面，就必须做一次全面改革。南宋最后一次拯救财政的努力——回买公田——就是在这个背景下展开的。

所谓回买公田，指的是政府从富户手中购买多余的土地，把土地作为公田。之后，再把公田出租，获得租金收入，这些租金就可以养活军队，支持战争。政府有了公田之后，只需要好好经营，就不用再把过重的税收与和籴负担强加给民间了。

吊诡的是，南宋政府刚建立的时候，手中是有大量的皇庄和公田的，但是，随着政府不断缺钱，慢慢把这些公田都卖给私人，卖地的收入补贴了财政。到贾似道时期，早就没有公田可卖了。贾似道决定反其道而行之，把公田再买回来，所以叫回买公田。

为什么要回买公田？他认为这样的做法对政府和民间都有好处，吃亏的只有特权阶层。在改革之前，特权阶层把持了大量的土地，却由于种种勾结行为，很少纳税。贾似道试图利用回买公田政策，逼迫这些特权阶层放弃一部分土地，交给政府。

按照中国古代的传统，一个人最多只能种一百亩土地，再多就超过了限制。但宋代整体的政策是不抑兼并，加上制度松弛，使得土地向官僚手中集中。

以前政府采取强行摊派购买粮食的做法，倒霉的是老百姓，并且由于穷人最没有权力，于是，最终由穷人承担了大部分的损失。如果能够从富豪和官僚手中购买公田，保证财政收入，就可以少干扰贫困的下层人民，也不用再搞粮食摊派强购了。

而由于和籴购买粮食都用纸币，只要不再搞粮食强行采购，政府也就不用发行这么多的纸币，这对于控制通货膨胀也是有好处的。

既能筹措军粮，又能避免通胀，这就是贾似道一举两得的憧憬。[28]他的良方很快获得了皇帝的认可，并在宰相的主持下，迅速实行。

最初只是在广西一带小规模推行，尝试屯田，以获得财政收入。由于皇帝重视，广西的屯田进行得很成功，于是，贾似道开始在全国推行。

首先取得突破的是浙西路，这里是贾似道的根据地，最容易控制。他带头捐献出一部分土地。《宋史·理宗纪》记载，景定四年（公元1263 年），根据政府的统计，平江、江阴、安吉、嘉兴、常州、镇江六郡已经购买公田 350 余万亩，皇帝大喜过望。回买公田已经取得了阶段

---

28 《宋史·食货志上一（农田）》记载，贾似道认为回买公田是一举五得的好事。景定四年，殿中侍御史陈尧道、右正言曹孝庆、监察御史虞虑、张晞颜等言廪兵、和籴、造楮之弊："乞依祖宗限田议，自两浙、江东西官民户逾限之田，抽三分之一买充公田。得一千万亩之田，则岁有六七百万斛之入可以饷军，可以免籴，可以重楮，可以平物而安富，一举而五利具矣。"

性的成果。

然而，如果从民间的角度观察，则是另一番景象。

按照规定，在自愿的原则下，回买公田政策只购买大土地主多余的土地，不涉及中小土地主，尽量减少对民间的逼迫。但由于政府从财政角度考虑问题，势必有指标的要求。官员们为了完成指标，只能向民间摊派，结果到最后，变成每家每户除了二百亩豁免之外，其余的土地都要卖1/3给政府，其做法和摊派购买粮食时是一样的。

后来，当指标催得紧时，就连百亩之家都被逼卖地了。政府原本想通过富户筹款，却变成了一次不幸的全民运动，整个社会根基受到了动摇。[29]

更严重的是，政府并没有足够的钱款来购买土地。所出价格都是压低再压低，上好的土地被以不到二成的价格强行买走。

在贾似道的逼迫下，各地的官员纷纷"八仙过海，各显其能"，想尽一切办法从民间搜刮土地，有的甚至用肉刑对付那些胆敢抵抗的人。

即便这样，政府还是没有钱支付所有的公田。一开始是想以铜币来支付，但由于铜币紧缺，干脆改成了纸币支付。如果从某家买的田多，那么政府还给5%的银子，剩下的用纸币、度牒等东西凑数；如果买的

---

[29] 《齐东野语·景定行公田》："先是，议者以官品逾限田外回买立说，此犹有抑强嫉富之意。既而转为派买之说，除二百亩以下免行派买外，余悉各买三分之一。及其后也，虽百亩之家亦不免焉。"

田少，那么就全都给纸片了。这种做法让少地的人家更加无助。[30]

政府的支付方式五花八门，除了纸币与和尚的度牒之外，还包括一些虚官和各种各样的头衔，等等，所有稍微有点价值的东西都被拿了出来。这些东西还不准转卖，有时就等于废纸一张。

纸币和各种奇怪的纸片源源不断地流入民间，原本是为整治滥发纸币，最终却注入了更多的纸币。

在民间大乱套和巨大的抱怨声中，官员们纷纷上书，谴责贾似道的做法。贾似道一看大事不好，连忙请求辞官。

然而，令人们感到错愕的是，宋理宗不仅不反对贾似道的做法，还立刻安慰起他的宰相来。他说，从贾似道当初提建议开始，就有人说不能这么做，他那时候就已经阻止群臣的抱怨了。现在，实行了公田之后，不管是公家还是私家都富足了，这一年的军饷全靠贾似道的办法才有了着落。如果因为别人的抱怨就放弃，虽然满足了群臣的一时之快，可是谁来帮他筹措国家财政？[31]

皇帝贬斥了那些批评贾似道所提建议的人。事后，人们常常以"皇帝没罪，奸臣误国"的观念来责骂贾似道误国，却不知道这个国家已经

---

30 《宋史·食货志上一（农田）》："六郡回买公田，亩起租满石者偿二百贯，九斗者偿一百八十贯，八斗者偿一百六十贯，七斗者偿一百四十贯，六斗者偿一百二十贯。五千亩以上，以银半分、官告五分、度牒二分、会子二分半；五千亩以下，以银半分、官告三分、度牒二分、会子三分半；千亩以下，度牒、会子各半；五百亩至三百亩，全以会子。是岁，田事成，每石官给止四十贯，而半是告、牒，民持之而不得售，六郡骚然。"
31 《宋史·贾似道传》："帝勉留之曰：'公田不可行，卿建议之始，朕已沮之矣。今公私兼裕，一岁军饷，皆仰于此。使因人言而罢之，虽足以快一时之议，如国计何！'"

掉进了财政陷阱而无力自拔，只求这一刻平安，管不了更多了。皇帝对于这样的局面得一清二楚，对于造成的恶果也心知肚明，只是他已经考虑不了长远，只能全力支持宰相敛财。困苦的民众已经不会再引起他任何的同情。

但是，就算贾似道再努力，仍然无法彻底改变宋代的财政状况。接下来的问题就出现在公田上。

政府购买了公田之后，就要组织人员进行屯田生产，来获得粮食。最初政府设立了一些屯田机构进行管理，但由于官僚的惰性，根本没办法有效组织，浪费严重，最后只好将这些土地出租给佃户耕种。随着对佃户压榨的加深，许多人根本不租政府的土地，原本的良田现在抛了荒，社会的总财富减少，从而影响了政府的财政收入。

当皇帝发现无法解决财政问题时，又有人商议把土地还给原来的主人耕种，于是群臣在元军叩关时，纷纷在讨论怎样把土地还给私人。但元朝已经不再给皇帝留继续折腾的时间了，他们"帮助"宋代政府彻底结束了窘迫的财政难题。

在元军的铁蹄下，宋朝的财政腾挪和如此复杂的财政制度，都迅速化为云烟，但三百年来的敛财经验，特别是金融方面的新经验，却成为宝贵的财富，流传给后世的王朝。

第三部

最完美的集权机器

（公元907—1911年）

第十二章　元朝：大蒙古的财政危机[1]

蒙古人早期的财政以掠夺和放贷为主，蒙古将领们靠打仗掠夺了财富，再交给色目人[2]帮助打理，利用放贷获得收入。

为了将战时的掠夺财政变成和平时期的正规税收，耶律楚材帮助蒙古人建立了土地税制度，但这种制度常常遭到破坏。与耶律楚材针锋相对，色目人介绍了包税制给蒙古人，即将一个地方的税收包给一个负责人，收取一个定额，由负责人想尽一切办法敲诈该地，除了将定额交给蒙古人外，多出来的部分则归包税人自己。

令马可·波罗惊叹的纸币也成了蒙古人掠夺的工具。元朝的纸币一直持续不断地处于贬值当中，并不断发行新币来取代旧币，将旧币贬值。在掠夺财政、包税制、纸币敛财的共同作用下，元朝成为最孱弱的朝代之一，一直缺乏真正的经济恢复和盛世时期。

元朝末年，雄心勃勃的丞相脱脱为了振兴大元王朝，开始了规模巨

---

[1] 本章涉及的时间范围是公元1206—1368年。本书作者的另一本书《元朝理财记》对本章内容有更丰富的阐述。
[2] 元朝划分的四等人之一，地位仅次于蒙古人。

大的改革。他的改革核心是：利用政府的权威，通过政府花钱的方式来带动经济发展。

然而，政府主导花钱必须有钱可花，当政府手中没钱时，就只好偷偷开动印钞机，依靠印制钞票来筹措财政。

脱脱的做法导致了民间经济的紊乱和金融上的大崩溃，随着各地反元起义的兴起，脱脱的改革没有拯救元朝，反而葬送了元朝。

丞相脱脱：蒙古人的凯恩斯[3]

元顺帝至元六年（公元1340年），一场针对权臣伯颜的阴谋正在展开。

元朝后期曾经出现了几次争夺皇位的斗争。参与争夺的人共有一个源头，他们都属于太子真金（元世祖忽必烈的儿子）三个儿子的后代。

在最后一次争夺中，伯颜帮助元武宗（真金次子的长子）的儿子元文宗图帖睦尔登上了皇位。从此，元朝的皇位留在了元武宗的后代手中，直到元朝灭亡。

到了元武宗孙子元顺帝统治时，伯颜更是通过杀害其他大臣独揽大权，天下人只知有伯颜，不知有皇帝。他推行非汉化政策，重用蒙古人和色目人，甚至提出要将汉族的大姓灭绝，防止汉人的反抗。

为了巩固地位，伯颜提拔自己的侄子脱脱担任御史大夫一职。他没

---

[3] 约翰·梅纳德·凯恩斯（1883—1946），英国著名经济学家，著有《就业、信息和货币理论》，创立了现代宏观经济学的理论体系。

想到，后来就是侄子脱脱将他赶下了台。

与伯颜的擅权相反，脱脱从一开始就预感到权臣的下场，故意与伯父保持距离。在得到皇帝的信任后，脱脱设计将权臣贬斥。

至元六年（公元1340年），趁伯颜出猎的机会，脱脱与皇帝合谋，在控制京城的卫戍部队和城防系统之后，颁发诏书，贬伯颜为河南行省左丞相。一次宫廷政变在脱脱的圆满策划下，以不流血的方式结束。

这次政变显示出脱脱行事的干练与坚决。在经过元朝混乱的宫廷和政治斗争之后，人们对于和平发展充满了渴望。第二年初，脱脱成为元朝的中书右丞相。这个二十几岁年轻人的一举一动，都寄托着时人的期待。

重重期待中的脱脱到底是个什么样的人呢？

如果要选择一位最能代表元朝气象的人物，这个人也许既不是人们耳熟能详的耶律楚材、关汉卿和赵孟頫，也不是那些蒙古帝王，而是脱脱。

在历史上，成吉思汗的武功不容置疑，赵孟頫的文采也值得推崇，但能兼备各方面能力的全能选手，则非脱脱莫属。

《元史·脱脱传》记载，在担任丞相期间，他彻底扭转了前任伯颜的蒙古化政策。伯颜希望元朝回归蒙古传统，重新回到游牧文化，但脱脱知道，要统治这么大的王朝，非得有一套完整的官僚制度不可，像伯颜那样为了回归传统，对正规官僚制度进行破坏的政策是没有出路的。他尊重儒术，恢复了科举考试，为伯颜迫害过的宗室亲王和大臣平反，采用儒术治国。一时间元朝的政坛出现了一片新气象。同时，他兴修水利，制订农业发展计划，这些又显示出他对于经济发展拥有纯熟的理解力。

更难得的是，脱脱并不仅仅是一个官僚型的人物，还是一个颇有文学造诣的大家。中国的二十五史中有三部是在元朝编撰的，分别是《辽史》《金史》和《宋史》，之前只有唐、宋两代大规模的史书编修可以与元朝相比，而主持这三部史书编撰的，正是脱脱。

不管是制定政策，还是编修史书，都只展现了脱脱作为文官的素质。实际上，他还是一个很有能耐的将军。元朝末年，各地叛乱，脱脱组织军队围攻张士诚，并协调天下的兵马，颇有章法，屡屡得胜。

虽然历史无法假设，但人们还是认为，如果不是恰好于此时被罢相，他有机会将各地的起义镇压下去，延长元朝的国祚，让朱元璋暂时靠边站。

相比于其他的竞争者，脱脱才是最能代表元朝才气的人物，也是历史上少有的全能型选手。

可是，令人惊讶的是：恰好是在他的任上，全国上下的小骚乱变成了大暴动。

在他之前，元朝虽然进入不稳定时期，却还没有失控，而他担任丞相之后，各地的民众纷纷揭竿，元政府进入疲于奔命的镇压时期。

那么，又该如何看待这个人呢？一方面他能力超强，但另一方面，又是他的政策导致元朝的倾颓。我们如何才能将这两方面协调起来呢？

这就不得不说说他的经济刺激计划了。简单地说，脱脱信奉由政府主导经济，是一个几百年前的凯恩斯主义者。他认为，利用政府主导项目、大力花钱的方法能够将元朝疲弱的经济刺激起来，令其走向繁荣。

刺激经济，必须有足够的资金，但元政府手中没有钱，脱脱就只好依靠印刷纸币的方式来筹集资金。结果，一不小心发过了量，造成了严重的通货膨胀。这次通货膨胀成为压倒骆驼的最后一根稻草：社会经济失控，各地骚乱随之扩大。

这个元朝凯恩斯的故事，显示出元朝政府的困境：筹措建设资金，仅仅依靠普通的税收不能满足需要，还要依靠金融手段。但最终毁掉社会经济的，往往是政府野心过大的金融扩张。

大蒙古时期的财政

中统元年（公元 1260 年），忽必烈称帝。这一年也是蒙古帝国消失的一年。

就在这一年，元世祖忽必烈宣布继承蒙哥的汗位，成为大蒙古国的新一任大汗。他的上台立刻在蒙古国引起了轩然大波。蒙古帝国一共拥有窝阔台汗国、钦察汗国、察合台汗国、伊利汗国这四大汗国，它们都由成吉思汗的子孙统治。

在忽必烈之前，四大汗国与各个亲王家族共同选举大汗。大汗这个职位，拥有整个蒙古帝国的最高权威。忽必烈上台，除了他控制的窝阔台汗国之外，其他三大汗国均不承认他的权威，蒙古帝国分裂成了四个地区性的国家，元朝则是四大汗国之上的大汗政权之所在。

元朝尽管也是和中国各个朝代一样的集权式王朝，却由于曾经征服欧洲，在历史上留下了许多独特的印记。

元朝与其他朝代不同，政府的选官范围是世界性的。在成吉思汗和察合台汗时代，蒙古人最信任的理财专家大都有景教、伊斯兰教的背景，他们组成了一个色目人集团，为蒙古人管理庞大的财产。

蒙古的王公在当时没有固定的薪俸，他们依靠打仗从各处劫掠了不少财产，这些财产大都是黄金和白银，王公们让色目人为他们打理财产，以求增值。

此前，历代货币以铜币为主，而在西方则以银为主。蒙古人在这点上继承了西方的理念，为白银在中国的普及做了铺垫。

虽然元朝统治的疆域局限于现在的中国、朝鲜半岛和蒙古国，但忽必烈等人任命的官员中还有很大一部分来自现在中亚和欧洲的其他国家。由于蒙古人有理财方面的需求，所以，中亚人一直处于上等阶层。

对中亚人的宠信甚至影响了蒙古人在中原建立更加稳固的财政基础。最初，蒙古的财政是掠夺式的，走到哪儿抢到哪儿，抢来的东西就是国家的财政基础。《元史·耶律楚材传》记载，到第二任大汗窝阔台时代，契丹人耶律楚材任中书令，为蒙古人制定了财政计划和政治结构。耶律楚材建立了一套类似于中原的财政体系，依靠向农民征税来获得收入，当时的税收主要包括农业税和财产税。这件事情让蒙古人喜出望外，他们意识到除了掠夺之外，还可以从占领地获得更加持久的税收。

但是，随着蒙古军事行动的扩大，大汗需要更多的钱，各个王公更是需要立刻拿到现钱。这时，中亚的理财专家们再次登场，把耶律楚材边缘化了。他们向大汗提供了一种更加便捷的选项：蒙古人不需要操心所谓的税制结构，只需要将征税权包给他们即可。

所谓包税制，就是国家将税权包给某些人（包税商），包税商可以利用一切手段从地方上榨取税收，然后每年向国家贡献固定的数额，剩下的收入都归包税商。包税制给国家带来了便利，大汗和皇帝们不用费心就有固定的财政收入，但这也让包税商们无所不用其极地从地方上榨取财富。这种方法将短期效益最大化，却破坏了国家长期的征税能力和经济发展。

大蒙古国时期的财政就在正规税制和包税制这两种截然不同的策略之间摇摆着。可见，一个游牧民族要建立完整的社会架构、维持长期的统治有多艰难。

但不管多艰难，到了蒙哥时代，大蒙古国的税收结构已经逐渐建立起来。当时的税收项目包括人头税、农业税、商业税，附加一定的徭役。在中原，征税以农业税为主，农业税的征收类似于宋金时期的两税法，一年收两次，这说明蒙古人学习的能力并不弱。

窝阔台时期，也是蒙古的官僚制度逐渐成形的时期。蒙古的人口非常稀少，却控制了如此广阔的疆土。被当地人稀释后，蒙古人在所有被征服地区（除了蒙古本部之外）都是少数民族。

在最初征服时，蒙古人对每一个地方只派出很少的代表，行使宗主权，这个代表叫作达鲁花赤。窝阔台三年（公元 1231 年），大汗终于在中原地区借鉴辽国和金国的经验，建立了一种类似于中原政权的政治结构。

《辽史·百官志》记载，在辽代，皇帝创立了一种叫作两面官的制度。

所谓两面官制，指的是皇帝在不同的地区实行不同的制度。在游牧区实行游牧民族的法制，而在农耕区，则采用农耕社会制度；其官僚系统也分成主管游牧民族的北面官和主管农耕社会的南面官；而在军事上则以北面官为主，南面官主要负责民政。

辽代的两面官制被金朝继承。但金朝在继承的同时，又加强汉化制度的正规性，仿照唐代设立了尚书、中书、门下三省。

不过，由于三省制结构过于复杂，金朝统治者掌握不好，所以，三省制结构就逐渐被一省制取代了。《金史·百官志》记载，金朝海陵王时期，将中书、门下两省废除，只保留尚书省。金朝的做法影响了元、明、清三个朝代。

另外，为了便于地方治理，金朝还建立了行台尚书省，即行省。所谓行省，指的是按照中央政府（尚书省）的模式，在各地建立的克隆机构，借以完成对地方的统治。行省的官员设置与中央类似，构成单独一级政府。通过行省的设立，这些由游牧民族建立的政权就能够更牢固地控制国家，施行统治。

蒙古征服金朝之后，继承了金朝已经探索出来的方法，只是将尚书省改为中书省，名称上做了改变，但实质并没有变。

行台中书省则与蒙古人的达鲁花赤制度天然契合。蒙古每征服一个地方，会选择暂时保留这个地方的行政结构，同时派出几个代表在当地组建一个新的机关，代表中央的中书省来指导当地部门的工作，这个机关就叫行中书省。

在忽必烈上台之前，蒙古人已经通过摸索，建立了一套较为完整的政治结构。《元史·百官志》记载，中央为中书省和下辖的六部，地方为行中书省。后来，除了中书省之外，又设立枢密院掌管军事，御史台负责监察，这一省一院一台构成了蒙古时期的权力制衡结构。

不幸的是，元朝虽然政治制度逐渐成形，但脆弱的财政却贯穿始终，皇帝一直无法获得足够的财政收入来支持战争和浪费。

忽必烈的孱弱遗产

与其他朝代不同，元朝始终缺乏一个与文景之治、开元盛世、仁宗盛治类似的盛世时期，除了缺乏行政管理经验、政治架构过于简单、财政制度过于粗暴之外，还和元朝的开国皇帝忽必烈有直接关系。

任何一个朝代想要发展出盛世，都要有一个较长的休养生息时期，但元朝是个例外。建国者忽必烈从上台起就一直穷兵黩武、挥霍无度，破坏了元朝经济的可持续性。

这些破坏主要反映在如下几个方面。

首先是战争。《元史·世祖本纪》记载，忽必烈上台之后，就和他的兄弟阿里不哥打了一场内战，为的是争夺大汗的位置。忽必烈对阿里不哥所在的蒙古本部进行经济封锁，让他无法与外界交换物资，最终孤立并打败了他。但这次战争却使得统一的蒙古解体了，从此忽必烈虽然获得了虚的称号，却再也不可能从几大汗国获得必要的支援。

之后，忽必烈征服朝鲜半岛和中国南部。这些战争，特别是和南宋旷日持久的战争，让元朝的财政一直处于危机状态，根本没有时间发展经济。

除了这些以胜利告终的战争之外，忽必烈时期还打了许多徒劳无功的败仗，蒙古人的进攻势头在各个方向被遏制。

在日本，蒙古人的战船被台风袭击，致使两次远征都惨淡收场，造就了日本不可入侵的神话，也让本来就不宽裕的财政彻底失控。

在越南，蒙古人试图征服越南南部的占婆，最初是想从海上进攻，但占婆人退入山里和蒙古人打游击。后来为了运送更多的兵力和后勤物资，要从越南北部的安南国借道，被拒绝后又与安南进行了三次战争。蒙古人三次被击败，损兵折将。

在缅甸，蒙古人占领了蒲甘王朝的首都，大肆劫掠，但是他们没有实力进行长期占领，只能撤退，将机会留给当地的掸人。这次表面上的军事胜利无法掩饰事实上的亏损。

在爪哇，远征军也遭遇了惨败。

总之，在忽必烈时代，元朝的疆域已经到达极限，四处失败增加了它的财政负担。由于无法建立稳定的财政结构，崩溃是早晚的事。

其次，政治结构不完整，导致政府很难从中国南部征收税款。

至元十三年（公元1276年），蒙古征服南宋。但征服了南宋之后，蒙古人却一直没有控制好这个最富庶的地区。

按照常理，蒙古人征服之后应该努力建立一套可以控制整个社会的行政架构，并利用这个架构获取常规的税收，并保证民间经济的繁荣。但忽必烈长于军事，对于经济和政治并不看重，也无暇关注如何建立这种结构。

终元一朝，政府始终没有掌握南方的经济，正规税收不足，只能依靠各种各样的临时措施获得收入。但政策的随意性又破坏了民间正常的经济活动，导致人民的反抗。

到了元朝后期，南方的零星反抗不断地冒出来，而政府很难找到有效的镇压手段。军事征服又加重了财政负担，让政府掉入财政和社会崩溃的旋涡。

再次，纸币的发行缺乏必要的准备金制度。

元朝之所以不愿意致力于建设长久有效的税收结构，还在于元政府找到了从民间抽税更加便捷的方式——印钞票。

元朝和宋代一样，有着发达的纸币系统。纸币曾经让马可·波罗惊叹不已，把这一切都写进了书里。但这种方式却带着不可避免的缺陷：政府缺钱时总是控制不住印钞票的冲动，造成普遍的通货膨胀，相当于征收了额外的通胀税。

忽必烈时期，元朝发行了两种钞票。

元世祖中统元年（公元 1260 年），政府发行了叫作中统钞的纸币。[4] 中统钞又分为两类：一类是中统元宝钞，这种钞票以银为储备，理论上可以用纸币兑换银；另一类是中统交钞，以丝为储备，理论上可以用纸币兑换丝。

宋代的纸钞是以铁币和铜币为储备，而元朝以银和丝为储备，表现了元朝银的地位上升而铜的地位下降。另外，宋代的钞票往往带有地点限制，比如北宋的交子只在四川使用，南宋会子只在江南使用，而元朝的钞票不再有地点限制，是全国通用的。元朝的钞票也不像宋代那样有界的划分，而是发行完就不再回收，并且没有规定发行量。

两类货币发行后，以银为储备的中统元宝钞成为主角，并在全国通行。但很快，元政府由于财政的紧张，就开始滥发中统钞，所谓的储备

---

[4] 《元史·食货志》："世祖中统元年，始造交钞，以丝为本。每银五十两易丝钞一千两，诸物之直，并从丝例。是年十月，又造中统元宝钞。"

也成了空谈。《元史·食货志》记载，中统元年（1260年），中统钞共发行了73 352锭。至元二年（公元1265年），发行量为116 208锭。至元十三年（公元1276年），由于和南宋、日本交战的需要，财政出现了亏空，发行纸钞1 419 665锭。这时，通货膨胀就已经有了苗头。

至元二十四年（公元1287年），忽必烈重用色目人桑哥（吐蕃高僧萨迦八思巴的弟子）启动了新的敛财之旅。这一年发行了所谓的至元宝钞，这种宝钞和中统钞的兑换比例是1∶5，五锭中统钞只能兑换一锭至元宝钞。这一下就将旧钞贬值为1/5，不仅引起币制的混乱，还让纸钞逐渐失去了信誉。

另外，政府为了刮钱不得不求助于专卖和其他敛财制度。

桑哥以敛财著称。他提高专卖价格和商税，直接打劫了元朝的民间贸易系统。桑哥手下的吐蕃僧侣杨链真伽为寻找财富，甚至刨掉了南宋皇帝的陵墓，引起了民众的极大愤恨。

除了桑哥，还有回人阿合马、中书右丞卢世荣等，都是有名的理财专家，也以加税、专卖和敛财著称。[5]

在元朝，甚至连竹子都进入岁课的名目，即对自然资源收税。

最后，除了这些方式，元朝的运河系统和邮递系统也耗费了大量的物资。

由于首都北京地处一个不能自给自足的区域，皇帝和宫廷的消耗不得不从南方运输过来。元朝最初是利用海运将南方的粮食运送到北方，

5　见《元史·阿合马传》《元史·卢世荣传》。

后来在至元二十六年（公元 1289 年）开通了运河，改走内河运输。但是，运河的维护成本高昂，维持首都的正常消耗需要竭尽王朝的全力。

令马可·波罗感到吃惊的驿站系统也要靠当地人提供马匹，而元朝的王公贵族总是在滥用这个系统。驿道上的大部分业务都是和政府无关的私人业务，这些业务占据了太多的资源，又转嫁到维护驿站的当地人头上。

当忽必烈于至元三十一年（公元 1294 年）去世时，整个元朝已经千疮百孔，财政更是处于风雨飘摇之中。正是因为开国的皇帝继承了开疆拓土、好大喜功的传统，他们在获得了整个王朝之后，并没有恢复经济和整理财政，于是王朝进入中年阶段。

摇摆的政治和元朝的衰落

元朝的另一个问题是：除了第一位和最后一位皇帝之外，其余的皇帝统治时间都不长，他们如同匆匆过客，制订了不同的计划，但这些计划又在其死后被推翻，由新人制订新的计划，于是所有计划也就根本没有时间得以落实。

另外，忽必烈是典型的汉化派，但在他死后，子孙们却陷入了两难的境地：到底是保留蒙古传统，还是拥抱中原文化？到底是保留蒙古人的部落制，还是实行汉人的官僚制？

在这个问题上，蒙古人总是首鼠两端，基本上这个皇帝愿意采纳中原统治方式，下一个皇帝就立即决定恢复游牧文化。后期的皇帝在位时间都不长,这一点决定了政策具有摇摆性。

在摇摆当中,财政问题被搁置了。元政府不仅没有一个长期的规划,还总是随时出台各种临时性的措施来破坏财政。

忽必烈死后,元成宗铁穆耳统治了十四个年头,算是中期统治时间最长的皇帝。他在位时期,元朝经济有所恢复,但随后就进入了彻底的失控期。

即便是铁穆耳时代,也只是把问题掩盖一下而已。官僚数量膨胀、赏赐无度成为这个时代的通病。在忽必烈死去那年,铁穆耳就开始了他的赏赐之旅。根据有据可查的数据,为稳固人心,他一年内共送出了金 4 000 两、银 167 900 两、钞票 233 100 锭。[6]

一边是大方的赏赐,一边是亏空的国库。[7] 为了要钱,皇帝将目光转向了钞本银。

所谓钞本银,就是准备金。政府如果发行纸钞,就必须有真金白银做后盾,当人民手中拿着纸钞,必须有一定的银子做保证。

元朝初期,钞本银虽然不足,但毕竟政府还设立了一定的储备。而忽必烈时期为了战争曾挪用过准备金。至元三十一年(公元 1294 年)是财政困难的时期。元成宗下令,将存放在全国各地的 936 950 两准备

---

6 根据《元史·成宗本纪》记载,有许多赏赐未写数字,故本数字是保守的估计。
7 这一年,中书省一共发出了两次警告,请皇帝少赏赐点钱。第一次警告"朝会赐与之外,余钞止有二十七万锭"。第二次警告时,表示"余钞止一百一十六万二千余锭。上都、隆兴、西京、应昌、甘肃等处籴粮钞计用二十余万锭,诸王五户丝造作颜料钞计用十余万锭"。扣除后剩下 76 万余锭。以上见《元史·成宗本纪》

金只留下 192 450 两，剩下的全部运往首都供他使用。[8] 之后准备金有所恢复，到了大德二年（公元 1298 年），元成宗下令再借 20 万锭。[9] 到了大德三年（1299 年），元政府已经有一半的财政是出自钞本。[10]

另外，大德五年（公元 1301 年），元朝发兵攻打位于现在泰国的八百媳妇国，又造成了失控的军事负担。第二年，政府不得不大量发行纸币，至元钞发行量达到了创纪录的 200 万锭。[11]

这种挥霍无度的支出与泛滥的发行立即造成了通货膨胀，但元成宗并没有好的方法来解决问题。

到了元武宗海山统治时期，他不仅想恢复蒙古的荣耀，还要养活日益庞大的官僚机构，而四处花钱的做法令财政危机更加明显。海山开始进行所谓的改革，目的是通过裁减官僚数目来节省开支，并加强政府的理财能力。但实际上，元武宗不仅没有把机构减下去，还一不小心增加了新的机构。

由于中书省机构僵化，办事效率变得更加低下，元武宗希望恢复尚

---

8 《元史·成宗本纪》："诏诸路平准交钞库所贮银九十三万六千九百五十两，除留十九万二千四百五十两为钞母，余悉运至京师。"
9 《元史·成宗本纪》和《元史·食货志》均有记载。"帝谕中书省臣曰：'每岁天下金银钞币所入几何，诸王、驸马赐与及一切营建所出几何，其会计以闻。'右丞相完泽言：'岁入之数，金一万九千两，银六万两，钞三百六十万锭，然犹不足于用，又于至元钞本中借二十万锭，自今敢以节用为请。'"
10 《元史·成宗本纪》："中书省臣言：'比年公帑所费，动辄巨万，岁入之数，不支半岁，自余皆借及钞支。臣恐理财失宜，钞法亦坏。'"
11 《元史·食货志》："五年，至元钞五十万锭。六年，至元钞二百万锭。七年，至元钞一百五十万锭。"

书省，由尚书省专门负责理财，增加政府的财政收入。[12] 在保留中书省的同时，又平白多出来一个尚书省，反而让官僚阶层越来越庞大。

另外，他模仿元世祖忽必烈，再次想到了发行新钞票的办法。元武宗发行的钞票叫作至大银钞，而且同样按照忽必烈的老规矩，又将旧钞票贬值为1/5，规定至大钞和至元钞的比值也是1∶5，和中统钞的比值是1∶25。虽然叫银钞，准备金其实已经不足，于是，元武宗干脆下令，以后不准纸币兑换金银，民间也彻底禁用金银。[13]

至大三年（公元1310年），《元史·食货志》记载，至大钞的发行总量达到了约145万锭，折合中统钞3 630万锭，印钞量比前三年涨了6倍多。再加上一定的增税措施，从这时起，元朝就已经出现了末期的症候。元武宗死后，元仁宗虽然废除了他的所有改革措施，但元武宗改革的影响已经深入社会的骨髓，即便废除也于事无补了。

到了元文宗时期，由于皇位争夺战，元朝的政治结构变得更加脆弱，接近于解体，中央对于地方的控制力也减弱了。

最后一个皇帝元顺帝上台时，元朝经济已经近于失控，人们都意识到再不改革就要完蛋了。

伯颜作为右丞相时，采取了降低盐税和普通税的方法，让民间经济少受骚扰，减缓民间的反抗。[14] 但他在民族政策上是个守旧派，赞成加

---

12 《元史·武宗本纪》："甲申，诏立尚书省，分理财用。命塔剌海、塔思不花仍领中书。以脱虎脱、教化、法忽鲁丁任尚书省，仍俾其自举官属，命铸尚书省印。"
13 《元史·武宗本纪》："金银私相买卖及海舶兴贩金、银、铜钱、绵丝、布帛下海者，并禁之。"
14 《元史·伯颜传》："至元元年，伯颜赞帝率遵旧章，奏寝妨农之务，停海内土木营造四年，息彰德、莱芜冶铁一年，蠲京圻漕户杂徭，减河间、两淮、福建盐额岁十八万五千有奇，赈沙漠贫户及南北饥民至千万计，帝允而行之。"

强民族区隔，取消科考，避免蒙古人的进一步汉化，这使得社会矛盾更加激化，经济措施也没有起到应有的效果。

这时，随着元顺帝地位的巩固和脱脱的执政，他们开始对国家财政进行了全面的审视。丞相脱脱更希望通过雄心勃勃的改造，利用政府的力量来发展经济，将国家带出政治和财政危机。

雄心勃勃的"经济刺激计划"

脱脱为相时，面临的是一个急需恢复、经不起折腾，却又四处都是叛乱小火苗的大王朝。面对这些问题，很多人都会顾此失彼，束手无策。但脱脱有着巨大的信心来改变孱弱的局面，他试图通过加强政府权力来实现一次中兴。

他担任过两次右丞相。第一次在至元六年（公元1340年）到至正四年（公元1344年）。在此期间，他的主要工作是扭转伯颜前期的政策，重开科举考试，再次向汉人开放官制。同时为表明元朝的正统和持续性，他主持编修了辽、金、宋三代的史书。

在他第一个任期中，他还试图解决南方粮食运往首都的问题。由于元朝重新开凿的京杭大运河在投入运营后不久就出现了严重的淤塞问题，不得不重新使用海上航线。在鼎盛时期，元朝南粮北运的规模在每年300万石以上。但在脱脱执政时，已经下滑到260万~280万石。[15] 脱

---

15 《元史·食货志》："由海道以给京师，始自至元二十年，至于天历、至顺，由四万石以上增而为三百万石以上，其所以为国计者大矣。……至正元年，益以河南之粟，通计江南三省所运，止得二百八十万石。二年，又令江浙行省及中政院财赋总管府，拨赐诸人寺观之粮，尽数起运，仅得二百六十万石而已。"

脱为了保证大都的粮食供应，避免国家的基础失衡，试图开凿一条从海上到北京的水运系统，让南方的粮食能够不间断地直达北京。但这次开凿以失败告终。[16]

虽然失败，但不能因此否定他的眼光独到。如果不解决粮食问题，元大都是无法长久维持的。后来在黄河泛滥和武装割据的时期，元的漕运和海运都中断了，大都的经济也就死了。

这次失败的开凿仍然反映出脱脱的经济发展思路：利用一定的大工程来解决国家的根本问题，扭转经济颓势。

至正四年（公元1344年），脱脱下台，继任的宰相们在几年内不仅没有解决问题，反而使问题更加恶化了。至正八年（公元1348年），黄河又发生了决口，[17] 运河系统更加不堪一击，北方粮食短缺加剧。同时，各地的反抗力量也愈演愈烈。所有这一切，促使皇帝再次想起了最有才华的大臣脱脱，于是，在至正九年（1349年）第二次任命脱脱担任宰相。

面对比上一任时更糟糕的情况，脱脱又如何应对？

脱脱仍然满怀信心，试图用更大规模的政府行动来实现中兴。这次他的政治思想更加成熟，手段也已经纯熟，措施包括以下几个方面。

---

16 《元史·河渠志》："至正二年正月，中书参议孛罗帖木儿、都水傅佐建言，起自通州南高丽庄，直至西山石峡铁板开水古金口一百二十余里，创开新河一道，深五丈，广二十丈，放西山金口水东流至高丽庄，合御河，接引海运至大都城内输纳。……毁民庐舍坟茔，夫丁死伤甚众，又费用不赀，卒以无功。继而御史纠劾建言者，孛罗帖木儿、傅佐俱伏诛。"

17 《元史·河渠志》："至正四年夏五月，大雨二十余日，黄河暴溢，水平地深二丈许，北决白茅堤。六月，又北决金堤。"

第一，通过整顿吏治减轻人民的负担，发展经济。这是历代政府的常规动作。特别是到了王朝后期，吏治已经比较混乱，这是任何一个强势的宰相都会动用的手段。

第二，大规模地兴建水利工程。由于黄河的泛滥，要解决北方的粮食问题和运输问题，必须首先治理黄河。脱脱高效地组织了数十万劳工治理黄河，并取得良好的效果。

第三，由于北方的粮食问题很严重，脱脱提出了一劳永逸的解决方案：在北方种植产量更高的稻米。他采用政府指导的方式，专门从南方请来了熟练的稻农，由政府出资来教北方的农民如何种植稻米。在整个国家都处于非常状态时，脱脱仍然投入大力气去做这些基础性、长效性的措施，说明他认为王朝是可以治理好的。[18]

第四，他还建立了庞大的军事系统。由于黄河泛滥、灾荒加重，国家的财政已经处于非常状态，各地官吏争相采取非常规方法获取收入，反抗也层出不穷，并且规模在不断增大。为了对付这些反抗，脱脱尽可能建立起一整套高效的制度，来保证调兵的需要。

总之，脱脱的思路很明确，利用政府的一切资源，一方面，加强维稳力度，镇压一切敢于反抗的力量，让社会暂时保持稳定；另一方面，加快改革进度，加强基础建设和经济指导。这两方面都需要政府庞大的财政投入。

当时政府是否有明确的理论认识，即通过政府花钱的方式，来带动

---

[18] 《元史·脱脱传》："屯田京畿，以二人兼大司农卿，而脱脱领大司农事。西至西山，东至迁民镇，南至保定、河间，北至檀、顺州，皆引水利，立法佃种，岁乃大稔。"

经济发展，我们还不敢确定，但他们肯定相信一旦政府出手进行刺激、控制和指导，就可以让问题马上好转。

然而，好想法没有带来好结果。这些政策不仅没有起到作用，反而加速了元朝的灭亡。原因在于这个理论虽然严密，却忽视了一个重要的方面：钱从哪儿来？

飞转的印钞机和社会崩溃

脱脱的所有措施都有一个核心问题：需要花钱。对于元朝入不敷出的国库来说，又如何承担得起这些工程？

如果这个问题发生在汉代或者唐代，那是真的没有办法解决。在汉唐时期，由于货币是金属的，具有稀缺性，即便是皇帝，如果国库没有钱，也无法增加开支，更无法实行野心勃勃的计划。这就是在脱脱以前的各个王朝缺乏大规模经济刺激的原因：政府不是不想，是没有能力。

但到了元朝，现代社会的金融秘诀——纸钞——已经出现。从宋代到金朝，甚至元朝前期，纸钞都展现了巨大的魔力，可以从无中创造出有。当然，这也会带来巨大的灾难，某一天政府醒来，会发现发行的纸钞已经没有人接受了，这就会造成整体性的崩溃。

南宋末年，朝廷在讨论金朝崩溃的原因时，认为除了军事上不敌蒙古人之外，另一个重要原因就是滥发纸币导致社会在蒙古人打来之前已经崩塌了。但即便南宋政府能够看到金朝的致命短板，到最后也还是重蹈覆辙。

那么，脱脱又能否利用好手中的工具，发挥它的长处，同时避免它的害处呢？

脱脱筹钱有以下两个途径。

第一，传统途径：加强官营，也就是实行盐、茶的专卖，以及增加农业税和商业税。但这些项目大部分已经被前面的政府榨干，所以没什么特别之处。

第二，当传统途径提供不了这么多发展资金时，脱脱打开印钞机，加印钞票。

至正十年（公元1350年），为筹措资金，脱脱以货币改革的名义踏上了印钞之旅。他设计了一个整体性的改革方案，在这之前，元朝几乎没有铜币，只使用纸钞。脱脱认为正常情况应该是钱币和纸钞同时流通，大额的用纸币，小额的用铜币，为此，他发行了一种叫作至正通宝的钱币，进入流通市场。[19]

乍一看，这种金融思想带有明显的进步性，有纸币，有硬币，已经很类似于现代的货币制度了。但是，再一看，就会发现他的真实目的。发行钱币只是一个幌子，而真正的目的是印纸币来解决财政问题，这才是他货币改革的本质。

除了钱币之外，脱脱还发行了一种新的纸币，叫作至正交钞。脱脱规定，至正交钞和至元宝钞的兑换比是1∶2，将原来的纸币贬值了一半。相对来说，脱脱没有像前人那么心急，将货币贬值那么多。

货币改革后，第一次就印了200万锭[20]，用纸钞支付工人、士兵的工

---

[19]《元史·食货志》："其以中统交钞壹贯文省权铜钱一千文，准至元宝钞二贯，仍铸至正通宝钱与历代铜钱并用，以实钞法。至元宝钞，通行如故。"

[20]《元史·顺帝纪》："十二年春正月丙午朔，诏印造中统元宝交钞一百九十万锭、至元钞十万锭。"

资，并且用纸币进行采购。同时，这些纸钞都是没有准备金的，也就是说，如果人们把钞票都拿去兑换金属货币，会发现根本没有那么多金属货币可以兑换。

但很快，钞票的发行就失控了，一旦开动印钞机，就会形成惯性依赖，停不下来。当脱脱在北方发展农业时，政府再次需要钞票，于是，立马又加印了500万锭。[21] 这一次，不仅没有帮助经济，反而产生了更加重大的问题。

脱脱的经济政策导致了以下两个结果。

第一，不管他最初如何小心，恶性通胀还是如期而至。物价上涨超过十倍，在价格失控的情况下，政府为了解决采购和俸禄问题，只好加班加点地加印钞票。最后钞票要用车船装运，运往四方。由于购买力太小，纸币散落得到处都是，也没有人去捡，如同废纸一般。[22] 金融秩序乱套，是导致人们对政权丧失信心的最关键因素。

第二，大量的政府工程占用了太多的劳动力。去修黄河、运河的人很多，而参加维稳的人也脱离了劳动，不再创造产品，于是种地的人少了，粮食减产，造成经济结构的扭曲。同时由于天灾，村庄的人手不足，

---

21 《元史·顺帝纪》："西自西山，南至保定、河间，北至檀、顺州，东至迁民镇，凡系官地及元管各处屯田，悉从分司农司立法佃种，合用工价、牛具、农器、谷种、召募农夫诸费，给钞五百万锭，以供其用。"

22 《元史·食货志》："行之未久，物价腾踊，价逾十倍。又值海内大乱，军储供给，赏赐犒劳，每日印造，不可数计。舟车装运，轴轳相接，交料之散满人间者，无处无之。昏软者不复行用。京师料钞十锭，易斗粟不可得。既而所在郡县，皆以物货相贸易，公私所积之钞，遂俱不行，人视之若弊楮，而国用由是遂乏矣。"

抵御能力也下降了。

宣判脱脱依靠政府发钞、花钱刺激经济的措施走到尽头的，是无情的军事动乱。由于经济秩序紊乱导致民不聊生，山东、浙江、江苏、湖北等地先后起义。脱脱组织人马进行征讨。

元政府最后自掘坟墓的举措是：在脱脱征讨南方的义军张士诚即将取得突破时，突然将他罢免了。这次罢相反而让人们忘记了脱脱此前的作为，纷纷同情起他来，认为如果不罢免他，也许元朝能够拖延得更久一些。

这种说法或许有道理，却很难掩饰他之前的作为对元朝社会造成的伤害，更无法推脱他的责任。

脱脱被罢免后，元朝已经瓦解了。这个社会不是被敌人征服的，而是从内部自动崩溃的。中央政府已经无法控制全部疆域，南方各个小政权纷纷独立，不再听命。皇帝的政令无法到达长江以南，在北方，也仅仅被限制在京郊地区。在这样的状况下，迟早会有人起来取代这个瘫痪的政府。当朱元璋成为群雄争霸的胜利者时，他也就自然而然地接手了全国。

当然，不能完全责怪脱脱导致了元朝的灭亡。不管谁在台上，晚期的元朝已经注定是个悲剧，灭亡不可避免，但脱脱的改革却起到了加速灭亡的作用。

脱脱的例子提供的教训是：一个富有进取心的政府往往会大手大脚花钱，大手大脚花钱导致它必须尽可能地捞钱，捞钱最简单的方法是加税和印发纸钞，这些最终将导致经济衰退甚至崩溃。如果这件事情发生在朝代中期，后果可能是经济抑制和社会衰落，而如果发生在朝代末期，就是直接的崩溃。这与个人的人格和人品无关。

第十三章　明代：最严密的集权皇朝[1]

明代拥有最严密的集权手段，也拥有最笨拙的财政工具。前代的许多财政经验，到明代却都成了累赘。

明代皇帝由于对金融无知，发行的纸币没有准备金的概念，成了空头钞票，在明代初期就已经崩溃，变得一文不值。民间为了避免通胀，不接受政府发行的纸币，而是自觉采用白银作为货币。白银的采用是民间自发抵制政府掠夺的行为，纸币被抛弃后，由于政府缺乏制造通胀的能力，明代反而成了金融秩序最稳定的朝代之一。

宋元时期发达的对外贸易，到了明代也被做成了亏本买卖。明太祖注重农业，敌视贸易，禁止中外普通贸易，只准外人以进贡的名义前来，而又给予进贡人士过高的奖励，导致各国纷纷朝贡。当政府无力支付赏赐时，又开始禁止朝贡，导致日本人只好铤而走险，开展私下贸易。导致明英宗被俘虏的土木堡之变，也是由于贸易问题引发的。

明代财政严重依赖土地，使得政府收入不便扩张。

---

[1] 本章涉及的时间范围是公元 1368—1644 年。

明代规定了严格的户籍与土地清查制度，却由于行政效率的低下，变成了形式主义，到了明代中期之后，户籍与土地已经无法查清。

明代后期，大学士张居正为了整顿财政，试图改革税法，增加财政收入。他的整顿将加税的工具赋予政府。万历后期，随着战争的开启，这些工具逐渐被滥用，使得明代在其末年的一片加税声中灭亡。

玩不转钞票的皇帝

在非洲之角的索马里，有一处人造奇观。[2]

如果你在2014年左右到索马里，首先会被满街堆放的钞票吸引。在街道旁，几乎每一个做生意的小贩除了摆出货物之外，都还有一个专门的铁皮手推车柜，车柜外面是一层铁丝网，透过铁丝网可以看到柜里一摞摞的钞票。

这些钞票的面值分为500、1 000和5 000先令三种（当年状况），其中5 000先令的钞票还很少，流通市场上以1 000的为主，500次之。每一千先令价值不到人民币一元，一沓（一百张）钞票比不上一张100元的人民币。

人们到市场上去买东西往往需要带上厚厚的几大沓钞票，哪怕只是吃顿饭，也要吐着唾沫数上好多张。坐一趟车到其他城市，就要掏半沓钞票付账。

在市场里还有许多换钱商，他们把钞票摆在地上，形成了巨大的钞

2　此处叙述为本书作者于2014年8月游历索马里时见到的情景。

票堆，最大的长、宽、高各有一米左右，重量超过一吨。在市场里，换钱商们聚在一起，他们的面前全都是庞大的钞票堆，谁的财富多，望一望谁的堆更大，就一目了然。但如果把一吨重的钞票换成美元，放在手掌心里就可以拿走。

来到索马里的人们看到当地巨大的钞票堆，都会怀有疑问：为什么政府不多印刷一些大面值的钞票来方便人们携带？比如，从比值上来说，越南的越盾比索马里先令更不值钱，三越盾才能兑换一索马里先令，但由于越南政府发行了许多大额钞票，民间并不会出现钞票太重不好拿的问题。那么，索马里为什么不能借鉴越南经验呢？

原因在于：索马里缺乏一个有效的中央政府对通货膨胀做出反应。一种新钞票第一次发行时，政府会一下子印刷太多的钞票并存放起来，准备未来分批投入市场。

新钞票大量投入，也触发了市场上新一波贬值，结果，新印刷的钞票还没有投放完，就已经贬值成了毛票。政府必须硬着头皮将已经印刷出来的毛票继续投入市场，消化完毕后，才有可能印刷更大面值的钞票。钞票贬值的速度已经超过了政府做出反应的速度。

在索马里，市面上许多 1 000 先令钞票都是全新的，一沓 100 张的钞票全是连号，人们使用时也是按沓算，不用拆开。如果按照正常的磨损速度，在十年内，这批钞票仍然不需要退出流通。

了解原因后，许多人都会哑然失笑，仿佛在看西洋景。

但不幸的是，这曾经是中国特有的"东洋景"。其他国家还没有听说过纸币的时代，宋、金、元时期就已经发生过巨大的钞票贬值。不过，到钞票如废纸时，这三个朝代都已经进入王朝的灭亡期。而明代则更快了一步：在朝代中前期，钞票就成了巨大的废纸堆，出现了与索马里类似的景观。甚至比索马里还不如，钞票堆积在市场，人们连看都不看。[3]

宋元时期，人们对于纸钞的原理有着清晰的认识，政府发行纸钞，都知道纸钞之所以有价值，是因为背后有准备金，纸钞可以随时兑换钱币或者银子，人们不是看重这张纸，而是看重它对应的实际财富。

不管宋代还是元朝都有着较为严密的准备金制度，只是到了后来，由于财政的压力，才偷偷地将准备金挪用了。但由于政府操作还有一定的规则可言，故而能够保证纸钞在崩溃前很长一段时间里仍能维持正常流通。

但明太祖朱元璋出身于对经济一窍不通的环境，对权力斗争有着丰富经验的他，对金融、财政、贸易却一无所知。加上他强调后代必须完全遵从他设计的制度，以致明代的财政制度从他建立时起，就是最保守、最落后的。

由于对纸钞的原理一无所知，明代的准备金制度也是最差的，这导致明代建立之后不久，纸币制度就已经崩塌。民间由于不信任政府，所以退回到硬通货之中，使用白银作为货币，不再理睬政府的纸币了。

在开国之后、统一全国之前，明太祖就着手建立新的金融体系。最初，他效仿唐宋，铸造了一批铜币流通。[4] 但由于战乱，铜矿开采陷入停

---

3 《明宪宗实录》卷二七记载："（成化二年）时钞法久不行，新钞一贯时估不过十钱，旧钞仅一二钱，甚至积之市肆，过者不顾。"此时，距离朱元璋开国仅仅过去100年，明王朝的寿命才走了1/3。
4 《明史·食货志》："太祖初置宝源局于应天，铸'大中通宝'钱，与历代钱兼行。以四百文为一贯，四十文为一两，四文为一钱。"

滞，政府只能强迫民间把铜器销毁，上缴用来铸币。这种做法引起了民间的不满。

洪武八年（公元1375年），明太祖想起了元朝纸钞的便捷，便效仿元朝发行纸币。明代发行的纸币叫"大明宝钞"，币值分为一贯、五百文、四百文、三百文、二百文、一百文六等。明代的纸币经过了精心设计，在币面上，除了书写"大明宝钞，天下通行"和"中书省（后来改为户部）奏准印造大明宝钞与铜钱通行使用，伪造者斩，告捕者赏银二十五两，仍给犯人财产"等文字之外，还考虑到有许多人不识字，用图画的形式表明面值，在钞票上画上钱串的图样，每画一串，代表一百文。在一贯的钞票上画十串，五百文画五串。

根据皇帝的设计，一百文以上的交易使用纸币，一百文以下的使用铜币。他规定了几种中介物的比值，每一贯钞票，对应于一千文钱、银一两；每四贯钞票对应于黄金一两。不仅将纸币与铜币挂钩，还将黄金、白银、铜币的比值也都挂钩，强行锁死了几种物品之间的汇率。

明太祖认为，只要利用皇帝的权威规定了纸币的价值，并用严刑酷法来强迫民间接受，就可以保证它的流通。但他对货币流通背后的机制一窍不通，他不知道，人们之所以接受纸币，是因为纸币背后准备金的支撑。

与宋、元时期的纸钞比起来，大明宝钞的缺陷非常明显。

第一，宝钞完全没有准备金制度，所有的纸币都是不可兑换的。虽然朝廷公布了纸币与黄金、白银、铜币的兑换比率，但是，这个比率只在民间拿真金白银换纸币时有效。

也就是说，如果一个人持有一两黄金，到政府兑换窗口就可以按照官方比率换回四贯的纸币。但是，他如果不想要纸币了，想拿回黄金，政府却将兑换的窗口关上，不予理睬。仅凭这一点，纸币就成了政府从民间榨取真金白银的工具。

但是，如果民间决定保留黄金白银，不兑换成纸币呢？皇帝也在考虑这个难题。最终明太祖想出了办法：发布禁令，民间不得以金银进行交易，也不准以物易物，必须使用纸币和铜币，违反就是犯罪。

禁止了金银交易，而铜币的数量又很稀少，民间只有使用纸币这一个选择了。[5]

第二，宝钞的发行不限量，政府想印多少印多少，一旦财政匮乏，立刻打开印钞机。宝钞也不再分界。最初，宝钞也没有以旧换新一说，人们把钞票用旧、用烂了就失效了。后来才规定可以以旧换新。

第三，纸币之所以通行，最重要的保证是政府允许民间用纸币纳税。然而明太祖却在财政上做手脚，政府花钱时尽量多使用纸币，而政府收钱却少收纸币。

在收税时，政府要求人民不能都使用纸币。比如民间缴纳商税时，只能七成用钞票，剩下三成用铜币或者金银。[6]民间为了凑齐缴税用的硬通货，必须花高价去购买，结果纸币立刻出现了大贬值。

随着钞票的持续贬值，皇帝在税收中也更加偏好硬通货，有记载说，即便到了一贯纸币只值一文钱的时候，皇帝还强迫民间按照一贯纸币兑换银子二分五厘的标准（这个标准将纸币高估了一千倍），上缴银子作

---

5 《明史·食货志》："禁民间不得以金银物货交易，违者罪之；以金银易钞者听。"
6 《明史·食货志》："商税兼收钱钞，钱三钞七。"

为税款。[7]

皇帝向市场投入了过多的纸币，明代的钞票制度成为典型的击鼓传花游戏，政府源源不断地把流动性放出来。只用了二十年时间，明代宝钞制度就崩溃了。

到了洪武二十七年（公元1394年），每贯宝钞只能兑换160枚铜钱，贬值率已经达到5/6。[8] 又过了五十年，宝钞彻底成了废品，堆在街上都没有人要了。

当纸币制度彻底崩溃后，民间不再顾及皇帝的禁令，转而使用白银作为交易媒介。明代的金融制度陷入混乱。明在宣宗时期（公元1426—1435年），皇帝仍然坚持祖宗的法度，认为用银买卖是一种犯罪行为，下令禁止民间用银。交易用银一钱，罚钞千贯，官吏贪赃一两银子，要追缴纸币一万贯，之外还要缴纳免罪钞。

但明宣宗时期的用银禁令已经是一个时代的尾声，到了明英宗正统时期（公元1436—1449年），皇帝终于放松了用银的禁令。朝野都可以名正言顺地使用银子。此后虽有反复，但实际已进入银本位时期。

奇怪的是，明代宝钞制度虽然很快崩溃，可是宝钞却如同细小的尾巴一样一直存在。明代是个对祖宗之制无限尊崇的朝代，一旦朱元璋建

---

[7] 据《明史·食货志》，元英宗天顺时期，"是时钞一贯不能直钱一文，而计钞征之民，则每贯征银二分五厘，民以大困"。

[8] 《大明太祖高皇帝实录》卷二三四："诏禁用铜钱。时两浙之民，重钱轻钞，多行折使，至有以钱百六十文折钞一贯者。福建两广江西诸处，大率皆然，由是物价涌贵，而钞法益坏不行。"

立了制度，没有人敢于废除。

到了后来，宝钞就成了一种礼仪性的东西。逢年过节，皇帝就会装模作样地向大臣发放宝钞作为赏赐。大臣明明知道宝钞已经形同废纸，没有市场，但也要感激涕零地接受下来。由于这种礼仪作用，大明宝钞一直保留着。

对于明代人来说，皇帝发行纸币唯一的公平之处是：它不仅仅坑老百姓，对官员也毫不手软。实际上，官员是明代纸币的主要受害者之一。

明太祖出身贫寒，明代对官员也一直实行低俸政策。明代初年，一品官月俸大约只有一百石粮食。但明初的官员在俸禄上还算幸运。随后，明太祖决定把一部分俸禄折算成钞票，官员的收入就走向了漫漫的缩水旅程。

钞票发行后五年（洪武十三年），皇帝规定一品官的俸禄为每年一千石，同时给钞票三百贯。刚发行钞票时，一贯钞票合米一石，[9] 相当于年俸为一千三百石粮食。

十二年后（洪武二十五年），一品官改为月俸，每月八十七石粮食。由于钞票的贬值，此时的俸禄只发粮食，但数量已经有所缩水。

到了明成祖时期，官员俸禄开始大面积搭钞，高官给四分米六分钞票，小官给六分米四分钞票。随着钞票贬值的加剧，官员俸禄大打折扣，到了明宣宗时期，一品官的月俸只有四十六石米，随后的明英宗时期只有不到三十五石，明宪宗时期只有二十石米，不如唐代一个七品官

---

[9] 《明史·食货志》："洪武时，官俸全给米，间以钱钞兼给，钱一千，钞一贯，抵米一石。"

的月俸。[10]

由于官员俸禄太少,他们只能想其他的办法来补贴家用,这是造成明代官场腐败的一个重要原因。到了后期,官员也忍受不了钞票的盘剥,呼吁皇帝加速银本位的普及。

银本位的确立,是民间自发对抗中央政府错误金融政策的结果。由于政府无法保证纸币的信誉,民间只好寻找最方便的中介物来代替纸币,完成交易活动。

中国的银本位还产生了一个奇怪的现象:当时欧洲和中东都再次进入了铸币时期,而在历史上铸币发展最完善的中国却正好相反,民间用银并非以钱币的形式使用,而是夹成碎块称重使用。虽然银为交易中介,却缺乏统一的形制,货币形式变得更加落后。

不过,虽然有着种种不便,当全国普遍采用银本位之后,民间经济却因此受到了保护。汉代政府学会用铸币造假的方法从民间抽取铸币税,而宋代以后的政府屡次使用纸币来筹集财政资金,不管是铸币还是纸币,都会沦为政府的财政工具,破坏民间经济的繁荣。明代政府把纸币玩崩溃之后,不得不把货币职能交给了天然的贵金属银,银子的供应量只和储量、开掘能力有关,政府不能控制。

结果,明代政府虽然失去一张财政王牌,却出乎意料地有了新的收获:由于民间金融系统脱离了政府摆布,变得更加健壮,明代经济反而更加经得起政府的折腾。不管是外敌的入侵,还是内政的败坏,二者对

---

10 见彭信威的《中国货币史》第七章第二节。

于民间经济的破坏力都大大下降。银本位制保护了民间的繁荣，无意之间，让这个原始、僵化的中央王朝存活了近三百年时光。这或许是朱元璋当初也没有想到的。

表7　明代官员俸禄受纸币的影响[11]

官 级	洪武十三年	洪武二十年	宣德八年	正统九年	成化七年
一品	116.32	93.41	45.94	34.80	21.02
二品	98.42	65.50	32.21	24.40	14.73
三品	80.53	37.58	21.76	14.00	8.35
四品	62.63	25.77	14.86	9.60	5.80
五品	33.10	17.18	12.70	6.40	3.86
六品	18.79	10.74	8.01	4.75	3.46
七品	14.32	8.05	6.69	3.56	2.59
八品	10.74	6.98	5.79	3.08	2.23
九品	8.50	5.91	5.90	2.61	1.90
从九品	8.05	5.37	5.37	2.54	1.73

亏本的对外贸易

明代是一个笨拙的朝代，开国皇帝明太祖朱元璋，对于经济、金融、商业均一窍不通。他建立的制度渗透在整个王朝的血液之中，形成了许多啼笑皆非的现象。

11　本表引自彭信威的《中国货币史》，原题《明代官吏月俸表》，单位为公石米。其中1明石约折合1.737公石。

除了在金融上的无知之外，对外贸易这个让之前所有朝代受益匪浅的领域，到了明代皇帝手中却如同噩梦，令人无所适从。

从唐代以来，对外贸易就是中国经济的重要组成部分。特别是到了宋代，政府更是学会利用对外贸易来发财，建立了一系列的海外关税制度和专卖制度，将政府的收入最大化。

然而，明代虽然试图继承宋元时期的对外贸易政策，但明朝的官员过于无知，政府不仅无法通过贸易赚钱，还做一单赔一单，对外贸易成了巨大的财政包袱，最后只能选择闭关锁国了事。

在宋代，不管是中央政府，还是地方官员，都对海外船只的到来充满了期待。

在沿海各省，一旦发现有外国船只到来，地方官员立刻蠢蠢欲动，他们向上级申请开支，再派人到船上邀请船长、船员参加政府组织的聚餐，对其表示欢迎。地方官员与海外商人也称兄道弟，一派祥和景象。

为欢迎海外商人，政府甚至出台了法规，保护那些出事的船只。当有船遭遇飓风漂到了海滩，如果船主不在，地方政府负责保护船只的财货。[12] 甚至船主死了，他的亲人来认领，政府也要帮助他们完成交接。

在中央政府层面上，皇帝甚至亲自下空白诏书，让他的使者们带着诏书到南海诸国，根据情况填写，招揽生意到中国来。[13]

---

12 《宋史·食货志下八（商税、市易、均输、互市舶法）》："七年，令舶船遇风至诸州界，亟报所隶，送近地舶司榷赋分买。"

13 《宋史·食货志下八（商税、市易、均输、互市舶法）》："雍熙中，遣内侍八人赍敕书金帛，分四路招致海南诸蕃。商人出海外蕃国贩易者，令诣两浙司市舶司请给官券，违者没入其宝货。淳熙二年，诏广州市舶，除榷货外，他货之良者止市其半。大抵海船至，十先征其一，价直酌蕃货轻重而差给之，岁约获五十余万斤、条、株、颗。"

当然，在一片重商的氛围下，政府有着不少的财政收入。

宋代海外关税的税率是10%，一艘船停靠海岸，经过官府登记后，将10%的货物缴纳给政府，剩下的再展开贸易。

除了正常的税收之外，宋代还实行官卖制度，许多海外商品不允许民间买卖，只能由政府收购，比如玳瑁、象牙、犀角、乳香等物品，都是专卖品。即便必须专卖，由于价格较为合理，也形成了政府与外商双赢的局面。专卖之外的其余物品，如果政府不打算收购，则由外商和中国商人进行交易。这种贸易制度虽然不是完全的自由贸易，却由于受到各级官员的鼓励，运转良好。

但是到了宋代后期，随着政府敛财倾向的加强，另一种趋势已经显露。这种趋势是，为了便于管理，将外贸向广州、泉州等几个重要港口集中，并禁止其他地区接待外国商船。为了避免本国商人的走私行为，限制本国船只前往海外。

这种倾向的出现，为中国海外贸易投下了一丝阴影。

但在宋元时期，皇帝仍然能够从贸易中获得大量的财政收入，虽然在制度上加以限制，但实际上却仍然是鼓励贸易的。因此，上述限制并没有对贸易造成太大的损害。

到了明代，事情却发生了逆转。这个笨拙的朝代继承了宋元时期的制度基础，却没有继承宋元时期的贸易精神。

由于明太祖强调农业，轻视商业，因此，明代各个边境的官吏不仅不鼓励贸易，反而限制贸易。他们认为，海外诸国与中国的贸易不是互利行为，而是皇帝的一种恩赐。

在这种思想之下,他们并未发展出一套海外贸易规则,也没有想过从海外获利。在宋代,每艘船只的到来都意味着一笔丰富的财政收入,但明代不对海外船只征税,也不准海外船只自由贸易。

他们认为,外国人到中国来,唯一的原因就是仰慕中国的文化,所以才前来朝贡。他们把所有海外的商团都当作外交使团而不是贸易商人。[14]

即便一个人是来做生意的,也必须伪装成外交使者,才能获准将货物输入中国。输入中国后,还不能自由买卖,只能统一交给政府,当作贡品押往北京。[15]而皇帝则赏赐给这些使者大量的钱财,这些钱财不仅足以偿还货物的价值,还比通过自由市场买卖赚得更多。

在皇帝看来,外商到来只是进贡,并领取赏赐;但在外商看来,这是中国特有的贸易方式,这种贸易方式虽然古怪,却可以获利更丰厚。至于私下的海外贸易,则是完全禁止的。这就使得官方垄断了海外贸易,成为现代贸易垄断的一个先例。[16]

除了东南沿海之外,在面向中亚内陆的西北地区,一套类似的规则也建立起来。从西域来的商人带着货物到达边境后,必须在嘉峪关外等待。当一位外国政府的使节经过时,商人们会要求加入使节的队伍,冒充使节的随从,然后才能入关。

由于有名额限制,跟随使节的商人又分成两个层次:那些最大的商人被允许和使节一起到北京,将货物献给皇帝,皇帝会回礼给他数倍的

---

14 《明史·食货志》:"海外诸国入贡,许附载方物与中国贸易。"

15 《明史·食货志》:"初,入贡海舟至,有司封识,俟奏报,然后起运。宣宗命至即驰奏,不待报随送至京。"

16 《续文献通考》卷二六:"洪武二十七年正月命严禁私下诸番互市者。"

赏赐；而小一些的商人则被允许在边贸市场或更靠内地一点的城市把商品卖掉，他们赚得少一些，但也满足。

外贸对于明政府来说，不仅不再赚钱，还成了一种沉重的负担。

由于赏赐价值总是超过货物本身，买卖做得越多，中央政府反而赔钱越多。此外，当商人跟随使节进入内地后，一路上的吃住行和安全都由各地的官府负责，照顾这些使节（商人）团也需要耗费大量的地方经费。

在这种制度下，不管是海外的国王还是商人都很喜欢到中国来朝贡，并不是因为他们对明朝政府有多么尊重，只是因为买卖很划算。

许多国家甚至利用制度的漏洞来牟利。最会利用朝贡漏洞的是日本人。[17]

日本是一个资源贫乏的国家，能够拿得出来的商品只有工艺品、木材、刀具等少量物品。而明代最欢迎的却是东南亚的奢侈品，对于日本的商品本来就不感兴趣。

同时，日本还是一个擅长贸易的国家，明代限制港口数量和贸易次数，根本满足不了日本商人的需要。在贸易的刺激下，日本商人冒充的朝贡团络绎不绝，并且大量夹带走私物品，一份贡品之外，会有十倍的走私品藏在船中。而贡品的价格也被虚报，他们希望获得高额的赏赐。

明代政府发现了其中的问题之后，便开始想办法弥补。一方面对日本的贡品大幅度压价，甚至只给日本人希望价格的 1/6；一方面规定日本

---

17 《明史·食货志》："琉球、占城诸国皆恭顺，任其时至入贡。惟日本叛服不常，故独限其期为十年，人数为二百，舟为二艘，以金叶勘合表文为验，以防诈伪侵轶。"

人不得频繁地进贡,每十年进贡一次,每次只允许两艘船、两百人。对于其他的国家,明政府往往规定两到三年一贡,对日本人的单独规定显然是一种严厉的惩罚。

由于正常的贸易受阻,加之日本国内经济也遇到问题,日本人随即对中国的沿海地区展开了海盗攻势,中国进入倭寇频发的时期。[18]

倭寇的发生进一步刺激了政府,皇帝下达禁海令,禁止人民下海贸易,并正式断绝除进贡之外的其他贸易形式。

在西北方向,明代的这套进贡把戏也带来了严重的问题。发生于明英宗正统十四年(公元1449年)的土木堡之变就与贸易有关。

这一年,明英宗在大太监王振的怂恿之下,御驾亲征,与属于蒙古人远支的瓦剌人(现在叫作卫拉特人)作战。二十万明军在太原附近与瓦剌人接触后,向北京撤退。

在北京的西方和北方,古时有两条主要道路:一条经过紫荆关到达河北易县,另一条经过居庸关到达北京昌平。这两条路属于古代有名的太行八陉的最后两条。

在选择从哪条路撤回北京时,王振犹豫不决,丧失了最后逃跑的机会。皇帝的大军撤退到土木堡,被瓦剌人团团围住。此时,明军距离居庸关还有百里之遥。

土木堡处于高地之上,水资源缺乏,皇帝的大军饥渴难忍,掘地两

---

18 《明史·食货志》:"嘉靖二年,日本使宗设、宋素卿分道入贡,互争真伪,市舶中官赖恩纳素卿贿,右素卿,宗设遂大掠宁波。给事中夏言言倭患起于市舶,遂罢之。市舶既罢,日本海贾往来自如。海上奸豪与之交通,法禁无所施,转为寇贼。"

丈都找不到水。瓦剌人的首领也先佯装撤退，皇帝立刻中计。在明军准备向南撤退时，瓦剌人杀了个回马枪，将二十万明军彻底击溃，大太监王振、英国公张辅等大臣都战死了。

皇帝在太监喜宁的陪同下，向瓦剌首领也先投降。

人们感慨土木堡之变让汉人政权蒙尘，却想不到这场冲突也是由明代奇葩的外贸政策引起的。

在东南方，日本人钻朝贡漏洞的做法让明政府感到头疼。而在西北方，则是瓦剌人。由于瓦剌人喜欢中原地区的奢侈品，对于绫罗绸缎、茶叶等物品的需求都非常大，而他们能提供给中原的只不过是些皮毛制品和牲口。如果双方有正常的自由贸易，那么瓦剌人的需求一定无法满足。但他们善于利用明代的朝贡空子。如同一阵风一样，瓦剌的王公贵族们争先恐后地向明朝纳贡，用不值钱的东西换取皇帝的赏赐，并逐渐发展成一种类似于勒索的形式。

瓦剌人的朝贡队伍也越来越庞大，最初一次的朝贡团只有几十人，后来则达到几百人，最后，则有数千人之多。以前一年一次，后来则一年两次。每次来人，一路上各个地方衙门就要出人出力，提供马匹车辆、楼堂馆所，地方政府也叫苦不迭。[19]

朝廷在赏赐上的花费越来越高。皇帝受不了了，就变相地允许瓦剌人在边境处做一部分贸易，不用把所有的贡品都带往北京。即便这样，还是有大量的瓦剌人拥入。

在土木堡之变的前一年，瓦剌人的首领也先又派了一个号称3 000

---

19 《明史·瓦剌传》："每入贡，主臣并使，朝廷亦两敕答之；赐赉甚厚，并及其妻子、部长。故事，瓦使不过五十人。利朝廷爵赏，岁增至二千余人。屡敕，不奉约。"

人的大型朝贡团前来,明英宗终于忍无可忍了。他严格核对人数,发现贡团的规模只有宣称的 1/5,于是叫人按照实际情况付账。[20]

明英宗的做法激怒了也先,第二年,他派出了庞大的骑兵。明英宗在太监王振的怂恿下决定亲征,这才有了土木堡之变。

纵观明代的外贸史,是一场加强控制却越来越扭曲的贸易史。最初政府想控制贸易,又想安抚外国人,将宋元时期的制度弄成一种古怪的朝贡制度,这种制度进一步畸形化,造成了更多的问题,不仅无助于政府财政,反而成了财政的漏洞,变得越来越滑稽。

由于财政失控,明朝政府对于商业和贸易的态度愈加敌视,并最终把中国送入闭关锁国的轨道。当锁国政策固化成为一种思想时,整个社会对海外世界都充满了偏见和敌视。

蒙古人的户籍和土地清查

元至正二十八年(公元 1367 年,元朝灭亡的前一年),割据吴越一带的吴王张士诚在平江(苏州)被朱元璋打败。《明史·张士诚传》记载,在被押解前往应天府(南京)时,他选择上吊自杀,不受辱于对手。

张士诚死后,朱元璋统一了江淮,为北伐元朝打下了基础。然而,

---

[20] 《明史·瓦剌传》:"时朝使至瓦剌,也先等有所请乞,无不许。瓦剌使来,更增至三千人,复虚其数以冒廪饩。礼部按实予之,所请又仅得五之一,也先大愧怒。"

对于长江下游苏（州）松（江）嘉（兴）湖（州）地区的百姓来说，苦日子却来了。

元朝末年全国各地频发叛乱时，张士诚维持了苏松嘉湖地区的和平安定，轻徭役、薄赋敛，很受人民的爱戴。在他死后，朱元璋对待这个地区却是另一种做法。他怨恨这里的百姓爱戴张士诚，不及早归顺他，下令对这个地区施加重税。

在明代，官田的税率平均为每亩缴粮 5.35 升，民田是 3.35 升，重租田是 8.55 升，而罚没充公的土地（没官田）的租税最重，是 12 升。但即便是最重的没官田，也无法和苏松嘉湖地区的税率比。

在这个地区，明代政府将富人豪族的土地尽数罚没，算作官方土地（官田），并按照田租的方式来收税。中国古代，租和税是两个概念，税是由国家来收的，一般占产量的 1/30~1/10。而租则是没有土地的人向有土地的人租地缴纳的租金，一般租金是产出的 1/2 左右。没收土地，将原本向国家缴纳的税改成租国家的土地缴纳的租金，就将缴纳数额上涨了至少 5 倍。

随后，司农卿杨宪仍然认为，考虑到浙西土地的肥沃程度，钱还是收少了，再次奏请皇帝将租税加倍。三番五次加税之后，苏松地区的租税额最严重的甚至达到了每亩缴纳 200~300 升（二三石）的地步，是普通农田税率的 40~60 倍。[21]

---

21 《明史·食货志》："初，太祖定天下官、民田赋，凡官田亩税五升三合五勺，民田减二升，重租田八升五合五勺，没官田一斗二升。惟苏、松、嘉、湖，怒其为张士诚守，乃籍诸豪族及富民田以为官田，按私租簿为税额。而司农卿杨宪又以浙西地膏腴，增其赋，亩加二倍。故浙西官、民田视他方倍蓰，亩税有二三石者。"

洪武十三年（公元1380年），朱元璋在全国进行减税，苏松嘉湖地区也受益。按照新的规定，原来税率在每亩44~75升的减税20%，每亩36~44升的，一概减到35升。

但即便按照这个税率，当地百姓仍然无法承受。根据统计，苏州一府的秋粮产出在274.6万石左右，来自民田的粮食只有15万石，其余的都成了官田。而苏州一府缴纳的税收，有时甚至比一个省的都高。[22]

但朱元璋没有想到的是，他以为把土地都收归官田、抬高农业税是对苏松嘉湖地区的惩罚，却于无意中造成了另一种现象：当人们在土地上被盘剥过度之后，许多人干脆放弃了土地，去经商，成了城里人。这些人有充足的商业头脑，又有着较高的文化修养，结果，江浙一带不仅变得更加富裕，也成了皇朝文化的主宰。在明清两代，江浙一共出了202名状元，仅仅苏州一府就有35名，仿佛嘲笑着明太祖的诅咒。

朱元璋即便在天有灵，也一定不会明白，为什么当初的惩罚反而成了苏州人的机会。他的脑子里只有农业，并把主要的税收建筑在农业之上。

明代是农民意识最强的朝代，朱元璋试图建立最严密的户籍和土地制度，用这种方式来约束整个社会。但不幸的是，这套制度过于严密，除了朱元璋，没有人玩得转。等他死后，这套烦琐的制度反而成为继承人的枷锁，令他们疲于奔命却徒劳无功。

---

22 《明史·食货志》："时苏州一府，秋粮二百七十四万六千余石，自民粮十五万石外，皆官田粮。官粮岁额与浙江通省埒，其重犹如此。"

明代的财政制度主要依靠两种资料来收税：针对户籍的黄册和针对土地的鱼鳞册。前者相当于现在的户口簿，后者相当于土地簿。

洪武十四年（公元1381年），明太祖下令，天下的府县进行一次人口普查，这次普查的结果要编订成黄册，作为征派赋役的标准。[23]

他把农村分成许多叫作"里"的单位，每一里有110户人家，其中10户税额最高的担任里长，剩下的100户，每10户为一甲。城市中的里又称"坊"，在城边则称"厢"。

根据规定，每一里编一本黄册，黄册里不仅登记人口信息，还包括每一户的财产和土地信息，作为征派赋役的依据。

然而，仅仅有黄册还不够，因为黄册上虽然记载了每户有多少土地，但是许多人在登记时不会说实话，而是隐瞒了大量的土地。为了清查全国的土地状况，政府必须派官员到每一块土地去，丈量土地的大小，并落实土地归谁所有，再把这些信息统计起来，计算每家每户有多少土地。

在编订黄册六年后，明太祖下令，丈量全国的土地，编订鱼鳞册。鱼鳞册指的是一种带有图示的土地登记册，画出了土地的形状、分隔和归属。这种图示看上去如同鱼鳞，所以叫鱼鳞册。

建立黄册和鱼鳞册是两项雄心勃勃的工程。在当时，要依靠人力去一一统计全国的土地和户籍，需要耗费皇朝几年的时光。到了洪武二十六年（公元1393年），由于明初仍然保持着较高的行政效率，明

---

[23] 《明史·食货志》："每十年有司更定其册，以丁粮增减而升降之。册凡四：一上户部，其三则布政司、府、县各存一焉。上户部者，册面黄纸，故谓之黄册。年终进呈，送后湖东西二库庋藏之。"

太祖顺利地完成了这项浩大的工程。全国户籍共计 1 065 万 2 870 户，6 054 万 5 812 人；土地面积则达到了 850 万 7 623 顷。

这次清查的成就是巨大的，特别是土地，通过清查，全国在册的土地面积增加了一倍，皇帝的税收大大增加。

明太祖更是规定，黄册和鱼鳞册每隔十年就要彻底清查一次，以便政府掌握真实的数据。然而他没有想到的是，十年一次的普查在当时根本不可能实施。以第一次清查为例，从洪武十四年开始搞人口普查，到洪武二十六年人口土地数据统计完毕，其间花了十二年的时光。明初，由于明太祖的苛刻和严谨，官员们战战兢兢、尽职尽责，还用了十二年时间才完成统计。随着行政效率的降低，后来的皇帝又怎么可能完成十年一次呢？

明宣帝宣德元年（公元 1426 年），在明太祖人口普查三十年后，明政府再次普查人口和土地数据。这次得出的数据却让人大吃一惊。

人口在经过明成祖时期的高峰之后，已经回落到只有 991 万 8 649 户，5 196 万 0 119 人。[24] 如果说人口下降的幅度还不大的话，那么土地数据更是出现了剧烈的下滑。《明宣宗实录》卷二三记载，此时，明政府普查的土地只剩下了 412 万 4 626 顷，不足明太祖时期普查的一半。从这时到一百多年后的万历年间，土地数据一直在 400 多万顷，直到张居正清查土地，状况才有所改观。

土地数据下滑严重，意味着政府的财政收入也出现了困难。

---

24 《明史·食货志》："太祖当兵燹之后，户口顾极盛。其后承平日久，反不及焉。"

那么为什么人口会出现下降,而土地数据更如此大幅度地下滑呢?

明代人对这个问题已经讨论过多次。比如,关于人口问题,明成祖和明宣宗时期的大臣周忱就认为,户口的下降是由于人们或者投靠豪门,成为佃户;或者冒充匠户,去两京谋生;或者四处做生意;或者四处流浪,甚至居住在船上,没有固定的住所,无法调查。[25]

关于土地数据下滑,嘉靖八年(公元1529年)时的大臣霍韬认为,从洪武元年到弘治十八年(公元1368—1505年)大约是140年,大部分都是太平时代,按说土地数量应当增加,可是天下的土地反而减少了一多半,其中湖广、河南、广东减少得最多。这些失去的土地不是拨给了王府贵族,就是被刁蛮的猾民偷偷隐藏了。广东这个地方没有诸侯王府,那么不是刻意隐瞒,就是被贼寇占据了。[26]

简单地说,由于土地直接和税收相关,比起隐藏户籍,人们隐藏土地的动力更大。另外,随着一部分人的流动,土地也进入了市场,但在市场上交易的土地往往会做手脚,使其避免进入黄册。而记录土地状况的鱼鳞册则更加混乱,由于鱼鳞册绘制麻烦,技术含量更高,政府官员们更有理由搁置这项工作,导致鱼鳞册的统计数据严重失真。

如果用现在的观点来看,明代的数据退化更是必然的,因为任何的全国性系统都需要执行层面严格的配合和复杂的计算,在一个依靠人力和畜力来维持经济运营的时代,其复杂程度已经超出了官僚们的能力所及。

---

[25] 《明史·食货志》:"户口所以减者,周忱谓:'投倚于豪门,或冒匠窜两京,或冒引贾四方,举家舟居,莫可踪迹也。'"
[26] 《明史·食货志》:"自洪武迄弘治百四十年,天下额田已减强半,而湖广、河南、广东失额尤多。非拨给于王府,则欺隐于猾民。广东无藩府,非欺隐即委弃于寇贼矣。司国计者,可不究心?"

与汉唐时期不同，明代是一个经济加速发展的时期，人口的流动程度超过了汉唐，政府也不限制土地兼并，数据统计的复杂度比起前朝更是高出了很多倍。而明太祖为巩固政权，避免子孙后代乱改法令，又制定了中国历代最僵化的行政体制。

　　明太祖还活着时，因为这套行政体制是为他量身打造的，他亲自摆布，得心应手。等他死后，却没有一个人能够完全驾驭这套制度。行政退化从明太祖死后就已经非常严重，谁也无法再维持系统的高效运转了。

　　到了后来，户籍和土地普查已经进入混乱阶段，有的人死去几十年，名字照样出现在黄册里，至于鱼鳞册则更是乱七八糟。

　　由于明太祖规定，每隔十年必须查一次户籍和土地，后来的皇帝和官僚只能遵守老祖宗的规矩，但是又实在犯懒，所以就把上次的数据抄一遍。在明代的土地调查数据中，出现了几次令人瞠目结舌的雷同。比如，明武宗时期一共进行了两次普查，一次发生在正德五年（公元 1510 年），第二次发生在正德十四年（公元 1519 年），这两次全国的土地数据都是 4 亿 6 972 万 3 300 亩，[27] 一分不差。这样的雷同说明，皇帝后来根本就没有去统计。同样的情况还发生在明世宗嘉靖皇帝的前两次调查，以及明代末年天启和崇祯年间的两次调查中。[28]

　　由于数据不准确，官员们征派赋役已经不可能再按照黄册进行。有的人就另造一本户籍，叫作白册，白册上登记的数据要比黄册上的更加准确。

27　见《明武宗实录》卷七十和卷一百一十八。
28　参看附表 2。

黄册是拿给上级看的，上面登记的户籍和土地数量都较小，计算出来的总税额也较轻，而白册是用于实际征派赋役的，户籍和土地都更准确。通过这种方式，上级给地方官员的压力没有那么大，而地方官员仍然可以掌握较为准确的信息。

土地信息的失灵还产生了"大小亩"的说法。所谓大小亩，是指黄册登记的亩数和实际土地的亩数有差别。一块地可能有十亩，但是在黄册上只登记五亩。在黄册上登记的数字叫大亩，是用来向上级报税的，而实际上的数字叫小亩，是用来征税的。朝廷只知道大亩的数据，却摸不清小亩的数据。

在民间、官吏的共同努力下，明代的财政如同一团乱麻，隐藏在迷雾之中。

农民意识和财政死结

明代是一个制度无法变化的朝代，从开国者朱元璋死后，这个朝代就已经僵化到容纳不了一次改革的程度。即便再锐意改革的皇帝，也会发现祖宗的制度已经限制了变革的可能性，只能顺着惯性随波逐流，等待最后的清盘。

即使是人们常常谈到的张居正，也没有能力进行一次完整的改革，他只是在随波逐流的过程中做了一次小小的挣扎，将社会从失控中向回拽了一小把，却又引起了另外的失控。

开国皇帝朱元璋是个制度天才，他设计的制度成熟耐久，让所有人都感觉动弹不得，连反抗的余地都没有。他的税收结构虽然很原始，却又由于太原始，为工商业的发展保留了一定的空间。这是一个无法进化的政权，与进步和创新无缘，却又由于稳定而能够长期存在。

整个官僚架构保证了行政工作的刚性。这是一架自动运行的机器，虽然随着年久失修，越来越耗油，越来越吃力，但如果一个人指望这台机器很快坏掉，那就大错特错了。

没有人喜欢这个制度，但每个人又什么都做不了，只能无奈地巴望着它倒掉。可是制度冷冷一笑，稍微伸个懒腰，就把人给熬死了。

朱元璋设计的制度之所以稳定，得自他吸取元朝的经验和教训，保留了那些利于稳定的因素。

以《明史·职官志》来看，明制对于元朝最大的继承是它的行省制度。中国古代实行地方两级政府制，到了宋代逐渐过渡到两级半，元、明时期正式变成了三级政府。

三级政府比两级政府更有利于集权。在两级政府时代，仅次于中央级的州（郡）的数目越来越多，发展到后来有数百个，这么多的机构需要中央直接管理，根本管不过来。而三级制则在州（府）之上设立了省一级的机构，由于省的数目只有十几个，中央政府的政策传达更有效率，形成了金字塔形的管理结构，对地方的掌控力更强。

明代的三级政府还包含一系列更锐利的武器。虽然人们将明代的次一级政府叫作行省，但这只是个约定俗成的称谓。它由好几个衙门组成：主管行政的衙门叫作承宣布政使司，主管军政的叫都指挥使司，主管监察和刑罚的叫提刑按察使司。承宣布政使、都指挥使、提刑按察使三个官员之间并没有隶属关系，他们都由中央直接调遣，以避免三人互相勾结,在地方坐大,于集权不利。

与三级政府结构对应的还有三级考试制度。根据《明史·选举志》,一个读书人如果想中进士,他必须过好几关,只有通关才能获得最高学衔。

首先,他要在县里参加县试,通过后再去府里参加府试,这两次考试都通过了,就被人称为童生。

拥有童生资格的人才可以参加由各省学道组织的院试,院试合格的人被称为秀才。只有中了秀才的人,才被国家正式认可为读书人,享受一定的税收和礼仪优待。许多人终生通不过秀才这一关,白发苍苍仍然是个老童生。

有了秀才资格后,他可以去省里参加乡试,乡试通过之后称为举人。

有了举人的资格,才能去京城参加会试。会试通过,还要再参加殿试,分三甲放榜,有了进士的身份,而进士第一名叫作状元。

这一套考试制度玩下来,甚至比现在的小学、中学、大学还要复杂,考生折腾于县、府、省会和首都之间,交通成本也非常可观。

人们常对科举抱有巨大的偏见,认为考试制度是一种"毁人不倦"的制度。但其实真正的问题不在于科举,而在于集权社会里没有第二条可以光宗耀祖的途径。所有的人都挤上这座独木桥,才造成了意识形态的单一化。

明代科举制的完善,也彻底重塑了中国的社会结构。在汉代至魏晋,往往会产生许多传承数百年的大家族,而官员名额大部分被这些家族垄断。在唐宋时期,虽然科举制已经在起作用,但社会上有经济优势的大家族还是可以长期存在,当官靠家族和祖辈的官场习俗也没有完全扭转。到了明、清时代,科举制已经可以源源不断地将地方的人才输送到中央,只有科举一条路可以当官致富，所以地方上的大家族萎缩了，反而形成了另一个现象：富不过三代。

通过科举，明代彻底打碎了社会结构的结块现象，民间分散成一个个原子，互不隶属，中央的权威不会受到任何挑战，形成了彻彻底底的集权模式。

在继承元朝制度的基础上，明太祖又吸取了若干教训，将元朝的开放型社会变成了保守和封闭的社会。

为了避免元朝后期的官僚失控现象，继续加强皇帝的权威，明太祖将百官的权力尽可能回收，不管是大事还是小事，都必须由皇帝来定夺。

洪武十三年（公元1380年），朱元璋借口中书省丞相胡惟庸造反，大肆迫害开国功臣，并乘机取消了中书省这一机构。由皇帝直接领导六部，六部长官都要向他直接报告，所有事务都由他亲自定夺。这就产生了一个超强的集权体制。[29]

与中书省一起被废除的还有大都督府和御史台，它们是军事和监察的首脑机构。皇帝集所有的权力于一身，不再信任任何人。加上明初大肆屠戮功臣，明代初年弥漫着一种肃杀的气息。君权独断，铸就了整个明代的政治氛围。

但是，当明太祖废除了大都督府、中书省和御史台后，他一个人又如何能够制定这么多的国家管理政策呢？集权国家的管理事务多如牛

---

[29] 《明史·职官志》："自洪武十三年罢丞相不设，析中书省之政归六部，以尚书任天下事，侍郎贰之。而殿阁大学士只备顾问，帝方自操威柄，学士鲜所参决。"

毛,这些机构本来都是制定并执行政策的专业机构,而今只剩下皇帝一个人,就算一天到晚一刻不停,也无法将所有的事情做完。于是,明太祖引入了一系列地位更加低贱、更容易控制的机构和人,来替他做事情。

在民政方面,明太祖在洪武十五年(公元1382年)设立了若干大学士,由这些大学士协助皇帝起草诏书,商谈国事。

军事方面,大都督府被废除后,由中、左、右、前、后等五军都督府主管统兵,统辖全国各地的军事卫所,五军都督再向皇帝负责。而如果需要调兵,五军都督也没有权限,调兵权是归属兵部的,以防军事部门与皇帝抗衡。

监察方面,同样在这一年,明太祖建立了都察院,负责监察工作,以取代被废除的御史台;并建立锦衣卫,负责监察官员,形成了特殊的特务统治模式。锦衣卫与东厂构成了明代最臭名昭著的厂卫组织,这些组织也成为后来特务组织的榜样。

明太祖把精力投入到加强皇权上,对于财政和经济方面考虑得却过于简单。他曾经想学习元朝的纸钞制度,却由于不懂得背后的基本原理,让纸钞很快贬值。由于对外贸的无知,他也无法建立一套有效的外贸体系。他的理想就是一个人人务农、人人缴纳农业税的社会。

在这个框架下,《明史·食货志》记载的农业人口主要承担的税收包括田赋和丁赋两种。其中田赋实行两税法,分夏税和秋税两次缴纳,而丁赋则是农村人口的劳役税。

明代的农业税简化到极致,在张居正之前,政府甚至连运粮都不负责,粮食由从民间选择的粮长运到朝廷的仓库。

当田赋和丁赋不足以满足财政收入时，政府利用食盐专卖获得了另外的收入。除了盐，茶叶也实行专卖。在西北和西南地区，茶叶贸易可以换取一定的马匹资源。剩下还有一小部分依靠传统的商税来作为补充，包括在全国设立关卡收税，以及市场上需要缴纳的买卖税、营业税等。

整体上看，明代的财政制度已经退回中央集权王朝最原始的模式，能够征收的都是最简单易行的税项。而从唐代以来发展的种种革新，却都被一一摒弃。

在这个原始的财政体系下，政府的财政收入几乎是固定的。由于土地数量、人口数量、人们对盐的消费量变化都不大，所以，在两百多年里，税收也不可能出现大的变化。

在明代，真正体现社会进步和经济发展的不是农业，而是工商业。随着贸易的活跃，江南的许多地方已经进入商业社会，特别是在苏州等农业重税区，人们已经放弃对土地的依赖，转身变成了城市人口，依靠服务业、加工业生存。

工商业虽然也被列入政府税收范围，但政府对于商税的征收并不成功。由于商人做买卖每年盈亏不一，缴税差别很大，政府很难正确估算出每年的商业税额。这是一个动态的税，对于明代中央王朝来说已经过于复杂了。

在逐渐动态化的社会里，这架笨重的行政机器却在用最静态的方法来管理财政，这就是明代财政收入的死结所在。

在财政收入被固化的同时，明代的财政开支却日益变得庞大。

明太祖开国之时，官员的数量并不多，政府不大，皇帝本人也是节俭的人，很会抠着钱过日子。他认为，只要政府保持这个规模，现在的税额已经绰绰有余。但没有想到的是，在他死后，政府规模立即膨胀。他的孙子建文帝希望削藩，延续了控制政府规模的思路。可是，建文帝随即被叔叔燕王朱棣打败，朱棣（明成祖）立即迁都北京，同时在南京也留下了一套领导班子，一下子将中央官僚的数量扩大了一倍。

明成祖还是一个好大喜功的皇帝。他北征蒙古、南攻安南（今越南），还派出大型的船队到印度洋耀武扬威，花费巨大。财政状况也开始吃紧。明成祖之后，明朝不再对外扩张，但这时官僚系统却更加膨胀起来。洪武时期，全国的官员加起来只有2.4万人，到了一百年后的明宪宗时期（公元1465—1487年），武职已经超过了8万人，文武官员总计有10多万人。[30] 除了官员之外，朱姓的各种宗王也占据了大量的资源，嘉靖年间（公元1522—1566年），宗王的禄米达853万石，超过全国供应北京粮食（400万石）的两倍。[31]

朱元璋按照小农思想建立的财政制度彻底玩不转了，朝廷的财政状况变得紧紧巴巴。皇帝不断地挣扎，又受制于祖宗制度，无法进行变革，只能将就着。

---

30 《明史·刘体乾传》："历代官制，汉七千五百员，唐万八千员，宋极冗至三万四千员。本朝自成化五年，武职已逾八万。合文职，盖十万余。今边功升授、勋贵传请、曹局添设、大臣恩荫，加以厂卫、监局、勇士、匠人之属，岁增月益，不可悉举。多一官，则多一官之费。"

31 《明史·食货志》："嘉靖四十一年，御史林润言：'天下之事，极弊而大可虑者，莫甚于宗藩禄廪。天下岁供京师粮四百万石，而诸府禄米凡八百五十三万石。以山西言，存留百五十二万石，而宗禄三百十二万石；以河南言，存留八十四万三千石，而宗禄百九十二万石。是二省之粮，借令全输，不足供禄米之半，况吏禄、军饷皆出其中乎？'"

雪上加霜的是，嘉靖年间起，倭寇和北方的蒙古、女真等势力又开始活跃，明朝政府不得不动用军队对付他们，军费开支陡增，已经被官僚系统耗空了国库的明朝政府就更应付不过来了。

张居正的挣扎和妥协

隆庆六年（公元1572年），万历皇帝登基，也造就一个属于内阁首辅张居正的时代。明代进入了人们认为的"改革"时期。

不过，在了解张居正的"改革"之前，不妨放眼全球，去看一下当时的世界都发生了什么。

在万历帝登基前后，西方世界正处在迅速变化的过程中。在欧洲，1570年，俄国沙皇伊凡雷帝摧毁了诺夫哥罗德。这座城市在中世纪一直是北欧的中心，随着它被摧毁，莫斯科的崛起已经成为必然。1571年，西班牙国王腓力二世联合意大利各国的舰队，在希腊勒班陀击败了奥斯曼土耳其的海军。勒班陀战役是一个转折点，意味着穆斯林失去了地中海的控制权，基督徒成为海洋的霸主，也成为西方世界的霸主。

同样是在1571年，伦敦的皇家交易所也正式开张。交易所的成立，意味着世界正在从农业立国转向商业扩张，复杂的金融工具和商业理论正在取代所谓的道德和礼仪，成为决定政权命运的主要因素。

在欧洲之外，更深刻的变化也在发生。

在亚洲地区，西班牙人于1571年攻克马尼拉，新的殖民帝国逐渐成形。菲律宾是一个位于中国不远处的堡垒，但中国人却对此无动于衷。

1572年，在美洲地区，南美印加王朝最后的君主图帕克·阿玛鲁被西班牙人杀害，遗存的美洲帝国彻底消失。与此同时，西班牙人在美洲的银矿开采正处于加速状态。

1573年，西班牙船队从美洲地区运送白银，经过菲律宾马尼拉，第一次前往中国，换取中国的瓷器和丝绸。在后来，波托西的白银将更大批量地从新世界运往中国，刺激中国民间金融业的发展。

1569年，葡萄牙多明我会的修士加斯帕·达·克鲁斯以他的见闻为基础出版了《中国志》，叙述中国的官僚系统、社会生活，为欧洲人提供了关于明代的新消息，但是此时，中国人对于欧洲仍然近乎无知。

这就是张居正"改革"时期的世界背景。在这个背景下去观察张居正的努力，就会发现，他的做法根本称不上一次改革，他只是在力所能及的范围内做了些许的更动，帮助这个衰老的王朝更方便地收税罢了。

但是，谁也不能低估在这个最严密的体制里做事的难度。任何人，不管他有多大的雄心，在一个盘根错节、处处受限的社会里，能够做的都太有限了，而张居正已经做到极致，也付出了惨痛的代价。

从性格上来看，张居正并不是享有清誉的变革者，而是随大流的现实派。在担任首辅前，他和权臣的关系都很不错，谁也不得罪。担任重臣后，他也并不掩饰以权谋私的行为，他的长子、三子在科举中分别高中榜眼、状元，这引起了普遍的怀疑，而他却毫不在意。

明朝的官吏还有一种制度性的腐败行为。明太祖时期提倡廉政，给官员们定的俸禄都很低。这些俸禄还总是被朝廷盘剥，一会儿用纸币，一会儿折算成银两。官员们的钱一直不够花，必须开辟新的财源，于是出现了各种官场陋规。张居正对于这些也同样不予拒绝，习以为常，他没有治理这些根本问题的雄心壮志。[32]

明朝是一个太监治国的朝代，在对待太监统治上，张居正也丝毫不考虑其危害，只要对自己有利就行。作为大学士首辅，他和太监们打成一片，保证宦官支持他的政策，不设绊子。至于制度本身，与他无关。

所以，张居正首先是一个在现实中明哲保身、随波逐流的人。他只是瞅准机会，做了一些理顺式的变革。所谓理顺式，指的是由于皇朝已经运行两百年，许多问题已经缠成了一团乱麻，张居正并不是要将这一团乱麻彻底烧掉，而是在保留这些线团的基础上，解开一部分疙瘩，让制度运行得流畅一些。这是一种姑息疗法，不是从根上解决问题。

他的改革思路不是为了重建一套新的制度，而是在现有制度的基础上进行调整。对于期盼深层制度改革的人，这样做的确令人失望，但理顺式的改革又的确能够解决一部分问题，使王朝的统治得以延续。

在张居正的时代，最大的问题莫过于财政的收支。在财政开支方面，冗官问题已经非常严重，行政效率也越来越低。而在财政收入方面，明太祖制定的户籍和土地规则都已经乱了套，全国一半以上的土地都被隐藏了起来，并未记录在册。

嘉靖二年（公元1523年），《明史·食货志》记载，御史黎贯曾经向皇帝进言：明朝初年的两税收入就能达到麦470多万石，米2 470多万石；而100多年后，税收反而减少，麦少了9万石，米则少了250多

---

[32] 《明史·张居正传》："居正自夺情后，益偏恣。其所黜陟，多由爱憎。左右用事之人多通贿赂。"

万石。在两税收入减少的同时,"宗室之蕃,官吏之冗,内官之众,军士之增,悉取给其中。赋入则日损,支费则日加"。

由于老是查不清户籍和土地,老的税收规矩已经过于复杂,不利于征收,必须想出新的办法。张居正的变革也从裁汰冗员和清查人口、土地这两方面入手。

他试图利用官员的考核淘汰一批冗官,采取了一种叫作考成法[33]的措施,就是给每一个官吏事先做一份账簿,上面列出要处理的事情,并上缴一份到上级部门备案,当官吏们按照账簿把事情处理完,再到上级部门把账簿核销。如果一个官吏本来需要处理的事情没有完成,就无法到上级部门核销,那么上级部门到时候拿出单子一看,就知道这是个不称职的官员。通过这种办法,加上一定的淘汰机制,张居正一方面裁减了冗员,另一方面又逼迫官员更卖力地干活。

由于行政效率的低下,任何提振官员士气的做法只能在短期内有效,但至少在一段时期内,改革能够保证官员们多花些精力在政事上。

当官员们的行政效率被张居正逼迫着提高时,张居正开始了另一步基础性的工作:除了节省开支之外,改革的主要目的是替政府增加收入,而要增加收入,就要整理税基,清查人口和土地。

万历六年(公元1578年),明代的户数达到了1 062万1 436户,共6 069万2 856口,[34]这两个数字接近明太祖时期的水平,也和前几年的调查没有太大区别。这里的人口数只是纳税人口的数量,不是实际的人

---

33 《明史·张居正传》:"又为考成法以责吏治。初,部院覆奏行抚按勘者,尝稽不报。居正令以大小缓急为限,误者抵罪。自是,一切不敢饰非,政体为肃。"

34 见《续文献通考》的《户口二》和《田赋二》两章。

口数。根据后人的估算，明代的人口应该突破了一亿人。

虽然人口与清查前区别不大，但是对于土地的调查数据却出现了大幅增加。张居正下令，全国分三年丈量土地。此前，人们想尽办法隐藏土地面积，比如，针对面积不规则的土地，通过计算方法的化简，就可以缩小实际面积。张居正下令引入最科学的方法，"用开方法，以径围乘除，畸零截补"，务必得到真实的数据。

这次测量得到的土地数为 701 万 3 976 顷，比明孝宗时期的测量数据多了 300 万顷。新调查让政府有了税法改革的坚实依据，却由于地方官僚涸泽而渔的作风，民间失去了抵御政府加税的能力，埋下了隐患。[35]

在真实数据（甚至夸大的数据）的基础上，明代最重要的税法变化——一条鞭法——得以贯彻。

一条鞭法并非张居正的首创。在他之前，明代官员已经想过许多办法来解决征税问题，比较著名的有鼠尾册法、一串铃法、十段锦法等，[36]其目的都是找到有纳税能力的人，让他们纳税。

一条鞭法也曾出现在嘉靖年间。《续文献通考》记载，嘉靖十年（公元 1531 年），御史傅汉臣就提到了这种方法，之后浙江巡抚庞尚鹏也上奏请求实行。

---

35 《明史·食货志》："于是豪猾不得欺隐，里甲免赔累，而小民无虚粮。总计田数七百一万三千九百七十六顷，视弘治时赢三百万顷。然居正尚综核，颇以溢额为功。有司争改小弓以求田多，或掊克见田以充虚额。北直隶、湖广、大同、宣府，遂先后按溢额田增赋云。"
36 鼠尾册法见《明书》《续文献通考》，一串铃法见《明史·食货志》，十段锦法见《续文献通考》。

万历九年，张居正已经查清了土地，于是在全国铺开了一条鞭法，成为全国的定法。所谓"一条鞭"，应该写为"一条编"，即在编目册上，每一家的税应该交多少，只写一条。[37]

明前期的税赋虽然简陋，但是明太祖制定的统计方法却十分麻烦。为了确定一家的税率，必须首先清查他的土地做鱼鳞册，又要清查他的户籍做黄册，而缴税也要分别计算，土地税、人头税、食盐摊派，再加上各种各样的苛捐杂税，一条一条繁复难行。而纳税物品也是多种多样，有的缴粮食，有的缴纸币，有的缴铜钱，有的缴银子，还有其他物品，七折算八克扣，令民间痛苦不已。税赋缴纳上去，朝廷还要民间自己负责运输，又是一层麻烦。

一条鞭法则把一个地方的所有这些税额都加起来，把所有劳役也都折算成银两并入税赋，再根据每家土地的大小摊派下去。对于老百姓来说，朝廷只需告诉他们一个总数，按照银子缴纳，就不再有其他的麻烦。朝廷需要劳役就花钱去雇佣。这种纳税方法减少了对民众的打扰，也简化了手续，更加便于征收税赋。

一条鞭法在财政史上的地位表现在以下三方面。

第一，它大大简化了征收手续。历代的财政问题都有一个无法克服

---

[37] 《明史·食货志》："一条鞭法者，总括一州县之赋役，量地计丁，丁粮毕输于官。一岁之役，官为金募。力差，则计其工食之费，量为增减；银差，则计其交纳之费，加以增耗。凡额办、派办、京库岁需与存留、供亿诸费，以及土贡方物，悉并为一条，皆计亩征银，折办于官，故谓之一条鞭。"

的麻烦。每个朝代的初期都会制定复杂而严密的税收法则，但是没过多久，随着行政效率的退化，就无法完全贯彻执行，税收也大受影响。一条鞭法把复杂的设计形式都抛弃掉，直接简化成政府的财政渴求，只要能征税，形式能简化就简化。

第二，为了简化形式，它牢牢地把握住一个根本：土地。只要土地在，就有税收，把所有的其他税种都折算入土地。中国历史上的人头税距离退出舞台不远了。

如果完全执行一条鞭法，就没有所谓的人头税了，只是各地在执行时不能完全贯彻执行，因而还保留了一定的劳役税。到了清代"摊丁入亩"时，人头税才彻底废除。

第三，从征收实物变成征收银两，确定了以货币为税的原则。从汉代以征收实物为主，到明清逐渐过渡到以货币为主，表明中国的商品经济有了一定的发展。政府减少征收实物，是因为利用货币已经可以从市场上购买实物了；而政府征银也反过来促进了商品经济的繁荣。

张居正的财政措施让政府收入大幅度增加。他死时，北京的粮仓装满了够吃九年的粮食，府库里也堆满了银子。

但这是明朝政府最后一次过好日子了。如果究其根本，他的税制整理是通过将明代社会的税基完全榨干，来获得一时的财政收入。他没有做过任何发展经济的尝试，也没有为民间经济松绑的意图。他只是一个理财专家，对于此外的领域则无能为力。

长长的万历朝将张居正积累的这些财富花光之后，迎接明朝的就只剩下衰落了。

加税直到灭亡

万历二十年（公元 1592 年），宁夏致仕副总兵哱拜叛乱。为对付叛乱，皇帝除了使用北方辽东、山西等地的军队，还从浙江、苗地调集军队进行镇压。这次军事行动共花费了 180 万两白银。就在宁夏之役爆发的同一年，日本人丰臣秀吉率军进入朝鲜。作为朝鲜的宗主国，明政府发兵相助，展开了两次战役。出兵朝鲜的花费大约在 780 万两。朝鲜战争刚刚平息，万历二十八年（公元 1600 年），苗疆土司杨应龙叛乱，政府再次出兵镇压。此次花费白银 200 万两。[38]

这三次战争统称为"万历三大征"。除此之外，皇室的花费也接近于这个数字。这几项巨大的花费让政府财政再次紧张。据户部右侍郎褚铁计算，财政赤字已经达到了 100 万两，而且年年赤字。[39] 长此以往，政府的正常运转将无法维持。

但是，毕竟有张居正留下的底子，皇帝和政府仍然可以渡过难关。

就在皇帝感到庆幸时，一件最终决定明朝命运的事情正在发生：在辽东地区，满洲的崛起给中原王朝树立了一个强大的敌人。

《清史稿·太祖本纪》记载，万历四十四年（公元 1616 年），满洲

---

[38] 《明史·王德完传》："近岁宁夏用兵，费百八十余万；朝鲜之役，七百八十余万；播州之役，二百余万。今皇长子及诸王子册封、冠婚至九百三十四万，而袍服之费复二百七十余万，冗费如此，国何以支！"
[39] 《明神宗实录》卷二六二："臣见一年所入止四百五十一万二千有奇，所出至五百四十六万五千有奇，是所出反多所入九十五万三千有奇，而钱不与焉。……我国家财赋岁有常供，迩来岁费日甚。去岁宁夏之平、朝鲜之援，输饷四出，动逾百万，有识之士，大为寒心。"

部落首领努尔哈赤建立了后金政权，称汗。两年后，努尔哈赤在盛京誓师南征，宣称与明朝有"七大恨"。

满洲的崛起让东北的局势瞬间恶化，在加派军队的同时，仅仅辽东边境的军饷就增加了三百万两。此时，明朝的国库已经没有这么多积蓄了。

户部唯一能够想到的办法，就是利用张居正的税务系统进行加税。在此之前，由于查不清税基，皇帝要加派税赋非常麻烦。经过张居正整理之后，土地信息已经清晰，皇帝只需要规定每亩土地增加多少税率，就可以轻而易举地把任务派下去。依靠着税制简化之后的高效执行，政府发现征税原来也不是难事。

户部尚书李汝华根据"三大征"时期的经验，请求除了贵州和北京周边的八个府之外，对其他地区的土地每亩增加三厘五毫银子，可以获得二百多万的收入。

第二年，户部再次加税，每亩增加三厘五毫。

第三年，兵部以招兵买马的名义，工部以制造军械的名义，联合请求加税，每亩增加二厘。

《明史·食货志》记载，三年之中三次增税，每亩增加税额九厘，每年增加税收520万两，成为定额。万历年间的户部每年进账大约在450万两，三次增税相当于增加了一倍的收入。[40]

历次的加税终于打破了民间经济的临界点。每一次出现饥荒，人们都认为是天灾的结果。但天灾年年有，只要民间经济完好无损，人们就可以通过存粮或者市场行为来对冲灾荒的风险。只有政府从民间吸取了

---

40 《明史·食货志》："至神宗万历六年，太仓岁入凡四百五十余万两。"

过多的资源，导致民间修复能力下降之后，才会出现真正的大饥荒。

最终影响明朝兴亡的不是后金王朝的连续进攻，也不是萨尔浒战役的惨败，而是军事行动带来的财政失衡。财政失衡又导致民间经济崩溃，终于引发了造反潮。

天启七年（公元1627年），崇祯皇帝继位。这位有理想的皇帝上台后，迅速铲除了阉党魏忠贤，令人耳目一新。但就在他上台的第二年，随着又一次旱灾的来临，陕西人民终于无法渡过危机，起兵造反。

这时明政府已经处于农民起义和少数民族政权两方的压迫之下。为了对付李自成、张献忠等人的反叛，政府必须动用更多的军队，而动用军队需要更多的财政。随着造反者对地方经济的破坏，中央政府的税基也逐渐收窄，形成了恶性循环。

就在两方军队肆虐时，兵部尚书梁廷栋仍然在请求加税，再次给每亩增加了三厘的额外税收。五年后，总督卢象升又请求向官宦人家征收1/10的田赋，普通民众的粮食产量如果在10两银子以上，也一并征收。最后确定，所有收入都征收1/10的税，号称助饷。[41]

之后，随着军事的失利，加税的声音更加频繁，明政府在越来越小的空间内腾挪着，直到灭亡。

---

41 《明史·食货志》："崇祯三年，军兴，兵部尚书梁廷栋请增田赋。户部尚书毕自严不能止，乃于九厘外亩复征三厘。惟顺天、永平以新被兵无所加，余六府亩征六厘，得他省之半，共增赋百六十五万四千有奇。后五年，总督卢象升请加宦户田赋十之一，民粮十两以上同之。既而概征每两一钱，名曰助饷。越二年，复行均输法，因粮输饷，亩计米六合，石折银八钱，又亩加征一分四厘八丝。越二年，杨嗣昌督师，亩加练饷银一分。兵部郎张若麒请收兵残遗产为官庄，分上、中、下，亩纳租八斗至二三斗有差。"

第十四章　清代：挣扎在传统与现代之间[1]

如果仅仅在所有集权社会中做比较，清代已经达到中央集权模式的最高峰，它兼具了稳定和繁荣两个特点，在康乾盛世的百年之后，经过多次战争的消耗，仍然能够保持财政盈余。只可惜，此时的西方已经发展出代议制宪政模式，将这个稳定的集权王朝抛在了身后。

清代前期继承了明代的一条鞭法，做到了税制简单，征收方便，加上清代进行的三大改革：新增人口永不加赋、摊丁入亩、火耗归公，使得政府的财政长期保持盈余，民间经济保持了百年的稳定繁荣。

道光二十年（公元1840年），国外势力成了影响中国政治经济的重要变量。但鸦片战争对于政府财政的影响并不大，赔偿的金额也并未超出政府的承受极限。甚至由于海外技术和商品的使用，推动了经济的发展，对财政更为有利。

太平天国之后，清代财政开始了近代化的历程，从农业为主向工商业税收转型，并利用信用工具来筹措临时性开支，这种做法同样增强了

---

[1] 本章涉及的时间范围是公元1636—1911年。

政府的财政灵活性,并增加了税基。

直到甲午战争、庚子之乱后,清代的财政状况才终于持续恶化,收入不能满足支出的需要,王朝进入尾声。清朝的灭亡,也让中国丧失了一次和平转型的机会,并为现代化进程打开了通道。

探花不值一文钱

顺治十八年(公元1661年),翰林院编修叶方霭遭受了人生的大起大落。[2]

两年前,叶方霭在科举中高中探花,处于人生的高峰期。那时他才刚刚年过三十,已经凭借文章和才气名满天下,在中科举之前,皇帝就已经听说过他的大名。然而,叶方霭随后却经历了啼笑皆非的一幕。中探花两年后,叶方霭的伯乐顺治帝死去,年幼的康熙皇帝在索尼、鳌拜等四大臣的辅弼下登基。

在顺治帝驾崩之前,江宁巡抚朱国治上了一本。他的奏章附有一份密密麻麻的名单,上面列着他的辖区内(苏、松、常、镇四府)所有积欠政府税款的乡绅士人的名字,共一万多人。叶方霭虽然已经中了探花离开家乡,但名单上却显示之前他曾经欠下价值一厘银子的税粮。所谓一厘,就是一两银子的1‰,按照一两银子一贯钱(一千文)的比例,一厘银子价值一个铜板。

---

[2] 据清史专家孟森考证,民间流传"探花不值一文钱"的当事人为叶方霭,见其所撰《奏销案》一文。

顺治帝死后，辅政四大臣处理各地官员的上报，看到了奏章，他们下令江宁巡抚朱国治按照规矩办事，积欠税款的革除功名，甚至还要有更严厉的惩罚。

朝廷的旨意也吓了朱国治一大跳。他的本意是表现自己的尽职尽责，却没有想到朝廷竟然要求他对所有的人治罪。他建议，所有补上税粮缴了罚款的人就下不为例，不再追究，但朝廷没有采纳他的意见。

于是，这次事件变成一场运动，一万多人受到牵连，获得功名的被剥夺，已经当官的降级任用，参与的衙役追究刑责。[3]

叶方霭已经在京城当官，却突然收到了降职命令。他大感意外，连忙上奏申辩。如果欠税很多，那么说明欠税人是故意对抗朝廷，但如果只欠一文钱，必定是疏忽或者误会。

但朝廷的意见很坚决，叶方霭被贬，留下了"探花不值一文钱"的千古奇闻。

叶方霭之所以不幸，是因为他碰上了政府的严惩；而政府之所以严惩，与开国初期的财政状况有关。

北方游牧民族进入中原后，要想控制如此广大的疆域，必须建立一套持久性的制度。

顺治帝经历了入关、平定中原等一系列的战争，需要迅速建立可靠的财政系统。他任用文官，继承明代的体系，并鼓励民众开荒种粮，减免开荒土地的税赋。民间经济得以迅速恢复。

---

[3] 《清史稿·朱国治传》："又以苏、松、常、镇四府钱粮抗欠者多，分别造册，绅士一万三千五百余人，衙役二百四十人，请敕部察议。部议现任官降二级调用，衿士褫革，衙役照赃治罪有差。以是颇有刻核名。"

但是，在江淮等富庶地区，士绅阶层并不情愿接受这个外来的政权。江淮地区的富人本来就有避税的传统，通过与衙门勾结，减轻赋税额度。这时，他们还是用老一套的办法对付新政权，甚至把这看成一种"非暴力不抵抗"运动。

在这样的背景下，政府决定树立榜样，起到杀一儆百的作用。叶方霭和苏、松、常、镇的地方士绅，就不幸成了榜样。

叶方霭的经历只反映了清代重建财政的一个小侧面。但人们不得不承认，清代的财政制度是中国古代中央集权财政体系里做得最平衡、最简洁，也最高效的。它抛弃了一切华而不实的形式，只认准土地，建立最方便的制度对土地征税，其余的税种都是辅助性的。

它也遵循适度原则，辅助性的税种（包括工商业税）由于没有得到重视，收得很轻。作为主要税的农业税，税率也不高，民间的负担并不重，农业得到了保护。加上美洲新作物的引种、传播与农业生产技术进步带来的粮食增产，中国人口出现了爆炸式的增长。

在中国历史上，汉代人口就已经达到5 000万人，而明代最高可能已经超过1亿人，有的人认为甚至达到了1.5亿。清代的人口最高峰却达到4亿以上。[4] 这个成就连皇帝都感到不可思议，甚至产生了恐慌。

---

[4] 《清史稿·食货志》："康熙五十年，二千四百六十二万一千三百二十四口。六十年，二千九百一十四万八千三百五十九口，又滋生丁四十六万七千八百五十口。雍正十二年，二千六百四十一万七千九百三十二口，又滋生丁九十三万七千五百三十口。乾隆二十九年，二万五千五百五十九万一千一百一十七口。六十年，二万九千六百九十六万五千四百五十口。嘉庆二十四年，三万一百二十六万五千四百四十五口。道光二十九年，四万一千二百九十八万六千六百四十九口。"

由于乾隆时期的人口比康熙时期增长了10倍，因此，乾隆皇帝曾经忧郁地对他的内阁大臣说，天下太平时间太久，人口繁衍太多，而田地无法增加，会让人们变得更加贫困。[5] 他的口吻带有很重的马尔萨斯[6]味道。幸亏当时没有有效的人口控制技术，否则乾隆一定会加以利用。如果走上了那一条轨道，中国的人口资源不用等到现代就会大打折扣，进入衰落期。

为了应付人口的激增，皇帝只能从其他方面入手，鼓励各地开荒。清代对于垦荒的重视超过了历代。特别在清前期，官方记载里到处都是鼓励垦荒和屯田的命令。在明代，广西、贵州、湖南等地的山林地区还没有被开发出来，那儿丛林密布，人迹罕至，虽然名义上已经归属于中央政府，但社会经济结构还保留着当地的特征。到了清代，这些地方纷纷被开垦出来，人口也逐渐稠密了起来。

甚至在遥远的蒙古国，清兵驻扎的科布多地区（属于高纬度寒冷地区）也有着屯田的记载，至今仍然能够在当年的军队驻扎地遗址看到屯田的痕迹。[7]

除了屯田之外，皇帝还鼓励各地官员，劝谕百姓务必节俭，珍惜物产，试图通过节约的方式来维持人口的生存。

清朝政府始终没有意识到，人口过剩就是发展工商业的最佳时机，

---

[5] 《清史稿·食货志》："高宗谕内阁曰：'朕查上年各省奏报民数，较之康熙年间，计增十余倍。承平日久，生齿日繁，盖藏自不能如前充裕。且庐舍所占田土，亦不啻倍蓰。生之者寡，食之者众，朕甚忧之。'"

[6] 托马斯·罗伯特·马尔萨斯（1766—1834），英国人口学家、经济学家，以其人口理论闻名于世。

[7] 2013年，本书作者到蒙古国科布多地区考察，清代屯田的痕迹仍然可寻。

人口过剩虽然会产生粮食不足的隐患，却也是巨大的财富。政府也没有意识到，其实工商业可以提供比农业更丰厚的财政收入。它依然把财政建立在农业之上。

清代前期的土地税之所以比明代更健康，一方面是因为继承了明代的改革成果，另一方面得益于皇帝进行的三大改革。

明代的一条鞭法将针对农民的大部分税赋都摊入了田地（只有一部分人头税还没有来得及并入），一家人有多少土地，就可以计算出要缴多少银子。在明代以前，税赋要分成好几个部分，以家庭为单位收一部分，再根据土地占有情况收一部分，还要针对个人收一部分，除了收钱，还要收粮食，更要收丝、收棉，收各种产品。现在基本上只针对土地收银子，比起以前已经简单很多，政府可以把精力集中在怎样设计更加公平有效的税率上，不用在其他事情上分心。

清代完全继承了这一套制度。有一个例外是在运河区仍然征收漕粮，大约四百万石，以保障京师的粮食供应。[8] 除了漕粮之外，其余大都已经逐渐货币化了。

与明代相比，清代在财政上还做了几项重大的改变，使税收更加合理。

第一项改变是康熙五十一年（公元1712年），皇帝对剩余的人头税进行改革，宣布"新增人丁永不加赋"。[9] 这里的"赋"不是指土地税，

---

8 《清史稿・食货志》："顺治二年，户部奏定每岁额征漕粮四百万石。"
9 《清史稿・食货志》："五十一年，谕曰：'海宇承平日久，户口日增，地未加广，应以现在丁册定为常额，自后所生人丁，不征收钱粮，编审时，止将实数查明造报。'廷议：'五十年以后，谓之盛世滋生人丁，永不加赋。仍五岁一编审。'户部议：'缺额人丁，以本户新添者抵补；不足，以亲戚丁多者补之；又不足，以同甲粮多之丁补之。'"

而是指丁银（人头税）。一条鞭法的实施已经弱化了人头税，并在有条件的地方把丁银摊入土地。但是，从理论上讲，丁银还是要根据人口的多少来计算的，一个家庭多一个人，就多一份丁银。皇帝为知道有多少人，必须不断地进行统计，这也造成了许多人逃避户籍制度。

康熙帝根据前一年的人口数（2 462 万 1 324 口），宣布以后不管人口怎么增加，政府只征收 2 462 万 1 324 份丁银，未来多生的人口不再缴纳丁银。如果老的丁银户死了，他的税额传递给他的儿子，或者在他的亲戚里平摊，但最终的额度始终保持只有 2 462 万 1 324 份。

到后来，随着人口的增加，政府发现也没有必要讲究什么丁税的继承，丁税还可以继续简化。当丁银的数量固定之后，可以方便地摊入全国的土地之中，与地税合并起来征收。

于是就有了第二项重大改变：摊丁入亩。

雍正初年前后，皇帝根据各地的先期试验，宣布全国将丁赋摊入田亩之中进行征收。[10]

这项改革是在康熙末年由广东和四川等省份摸索出来的，到了雍正时期在全国推广。由于每个省的丁银人口不同，土地也不相同，摊丁入亩之后，各省增加的税额也是不同的。比如，直隶省在每亩土地原来税额的基础上，增加了22%，山东增加了11.5%，其余各省也都有摊派。

从此以后，除了边境地区之外，全国的土地税都只有一种，征收起来大大简化。更重要的是，摊丁入亩之后，户籍对于政府财政已经不再重要。政府只要摸清了土地就可以征税，而对人口的限制大大放松，促

---

10 《清史稿·食货志》："雍正初，令各省将丁口之赋，摊入地亩输纳征解，统谓之'地丁'。"

进了人口的流动。人口的流动刺激了工商业的发展，中国社会出现了更大的繁荣。

雍正二年（公元1724年），皇帝趁热打铁，推出了清代财政上第三个重大改变：火耗归公。[11]

火耗归公与另一个问题——官僚薪资——捆绑在了一起。明代以来，养官问题就一直让皇帝头疼。由于官僚系统庞大，中央政府发的工资往往不够官员体面地生活，官员只能通过各种方式从民间寻求灰色甚至黑色收入。皇帝虽然有心整顿吏治，却又明白官员们的确收入太低，必须保留一定的灰色地带。

而火耗就是灰色地带之一。所谓火耗，是由于政府征税主要用银子，而人民缴上来的大都是碎银子，征收后要统一铸成五十两的银块，再上缴中央。在铸银时会发生一定的损耗。地方官员在征税时，会要求人们多缴一点来填补损耗，称为火耗。

由于官员俸禄不足，火耗问题就更加严重，各地纷纷以征收火耗的名义敛财，供养官员的日常消费。

雍正帝认为这个灰色地带有它存在的合理性，不如将它公开化，由政府统一征收火耗银，再统一以养廉银的形式发给官员，同时禁止他们的灰色收入。

---

11 《清史稿·食货志》："二年，以山西巡抚诺敏、布政使高成龄请提解火耗归公，分给官吏养廉及其他公用。火耗者，加于钱粮正额之外。盖因本色折银，镕销不无折耗，而解送往返，在需费，州县征收，不得不稍取盈以补折耗之数，重者数钱，轻者钱余。行之既久，州县重敛于民，上司苛索州县，一遇公事，加派私征，名色繁多，又不止于重耗而已。"

由火耗银充养廉银,也带上了财政专款专用的色彩,是财政制度方面的一大进步。此后,官员的养廉银超过了俸禄,成为百官的主要收入之一。

以乾隆三十一年(公元1766年)为例,这一年征收的火耗有300多万两,而文职养廉银有347余万两,武职养廉银80余万两。虽然火耗无法完全覆盖养廉银,却占了养廉银的大部分。

这一年,王公百官的俸禄只有90多万两,加上12万两的外藩王公俸,也仅仅102万两,与427万两的养廉银相比,只有1/4了。

这次改革之所以成功,还在于清代实行银本位的货币制度。明代初期采用纸币作为货币,官员发俸禄也部分使用纸币,随着纸币的贬值,官僚的俸禄也出现了大幅度的缩水。清代的银本位却非常稳定,不会出现严重的通胀,官员的俸禄一旦确定,在一两百年之内,都不用做大的变动,这种金融稳定性也让财政制度变得更加可靠。

理想样本,也是落后样本

清初财政的三大改革让清代的财政制度保持一贯的高效和节制,并保证了政府的财政充裕。

《清史稿·食货志》记载,清前期,政府获得的财政收入每年在4 000万两白银上下。以乾隆三十一年(公元1766年)为例,这一年的财政收入为4 854余万两白银,财政支出为3 451余万两白银。由于乾隆时期的统计制度还不完善,这次统计也并不完全,各有一些项目没有计入,但整体上的大数都应该包括在内了。

在财政收入方面，最主要的项目是地丁银，为 2 991 万两有奇，占了总财政收入的六成。为给官员发养廉银而收的火耗也达 300 万两有奇。清廷按照规矩，每年会向社会的富裕人家出卖一定的功名，获得 300 余万两。

盐曾经是许多王朝的收入大项，清代仍然实行一定的专卖，但和汉、唐、宋的盐税占了总财政的一半相比，清代的盐税收入是适度的，只有 574 万两有奇，占总收入的不到 12%。

除了盐之外，另一个收入是关税。这里的关税不是对外的，而是在国内的各个关卡收税，相当于一种商业税，这种税有 540 余万两。关税所代表的商税在总财政中占比只有 11%，也可以看出清前期的财政重心仍然放在了农业上。[12]

在财政支出上，军队的军饷占去了财政开支的一半，达 1 700 余万两。王公百官俸禄 90 余万两，外藩王公俸禄 12 万两有奇，文职养廉银 347 万两有奇，武职养廉银 80 万两有奇，合计约达 529 万两。

另外，朝廷的办公经费中，各省留支驿站、祭祀、仪宪、官俸役食、科场廪膳等银也是一个大项，达 600 余万两。内务府、工部、太常寺、光禄寺、理藩院祭祀、宾客备用银达 56 万两。水利费用、运河运输费用也不低，东河、南河岁修银 380 余万两，更定漕船 120 万两。[13]

---

12 其他财政收入都是小宗，包括：芦课、鱼课，14 万两有奇；茶课，7 万两有奇；落地、杂税，85 万两有奇；契税，19 万两有奇；牙、当等税，16 万两有奇；矿课，8 万两有奇。
13 其余财政支出为：京官各衙门公费饭食 14 万两有奇，采办颜料、木、铜、布银 12 万两有奇，织造银 14 万两有奇，宝泉、宝源局工料银 10 万两有奇，京师各衙门胥役工食银 8 万两有奇，京师官牧马牛羊象刍秣银 8 万两有奇。

由于每年的费用都比较固定，而每年的收入都高于开支，到最后，政府的府库里就会堆积越来越多的财富。

清代前期的府库盈余已经成了人们津津乐道的常态。

《清圣祖实录》卷二四〇记载，康熙四十八年（公元1709年），国库存银5 000万两，大约相当于当时两年的财政支出。雍正帝即位之初，随着摊丁入亩改革的进行，国库再次丰盈，存银6 000万两。[14]《清高宗实录》卷九二〇记载，乾隆三十七年（公元1772年），国库存银更是达到7 800万两。

由于财政丰盈，政府还推行了几次全国性的免税措施。康熙五十年（公元1711年），皇帝宣布免天下钱粮，在未来的三年里，分地区轮替着将农业税完全免除。第二年又宣布"滋生人丁，永不加赋"，也是一种减税措施。[15]

《清史稿·高宗纪》记载，乾隆十年（公元1745年）、三十五年（公元1770年）、四十三年（公元1778年）、五十五年（公元1790年），以及嘉庆元年（公元1796年），五次采取康熙五十年（公元1711年）的政策，免天下钱粮。

除了汉文帝时代，能够多次减免天下钱粮的只有清代。而其余大大小小的免税措施，更是不胜枚举，反映了政府对农业的重视和对农民的优待。

更难得的是，清代前期需要面对的战事并不算少，大量的军费用于

---

14 阿桂《论增兵筹饷书》，见《皇朝经世文编》卷二六。
15 《清史稿·圣祖纪》："戊午，诏前旨普免天下钱粮，五十一年轮及山西、河南、陕西、甘肃、湖北、湖南六省，地丁钱粮及通欠俱行蠲免。"

战争，即便在这种情况下仍然有大量的财政盈余。

《清史稿·食货志》记载，清代前期的战争，有经费可查的是乾隆时期。乾隆十二年（公元1747年）的第一次金川战争耗费2 000多万两白银；乾隆二十年（公元1755年）开始的针对准噶尔部的一系列战争，花费3 300多万两；乾隆二十五年（公元1760年）开始的第二次金川之役，更是耗费7 000多万两；乾隆三十一年（公元1766年），清廷曾经因为边界纠纷，与缅甸开战，耗费900多万两；乾隆五十二年（公元1787年），台湾发生变乱，政府投入800多万两用于镇压；乾隆五十六年（公元1791年），为保卫西藏，与尼泊尔廓尔喀人进行了一场战争，花费1 052万两。

乾隆时期的战争花费，总计达到105 052万两以上，大约相当于不到五年的日常财政开支，再加上五年的天下钱粮普免，耗去了政府一共十年的财政开支。即便这样，仍然积累了大量的财富，即便到乾隆帝死时，财政仍然足够强壮。与财政相伴的是人口的大量繁衍和经济的活跃。如果没有自1840年起的西方列强入侵的话，这个皇朝仍然可以维持较长的时间。

从纵向看，清代已经是集权制的高峰，经济的繁荣程度已经超过汉唐，社会也拥有着更加良好的稳定性。

但历史仿佛和中国人开了个玩笑。就在伟大的康乾盛世时期，另一项更伟大的运动正在欧洲发生，将康乾盛世从人们顶礼膜拜的纪念碑变成了笑柄。

在清兵入关、正式建立全国性政权的那一年（公元1644年），如果放眼世界，会发现整个欧洲处于一片乌烟瘴气之中。英国人正在打内战，此刻距离国王查理一世被判处死刑还有五年。欧洲大陆也还处于三十年战争的凋敝之中，这场发生在三百多年前的战争对于当时的欧洲人来说，就和20世纪的两次世界大战一样破坏力巨大，令人震惊。

西班牙人只能在美洲逞威风，欧洲人在亚洲虽然已经占据不少岛屿，但仍然不够强大。哪怕他们在东南亚，也是以小偷小摸的低姿态出现，为了商业利益，不惜低三下四地祈求南亚、东南亚的君主们。

清军占领了中原之后，继续向西部扩张，将东南亚、朝鲜、中亚的一些国家都纳入朝贡体系，又在西藏、新疆和蒙古建立起更加严密的控制。

这时候，中国的实力仍然较强。

随后，中国进入康乾盛世，经济步入了快车道，一百多年结束后，是否能将欧洲人甩得更远呢？

恰恰相反，当皇帝取得如此重大的成就之后，回头却发现，当年不值一提的西欧国家已经弯道超车，将中国远远地甩在了后面。

在这一百多年里，世界的政治风头已经彻底转变，流行了两千年、占据压倒优势的集权王朝体系被另一种新兴的制度超越了。这种制度在保持相对稳定的情况下，更能够促进经济和技术的发展。

当然，如果深入研究，会发现实力变化并非如此突兀。17世纪前期，欧洲虽然进入了乱世，但制度、商业因素已经具备，而清朝却仍然沿着老路前进。

清朝取得的巨大成就在欧洲人面前不值一提。清政府的财政仍然围绕着农业来安排，但欧洲的工业、金融、商业带来的综合实力，却已经逐渐过渡到强调资本、强调工业的轨道中，工业比重加大，全球性的开发也让欧洲人摆脱了粮食短缺的威胁。政府依靠工业、金融杠杆获得更多的税收。

清政府的第一次财政危机是在欧洲人到来之前出现的。

乾隆帝死后，嘉庆帝继任伊始，就遇到了一个大麻烦——白莲教。《清史稿·仁宗纪》记载，嘉庆元年（公元1796年），四川、湖北、陕西一带发生了一次规模巨大的叛乱。

在中国历史上，会道门往往是一个不能仅仅用经济学来解释的现象。东汉的黄巾军、元朝的红巾军时期，都恰好处于政府财政崩溃、大肆搜刮的时刻，但清代的两次起义——白莲教和太平天国——却并非因为经济，它们更多的是一种地下社会的抱团行为。

在中国，所有的会道门和地下社会都有着一个清晰的"天子梦"，当信徒大增时，他们首先会组织起类似于集权政府的政治组织和法律系统，并以组织和法律的名义实施内部统治，内部统治最终又会通过家庭、亲戚关系扩散到外部，引起政府的注意。

而在中央集权模式下，一个社会只能有一个权力核心，当会道门试图建立另一套权力机构时，政府必然会对这种争权行为进行打击。双方的摩擦如果激化，就会造成一次会道门式的叛乱。

嘉庆年间的白莲教之乱如同太平天国的先声，拖了九年，政府耗费两亿两白银对其进行镇压。[16]《圣武记》记载，在乾隆末年，国库还有存银七千多万两，这次战争将国库耗空，政府不得不征收特别税，通过捐

---

16 《清史稿·食货志》："嘉庆川、湖、陕教匪之役，二万万两。"

纳制度等获得了三千万两的收入。

由于政府财政出现危机，乾隆时期积累的问题——显现。虽然清代的赋税制度相对简单，但经过多年的运行，也会出现拖欠赋税的情况。而此刻，政府已经没有魄力像当年办理奏销案一样，下令将所有人革籍降职了。

乾隆时期，这样的现象已经越来越多。由于政府不缺钱，清廷虽然不断地讨论欠税问题，却没有办法整治。

到了嘉庆时期，随着财政日益紧张，欠税问题被更加频繁地讨论。嘉庆十七年（公元1812年），仅安徽、山东两省，就各自欠税四百余万。江宁、江苏的欠款也达到了二百余万。[17] 为了清理税收，皇帝威胁将欠粮太多的地区的地方官员直接斩首，但依然无效。

不过，清代的财政随后又得以恢复。随着和平的到来，政府的财政收入仍然维持在每年四千万两左右，仍然大于财政开支，回到了稳定的轨道上。一次战争可以给政府造成暂时的困难，却无法永久地使其失衡。

赔款与借债

道光二十年（公元1840年），中央王朝终于迎来了与西方的首次冲突。这次冲突以割地赔款为结局，也结束了中国社会与世界之间的隔绝

---

[17] 《清史稿·食货志》："十七年，户部综计各省积欠钱粮及耗羡杂税之数，安徽、山东各四百余万，江宁、江苏各二百余万，福建、直隶、广东、浙江、江西、甘肃、河南、陕西、湖南、湖北积欠百余万、数十万、数万不等。"

和孤立状态。

与流行看法不同的是，鸦片战争对中国的经济和财政并没有造成太大的伤害，甚至还是有利的。

鸦片战争的直接花费是1 000多万两白银，赔款2 100万两，此外广东省还请求核销了300万两经费，总数约在4 000万两白银，约合中央政府一年的财政收入。

在鸦片战争之前，清廷两次出兵镇压新疆大小和卓的叛乱。两次费用合计1 830万两，也接近鸦片战争的一半。乾隆时期征服大小金川花费的1亿两，咸丰时期镇压白莲教的2亿两，都远多于鸦片战争的费用。

由于嘉庆、道光时期事情不断，虽然大部分时期有财政盈余，但国库存银也不算丰厚，要凑够4 000万两白银有困难，但并非大麻烦。

战争给清政府带来赔款压力的同时，也带来了巨大的机会。随着海关的打开，中国和外国的贸易额呈直线上升，中国由闭关锁国走向了开放。

贸易额的增长带来了两个好处，对于政府财政最直接的好处是关税的大幅度增长。在通商之前，中国根本没有对外的海关（洋关），而在财政收入上也没有洋税这一项，即便是广州的那一点关税收入，也是与内地的关卡收入合并在一起的。

洋关的设置是在鸦片战争之后，随着洋关的出现，海关关税（洋税）稳步增长，并成为财政收入的大宗，到了清末甚至超过了土地税的收入。咸丰末年，海关关税只有490余万；到了同治末年，就已经增至1 140余万；光绪十三年（公元1887年），增长为2 050余万；光绪三十四年（公元 1908 年）为 3 290 余万；宣统末年已经达到了 3 617 万。[18]

仅海关收入增长这一项就足以弥补战争赔款的 4 000 万两白银。

而更大的好处还不仅仅是海关关税。由于海外贸易的刺激，中国的民族工商业也破茧而出，中国的社会转型由此展开。工商业的活跃让政府征收商业税成为可能，使政府能够获得更大的收入。

真正让清政府受到重创的是咸丰元年（公元 1851 年）爆发的太平天国运动。这场席卷了中国最富庶地区的运动将清政府的粮仓击碎，并迫使清政府四处调兵遣将，花了 14 年时间才得以平定。

与太平天国相呼应的则是北方的捻军。这场从咸丰三年（公元 1853 年）到同治七年（公元 1868 年）的运动，破坏力虽然不如太平天国，却将混乱的局面扩展到更广阔的范围。

除了捻军之外，陕西、甘肃、宁夏的回民也于同治元年（公元 1862 年）爆发起义。这场起义一直持续到同治十二年（公元 1873 年）。

三场起义对于清政府财政破坏之剧烈，已经超过原始农业型财政能够承受的极限。为了绞杀金田起义，清政府投入了 2 700 万两银子，结局却是让天国军队北上占领了南京。

在围攻南京期间，江南大营每月需要 50 万两白银，徽宁防营每

---

18 《清史稿·食货志》："咸丰末年，只四百九十余万。同治末年，增至千一百四十余万。光绪十三年，兼征洋药釐金，增为二千五十余万。三十四年，增至三千二百九十余万。宣统末年，都三千六百十七万有奇，为岁入大宗云。"所谓洋药，主要是外国鸦片，与土药相对。晚清政府将鸦片纳入课税范围，成为财税重要的组成部分。光绪年间已经在考虑逐渐减少鸦片进口，并完成在财政上的替代工作。

月需 30 万两白银，合计每年需要 1 000 万两白银。从咸丰三年（公元 1853 年）太平天国攻陷南京到同治三年（公元 1864 年）太平天国灭亡，共 12 个年头，在此期间两营总费用约为 1.2 亿两白银。

除了两营的费用之外，湖北每年要出 400 多万筹军，湖南的数额也类似。北路和西南的军费还没有计算在内。若按 12 年计算，又是 1 亿。

到了同治中期，曾国藩根据湘军在剿灭太平军和捻军时的花费，请求核销 3 000 多万两。李鸿章请求核销 1 700 多万两。左宗棠西征，请求核销 4 820 多万两。

此外，福建援助浙江，加上省内和台湾地区，也超过了 600 万两。四川、湖南援助贵州军需每年 400 万两，五年合计 2 000 万两。云南核销军需 1 460 多万两。甘肃官绅商民集资捐赠也达到了 5 000 多万两。

这些在册的数据相加，已经达到了 4.328 亿两，相当于清政府十年的财政收入。这样的规模放在以前的历代王朝，必定会引起全面崩溃，对于清政府而言，也绝对是伤筋动骨。

但是，清政府再一次经受住了动荡的考验。

不仅经受住了考验，在危机中，中央政府用实际行动证明了它的财政能力比人们预料中的要强大。一系列与西方接轨的财政制度在摸索中被采纳，危机反而成了中国财政近代化的起点。

在古代，战争进行之时，也是政府花费最大的时候。中央政府想方设法逼迫每家每户缴粮缴款，往往逼得人们家破人亡。

古代政府与现代政府的区别在于，现代政府可以利用信用筹集资金，当战争进行时，可以通过发行国债，或者对外寻求借款，筹措相当的资金,待战争结束后再慢慢摊还。这种方式可以避免政府在某一个时段负担过大,导致政治和社会的崩溃。

清政府在镇压太平天国时,终于迈出了借债这一步,使得其财政能力比前朝大有提高。

最早的借款发生在上海。由清政府的苏(州)、松(江)、太(仓)道地方政府向洋商借款 12 770 万两(含本息),用于镇压本地的小刀会。

在第二次鸦片战争期间,两广总督黄宗汉在与英法联军作战时缺乏经费,于是向外寻求贷款,最后美国的旗昌洋行向广东政府提供了 32 万两白银,月息六厘。

从咸丰三年(公元 1853 年)到同治四年(公元 1865 年),广东、福建、江苏、上海的苏、松、太、道各地方政府为了解决资金短缺问题,多次向外国寻求贷款,总额达 300 万两。

由于清政府不熟悉规则,以及一部分中间人的欺诈,有一部分借贷引起了纠纷,但大部分都起到了缓解财政、加强实力的作用,令清政府能够镇压叛乱,重新获得稳定。

19 世纪,外债在全球都有着双面的效果。许多落后的国家刚刚走向开放,由于统治者缺钱,都会向外借款。如果运用得当,外债能够起到润滑经济、缓解资金紧缺的作用。但是,许多统治者由于缺乏金融经验,国内的财政又混乱不堪,外债越欠越多,到最后无法偿还,因而出现违约。

与现代的国际规则不同,在 19 世纪,如果弱国出现了债务违约,债权人所在的国家往往会采取军事行动逼迫弱国签署还款协议,并以一定的关税或者国内税收做抵押,甚至干预债务国的国内事务。

比如，19世纪的埃及本来是一个独立于西方的国家，但它的统治者伊斯梅尔帕夏却挥霍无度，借了大量的外债。他借债时，所有的海外银行为了赚钱便蜂拥而至，没有控制风险。当他宣布无法偿还时，债权国立刻乘机接管埃及的财政，逼迫他逐渐摊还，并把埃及慢慢地变成了保护国。

有的人会用阴谋论的眼光看待这个事件，但真正的关键还是在于，统治者借债能否学会控制外债规模，避免失控。

甲午战争之前，清政府在外债上保持了足够的谨慎，外债成为财政的一种有效工具。

比如，从同治六年（公元1867年）到光绪七年（公元1881年），左宗棠为了对付陕甘地区的起义，以及此后的新疆阿古柏的叛乱，曾经尝试大规模举债。他一共向上海的洋商——怡和、东方、汇丰等机构借债六次，金额总计达1 595万两白银。六次借款，有的是为了筹集军费，有的是为了将原来的借款延期，运用金融手段来满足军事财政已经相当熟练。可以说，左宗棠收复新疆，是在近代金融的支持下做到的。

在中法战争期间，清政府花费军费3 000万两，由于出现支付困难，政府从同治九年（公元1883年）到同治十一年（公元1885年），先后向英国的银行借债七笔，总数达1 260万两，利用英国的资金来与法国作战。

这些借款都是应急性的，借债总金额控制在年财政收入的1/5~1/3，并没有造成系统性风险，反而增加了军事和财政的灵活性。

除了外债的使用，清政府的财政收入也在向近代化转变。由于战争的破坏作用，农业受到一定的影响，农业税不仅无法维持原来的规模，甚至还出现了大规模的缩水。在极端的年份，农业税甚至消失了。比如，光绪继位之初，户部上了一个条陈，指出以前每年的地税收入为3 400余万两，但当年实际收上来的钱却只有145万两，相差了20多倍。[19]

即便正常的年份，农业税的税额也不及当年。与此同时，政府的开支却出现了大幅度的增加，仅军费支出一项就达到了4 000万两。

为了应付财政开支，清政府的财政税收开始与西方同步，向工商业倾斜。

除了关税之外，清政府开征一种叫作厘金的商业税。所谓厘金，指的是按照商人的财产收取1%（即一厘）的税。这是近代中国探索新型商业税的起点。[20]

清政府的财政转向也有许多不好的方面，比如加重盐税，重新发行缺乏保证金的纸币，发行大面额的钱币。但事实证明，这些在中国历代已经被无数次使用的方法带来的混乱远大于收获，到最后，真正能够帮助清政府筹集财政资金的还是关税和商业税这些更加现代化的税种。

在19世纪70年代至90年代上半期，中国恢复了稳定，重新进入一个发展时期。在海外冲击带来的一片商业繁荣之下，财政状况得到了持续的改善。

---

[19] 《清史稿·食货志》："户部条陈整顿钱粮之策，略云：'溯自发逆之平，垂二十年，正杂钱粮，期可渐复原额。乃考核正杂赋税额征总数，岁计三千四百余万两，实征仅百四十五万两，赋税亏额如此。财既不在国，又不在民，大率为贪官墨吏所侵蚀。'"

[20] 《清史稿·食货志》："厘金抽捐，创始扬州一隅，后遂推行全国。咸丰三年，刑部右侍郎雷以諴治军扬州，始于仙女庙等镇创办厘捐。"

光绪十七年（公元 1891 年），中央政府的财政转化已经取得了初步成果。这一年的财政收入已经达到 8 968 万 4 800 两，财政开支 7 935 万 5 241 两，实现了财政平衡。传统的土地收入不再一支独大，已经降到 2 366 万 6 911 两，而洋关税收入则达到 1 820 万 6 777 两。国内征收的商业税厘金也有 1 631 万 6 821 两，这两驾马车的崛起，让清代的财政已经具有了现代的影子。[21]

在财政开支中，军费开支为 3 862 万 4 472 两（饷乾 2 035 万 6 159 两，勇饷 1 826 万 8 313 两），为所有开支中最大的一项。这表明了清政府发展现代军事的决心。需要说明的是，此时的财政收入中并没有将洋务运动建立的一系列军事工厂的收入计算在内，如果将这一部分计入，军费开支的比例将进一步增加。在开支中，与洋人债务和赔偿相关的洋款只有 386 万 1 511 两，占比不到 5%，表明虽然经过了几次战争，但战争的伤疤已经逐渐愈合，没有带来致命的影响。[22]

如果清政府能够得到更长时间的恢复，建立一套良好的财政体系和经济体系，并增强军事实力，是有希望完成近代化转型，并维持局势稳定的。但是，甲午战争的爆发改变了一切。

21　其余财政收入为：租息 14 万 1 672 两，粮折 426 万 2 928 两，火耗 300 万 4 887 两，盐课 742 万 7 605 两，常税 255 万 8 410 两，节扣 296 万 4 944 两，续完 712 万 8 744 两，捐缴 187 万 5 576 两，杂赋 281 万 144 两。

22　其余财政支出为：陵寝供应等款 13 万 559 两，交进 18 万两，祭祀 33 万 6 733 两，仪宪 7 万 4 879 两，俸食 384 万 1 424 两，科场 10 万 5 270 两，驿站 173 万 4 709 两，廪膳 11 万 2 029 两，赏恤 52 万 5 216 两，修缮 220 万 9 748 两，采办 403 万 3 903 两，织造 103 万 4 915 两，公廉 457 万 5 783 两，杂支 30 万 3 278 两，关局经费 314 万 4 616 两，补支 1 277 万 5 525 两，豫支 174 万 2 073 两，解京各衙门饭食经费各项支款，347 万 2 533 两。

表8 左宗棠西征所借洋债[23]

借款年份	贷款人	借款额折合万库平两	中国政府实付利息	经手人所报利率	洋商贷出利率	银行在市场发行利率	期限
1867	上海洋商	120	月息1.5%	月息1.3%	月息0.8%		半年
1868	上海洋商	100	月息1.5%	月息1.3%	月息0.8%		10个月
1875	怡和洋行、东方银行	300	年息10.5%	年息10.5%	年息10%		3年
1877	汇丰银行	500	年息15%	年息12%	年息10%	年息8%	7年
1878	汇丰银行	175	年息15%	年息15%	年息10%	年息8%	6年
1881	汇丰银行	400	年息9.75%	年息9.75%	年息8%		6年
合计		1 595					

表9 中法战争中所借款额

借款年份	借款名称	贷款人	借款金额	借款额折合万库平两	利率	期限
1883	广东海防借款1	汇丰银行	100万库平两	100	年息9%	3年
1884	广东海防借款2	汇丰银行	1 000 000库平两	100	年息9%	3年
1884	广东海防借款3	汇丰银行	100万库平两	100	年息9%	3年
1884	滇桂借款	宝源洋行	1 394 700港币	100	年息8.5%	3年
1885	福建海防借款	汇丰银行	100万英镑	358.98	年息9%	10年
1885	广东海防借款4	汇丰银行	505 000库平两	201.25	年息9%	10年
1885	援台规越借款	汇丰银行	750 000英镑	298.89	年息8.5%	9年
合计				1 259.12		

---

23 本表与下表均引自宁可主编的《中国经济发展史》第四册第一编第四章第二节。

重归往复的叹息与无奈

宣统二年（公元 1910 年），清廷度支部按照改革之后的规矩，制定第二年的财政预算。

四年前，政府实行新政，将原来的户部取消，改为度支部，并以与世界接轨的精神，建立了一套新的预算法则。

在新法则中，政府的财政收入与支出都包含了经常项、临时项和附列三部分。在过去的会计制度下，许多隐形的收入或者办公经费都没有列出，而在新财政制度下都载明在册。比如，旧制度只载明关税的数额，这个数额是扣除海关（以及内部关卡）办公经费之后的数据，由于海关的经费混入收入之中，变得很不透明，官员也容易做手脚，中饱私囊。在新法则下，海关的收入和开支是分开的，都要分别登记。

为确保数字的准确性，中央政府还派出了财政监理去往各省调查数字的准确性，形成了财务监察制度。

由于细化措施，《清史稿·食货志》记载，中央政府的财政收入达到了 2 亿 9 696 万 3 016 两，财政支出也有 2 亿 9 820 万 3 862 两。

这份财政预算比人们预料的要健康得多，带有多样化的特征。税收的最大项仍然是田赋，但是田赋只占财政总收入的 16.2%（常规为 4 616 万 4 709 两，临时为 193 万 6 636 两），盐茶课税（常规为 4 631 万 2 355 两）仍然是大项，与田赋收入相当。从严格意义上来说，只有这两项是与农业相关的旧税种，所占比例只有约三成，而且还把不算农业收入的盐业也列入其中了。

其余大项为：洋关税（常规为 3 513 万 9 917 两）、正杂各税（常规为 2 616 万 3 842 两）、厘捐（常规为 4 318 万 7 907 两）。

除了这些，还有一项与洋务运动时期的官办企业相关的收入——官业收入（常规为 466 万 899 两），占了总预算的 25.7%，比例已经接近农业税。[24]

有的人认为，这样的财政报表带着很强的搜刮性质，但从另一方面也可以看出中国社会正在脱离原始的农业模式，向着工商业模式过渡。农业虽然仍很重要，却已不是唯一，支撑了历代王朝的盐业专卖的重要程度也在下降。

在财政支出中，最大的两项是军政（常规为 8 349 万 8 111 两，临时为 1 400 万 546 两）和交通（常规为 4 722 万 1 841 两，临时为 780 万 4 908 两）。

令人扼腕的是，另一项重要的支出显得格外扎眼：对外赔偿款。清政府的对外赔偿款分为三部分，分别由各省、洋海关、内地关卡按年摊还，这三部分开支相加，达到了 5 164 万 959 两。也就是说，如果按照康熙、乾隆时期的财政状况，政府全年的收入已经不够偿还赔款之用。

即便到宣统二年（公元 1910 年），政府的财政收入已经达到 3 亿，但是，大部分的项目都在经济体内运转，甚至不见现金，只有资源流动。而赔款的 5 000 万两则是现金流和净流出，对中国经济的损害可想

24　其余财政收入为：常关税（常规为 699 万 1 145 两，临时为 8 524 两）、杂收入（常规为 1 919 万 4 101 两，临时为 1 605 万 648 两）、捐输（附列 565 万 2 323 两，附列也是临时收入）、公债（附列 356 万两）。

而知。[25]

即便压力巨大，晚清政府仍然试图维持着脆弱的财政平衡。但是第二年辛亥革命随即爆发，在袁世凯的压力下，皇帝退位，中国由此进入了共和时代。

这份财政报表也成为集权时代遗留的纪念品，让人们看到了从汉到清这两千多年来财政高峰时期最后的幻影。

其实，清代社会学习西方的速度并不慢。从道光二十年（公元1840年）起，在西方的冲击下，除了战乱时期之外，中国经济一直处于飞速发展中。

虽然大量外国货的涌入带来了贸易的不平衡，出现了巨额的贸易逆差，但随后海外投资的大量增加，填补了巨大的贸易赤字。

与中国北方的小农经济相比，中国南方已经有了较为成熟的商业社会，也乐于接受新的商业规则，民间社会的自发转向就是中国商业的收获期。它们必须在全球化的背景下拼出一条路。

与民间社会的自发成长相比，另一场运动（洋务运动）却有着更大

25　其余开支为：行政（常规为2 606万9 666两，临时为125万8 184两）、交涉（常规为337万5 130两，临时为62万6 177两）、民政（常规为441万6 338两，临时为132万4 531两）、财政（常规为1 790万3 545两，临时为287万7 904两）、洋关经费（常规为547万8 237两，临时为9 163两）、常关经费（常规为146万3 332两）、典礼（常规为74万5 759两，临时为5万4 037两）、教育（常规为2 55万3 416两，临时为104万1 892两）、司法（常规为661万6 579两，临时为21万8 746两）、实业（常规为160万3 835两）、工程（常规为249万3 240两，临时为202万2 064两）、官业支出（常规为56万435两）、边防经费（123万9 908两）、归还公债（附列477万2 613两）。

的争议。人们常常认为洋务运动是一场官商运动，直接压倒了民间资本主义的发展，让中国在进入近代化时无法发展更健康的经济。

但是，任何一个后进国家从一种模式向另一种模式转化时，都不能避免官商经济的发展。

当国门打开后，有两种人总是比其他人更先看到自己的不足：直接与海外接触的东部沿海地区的人们，以及一部分上层官员。于是这两种人会分别代表民间和政府的力量，开始效仿海外模式发展经济。

代表政府的开明官员眼界最宽，且拥有充足的资金，他们导演了第一波近代化浪潮。中国的民族资本主义经济只有在积累了更丰富的资本和知识之后，才能引领第二波，取得发展并逐渐超过官员主导企业。在日本、土耳其等转型国家也都出现了类似的局面，最初是政府主导，随后民间接棒，进入更加自由的经济时代。

中国社会真正的问题不在于这些洋务企业，而在于第二波的民间资本主义经济没有完成接棒，而它们跟不上的原因也不是洋务运动，而是大部分集权制官僚仍然无法按照新商业模式转换头脑，因而抑制了民间经济的发展。

中国近代的社会转型没有得到充分的时间，这也是问题之一。如果整个转型能够持续百年以上，等大部分思想守旧的老人死去，新上台的年轻人主导政治进程，随后的转型会更加顺利。

如果要持续更久，就必须保证政治上的稳定。同治时期，中国财政的稳定有助于王朝的持续，然而，新到来的甲午战争打碎了可持续的稳定。

甲午战争巨额的赔款，以及高昂的军费，终于让中国财政彻底失控。甲午战争之后的群情激奋，也让政府无法安抚民间。戊戌变法失败后，西化派与保守派都向更极端的方向演化，保守派默许的义和团运动更是再次重创了财政平衡，清政府再也无法从巨大的失衡中脱身。

清朝的灭亡让中国丧失了一次和平转型的机会。而更重要的是，随后的三十多年里，人们再也没有获得一次和平转型的机会。

附　录

附表1　各朝田亩丈量尺度[1]

朝代	时间	每尺厘米数	每步尺数	每步厘米数	每亩平方步数	每亩平方米数	每亩折合市亩数
周	前1120—前221年	22.50	6	135.00	100	182.25	0.273
秦	前221—前206年	23.10	6	138.60	240	461.04	0.691
西汉	前206—公元8年	23.10	6	138.60	240	461.04	0.691
东汉	8—220年	23.75	6	142.50	240	487.34	0.731
魏	220—265年	24.12	6	144.72	240	502.65	0.754
西晋	265—317年	24.12	6	144.72	240	502.65	0.754
东晋	317—420年	24.45	6	146.70	240	516.50	0.774
南北朝	420—589年	29.51	6	177.06	240	752.40	1.128
隋	581—618年	29.60	6	177.60	240	757.00	1.135
唐	618—907年	30.00	5	150.00	240	540.00	0.810
五代	907—960年	31.00	5	155.00	240	576.60	0.865
宋	960—1279年	31.00	5	155.00	240	576.60	0.865

1　本表整理自赵冈、陈钟毅的《中国土地制度史》第二章。朝代时间与通行版本有差异，提请读者注意。

(续表)

朝代	时间	每尺厘米数	每步尺数	每步厘米数	每亩平方步数	每亩平方米数	每亩折合市亩数
元	1279—1368 年	34.00	5	170.00	240	693.60	1.040
明	1368—1644 年	34.00	5	170.00	240	693.60	1.040
清	1644—1911 年	34.00	5	170.00	240	693.60	1.040
民国	1912—1949 年	33.33	5	166.65	240	666.53	1.00

附表 2　中国历代户口、田地统计数据[2]

朝代	年份	年	户数（万户）	口数（万口）	田地（万亩）	每户平均口数	每户平均亩数	每口平均亩数
前汉	平帝元始二年	2	12 233 062	69 594 978	827 053 600	4.87	67.61	13.88
后汉	光武帝中元二年	57	4 279 634	21 007 820	—	4.91	—	—
	明帝永平十八年	75	5 860 573	34 125 021	—	5.82	—	—
	章帝章和二年	88	7 456 784	43 356 367	—	5.81	—	—
	和帝元兴元年	105	9 237 112	53 256 229	732 017 080	5.76	79.25	13.74
	安帝延光四年	125	9 647 838	48 690 789	694 289 213	5.05	71.96	14.26
	顺帝永和五年	140	9 698 630	49 150 220	—	5.07	—	—
	建康元年	144	9 946 919	49 730 550	689 627 156	4.99	69.33	13.87
	冲帝永嘉元年	145	9 937 680	49 524 183	695 767 620	4.98	70.01	14.05
	质帝本初元年	146	9 348 227	47 566 772	693 012 338	5.09	74.13	14.57
	桓帝永寿三年	157	10 677 960	56 486 856	—	5.29	—	—
三国蜀	刘禅炎兴元年	263	280 000	940 000	—	3.36	—	—
魏	曹奂景元四年	263	663 423	4 432 881	—	6.68	—	—

2　本表引自梁方仲的《中国历代户口、田地、田赋统计》，朝代及年号与通行版本有差异，提请读者注意。梁表原为 10 列，引用时省略"资料来源"一列，以及"与上次相距年数"一列，并将第一列拆分成"朝代"和"年份"两列。本表数据，特别是田亩数，均是古籍记载的原始数据，受统计条件、比率尺度的影响甚巨，不可直接用作精确的纵向比较。

附　录

（续表）

朝代	年份	年	户数（万户）	口数（万口）	田地（万亩）	每户平均口数	每户平均亩数	每口平均亩数
吴	孙皓天纪四年	280	530 000	2 300 000	—	4.34	—	—
西晋	武帝太康元年	280	2 459 840	16 163 863	—	6.57	—	—
十六国	前燕	370	2 458 969	9 987 935	—	4.06	—	—
南北朝宋	武帝大明八年	464	906 870	4 685 501	—	5.17	—	—
北魏	明帝熙平年间	516—520	5 000 000+	—	—	—	—	—
北魏	庄帝永安年间	528—530	3 375 368	—	—	—	—	—
北齐	幼主承光元年	577	3 032 528	20 006 880	—	6.60	—	—
北周	静帝大象中	579—580	3 590 000	9 009 604	—	2.51	—	—
北周	大定元年	581	3 599 604	—	—	—	—	—
陈	宣帝时	569—582	600 000	—	—	—	—	—
陈	后主祯明三年	589	500 000	2 000 000	—	4.00	—	—
隋	文帝开皇九年	589	—	—	1 940 426 700	—	—	—
隋	炀帝大业五年	609	8 907 000	46 019 956	5 585 404 000	5.17	627.04	121.37
唐	高祖武德年间	618—626	2 000 000+	—	—	—	—	—
唐	太宗贞观年间	627—649	3 000 000-	—	—	—	—	—
唐	高宗永徽元年	650	3 800 000	—	—	—	—	—
唐	中宗神龙元年	705	6 156 141	37 140 000+	—	6.03	—	—
唐	玄宗开元十四年	726	7 069 565	41 419 712	1 440 386 213	5.86	—	34.78
唐	开元二十二年	734	8 018 710	46 285 161	—	5.77	—	—
唐	天宝元年	742	8 525 763	48 909 800	—	5.74	—	—
唐	天宝十四载	755	8 914 709	52 919 309	1 430 386 213	5.94	160.45	27.03
唐	肃宗乾元三年	760	1 933 174	16 990 386	—	8.79	—	—
唐	代宗广德二年	764	2 933 125	16 920 386	—	5.77	—	—
唐	德宗建中元年	780	3 805 076	—	—	—	—	—
唐	宪宗元和十五年	820	2 375 400	15 760 000	—	6.63	—	—
唐	文宗开成四年	839	4 996 752	—	—	—	—	—
唐	武宗会昌五年	845	4 955 151	—	—	—	—	—
唐	宣宗大中中	847—859	—	—	1 168 835 400	—	—	—

(续表)

朝代	年 份	年	户数（万户）	口数（万口）	田地（万亩）	每户平均口数	每户平均亩数	每口平均亩数
五代后周	世宗显德六年	959	2 309 812	—	108 583 400	—	47.01	—
宋	太祖开宝九年	976	3 090 504	—	295 332 060	—	95.56	—
	太宗至道二年	996	4 574 257	—	312 525 125	—	68.32	—
	真宗景德三年	1006	7 417 570	16 280 254	186 000 000+	2.19	25.08	11.42
	天禧五年	1021	8 677 677	19 930 320	524 758 432	2.30	60.47	26.33
	仁宗皇祐五年	1053	10 792 705	22 992 861	228 000 000+	2.06	21.13	10.23
	英宗治平三年	1066	12 917 221	29 092 185	440 000 000+	2.25	34.06	15.12
	神宗元丰六年	1083	17 211 713	24 969 300	461 655 600	1.45	26.82	18.49
	神宗元丰八年	1085	—	—	248 434 900	—	—	—
	哲宗元符三年	1100	19 960 812	44 914 991	—	2.25	—	—
	徽宗大观四年	1110	20 882 258	46 734 784	—	2.24	—	—
	高宗绍兴二十九年	1159	11 091 885	16 842 401	—	1.52	—	—
	孝宗乾道六年	1170	11 847 385	25 971 870	—	2.19	—	—
	淳熙七年	1180	12 130 901	27 020 689	—	2.23	—	—
	光宗绍熙四年	1193	12 302 873	27 845 085	—	2.26	—	—
	宁宗嘉定十六年	1223	12 670 801	28 320 085	—	2.24	—	—
	理宗景定五年	1264	5 696 989	13 026 532	—	2.29	—	—
宋金合计	孝宗淳熙十四年 世宗大定二十七年	1187	19 166 001	69 016 875	—	—	—	—
	光宗绍熙元年 章宗明昌元年	1190	19 294 800	73 948 158	—	—	—	—
	光宗绍熙四年 章宗明昌六年	1193 1195	19 526 273	76 335 485	—	—	—	—
元	世祖至元二十八年	1291	13 430 322	59 848 964	—	4.46	—	—
	文宗至顺元年	1330	13 400 699	—	—	—	—	—

（续表）

朝代	年份	年	户数（万户）	口数（万口）	田地（万亩）	每户平均口数	每户平均亩数	每口平均亩数
明	太祖洪武十四年	1381	10 654 362	59 873 305	366 771 549	5.62	34.42	6.13
	洪武二十四年	1391	10 684 435	56 774 561	387 474 673	5.31	36.27	6.82
	洪武二十六年	1393	10 652 870	60 545 812	850 769 368	5.68	79.86	14.05
	成祖永乐元年	1403	11 415 829	66 598 337	—	5.83	—	—
	永乐十一年	1413	9 684 916	50 950 244	—	5.26	—	—
	永乐二十一年	1423	9 972 125	52 763 178	—	5.29	—	—
	宣宗宣德元年	1426	9 918 649	51 960 119	412 460 600	5.24	41.58	7.94
	宣德十年	1435	9 702 495	50 697 569	427 017 200	5.22	44.01	8.43
	英宗正统十年	1445	9 537 454	53 772 934	424 723 900	5.64	44.53	7.90
	代宗景泰六年	1455	9 405 390	53 807 470	426 733 900	5.72	45.37	7.93
	英宗天顺八年	1464	9 107 205	60 499 330	472 430 200	6.64	51.87	7.81
	宪宗成化十年	1474	9 120 195	61 852 810	477 899 000	6.78	52.40	7.73
	成化二十年	1484	9 205 711	62 885 829	486 149 800	6.83	52.81	7.73
	孝宗弘治三年	1490	9 503 890	50 307 843	423 805 800	5.29	44.59	8.42
	弘治十五年	1502	10 409 788	50 908 672	622 805 881	4.89	59.83	12.23
	武宗正德五年	1510	9 144 095	59 499 759	469 723 300	6.51	51.37	7.85
	正德十四年	1519	9 399 979	60 606 220	469 723 300	6.45	49.97	7.75
	世宗嘉靖十一年	1532	9 443 229	61 712 993	428 828 400	6.54	45.41	6.95
	嘉靖二十一年	1542	9 599 258	63 401 252	428 928 400	6.60	44.68	6.77
	嘉靖三十一年	1552	9 609 305	63 344 107	428 035 800	6.59	44.54	6.76
	嘉靖四十一年	1562	9 638 396	63 654 248	431 169 400	6.60	44.74	6.77
	穆宗隆庆五年	1571	10 008 805	62 537 419	467 775 000	6.25	46.74	7.48
	神宗万历六年	1578	10 621 436	60 692 856	701 397 628	5.71	66.04	11.56
	万历三十年	1602	10 030 241	56 305 050	1 161 894 800	5.61	11.53	20.64
	光宗泰昌元年	1620	9 835 426	51 655 459	743 931 900	5.25	75.64	14.40
	熹宗天启六年	1626	9 835 426	51 655 459	743 931 900	5.25	75.64	14.40
	思宗崇祯年间	1628—1644	—	—	783 752 400	—	—	—

（续表）

朝代	年份	年	户数（万户）	口数（万口）	田地（万亩）	每户平均口数	每户平均亩数	每口平均亩数
清	世祖顺治十二年	1655	—	14 033 900	387 771 991	—	—	27.63
	顺治十八年	1661	—	19 137 652	526 502 829	—	—	27.51
	圣祖康熙十二年	1673	—	19 393 587	541 562 783	—	—	27.92
	康熙十九年	1680	—	17 094 637	522 766 687	—	—	30.58
	康熙二十四年	1685	—	20 341 738	589 162 300	—	—	28.96
	康熙四十年	1701	—	20 411 163	598 698 565	—	—	29.33
	康熙五十年	1711	—	24 621 324	693 034 434	—	—	28.15
	康熙六十年	1721	—	25 616 209	735 645 059	—	—	28.72
	世宗雍正二年	1724	—	26 111 953	890 647 524	—	—	34.11
	雍正十二年	1734	—	27 355 462	890 138 724	—	—	32.54
	高宗乾隆十八年	1753	—	102 750 000	708 114 288	—	—	6.89
	乾隆三十一年	1766	—	208 095 796	741 449 550	—	—	3.56
	仁宗嘉庆十七年	1812	—	361 693 379	791 525 196	—	—	2.19
	宣宗道光十三年	1833	—	398 942 036	—	—	—	—
	德宗光绪十三年	1887	—	377 636 000	911 976 606	—	—	2.41
	宣统三年	1911	92 699 185	341 423 867	—	5.45	—	—

后　记

掐指一算，离开北京开始游学生涯已经七年，本书的筹备也已经有七年了。

2010年是一个转折点，当时我还是一名经济类报纸的记者，对环境做出判断如下：第一，未来的国内将遭遇新闻报道市场逐渐萎缩的时代，如果继续做下去，可能只会消耗个人生命；第二，未来也是一个浮躁的时代，热心于工作本身的人将逐渐被善于变现的人取代，而如果只关注于变现，又会分散精力无法潜心做研究。

正是有感于这两点判断，我辞去在报社的工作，决心过一种游学式的生活，不依赖于任何单位和组织，行走在路上，用自己的眼睛去系统地观察，研究自己感兴趣的领域。

七年后，通过这种游学的方式，我已经出版了七部作品，加上这部《财政密码》，还有几部创作完成但未能出版的作品。但不管是哪一部，读者都不会看到任何陈词滥调，它们全都是我用眼睛去做观察之后，试图向读者呈现的真实世界的图景。

总结起来，我的研究可以概括为一个中心、两个维度。所谓一个中心，就是我的最终目标是研究中国现代问题，我真正关心的是中国社会和中国人，以及中国未来的走向。但是，要研究中国现代问题，必须有一个宽广的视角，必须了解现代中国在世界上的定位，以及现代中国在历史上的定位。所谓两个维度，就是一个横向的世界维度和一个纵向的历史维度。当对两个维度都有了更深入的了解之后，我会回过头来，集中研究最艰难的领域：现代中国问题。

针对这两个维度，我的非虚构作品分为两个系列。

第一个系列是文化游记。我带着问题和好奇心前往世界的许多地区，了解它们的历史、经济、文化、社会，并关注它们和中国的联系。目前这个系列已经出版了印度、东南亚、蒙古和中东这几个地区的，我的目标是，不泛泛而谈，而是希望读者读完一部书，就对一个地区有较为透彻的了解。对于中国人而言，目前最大的问题在于不了解世界，不了解历史，只能根据宣传的木偶化的影像去对世界做不靠谱的猜测。市面上也缺乏既好看又客观、及时，有深度的、合格的书籍，这就是我试图去做的事情。

第二个系列是历史研究。如果要了解现代，必须了解历史。但自古及今，中国历史已经被污染太久，淹没在层层迷雾之中，而市场上流行的说书人式的历史书中，又只会写王侯将相钩心斗角，却对于背后推动历史的真实力量一无所知。这种无知恰好给我留下了足够的研究空间。

根据规划，历史系列包括三本书，分别从财政、军事和政治哲学三个角度来研究中国历史。关于中国历史上最深层的脉动，我也认为可以分成这三个方面，即和平时期看财政，战乱时期看军事，维稳必须靠思想。

后 记

在和平时代，对历史演化影响最大的是财政和经济。一个朝代建立后，最深层的需求是建立官僚体系来维持社会稳定，并建立财政体系来维持官僚制度，而金融垄断、官营、均田制必然是政权所有者首先想到的几大手段。只有了解政权所有者的财政冲动，才能真正了解历史的走向。财政就是本书所选择的主题。

到了战乱时期，对于历史演化影响最大的是军事，而对排兵布阵影响最大的是地理因素，所以，本系列第二本书《军事密码》会对军事地理进行全面考察。为此我已经跑遍了全国所有的战略要地，去了解它们为什么重要。在考察这些地方时，我曾经亲眼见到了秦赵长平之战、宋夏好水川之战、东西魏玉壁大战的将士枯骨，借此寻找当年战斗的蛛丝马迹。当然，最终，我想看看中华文明如何在一次次暴力战争中渡尽劫波、浴火重生，每一次战争劫难的逻辑何在，胜利者胜在何种战略，失败者败在何种战略。

不管是和平还是战乱，树立一种稳定的政治哲学都是制度稳定的必要条件。而"稳定"这个词，是中国两千多年集权社会最重要的目标之一，要想维持稳定，不能仅仅靠军事，而必须把人从思想上统一起来。所以，我的第三本书《哲学密码》会对这个主题做出解读，让人们看到政治哲学如何建立，又如何通过政权的力量深入每一个人的潜意识，让每一个人在不知不觉中成了政权的附庸，而政权也得以建立起稳固统治。同时，还会关注这个哲学又如何变质、退化，并被取代的全过程。

由于这个系列牵扯到大量的史料，我在写作时也是慎之又慎。《财政密码》一书，已经拖了七年。每次回到北京见到我的好友洪波和张蕊，他们都会问：你关于中国古代财政经济的书什么时候能出来？我只能支吾地回答"还需要时间"。

2013年底，我认为自己的积累已经够了，开始撰写本书的第一稿。但完成后随即意识到还不成熟，遂将稿件彻底废掉。

2014年下半年，我从中东和非洲回来后，好友文学锋让我到广州常住一段时间，生活较为稳定。利用这个空当，除了撰写中东报告之外，我开始写作本书的二稿。

2015年，二稿成形后，在好友秦旭东、黄一琨等人的帮助下，交给相关人员审阅，他们又提出了很专业的修改意见，于是我进行第三稿的修订，最后形成了本稿。

在这本书上花的力气，达到前作诸书的两三倍。但写完后回顾一下，却发现所花的时间是值得的，因为这本书记录了非常长的时段（两千多年），试图利用现代财经视角重新审视中国古代的政治和经济，找到驱动中国集权社会政策变化的真实原因。

最后，需要说明的是，我有意把书稿截至清代。即便是写清代，也比写唐宋时期更简化。其主要原因是：现代人研究清代的书籍已经很多，而由于那个时代资料很多，哪怕稍微展开一点，都足以写一本书，为此我把主要精力放在清代之前的中国历史，将清代、民国和现代中国问题留待以后进行系统研究。另外，我不想把民国和现代放在书中，但相信读者在读完本书之后，自然会对后续时代的问题做出自己的判断。

本书的第一稿完成于大理游心楼，二稿完成于广州锋子居。

本书的部分章节曾经在微信公众号"剑客会"，以及王小明教授的公众号"江湖烟雨夜读书"上连载，因此我要感谢公众号的所有者和运营人张赋宇、王小明、王力、姚文辉。

除了上面提到的人之外,我还要感谢屈波、贝为任、董曦阳,在你们的帮助下,本书的出版才成为可能。感谢周杭君、文学锋、谷重庆,我的整个写作生涯都离不开你们的鼓励和帮助。

最后,感谢梦舞君,这本书在你的鼓励和陪伴下完成。

2017 年于大理风吼居

再版后记

《财政密码》初版距今已经七年，如今有了再版的可能。一部历史作品在短短的七年时间里，本来就不需要太多的文字变动，也不需要增加多少说明，因此，在这篇再版后记中，我不会去探讨多少历史或者经济的理论，只想说一些围绕着本书的琐事。

对本书有过帮助的人

在这本书出版时，我还是一个非常"新"的作者，之所以说"新"，不是说没有作品，而是说我写了数部作品，但依然不为大众所知。

在这之前，我出版了小说《告别香巴拉》的上部（出版下部时，编辑提出了我无法满足的修改意见，只好撤回稿件）、历史游记"亚洲三部曲"（《印度，漂浮的次大陆》《三千佛塔烟云下》《骑车去元朝》）。但这四本书都无声无息地出版，又无声无息地在书库的角落里睡觉。唯一的收获是一个开饭店的女孩子偷偷买了我的书，读过后得出结论：他的书实在太小众，养不活自己的，不过看他执着的样子，只要他愿意写，我就愿意养他！这个女孩子就这样勇敢地成了我的妻子。

到了第五本书《穿越百年中东》，我收获了第一位真正的伯乐：新东方的俞敏洪。他不认识我，却热情地推荐我的书，甚至买齐了我之前的作品，且不遗余力地称赞我。这让我终于敢自称是一位写作者了。但到那时，我距离能够依靠作品养活自己依然很遥远。

《财政密码》出版后，情况才真的出现改变。这本书初版很快被评为"《新京报》年中好书"，这得益于万圣书园刘苏里老师的推荐。《新京报》书评版编辑告诉我，由于我是相对新的作者，评选时收到的专家质疑并不少，特别是当时还没有人这样写历史，加上书中对于传统历史学家的评价并不高，很让一些人反感。最后促使《新京报》力排众议选了本书的原因，可能也恰是写法的独特性。

这本书的出版，也让我和几位编辑成了好友，其中的负责人董曦阳成了我之后所有书的出版人，责任编辑李博、编辑张根长也一直合作。营销编辑赵娜、当时的发行总监李杰，以及副总编辑雷戎，我们至今也都有联系。

另外，第一次有一位业内人士给《财政密码》写了长篇书评。他是上海的一位历史作家张明扬。初版初上市时，我恰好和妻子梦舞君出国旅行，途经北京，给刚刚印刷完毕的第一批书签名。三个多月后我回国，张明扬的书评就已经发表了。当时我与张明扬素不相识，但这件事让我记住了他的名字。三年后我们第一次见面，并迅速成为好友。张明扬自己也是一位非常优秀的历史作家，我们互相欣赏，而他不知道我内心始终还存有深深的感激。

然而，就算有了上面两件事，《财政密码》也并非一下子就有了后来的热度。出版的第一年，它只是悄然流传。当时梦舞君已没有再开店，我也只有版税收入。当我拿到第一笔版税的时候甚至有些失望，怀疑能否靠写作养活自己。

到了第二年，情况突然变了，在短短的一天时间里，多位朋友都在告诉我，"罗辑思维"（罗振宇）推荐了我的书三次。罗振宇的推荐彻底改变了本书的命运——本来它还只是业内人偶尔会翻的小众书，但之后整个财经圈都在谈论它了。同样需要说明的是，我当时并不认识罗振宇，他的推荐也毫无私心，几年后，我们才第一次见面。

我是非常幸运的，不仅是因为他们推荐了我的书，而且我后来都有机会与这些伯乐一一相识，甚至当面表达感激。得到陌生人的帮助，在事后又有机会再感谢他们给我帮助，这才是世事应有的一个闭环。

我们的生活也在改变

这本书也改变了我和梦舞君的生活。梦舞君曾经下决心要养活一位只会码字的无用男人，因为她担心这个过于理想主义的人无法在野蛮社会存活。但2017年，一次荒诞的整治让她的店开不下去了，我乘机劝她去尝试曾经的梦想：写作和绘画。因此，我们有一段时间是没有固定收入的。虽然《穿越百年中东》也能带来一定的版税，但无法与她之前开店的收入相提并论。我们也有一些储蓄，但未来不明，就不敢乱花。

我们的节衣缩食状态在《财政密码》刚出版时也没有太多改观。

接着，我们经受了一次意外小财的考验。同样是因为这本书，一位报社的前同事兼朋友为帮助我而找来。她当时已经供职于一家理财公司，提出让我在公司当年的年会上发言，大约两小时。梦舞君正要去东南亚旅行，我暗示她，这次发言的劳务费大约可以给她挣到来回东南亚的机票钱。她劝我不要有太高的期待，只要有两千元，她就满足了。

等我参加年会回来，她去车站迎接我。我将税后四万元的短信给她看时，她却突然哭了起来，对我说："在我开店的时候，饭店里的小妹拼死拼活一年都无法赚到四万元，你却可以用两个小时赚到。这个世界太不可理解，我担心我们掉进去，就再也找不到那颗平常心了。"

她的这句话把我救了出来。从那天起，我很少再接类似的任务，即便有一些半公益性的，或者好朋友邀约的，我也总是事先说好：可以管路费和住宿，但不要再给钱（虽然有时还会收到一点劳务费，但额度和次数已经很少了）。就这样，我没有成为那种奔波于各种会议的"精明人士"，却写出了更多的作品。《财政密码》的读者以财经、科技、研究群体为主，它的确是一本离钱很近的书。我知道许多作者往往是写了一两本畅销书之后，就借着名气跳到离钱更近的行业中，之后就不再写作了。

《财政密码》出版三年后，我们的生活终于有了改观。之后，此书的出版社发生了变故：可能为了遏制一位下属的权力，新上任的社长决定收缩北京分公司的业务。不幸的是，我的书就是北京分公司出版的，它只印行了三年多就不再加印了，另两本"密码"一本只出版了两年多，一本只有一年多。在停止加印时，我的大部分版税还没有到账，甚至我当时都不知道一共印了多少册。这时候，分公司的最后一任经理李杰出现了，他一面协助总社做收缩分公司的工作，一边将绝大部分版税从总社结出，分批打给了我。当所有当时已回款的版税都支付完毕，李杰又主动协调总社和我签订了解约合同，让我得以自由地联系别的出版社。

这些都做完之后，他本人提出了离职。因此，我能够享受"密码三部曲"的收益，主要靠的是李杰的无私帮助。整个过程均非出自我的要求，而是他凭良心做的。

正是在这些朋友的无私帮助下，我的写作之路可以继续下去，我也树立了明确的理想，那就是：要靠写作挣钱，靠版税养活自己，主动拒绝其他收入以保持纯粹性。得到过行业内这么多的帮助，我意识到，中国的文化圈里依然是理想主义者浓度最高的地方。随着知名度的打开，现在与我合作的出版社已经正规了不少，艰难情况也逐渐成了过去。

我和梦舞君的关系也起起伏伏。我们二人相识时都已三十多岁，有过热恋，但生活习惯和世界观却早已成形。生活在一起之后，也经历过激烈的冲突。现在，我们已经磨合得差不多了，终于来到"相看两不厌"的阶段。我从没有怀疑过，即便下辈子、下下辈子，如果能够选择，我依然会和她走到一起。

与梦舞君一起生活的最大好处，是我找到了一种新的生活方式。在认识她之前，我四处漂泊，现在，我们终于有了自己的住处。这个住处远离大城市的喧嚣，或许对一个写作者来说是最理想的模式：如果我一直生活在北京或者上海，那么我将迎来数不尽的应酬，而且会发现大部分是推不掉的；但现在，当朋友们想到我的时候，发现我在遥远的大理，他们也就放弃了找我的念头。这让我可以不受干扰地写作。我只是把出版关系留在了北京，每年有新书出版时，去一两周做一下活动，剩下的时间就享受在大理的宁静生活了。

在大理，我也第一次有了一间小书房，如今的参考书已达五千册，基本古籍都已齐全。在写作"密码三部曲"时，我依靠的主要还是电子版的古籍，编辑校稿曾经发现电子版古籍中的不少错误。但之后我的新书大都直接查纸质版的图书了。

还有那些朋友

在我所有书的后记中，我往往会提到一些对书籍的出版有过帮助的人。他们这些年的生活也大都有了新的变化。

除了在第一节中提到的那些，我的朋友中对我帮助最大的还有三位，分别是：我的同学、帮我找到报社工作进入文字行业的文学锋；我的同事、教会我写作技巧并与我合作出版第一本书的谷重庆；以及我的同道、帮助我联系出版社，帮助我营销，向我开放所有资源的秦旭东。

在这些年，他们的生活和事业也在变动着。

文学锋在中山大学读了博士，他的论文获得了"全国百优博士论文"提名。他两次去往北美访学，已经是一位广受学生欢迎的学者。我们在读书时常常谈论学术理想以及中国的未来，谈到激动处，有时候叹息，有时候欢欣。人到中年时，大部分人的理想都已经随风而去，但至少我们还在挣扎，不肯屈服于世俗的世界。

谷重庆和秦旭东都已离开新闻行业，随着整个行业的衰落，这个行业的优秀人才也四散而去。但这并不意味着他们放弃了理想，谷重庆供职于长江商学院，继续研究中国的经济问题，他的最核心观点依然是中国的改革开放必须进行下去才能走出当前的困境。要知道，对一个社会来说，最麻烦的不是一两次的经济萧条，而是整个民族丧失了好奇心、变得故步自封。

秦旭东离开媒体后，成了一名律师。对于一个热爱社会的人来说，最好的职业除了记者（真正的记者，而不是那些没有思想的传声筒），就是律师，因为这会让他接触到社会的最深层脉动。

正因为有这些同道，我才能毫不犹豫地宣称，我毕生都将是一个理想主义者，只为了自己的兴趣而活，绝不向所谓的财富、地位和一切外在的东西屈服。哪怕未来遭遇艰难，也绝不改变自己的研究方向和看法，也绝不停下写作的笔。

我也很高兴地看到，我的自我坚持带给身边亲朋的，多是正向反馈。我爱我的父亲郭连生，他出生于1945年，是"文化大革命"前最后一届真正的大学生。他的理想是当一名治病救人的医生，因为所处的时代，四处碰壁，才终于实现愿望。在碰壁的过程中，他也学会了顺应潮流，变得小心翼翼，甚至感慨读书人的命运不如熟知人情世故的混子（在许多小地方，这是事实）。但他心中的火种依然在，发现了我的理想主义倾向后，不但没有制止，反而忐忑不安地鼓励着我，为我提供经济帮助。我成为一名写作者后，他为我感到高兴的同时，更欣慰地意识到，这个世界依然没有被丢给那些混子，最终能够站着决定自己命运的，还是那些理想主义者。

还有我的本科同学周杭君。我曾经说过，我们几乎是同学中唯二不肯放弃理想、坚持做事的人，至今，这个说法依然成立，我们仍骄傲地看向那些早已经屈服于生活的人。

本书的再版，依然只献给那些不肯屈服于时代，愿意用自己的生命去折腾的人。

2024年元旦于大理